데이터 과학자 되는 법

에밀리 로빈슨, 재클린 놀리스 지음

이창화 옮김

데이터 과학자 되는 법

취업, 이직부터 탄탄한 커리어를 쌓는 방법까지

초판 1쇄 발행 2021년 11월 26일

지은이 에밀리 로빈슨, 재클린 놀리스 / **옮긴이** 이창화 / **펴낸이** 김태헌
펴낸곳 한빛미디어(주) / **주소** 서울시 서대문구 연희로2길 62 한빛미디어(주) IT출판부
전화 02-325-5544 / **팩스** 02-336-7124
등록 1999년 6월 24일 제25100-2017-000058호 / **ISBN** 979-11-6224-492-0 93000

총괄 전정아 / **책임편집** 고지연 / **기획·편집** 김지은 / **교정** 김은미
디자인 윤혜원 / **전산편집** 이경숙
영업 김형진, 김진불, 조유미 / **마케팅** 박상용, 송경석, 한종진, 이행은, 고광일, 성화정 / **제작** 박성우, 김정우

이 책에 대한 의견이나 오탈자 및 잘못된 내용에 대한 수정 정보는 한빛미디어(주)의 홈페이지나 아래 이메일로
알려주십시오. 잘못된 책은 구입하신 서점에서 교환해드립니다. 책값은 뒤표지에 표시되어 있습니다.

한빛미디어 홈페이지 www.hanbit.co.kr / **이메일** ask@hanbit.co.kr

지금 하지 않으면 할 수 없는 일이 있습니다.
책으로 펴내고 싶은 아이디어나 원고를 메일(writer@hanbit.co.kr)로 보내주세요.
한빛미디어(주)는 여러분의 소중한 경험과 지식을 기다리고 있습니다.

취업, 이직부터
탄탄한 커리어를
쌓는 방법까지

에밀리 로빈슨, 재클린 놀리스 지음

이창화 옮김

데이터
과학자
되는 법

MANNING · 한빛미디어 Hanbit Media, Inc.

이 책을 접하고 수년 전의 모습을 되돌아보면서, 그때 읽었더라면 좀 더 인생의 갈피를 잡는 데 도움을 얻지 않았을까 하는 생각이 들었다. 데이터 과학자는 다양한 기업과 기관에서 여러 형태로 존재해 많은 사람이 진로를 정하는 데 어려움을 겪는다. 이런 어려움을 극복하고 독자가 자신만의 길을 찾아갈 수 있도록 이 책에서 데이터 과학자의 가능성에 대해 여러 방향성을 구체적으로 제시한다.

_고락윤, 구글코리아 솔루션 아키텍트

스타트업, 대기업, 외국계 IT 회사 등 여러 회사에서 데이터 과학자로 일하면서 핵심 비즈니스와 그 규모에 따라 데이터 과학자에게 요구하는 능력과 기여할 수 있는 부분이 다르다는 것을 몸소 느꼈다. 이 책은 일대일 직업 컨설팅해 주듯이 실제로 직접 경험하지 않으면 알기 어려운 사실을 상세히 알려준다. 단순히 데이터 과학자가 되기 위해서 '어떤 스킬을 익혀라'라고 조언해주기보다 실제 여러 상황에서 일하고 있는 데이터 과학자의 모습을 보여주며 데이터 과학자로서 커리어를 쌓아 가는 과정을 알려주는 특별한 책이다. 데이터 과학자를 꿈꾸는 학생, 현업에서 활동하는 주니어/시니어 데이터 과학자 모두가 참고할 만한 내용이 가득 담겨 있다.

_김태헌, 『퀀트 전략을 위한 인공지능 트레이딩』 저자

우리 주위에는 수많은 데이터가 범람하지만 원자료를 그대로 비즈니스에 사용하기는 어렵다. 가치 있는 데이터를 발굴하고 분석해 비즈니스에 도움을 주는 사람들을 우리는 데이터 과학자라고 부른다. 하지만 '데이터 과학자'라는 직업은 빠르게 변화하는 IT 분야의 특성상 하나의 직무로 정형화되지 않고 계속 변화한다. 이런 변화 때문에 데이터 과학자의 정의가 모호해져 데이터 과학자를 더 어렵게 생각한다. '기획부터 엔지니어링까지 다 잘할 수 있을까', '데이터 과학 직무는 어떻게 시작해야 할까', '데이터 과학자로서 커리어를 어떻게 쌓아야 할까'라는 궁금증이 생긴다면 이 책에서 그 해답을 찾을 수 있다.

책 전반에 걸쳐서 데이터 과학은 무엇이고 필요한 기술은 무엇인지 알려준다. 또한 나에게 맞는 직무를 탐색해 포트폴리오를 구성하고 커리어를 발전시킬 수 있도록 도와준다. 선배 데이터 과학자의 시선으로 후배들에게 커리어의 성장과 데이터 과학자 직무를 어떻게 선택해야 하는지 알려준다. 국내 시니어 데이터 과학자가 많지 않은 상황에서 이 책으로 경험과 노하우를 체득하길 바란다.

_김형준, 네이버 클로바 NLP 리서치 엔지니어

이 책은 두 가지 부분에서 인상적이었다. 첫 번째는 매우 포괄적인 범위를 다루지만 간결한 설명으로 풀어나간다는 것이다. 장황하지 않은 설명은 데이터 과학자를 목표로 하는 구직자에게 두려움보다는 명확한 단계를 인지시켜주고, 경력자에게는 초심으로 돌아가 모든 것을 빠르게 정리할 수 있도록 도와준다. 두 번째는 실무자의 환경을 고려해 주어진 문제를 풀어나가는 시각을 일깨워준다는 것이다. 개인보다는 조직과 구성원 간의 협업, 기술적 이해보다는 고객의 시각에서 기술을 바라보는 관점은 아무리 강조해도 지나침이 없다.

이 책에 실린 실무자의 인터뷰는 책의 내용이 현실적이라는 점을 뒷받침해준다. 데이터 과학자로서 첫발을 내딛는 사람, 데이터 과학자로 직무를 전환하는 사람, 현업에서 주니어/시니어 데이터 과학자로 활약하는 사람 등 모든 이에게 피와 살이 되는 현실적인 조언을 담은 이 훌륭한 책을 추천한다.

_박찬성, Machine Learning Google Developers Expert

데이터 분야의 빠른 기술 발전으로 데이터 관련 직업이 빠르게 변해 많은 구직자가 혼란을 겪고 있다. 이런 혼란을 겪는 사람에게 기술 내용 없이 데이터 과학자가 되는 여정을 담은 이 책을 추천한다. 데이터 과학자를 채용하는 여러 회사 사례를 통해 회사에서 데이터 과학자가 어떤 일을 하는지 알려준다. 이 책을 읽을 때 국내 기업들은 어떤 형태일지 생각하면서 읽어나가길 바란다. 구직자 관점에서 어떤 방식으로 무엇을 준비하면 좋을지, 회사에서 어떤 사람을 채용하고 싶은지 설명해 데이터 과학자의 양쪽 측면(수요와 공급)을 함께 배울 수 있다. 이 부분을 잘 체득하면 지원과 면접에 큰 도움이 될 것이다. 데이터 과학 커리어를 고민하는 사람은 데이터 과학자의 필요한 역량과 업무 흐름을 익힐 수 있고, 이미 데이터 과학 업무를 하는 사람은 커리어를 되돌아보며 성장 방향에 대해 생각하는 데 도움이 될 것이다.

_변성윤, 쏘카 데이터 과학자

데이터 과학자를 언급한 글은 많이 있었지만 데이터 과학 직무를 설명하기에 부족한 점이 많았다. 이 책은 데이터 과학자가 가져야 하는 기술적인 면 이외에도 데이터 과학자가 되어 성장하기까지 필요한 요소들을 한눈에 알아볼 수 있도록 정리했다. 또한 다양한 사람의 인터뷰를 담아내 현장의 생생한 경험을 간접적으로 느낄 수 있다. 데이터 과학자를 꿈꾸는 사람에게는 데이터 과학자로 성장하기 위한 이정표를, 데이터 과학 업무를 수행하는 사람에게는 현업에서 겪을 수 있는 다양한 문제의 해결책을 제시한다. 데이터 과학 업무를 수행하는 많은 이에게 도움을 주는 이 책을 추천한다.

_정승환, 네이버 클로바 NLP 리서치 엔지니어

데이터 과학의 개념과 기술을 포함해 이력서나 면접 등 실제로 데이터 과학 직무를 준비하는 방법을 안내한다. 또한 기업에 입사해 어떻게 일해야 하는지부터 커리어를 쌓아가는 방법까지 데이터 과학자의 모든 것을 담고 있다. 마치 Q&A를 진행하듯 데이터 과학 실무자의 인터뷰를 담아 직접 찾아다니기 어려운 노하우를 한데 모았다. 데이터 과학자를 꿈꾸는 사람에게 현실적이고 구체적인 도움을 주는 책이다. 데이터 과학 분야의 선배들이 전해주는 애정 어린 조언이 필요한 모든 분께 추천한다.

_함진아, 삼성 리서치 연구원

지은이 · 옮긴이 소개

지은이 **재클린 놀리스** Jacqueline Nolis

주로 클라이언트 응용프로그램을 개발하는 소프트웨어 엔지니어. 운이 좋게도 플러터 출시 초창기부터 여러 회사에서 플러터 개발 경험을 쌓았다. Flutter by Example(*FlutterByExample.com*)의 운영자다. 많은 사람이 유용한 기술을 이용할 수 있도록 장벽을 없애는 일을 즐긴다.

지은이 **에밀리 로빈슨** Emily Robinson

와비 파커 Warby Parker의 시니어 데이터 과학자. 경영학 석사 학위가 있다. 리더십, 협상에 학문적인 배경을 두고 있으며, STEM 분야 중 저평가된 몇몇을 경험했다.

옮긴이 **이창화** dlckdghk4897@gmail.com

경북대학교에서 기계공학과 함께 컴퓨터 공학을 전공했다. 현재 울산과학기술원(UNIST)에서 석사과정으로 딥러닝을 공부하고 있다. 컴퓨터 비전 관련 딥러닝, 인간-컴퓨터 상호작용 연구에 관심이 많으며 다양한 연구와 프로젝트를 이어나가고 있다. 『함수형 자바스크립트 입문 2/e』(에이콘출판사, 2020), 『파이썬 동시성 프로그래밍』(에이콘출판사, 2018), 『파이썬을 이용한 데이터 분석 2/e』(에이콘출판사, 2018)을 번역했다.

세상에 존재했던 과거와 앞으로의 미래를 데이터로 들여다보는 시대입니다. 데이터의 중요성이 커지는 만큼 학계, 산업에서 데이터 과학자의 수요가 늘어나고 있습니다. 특히, 새롭게 생겨나는 젊은 IT 기업뿐만 아니라 전통적인 기업과 소규모 스타트업에서도 데이터 과학자가 많이 필요하며, 유사한 직무들에 대한 채용 또한 이뤄지고 있습니다.

데이터 과학자란 직업은 통계학이라는 학문에 국한되지 않는다고 생각합니다. 가령 전통적인 조선, 자동차, 기계 등 제조 분야의 엔지니어가 본인의 업무에서 좀 더 효과적이고 효율적인 성과를 이뤄내고자 데이터 과학을 접목할 수 있습니다. 마케팅, 브랜딩, 인사 등의 분야도 마찬가지입니다. 이러한 산업에서 데이터 과학 기술의 접목은 기존 직무의 사람이 직접 하나하나 배워가며 할 수 있지만, 해당 분야를 잘 모르는 데이터 과학자들과의 협업을 통해서도 이뤄질 수 있다고 봅니다.

최근 인공지능 산업이 대두되면서 우리 사회의 모습도 많이 변화되고 있습니다. 인공지능의 핵심 중 하나가 바로 데이터입니다. 인공지능의 학습을 위해서는 다량의 정제된 데이터가 필요로 하며, 적절히 유지 보수되고 관리하는 데이터 엔지니어의 역할도 중요합니다. 이처럼 데이터 과학이라는 분야는 하나의 업무에 초점이 되기보다는 새로운 산업, 기존의 산업과 적절히 융화되어 끊임없이 발전해나가는 직종이라고 생각합니다.

이와 같은 분야에 진출하려는 학생, 취업 준비생, 직장인들에게 이 책이 많은 도움이 되었으면 합니다. 그리고, 데이터 과학을 비롯한 IT 분야의 업계는 빠르게 변화하고 새로운 직무들도 생겨나고 있으니, 본인의 상황과 기업의 특징을 잘 파악하며 나아가길 바랍니다. 이 책의 대상 독자는 IT 업계를 준비하는 취업 준비생이지만 데이터 과학자가 아니더라도 일반적인 구직, 취업에도 도움이 될만한 내용도 있으니, 모든 취업 준비생에게도 추천합니다.

끝으로, 이 책을 통해 많은 사람이 구직 및 커리어를 쌓아가는 데 힘이 되었으면 합니다.

이창화

재클린 놀리스가 바라본 에밀리 로빈슨

에밀리 로빈슨은 와비 파커Warby Parker의 훌륭한 데이터 과학자다. 이전에는 데이터캠프DataCamp 와 엣시 주식회사Etsy에서 근무했었다.

나는 2018년에 열린 Data Day Texas에서 에밀리를 처음 만났다. 당시 에밀리는 나의 데이터 과학 강연에 참석한 업계 중 몇 안 되는 사람이었다. 연설이 끝나자마자 에밀리는 손을 번쩍 들어 훌륭한 질문을 했다. 놀랍게도 그 질문을 기점으로 서로의 입장이 바뀌었다. 에밀리의 멋진 강연을 차분하게 지켜보며 에밀리에게 질문을 하기 위해 조용히 손을 들었다. 그날 에밀리가 열심히 일하고 똑똑한 데이터 과학자라는 것을 알게 되었다. 그로부터 몇 달 뒤 책을 공동 집필할 누군가를 찾고 있을 때 에밀리가 생각났다. 더 훌륭한 데이터 과학자로 성장했을 에밀리가 나의 제안을 거절할 수도 있다고 생각하며 집필에 관심이 있냐는 이메일을 보냈다.

이 책을 에밀리와 공동으로 집필함으로써 멋진 경험을 하게 되었다. 신입 데이터 과학자의 노력이 무엇인지 잘 알고 있었고 무엇이 중요한지 명확히 이해했다. 에밀리는 일을 하면서 집필을 했고 블로그 게시물도 많이 작성했다. 에밀리는 A/B 테스트와 실험 전문가이기도 하다. 현재 에밀리가 연구하는 분야이다. 에밀리는 또다른 데이터 과학의 새로운 분야를 찾아내 그 분야의 전문가가 될지도 모른다.

유일하게 아쉬웠던 점은 책을 집필하는 막바지에서야 비로서 에밀리를 마주하며 이 글을 작성했다는 것이다. 이제 집필이 끝났으니 다른 사람들도 에밀리와 함께 일할 수 있는 기회를 가질 수 있길 바란다.

재클린 놀리스

에밀리 로빈슨이 바라본 재클린 놀리스

누군가 책을 집필하는 것이 어떠냐고 물을 때마다 항상 '공저자로 함께 해야지'라고 답하곤 했다. 나는 '재클린처럼 재미있고 따뜻하고 너그럽고 똑똑하며 경험이 많고 배려심이 많은 작가'와 함께 하기를 원했다. 재클린은 항상 놀라운 모습만을 보여줬기에 '평범한' 공동 저자와 함께 일한다는 것이 어떤 기분인지 알 수 없을 정도이다. 이 프로젝트를 재클린과 함께 하게 된 것은 정말 큰 행운이었다.

재클린은 산업 공학박사 학위가 있고, 리얼리티 TV 프로그램인 〈King of the Nerds〉의 세 번째 시즌 우승자로 10만 달러를 받았다. 분석 국장을 역임했으며 성공적으로 자신의 컨설팅 회사를 설립했다. 재클린은 여러 국제 학회에서 연설도 했으며, 정기적으로 모교로부터 수학을 전공하는 학부생들에게 진로에 대한 조언을 요청받는다. 재클린이 온라인 콘퍼런스에서 연설했을 때 '지금까지 본 발표 중 최고의 발표', '훌륭한 발표', '많은 도움이 되는 발표', '훌륭하고 역동적인 발표'와 같은 극찬을 아낌없이 받았다. 재클린은 자신이 모르는 부분에 대한 열등감이 전혀 없다. 오히려 '깊이 배우는 것은 어렵지 않다'라고 말한 재클린의 훌륭한 발표처럼 어려운 개념에 접근하는 것을 좋아한다.

재클린의 삶도 다른 사람의 삶과 같다. 누군가의 아내로, 아들과 강아지 두 마리, 고양이 세 마리와 함께 시애틀에 살고 있다. 〈King of the Nerds〉에서 경쟁자였던 남편인 헤더는 두 사람이 어떻게 R을 활용해 T-모바일T-Mobile 생산에 머신러닝 모델을 구축했는지 1,000명의 청중 앞에서 발표했었다.

이 책을 함께 쓰는 것 외 다른 일도 동시에 할 수 있도록 지지해준 재클린에게 큰 감사의 마음을 표한다. 우리의 연구가 데이터 과학자를 꿈꾸는 모든 이에게 도움이 되길 바란다.

에밀리 로빈슨

서문

"여러분은 직업을 어떻게 구하는가?"

경험 많은 데이터 과학자인 우리는 이런 질문을 끊임없이 받는다. 지금의 위치에 도달하기 위해 지금까지 우리가 내린 결정은 무엇이었는지도 묻곤 한다. 질문하는 사람들을 보면 데이터 과학자로 성장하는 방법을 찾는 데 필요한 단서를 찾기 위해 끊임없이 노력한다. 많은 데이터 과학자는 자신의 직무에 도움이 될만한 정보를 찾고 있지만 대부분 명확한 해답을 찾지 못한다.

데이터 과학 분야의 특정 순간을 처리하는 방법에 대한 조언을 블로그에 올렸지만 결정적으로 데이터 과학 직무를 시작하고 성장하는 전 과정을 다루기에는 부족했다. 데이터 과학이나 머신 러닝에 대해 들어는 봤지만 어디서부터 어떻게 시작해야 할지 막막한 사람이나 이미 이 분야에서 일하지만 커리어를 어떻게 발전해야 할지 모르는 사람을 돕고자 이 책을 집필했다.

먼저 이 책을 집필할 수 있게 되어 매우 기쁘다. 필자 각자의 서로 다른 배경과 관점으로 부족한 부분을 보완해 이 책을 채울 수 있었다.

- **재클린 놀리스**: 수학 전공으로 학사 및 석사 학위를, 경영 과학으로 박사 학위를 취득했다. 일을 처음 시작했을 당시에는 데이터 과학이라는 용어가 존재하지 않았다. 데이터 과학 분야를 정의하는 동시에 자신의 길을 개척해야 했다. 현재는 컨설턴트로서 기업의 데이터 과학 팀을 성장시키는 데 큰 기여를 하고 있다.
- **에밀리 로빈슨**: 의사 결정 과학으로 학사 학위를, 경영학으로 석사 학위를 취득했다. 2016년에 3개월간 데이터 과학 부트캠프에 참가한 후 A/B 테스트를 전문으로 하는 데이터 과학 팀에서 일하기 시작했다. 현재 와비 파커의 수석 데이터 과학자로 일하며 회사의 가장 큰 프로젝트를 담당한다.

회사 생활을 하면서 동시에 프로젝트를 위한 포트폴리오를 만들어야 했고 새로운 업무에 적응해야 해 큰 스트레스를 받았다. 원하는 직무에서 거절을 당할 때의 쓰라림과 분석한 내용이 비즈니스에 긍정적인 영향을 미치는 모습을 볼 때의 보람참을 번갈아 느꼈다. 비즈니스 파트너와의 문제에 직면하거나 멘토에게 많은 지원을 받기도 했다. 이런 경험을 통해 많은 것을 배울 수 있었다.

이 책은 데이터 과학 분야의 진로에 관한 길잡이가 되어줄 것이다. 기초적인 데이터 과학 기술을 얻는 법, 실제 직업이 어떠한지 이해하는 법, 나에게 맞는 회사를 찾아 정착하는 법을 모두 살펴본다. 나아가 회사에서 성장하는 법, 관리직이 되는 법, 이직 방법까지 다룬다. 데이터 과학자가 각자의 경력에 새로운 이정표를 세우고 계속 이어나갈 수 있도록 돕는 것이 이 책의 목표다.

이 책은 경력에 초점을 맞췄다. 데이터 과학의 기술적 구성 요소, 예를 들어 모델의 하이퍼파라미터hyperparameter 선택 방법이나 파이썬 패키지의 세세한 정보 등은 깊게 다루지 않는다. 방정식이나 코드도 전혀 없다. 이런 주제는 다른 도서를 참고하기를 바란다. 이 책에서는 데이터 과학에서 간과되지만 중요한 비기술적인 지식을 살펴볼 것이다.

훌륭한 데이터 과학자의 많은 경험을 담았다. 각 장의 끝에는 각 장에서 다룬 개념을 설명하는 데이터 과학자의 인터뷰를 실었다. 인터뷰를 진행하며 일에 대한 그들의 자부심을 느낄 수 있다. 그 어떤 내용보다 그들이 각자 삶에서 배운 경험을 통해 훨씬 더 많은 교훈을 얻을 수 있을 것이다.

또한 여러 사람의 다양한 의견과 생각을 반영했다. 데이터 과학자로서 배운 교훈과 커뮤니티의 다른 이들과 대화한 내용에 초점을 맞췄다. 객관적인 사실만을 제공하는 것보다 데이터 과학자에게 도움이 되는 내용을 알려주는 것이 더 중요하다고 느꼈다.

데이터 과학자로서의 경력을 발전시키는 데 이 책이 도움이 되기를 바란다. 이 책에 담긴 내용들이 데이터 과학자라면 꼭 알아야 하는 필수 자료가 되기를 바라며, 특히 후배 데이터 과학자들은 이 책을 반드시 봤으면 하는 바람이 있다. 지금 이 책을 보는 여러분에게 기쁨을 줄 수 있기를 소망한다.

이 책에 대하여

데이터 과학 분야에서 경력을 쌓는 데 도움을 주기 위해 이 책을 집필했다. 데이터 과학자의 역할, 필요한 기술 습득 방법, 데이터 과학 분야에서 일하기 위한 과정을 안내한다. 취업한 후에는 어떻게 성장해야 하는지에 대한 방향을 제시한다. 그뿐만 아니라 데이터 과학계의 더 큰 역할은 물론 선임 데이터 과학자가 될 수 있도록 도와준다. 이 책을 읽는 모두가 자신의 경력에 자신감을 갖기를 바란다.

대상 독자

아직 데이터 과학 분야에 진출하지 않았지만 이를 고려하는 사람뿐만 아니라 데이터 과학 분야에서 일한지 몇 년밖에 되지 않은 사람들을 위한 책이다. 꿈이 많은 데이터 과학자는 데이터 과학자가 되는 데 필요한 기술을, 경험이 부족한 데이터 과학자는 경력을 쌓는 방법을 배울 수 있다. 면접, 협상과 같은 많은 주제는 데이터 과학 분야의 경력을 쌓는 데 가치 있는 내용이다.

이 책의 구성

이 책은 데이터 과학 경력을 시간순으로 나누어 총 4부로 소개한다.

1부에서는 데이터 과학이 무엇이고 어떤 기술이 필요한지 다룬다.

- 1장에서는 데이터 과학자의 역할과 직함에 따른 여러 직무를 소개한다.
- 2장에서는 데이터 과학자가 있는 가상 기업 다섯 개를 예시로 소개한다.
  각 회사의 문화와 유형이 데이터 과학 직무에 어떤 영향을 미치는지 살펴본다.
- 3장에서는 데이터 과학자가 되는 데 필요한 기술을 습득하는 다양한 방법에 대해 설명한다.
- 4장에서는 데이터 과학 포트폴리오를 구축하기 위해 프로젝트를 만들고 공유하는 방법을 살펴본다.

2부에서는 데이터 과학 직무의 구직 과정을 설명한다.

- 5장에서는 실제 채용되었던 직무와 지원할 만한 직책을 찾는 방법에 대해 소개한다.
- 6장에서는 커버레터와 이력서 작성한 후 직무별로 이력서를 다듬는 방법을 설명한다.

- 7장에서는 면접 과정과 기대 사항을 자세히 살펴본다.
- 8장에서는 제안을 받은 후 처우를 협상하는 방법에 대해 살펴본다.

3부에서는 데이터 과학 직무를 시작한 몇 달간 볼 수 있는 기본적인 사항을 설명한다.

- 9장에서는 데이터 과학 업무를 시작한 몇 달간 무엇을 기대해야 하는지, 이를 최대한 활용하는 방법은 무엇인지 설명한다.
- 10장에서는 데이터 과학 직무의 핵심 요소인 분석 과정을 살펴본다.
- 11장에서는 엔지니어링 기반 직무에서 필요한 머신러닝 모델을 제품에 투입하는 데 초점을 맞췄다.
- 12장에서는 데이터 과학자로서 이해관계자와 소통하는 방법을 설명한다.

4부에서는 경력을 계속 발전시키고자 하는 경험 많은 데이터 과학자를 주제로 살펴본다.

- 13장에서는 실패한 데이터 과학 프로젝트를 처리하는 방법을 설명한다.
- 14장에서는 발표, 오픈 소스 기여와 같은 활동을 통해 규모가 큰 데이터 과학 커뮤니티의 일원이 되는 방법을 설명한다.
- 15장에서는 데이터 과학 분야의 직업을 그만두게 되는 상황에 대한 지침을 준다.
- 16장에서는 데이터 과학자가 기업의 성장 단계에 따라 얻을 수 있는 역할은 무엇인지 다룬다.

마지막에 30개 이상의 예상 면접 질문과 모범 답안 및 설명을 부록에 담았다. 추후 면접을 준비할 때 좋은 참고 자료가 될 것이다.

데이터 과학자가 아니라면 처음부터 차근차근 읽어야 한다. 이미 데이터 과학자라면 현재 직면한 어려움을 극복하는 데 도움이 되는 후반부터 읽어도 좋다. 각 장은 데이터 과학의 경력을 순서로 구성되었지만 필요에 따라 순서를 바꿔 읽어도 된다.

또한 해당 주제가 데이터 과학자의 경력과 어떤 관련이 있는지 이야기하는 다양한 업계의 데이터 과학자 인터뷰로 끝을 맺는다. 데이터 과학 분야에서의 기여도와 데이터 과학자의 흥미로운 경험을 기준으로 인터뷰 대상자를 선정했다.

감사의 글

무엇보다도 우리의 배우자 Michael Berkowitz와 Heather Nolis에게 감사의 말을 전한다. 그들이 없었다면 이 책의 집필은 거의 불가능했다(Michael Berkowitz는 데이터 과학자가 아닌 교량 전문가이지만 일부 초안을 작성했고 Heather Nolis는 머신러닝 내용의 절반에 도움을 줬다).

이 출판 과정에 도움을 주고 책의 품질을 높여준 매닝 출판사의 모든 관계자에게도 감사의 인사를 올린다. 특히 책의 품질을 높여준 편집자 Karen Miller에게 감사의 말을 전하고 싶다.

원고를 살펴보며 다양한 관점에서 상세한 피드백을 제시한 리뷰어 Brynjar Smári Bjarnason, Christian Thoudahl, Daniel Berecz, Domenico Nappo, Geoff Barto, Gustavo Gomes, Hagai Luger, James Ritter, Jeff Neumann, Jonathan Twaddell, Krzysztof Jedrzejewski, Malgorzata Rodacka, Mario Giesel, Narayana Lalitanand Surampudi, Ping Zhao, Riccardo Marotti, Richard Tobias, Sebastian Palma Mardones, Steve Sussman, Tony M. Dubitsky, Yul Williams에게도 감사의 말을 전한다. 마찬가지로 책을 읽어보며 의견을 제시해준 친구들과 가족들 Elin Farnell, Amanda Liston, Christian Roy, Jonathan Goodman, Eric Robinson에게도 감사하다. 여러분의 노고가 이 책을 만들었으며 큰 도움이 되었다.

마지막으로 각 장의 마지막에서 인터뷰에 응해준 모든 분 Robert Chang, Randy Au, Julia Silge, David Robinson, Jesse Mostipak, Kristen Kehrer, Ryan Williams, Brooke Watson Madubuonwu, Jarvis Miller, Hilary Parker, Heather Nolis, Sade Snowden-Akintunde, Michelle Keim, Renee Teate, Amanda Casari, Angela Bassa에게도 감사드린다. 책 전체 내용에 도움을 주고 부록의 면접 질문에 제안을 준 사람 Vicki Boykis, Rodrigo Fuentealba Cartes, Gustavo Coelho, Emily Bartha, Trey Causey, Elin Farnell, Jeff Allen, Elizabeth Hunter, Sam Barrows, Reshama Shaikh, Gabriela de Queiroz, Rob Stamm, Alex Hayes, Ludamila Janda, Ayanthi G., Allan Butler, Heather Nolis, Jeroen Janssens, Emily Spahn, Tereza Iofciu, Bertil Hatt, Ryan

Williams, Peter Baldridge, Hlynur Hallgrímsson에게도 감사드린다. 이 모든 사람은 각자의 좋은 관점을 보여줬다. 덕분에 우리가 할 수 있는 것보다 훨씬 더 많은 정보를 제공할 수 있었다.

CONTENTS

PART ❙ 데이터 과학 시작하기

CHAPTER 1 데이터 과학이란?

CONTENTS

CONTENTS

PART II 데이터 과학 직무 찾기

CHAPTER 5 탐색: 본인에게 적합한 직무 찾기

CHAPTER 6 지원: 이력서와 커버레터

CHAPTER 7 면접: 어떻게 대처할 것인가

CONTENTS

CHAPTER **10 효과적으로 분석하기**

CHAPTER **11 모델을 제품으로 배포하기**

CONTENTS

CHAPTER **12 이해관계자와 협업하기**

PART **IV** 데이터 과학자로 성장하기

CHAPTER **13** 데이터 과학 프로젝트를 실패할 때

CONTENTS

CHAPTER 16 한 단계 올라가기

CONTENTS

데이터 과학 시작하기

'데이터 과학자 되는 방법'을 구글에 검색하면 파이썬 프로그래밍을 이용한 통계 모델링부터 효과적인 의사소통, 프레젠테이션 제작까지 다양한 기술을 볼 수 있다. 직무 기술서에서는 데이터 과학자를 통계 전문가와 유사하다고 기술하지만, 고용주 대부분은 컴퓨터 공학 석사 학위를 취득한 사람을 찾는다. 데이터 과학을 배우고 싶다면 석사 학위를 취득하거나 현재 업무에서 데이터 분석을 시작하면 된다. 하지만 아직 데이터 과학자가 되고 싶다는 확신이 없는 사람에게는 모든 게 어렵게 느껴질 수 있다.

한 가지 좋은 소식은 실제로 이런 기술을 모두 습득한 데이터 과학자가 없다는 것이다. 데이터 과학자 대부분은 비슷한 기본 지식을 지니고 있다. 하지만 각자 전문 분야가 있어서 쉽게 다른 직업으로 바꾸지 못한다. 이 책의 1부에서는 다양한 데이터 과학자의 유형과 성공적으로 커리어를 쌓기 위한 과정을 살펴본다. 1부를 마무리할 때쯤이면 구직 활동을 시작할 수 있는 기술과 이해력을 갖추게 될 것이다.

1장에서는 업무에 필요한 기술과 데이터 과학자의 유형을 살펴보면서 데이터 과학의 기본 사항을 다룬다. 2장에서는 데이터 과학자가 어떤 일을 하는지 더 잘 이해할 수 있도록 다섯 가지 유형의 기업에서 요구하는 데이터 과학자의 역할을 알아본다. 3장에서는 데이터 과학자가 되기 위한 기술 습득 방법과 장단점을 다룬다. 4장에서는 데이터 과학 실무 경험을 쌓기 위한 프로젝트 포트폴리오와 추후 채용 담당자에게 보여줄 포트폴리오를 만드는 법을 배운다.

Part I

데이터 과학 시작하기

CHAPTER 1

데이터 과학이란?

이 장의 주요 내용

◆ 데이터 과학의 세 가지 핵심 영역: 수학/통계학, 데이터베이스/프로그래밍, 비즈니스 이해

◆ 다양한 데이터 과학 업무

데이터 과학자는 '21세기 가장 섹시한 직업', '미국 최고의 직업'이라는 평가를 받는다. 2008년 이전에는 존재하지 않았던 직업이다. 현재는 많은 회사의 데이터 전문 인력이 부족해지면서 많은 구직자가 희망하는 직업이 되었다. 2019년 미국에서는 데이터 과학 분야의 평균 연봉이 10만 달러(약 1억 원 이상)에 이를 정도로 크게 성장한 영역이다(*http://mng.bz/XpMp*).

데이터 과학자들은 문제를 해결하기 위해 새로운 것을 끊임없이 연구하는 걸 즐긴다. 약물 시험 분석을 위해 전문의와 상의하거나 스포츠 팀에서 리그에 참여할 선수를 선발하는 걸 도와주거나 위젯 비즈니스의 가격 모델을 재설정한다. 3장에서 다루겠지만 데이터 과학자가 되는 방법은 한 가지가 아니다. 데이터 과학자가 지닌 배경지식은 매우 다양하다. 다시 한번 말하지만 여러분이 전공한 학부가 무엇인지 전혀 중요하지 않다.

모든 데이터 과학 업무가 완벽한 것은 아니다. 기업과 구직자 모두에게 기대감이 있을 수 있다. 데이터 과학을 처음 접하는 기업은 회사의 모든 문제를 데이터 과학자가 데이터로 해결할 수 있다고 생각하고, 고용된 데이터 과학자는 끝없는 업무 요청에 직면하게 될 수 있다. 데이터를 준비하거나 정리할 일이 없을 때는 급하게 머신러닝 시스템 구현 업무를 맡을 수도 있다. 심지어 직면한 문제에 대해 의논할 사람이 없을 수도 있다. 5장과 7장에서는 이런 문제에 대해 좀 더 살펴보며 신입 데이터 과학자가 피해야 하는 회사를 설명한다. 9장에서는 어려운 상황에 직

면했을 때 헤쳐나가는 방법을 알아본다.

구직자는 종종 새로운 회사에 가면 지루할 틈이 없을 것이라는 착각을 한다. 데이터 엔지니어가 이해관계자의 권고에 따라 즉시 데이터 품질 문제를 해결할 수 있고, 모델을 구현하는 데 사용할 만한 가장 빠른 컴퓨팅 자원을 얻을 수 있으리라고 생각한다. 그러나 실제 데이터 과학자는 데이터를 정리하고 준비하며 다른 팀의 요구와 우선순위를 관리하는 데 많은 시간을 쏟는다. 프로젝트는 항상 잘되지 않는다. 고위직 임원은 데이터 과학 모델의 제공 가능성을 높게 평가하여 고객에게 헛된 약속을 하기도 한다. 데이터 과학자는 데이터 정리를 위해 매주 몇 시간씩 심혈을 기울여야 하며 자동화가 불가능한 오래된 데이터 시스템으로 일해야 한다. 레거시 분석에서 많은 통계적 및 기술적 실수를 발견할 수도 있지만 아무도 관심을 갖지 않거나 이를 고칠 시간이 없을 정도로 과중한 업무에 시달릴 수도 있다. 또는 고위직 임원이 이미 결정한 사항을 뒷받침하는 보고서를 준비하라고 요구할 수도 있다. 이때 데이터 과학자가 고위직 임원의 의견에 반하는 보고서를 제출한다면 일자리를 잃을 수도 있다.

이 책은 데이터 과학자가 되기 위한 과정과 데이터 과학자로서 커리어를 쌓아나가는 방법을 안내한다. 이 책을 통해 데이터 과학자가 되기 위한 중요한 사항을 모두 이해할 수 있기를 바란다. 마케팅 분석과 같은 분야에서 일한다면 데이터 과학자가 될 수 있는 방법은 무엇일까? 이미 데이터 과학자라면 이직을 생각하거나 콘퍼런스에서 발표하거나 오픈 소스에 기여하거나 독립적인 컨설턴트가 됨으로써 경력을 쌓는 걸 원할 수도 있다. 여러분이 현재 어떤 상황인지와는 상관없이 이 책이 도움을 줄 것이다.

4장까지는 데이터 과학 기술을 습득할 수 있는 주요 방법과 '경험이 있어야 새로운 경험을 얻을 수 있다'는 역설을 극복할 수 있는 포트폴리오 구축 방법을 다룬다. 2부에서는 면접 기회를 얻기 위한 커버레터와 이력서 작성법, 인맥 네트워크를 구축하여 추천서를 받는 방법도 다룬다. 여러분이 회사에서 만족할만한 제안을 받을 수 있도록 협상 전략에 대해서도 다룬다.

데이터 과학 분야에서 일하면 분석 자료를 작성하고 담당자와 함께 협업해야 한다. 심지어는 모델 설계에 투입될 수도 있다. 3부는 이 모든 과정이 어떻게 이뤄지는지, 성공하려면 어떻게 준비해야 하는지에 대해 알아본다. 4부에서는 실패한 프로젝트를 극복하는 방법에 대해 살펴본다. 모든 준비를 끝내고 경영진, 개인 기여자, 컨설턴트 등으로부터 독립한 다음 어느 방향으로 경력을 쌓아야 하는지 자세히 알아본다.

본격적으로 시작하기 전에 데이터 과학자란 무엇이며 어떤 일을 하는지 명확히 알아야 한다. 데이터 과학은 다양한 유형의 작업을 다루는 광범위한 분야이다. 영역 간 차이를 잘 이해해야 해당 분야에서 성공적으로 성장할 수 있다.

1.1 데이터 과학이란 무엇인가

데이터 과학data science은 현실의 문제를 해결하고 이해하는 데 데이터를 사용하는 과정이다. 새로운 내용의 개념은 아니다. 과거에도 판매 수치 및 동향을 분석해왔다. 지난 10년간 이전보다 기하급수적으로 더 많은 데이터에 접근할 수 있게 되었고 컴퓨터는 모든 데이터의 생성을 돕는 동시에 많은 정보를 처리하는 유일한 방법이 되었다. 데이터 과학자는 컴퓨터 코드로 데이터를 변환하거나 집계 및 통계 분석, 머신러닝 모델을 훈련할 수 있다. 코드 결과는 소비와 관련된 보고서 또는 대시보드, 연속적으로 실행하도록 배치된 머신러닝 모델일 수도 있다.

새로운 매장을 오픈하는 소매업이 좋은 위치를 선정하기 위해 데이터 과학자에게 데이터 분석을 의뢰한다고 가정해보자. 의뢰를 받은 데이터 과학자는 과거의 온라인 주문 배송지 데이터를 참고하여 상권을 분석해 고객 수요가 있을 만한 곳을 찾는다. 고객 위치 데이터 및 해당 지역의 인구 조사를 통한 인구 통계 및 소득 정보를 결합한다. 이런 데이터셋으로 찾아낸 최적의 장소를 회사의 운영진에게 추천할 것이다.

또 다른 예로 어느 기업에서 고객이 쇼핑할 때 상품을 추천하고 구매로 이어지게 하여 온라인 주문량을 늘리고 싶어 할 수 있다. 이때 데이터 과학자는 과거의 웹 주문 데이터를 불러와 현재 장바구니 항목을 토대로 소비자 니즈에 맞는 상품을 예측하는 머신러닝 모델을 만든다. 이후 회사의 기술 팀과 협업해 고객이 쇼핑을 할 때마다 상품을 추천하는 시스템을 개발할 것이다.

많은 사람이 데이터 과학을 연구하기 시작할 때 앞으로 배우게 될 분량에 압도당한다. 코딩(무슨 언어를 배워야 하는가), 통계(어떤 방법이 가장 중요하고 어떤 방법이 그나마 학문적인가), 머신러닝(머신러닝이 통계나 AI와 어떻게 다른가), 일하고 싶은 분야의 기본 지식 등이 있다. 다른 데이터 과학자부터 최고 경영자에 이르기까지 다양한 청중에게 효과적으로 결과를 전달하기 위한 비즈니스 기술도 필요하다. 박사 학위 취득과 수년간의 데이터 과학 경력, 통계 및 프로그래밍 전문 지식을 요구하는 채용 공고를 보고 불안은 더 심해질 수 있다. 어떻게 모든 기술을 배울 수 있을까? 어느 것부터 시작해야 할까? 기본은 무엇일까?

데이터 과학의 다양한 영역을 살펴보다 보면 드루 콘웨이Drew Conway의 데이터 과학 벤다이어그램을 볼 수 있다. 처음 발표할 당시 드루 콘웨이는 '데이터 과학은 수학과 통계 영역에서 전문성, 해킹 기술(코딩)의 교차점에 속한다'라고 말했다. [그림 1-1]은 데이터 과학자를 정의할 때 종종 사용된다. 드루 콘웨이가 제안한 데이터 과학의 구성 요소를 약간 다르게 변형했다.

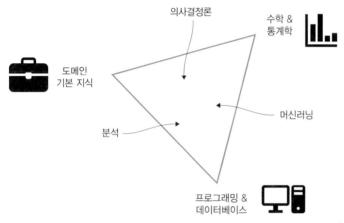

그림 1-1 데이터 과학을 만든 기술 결합과 각자 역할을 만들기 위한 결합 방법

여러분이 세 가지 기술을 보유했는지 유무가 아니라 이 기술들을 타인과 다른 분야에서 보유하고 있을 수 있기 때문에 벤 다이어그램을 삼각형으로 변경했다. 세 가지 모두 기본 기술이고 각 기술을 어느 정도 알고 있어야 한다. 하지만 이 모든 기술을 알고 있는 전문가가 될 필요는 없다. 다양한 종류의 데이터 과학 전문 분야를 [그림 1-1]에 담았지만 항상 직업과 연결되지는 않는다. 설령 그렇다 하더라도 많은 기업에서 해당 분야의 직업을 다르게 부른다.

그렇다면 각 구성 요소는 무엇을 의미할까?

1.1.1 수학과 통계학

기본적인 수준에서 수학과 통계학 지식은 데이터 활용 능력과 같다. 다음과 같이 세 단계로 나눌 수 있다.

- **기술이 있을 때**: 어떤 것이 가능한지 모르면 기술을 사용할 수 없다. 데이터 과학자가 유사한 고객을 그룹화한다면 가장 먼저 통계적 방법(클러스터링)에 대해 알아야 한다.

- **적용 방법**: 데이터 과학자는 다양한 방법을 알고 있겠지만 적용하기 복잡하다는 것도 알아야 한다. 해당 방법을 적용할 코드 작성뿐만 아니라 구성 방법도 마찬가지다. 데이터 과학자가 고객을 그룹화하고자 k-평균 클러스터링을 사용한다면 R과 파이썬 같은 프로그래밍 언어로 k-평균 클러스터링을 구현하는 법을 알아야 한다. 생성할 그룹 개수와 같이 기법 내 파라미터를 조정하는 방법도 이해해야 한다.
- **시도해볼 것**: 데이터 과학에 사용할 수 있는 기술이 너무 많아서 데이터 과학자는 기술이 잘 동작하는지 빠르게 확인할 수 있어야 한다. 필자 회사에서는 고객을 그룹화할 때 클러스터링을 사용한다. 이외에도 수십 가지의 방법과 알고리즘이 있다. 데이터 과학자는 여러 방법을 시도하기보다 몇 가지 방법에만 집중하는 게 좋다.

이런 기술들은 데이터 과학에서 지속적으로 사용된다. 전자 상거래 업체에서 일하고 있으며 비즈니스 파트너가 평균 주문 금액이 가장 높은 국가에 관심을 두고 있다고 가정해보자. 데이터를 활용할 수 있다면 이 질문에 쉽게 답할 수 있다. 단순히 정보를 제시하고 결론을 도출하기에 앞서 더 나아가보자. A 국가로부터 100달러에 주문 한 건을 받고 B 국가로부터 평균 75달러에 1,000건의 주문을 받았다면 A 국가가 더 높은 평균 주문 가치를 지니는 게 맞다. 그렇다면 주문 수를 늘리고자 A 국가의 광고에 반드시 투자해야 할까? 그렇지 않다. 데이터 포인트가 하나뿐이고 이상치일 수 있다. A 국가의 주문이 500개라면 통계적 검증으로 평균 주문 금액이 얼마나 다른지 확인할 수 있다. 즉 A, B 국가 간 차이가 정말로 없다면 여러분은 차이점을 볼 수 없다. 어떤 접근 방법이 합리적이고 어떤 것을 고려해야 하며 어느 결과가 중요하지 않은지 여러 검증 단계가 필요하다.

1.1.2 프로그래밍과 데이터베이스

프로그래밍programming과 **데이터베이스**database는 회사 데이터베이스에서 데이터를 가져와서 깔끔하고 효율적이며 유지 보수가 훌륭한 코드로 작성하는 기술을 말한다. 데이터 과학자는 미리 정의된 결과를 생성하기보다 확장 가능한 분석이 이뤄지는 코드를 작성해야 한다. 이를 제외하고는 여러 면에서 소프트웨어 개발자가 알아야 할 부분과 유사하다. 기업마다 데이터 구성이 다르며 데이터 과학자에게 정해진 기술은 없다. 다만 데이터베이스에서 데이터를 가져오는 방법, 데이터 정리, 조작, 요약, 시각화, 공유 방법을 알아야 한다.

대부분 데이터 과학 업무는 R이나 파이썬을 주요 언어로 사용한다. R은 통계학을 기반한 프로그래밍 언어이다. 일반적으로 통계 분석 및 모델링, 시각화, 결과 보고서 생성 등에 적합하다. 파이썬은 범용 소프트웨어 개발 언어로 시작된 프로그래밍 언어로 데이터 과학 분야에서 큰 인기를 끌고 있다. 파이썬은 대용량 데이터셋 작업, 머신러닝 및 실시간 알고리즘(아마존의 추천

엔진)에서 더 훌륭하다고 알려져 있다. 하지만 두 언어는 많은 기여자contributor의 노력으로 비슷한 수준이 됐다. 데이터 과학자는 R을 사용해 일주일에 수백만 번 실행되는 머신러닝 모델을 만드는 동시에 파이썬에서 깔끔하고 보기 좋은 통계 분석을 한다.

R과 파이썬은 다양한 이유로 데이터 과학 분야에서 유명한 언어다.

- 둘 다 오픈 소스 언어이고 무료다. 많은 사람과 기업, 조직, 기여자가 코드를 제공한다. 데이터 수집, 조작, 시각화, 통계 분석, 머신러닝을 할 수 있는 다양한 패키지 및 라이브러리(코드 집합)도 많다.
- 사용자가 워낙 많아 코드 실행 중 문제가 발생하면 도움을 받기 쉽다. 아직 많은 기업에서 SAS, SPSS, 스타타stata, 매트랩matlab 등과 같은 상용 프로그램을 사용하기도 하지만 R과 파이썬으로 옮기는 추세이다.

대부분 데이터 과학 분석이 R이나 파이썬으로 이뤄지지만 데이터를 가져올 때는 데이터베이스 작업을 위해 SQL 언어를 사용한다. SQL은 데이터베이스에서 데이터를 조작 및 추출 시 사용하는 프로그래밍 언어다. 일일 주문량이 어떻게 변화할지 예측하기 위해 기업 내 고객 주문 레코드 수억 개를 분석한다고 가정해보자. 먼저 일자별 주문량을 가져오려면 SQL 쿼리query를 작성해야 한다. 그다음 일일 주문량을 가져와서 R이나 파이썬으로 통계 예측을 실행한다. 이런 이유로 SQL은 데이터 과학 커뮤니티에서 인기가 높다. SQL을 모르면 더 이상의 진행이 어려울 정도다.

마지막으로 중요한 부분은 이전 코드가 어떻게 변경됐는지 추적하는 버전 관리다. 버전 관리를 통해 파일을 저장하고 이전 시간으로 되돌리며 누가 어떤 파일을 어떻게, 언제 변경했는지 확인할 수 있다. 데이터 과학과 소프트웨어 공학에서 매우 중요하다. 누군가 실수로 잘못된 코드를 저장하면 되돌리거나 어디가 바뀌었는지 확인할 수 있어야 한다.

버전 관리에서 많이 사용되는 시스템인 깃git은 웹 기반으로 호스팅한 깃허브github와 결합하여 종종 사용된다. 깃은 **커밋**commit을 통해 변경 사항이 저장되고 다시 돌아가거나 각 커밋에 어떤 변경이 있었는지 프로젝트의 전 과정을 보고 되돌릴 수 있다. 두 명이 같은 파일로 각각 작업할 때 한 명이 실수로 삭제하거나 덮어 쓰는 문제를 방지할 수 있다. 엔지니어링 팀이 있는 많은 기업에서 코드를 공유하거나 제품화한다면 깃을 사용해야 한다.

프로그래밍을 못해도 데이터 과학자가 될 수 있을까?

그래픽 인터페이스인 엑셀, 태블로tableau, 기타 비즈니스 인텔리전스 도구만 사용해도 데이터 업무가 가능하다. 코드를 작성하지 않지만 R이나 파이썬 같은 언어와 거의 동일한 기능이 있다. 많은 데이터 과학자가 사용한다. 그렇다면 완벽한 데이터 과학 도구킷toolkit이 될 수 있을까? 그렇지 않다. 프로그래밍이 필요 없는 데이터 과학 팀이 있는 회사는 거의 없다. 프로그래밍에는 이 도구들에 없는 장점이 있다.

첫 번째는 재생산성이다. 마우스 커서로 클릭만 하는 소프트웨어를 사용하지 않고 사용자가 직접 코드를 작성하면 매일 또는 6개월 후 데이터가 변경될 때마다 코드를 다시 실행할 수 있다. 버전 제어와도 연결된다. 즉 코드가 변경될 때마다 파일 이름을 바꾸지 않고 전체 기록을 볼 수 있는 하나의 파일로 저장할 수 있다.

두 번째는 유연성이다. 태블로는 그래프 기능이 없어서 전혀 그릴 수 없다. 프로그래밍으로는 도구 개발자가 생각지도 못한 방법을 만들어 자신만의 코드로 작성할 수 있다.

마지막으로 R과 파이썬 같은 오픈 소스 언어는 커뮤니티 기여가 크다. 개발자 수천 명이 패키지나 코드를 개발해 깃허브에 공개한다. 다른 사람의 코드로 본인의 문제를 스스로 해결할 수 있어서 기능을 추가해야 할 때 다른 업체에 의지하지 않아도 된다.

1.1.3 비즈니스 이해

충분히 발전된 기술은 마법과 같다.

— *아서 C. 클라크*Arthur C. Clarke

기업은 데이터 과학이 어떻게 작용하는지 다양한 방식으로 이해한다. 경영진은 특정 일이 이뤄지기 바라며 데이터 과학 유니콘 기업에 의지하기도 한다. 데이터 과학은 비즈니스 상황을 데이터 문제로 바꾸고 답을 찾은 후 비즈니스 솔루션으로 만드는 방법을 알아내는 것이 핵심이다. 기업에서 '고객 수가 왜 감소하는가?'라고 물었을 때 대답으로 가져올 '고객 이탈 원인'이라는 파이썬 패키지는 없다. 질문에 데이터로 어떻게 답할 것인가는 데이터 과학자에게 달려 있다.

데이터 과학의 목표가 현실의 실용성과 정면으로 만나는 부분인 비즈니스를 이해해야 한다. 특정 기업의 데이터가 어떻게 저장되고 업데이트되는지 모르면서 해당 정보를 요청해서는 안 된다. 회사가 구독 서비스 기업이라면 데이터는 어디에 저장될까? 새로운 구독자가 생기면 무슨 일이 일어날까? 구독자 행이 업데이트되는가 아니면 다른 행이 테이블에 추가되는가? 작업해야 하는 데이터가 오류이거나 일치하지 않는가? 이런 질문들에 답을 할 수 없다면 '2019년 3월 2일 가입자가 몇 명이었는가?'라는 기본적인 질문에도 대답할 수 없다.

비즈니스를 이해하면 여러분이 어떤 질문을 해야 하는지 아는 데 도움을 준다. 이해관계자가 '다음엔 무엇을 해야 하는가?'라는 말을 하는 것은 '왜 돈이 더 없는가?'라는 질문과 같다. 더 많은 질문을 만드는 질문이다. 핵심 비즈니스(또는 관련 특성)에 대한 이해를 높이면 상황을 더 잘 분석할 수 있다. 구체적으로는 '어느 제품군에 대한 안내가 필요한가?' 또는 '특정 고객층의 더 많은 참여가 필요한가?' 등이 있다.

비즈니스에 대한 이해는 청중에 맞춰 발표하고 보고서를 작성하듯이 일반적인 비즈니스 능력을 높일 수 있다. 통계학 박사로 가득 찬 방에서 우수한 방법론을 주제로 토론하거나 수학 수업을 듣지 못해 수학 관련 지식이 전무한 부사장 앞에 서게 될 수도 있다. 상대방을 무시하지 않으면서, 그렇다고 지나치게 복잡하지도 않게 설명해야 한다.

마지막으로 직책이 높아질수록 어느 사업이 데이터 과학의 이점을 잘 이용할 수 있는지 한눈에 파악할 수 있어야 한다. 회사의 예측 시스템을 구축하고 싶지만 재무 지원이 없다면 경영진의 일원이 되어 이 문제를 해결해야 한다. 경력 있는 데이터 과학자는 머신러닝의 한계와 본인의 역량, 자동화의 장점을 알고 있기에 머신러닝이 필요한 부분을 세심히 살펴볼 수 있다.

데이터 과학은 사라질까?

데이터 과학이 10년이나 20년 후에도 지속될 것인가의 질문에 대한 답으로 두 가지 우려가 있다. 첫 번째는 데이터 과학이 자동화될 것이고, 두 번째는 데이터 과학의 공급이 과잉되어 고용 시장의 거품이 터진다는 것이다.

데이터 과학의 일부분이 자동화되는 것은 맞다. 자동화된 머신러닝automated machine learning(AutoML)은 여러 모델과 성능을 비교하는 것이 가능해질 뿐만 아니라 데이터 준비(변수 스케일링)와 같은 auto ml부분에 유용하게 사용할 수 있다. 이는 데이터 과학 과정의 극히 일부분이다. 자체 데이터를 생성해야 할 때 완전히 적합한 데이터를 정리하는 것은 쉽지 않다. 일반적으로 데이터 생성은 사용자 경험 연구원 및 엔지니어와 협업하여 이뤄지며 사용자의 행동을 조사하거나 기록하여 분석에 활용한다.

고용 시장의 거품이 터질 가능성을 1980년대 소프트웨어 엔지니어와 비교해보자. 컴퓨터의 가격이 하락하고 성능이 향상되면서 대중성이 가속화됐다. 컴퓨터가 모든 것을 대체하고 프로그래머가 사라질 것이라고 예상했다. 하지만 정반대의 상황이 되었다.

미국에는 소프트웨어 엔지니어가 12만 명 이상 있다(*https://www.bls.gov/ooh*). '웹마스터'라는 직업은 사라졌지만 훨씬 더 많은 사람이 웹사이트 개발 및 유지 보수, 성능 향상 등과 관련된 일을 한다.

앞으로 데이터 과학이 더욱 전문화되면 '데이터 과학자'라는 일반적인 이름은 사라질 수 있다. 하지만 많은 기업이 여전히 데이터 과학을 활용하는 초기 단계에 있으며 풀어야 할 과제가 아직 많이 남아 있다. 따라서 더 전문화되고 세분화된 직업이 생겨날 것이다.

1.2 여러 가지 데이터 과학 업무

데이터 과학의 세 가지 핵심 기술(1.1절 참조)은 다양한 직업과 섞여 조화를 이루기도 한다. 하지만 이 기술들은 데이터 과학자의 핵심 역량이고 서로 결합되어 분석, 머신러닝, 의사결정이라는 세 가지 주요한 영역과 연결된다. 세 영역은 기업에 다른 목적과 근본적으로 다른 결과물을 전달한다.

데이터 과학자가 되기 위해 취업을 준비하고 있다면 직무명보다는 해당 직무에서 하는 일을 자세히 살펴보는 게 좋다. 해당 업무에 종사하는 직원의 학위나 이전 업무를 살펴보는 것도 좋다. 비슷한 업무를 하지만 직무가 다르거나 데이터 과학자이지만 다른 업무를 보는 경우가 종종 있다. 다음 절에서는 다양한 데이터 과학 업무를 살펴볼 것이다. 참고로 회사에 따라 실제 직무 및 직명은 다를 수도 있다.

1.2.1 분석

데이터 분석가data analyst는 데이터를 가져와서 적합한 사람들에게 전달한다. 기업의 연간 목표를 설정한 다음 매주 진행률을 살펴볼 수 있는 대시보드가 있거나 국가 및 제품 유형별로 개수를 쉽게 구분하도록 구축할 수도 있다. 이때 많은 데이터를 정리하고 준비해야 한다. 일반적으로 데이터를 해석하는 일은 드물다. 데이터 품질 문제를 파악하고 해결할 수 있어야 하지만 해당 데이터로 의사결정을 내리는 주요 담당자는 비즈니스 파트너. 데이터 분석가는 회사 내부의 데이터를 가져와서 형식에 맞게 정리하고 효과적으로 정리하며 이를 다른 담당자에게 전달하면 된다.

데이터 분석가의 업무에서는 통계학 및 머신러닝 지식이 필요하지 않아 몇몇 담당자와 기업은 데이터 과학이 아니라고 한다. 하지만 효과적인 시각화 구현, 다른 유형의 데이터 과학 업무에 필요한 기술인 특수한 데이터 변환과 같이 많은 역할을 한다. 데이터 분석가에게 시간에 따른 구독자 변화량을 보여주는 자동 대시보드를 만들고 특정 제품이나 지역 구독자의 데이터만 필터링하는 업무가 주어진다고 가정해보자. 데이터 분석가는 회사 내 적합한 데이터를 찾고 일일 구독자를 주간 구독자 수로 바꾸는 등 데이터를 적절하게 변환하는 법을 찾는다. 그 후 보기에도 좋고 문제없이 자동 업데이트되는 훌륭한 대시보드를 만든다.

- 요약: 데이터 분석가는 **데이터를 전달할 대시보드와 보고서를** 만든다.

1.2.2 머신러닝

머신러닝 엔지니어machine learning engineer는 머신러닝 모델을 개발하고 계속 사용할 수 있는 제품에 적용한다. 전자 상거래 홈페이지의 검색 결과로 순위 알고리즘을 최적화, 추천 시스템 제작, 특정 모델 적용 후 성능이 저하되지 않았는지 확인하는 등의 작업을 할 수 있다. 머신러닝 엔지니어는 사람들을 설득하는 시각화보다는 데이터 과학과 관련된 프로그래밍 업무에 더 많은 시간을 투자한다.

업무의 결과가 기기에 우선적으로 사용된다는 점은 다른 데이터 과학 직무와 비교했을 때 가장 큰 차이점이다. 머신러닝 엔지니어는 API, 애플리케이션 프로그래밍 인터페이스 등 다른 기기로 변환되는 머신러닝 모델을 개발한다. 다른 데이터 과학자와 달리 소프트웨어 엔지니어에 가깝다고 볼 수 있다. 머신러닝 엔지니어에게 코딩은 필수 조건이다. 머신러닝 엔지니어는 코드를 다른 사람이 사용할 수 있도록 실행하고 테스트하며 작성해야 한다. 대부분 컴퓨터 과학을 기초로 한다.

머신러닝 엔지니어로 일하면 웹사이트 방문 고객이 주문할 확률을 예측하는 머신러닝 모델을 만들어 달라고 부탁받을 수 있다. 기업의 과거 데이터를 찾아 머신러닝 모델에 학습시키고 이 모델을 API로 변환해 웹사이트에 적용하게 된다. 모델에 문제가 생기면 머신러닝 엔지니어가 해결해야 한다.

- 요약: 머신러닝 엔지니어는 **연속으로 실행되는 모델을** 만들어야 한다.

1.2.3 의사결정론

의사결정 전문가decision scientist는 기업의 기존 데이터를 의사결정하는 데 도움을 주는 정보로 바꾼다. 다양한 수학적 및 통계적 방법을 깊이 이해하고 비즈니스 의사결정에 익숙해야 한다. 비전문가가 도표나 시각화 자료를 봤을 때 해당 분석을 이해할 수 있어야 한다. 의사결정 전문가는 프로그래밍을 많이 하지 않는다. 특정 부분만 분석하면 돼 일반적으로 한 번만 프로그래밍한다. 비효율적이고 유지 보수가 힘든 코드는 관리하지 않는다.

기업 내 다른 담당자의 요구는 무엇이고 구체적인 정보를 어떻게 만드는지 반드시 알아야 한다. 마케팅 담당자는 의사결정 전문가에게 기념일 선물 추천에 어떤 제품군을 강조해야 할지 물어볼 수 있다. 이때 의사결정 전문가는 선물 추천 서비스를 제공하지 않았을 때 어떤 제품이 잘 팔렸는지 조사하고 사용자 연구 팀과 함께 설문 조사 결과 등을 살펴보며 행동 과학 법칙을 기반으로 최적의 제품을 분석한다. 제품 담당 관리자 및 부사장, 기타 비즈니스 담당자와 공유할 최종 결과는 파워포인트 프레젠테이션이나 보고서 형태가 된다.

의사결정 통계적 지식을 활용해 기업의 의사결정에 도움을 주기도 한다. 예를 들어 기업의 활동을 분석하는 시스템을 운영할 수 있다. 여러 기업에서 온라인 실험, A/B 테스트[1]로 변화가 효과적인지 살펴본다. 여기서 말하는 변화는 새 버튼을 추가하는 것만큼 쉽거나 검색 결과의 순위 시스템을 변경하고 페이지를 재구성하는 것만큼 복잡할 수도 있다. A/B 테스트에서 방문자는 두 개 이상의 조건 중 하나(예: 절반은 홈페이지의 이전 버전인 '대조군', 나머지 절반은 새로운 버전인 '처리군')에 무작위로 배정된다. 실험을 시작하면 각 행동은 처리군의 사람이 제품을 사는 것처럼 기업이 원하는 행동의 비율이 더 많은지 비교한다.

무작위로 처리한 대조군과 처리군의 기준이 일치하는 경우는 극히 드물다. 동전 두 개를 100번 던졌을 때 첫 번째 동전의 앞면이 52번, 두 번째 동전의 앞면이 49번 나왔다고 가정해보자. 이때 첫 번째 동전에서 앞면이 나올 확률이 더 높다고 할 수 있을까? 그렇지 않다. 하지만 A/B 테스트를 본 비즈니스 파트너는 구매 전환율이 대조군 5.4%, 처리군 5.6%라는 걸 보고 해당 처리가 성공적이었다고 본다. 이처럼 의사결정 전문가는 데이터 해석과 실험을 어떻게 해야 잘 설계하는 것인지에 대한 도움을 준다.

- 요약: 의사결정 전문가는 **분석**을 통해 추천한다.

---

1 옮긴이_ 기존 버전(A)과 변경 버전(B)을 종합적으로 대조하는 실험으로 분할-실행 테스트라고도 한다.

1.2.4 관련 직업

데이터 과학 업무는 크게 세 가지 유형으로 나눌 수 있지만 여기에 속하지 않는 업무의 직업도 있다. 해당 직업과 관련된 주변 직업을 이해하는 것도 중요하다. 주변 직업의 동료와 협업해야 할 수도 있다. 다음에 소개하는 직업에 관심이 있다면 이 책과는 관련이 적을 수 있다.

비즈니스 인텔리전스 분석가

비즈니스 인텔리전스 분석가business intelligence analyst는 의사결정 전문가의 업무와 유사하지만 의사결정 전문가보다 전문적인 통계학 및 프로그래밍 지식은 적게 사용한다. 도구 및 정교한 결과를 생성하는 기술이 부족해 의사결정 전문가와 역할이 비슷하다고 할 수 있다.

머신러닝, 프로그래밍, 통계적 방법 등을 활용하고 싶다면 비즈니스 인텔리전스 분석가는 새로운 기술을 익힐 기회가 적어 실망할 수 있다. 일반적인 데이터 과학 직무보다 임금과 권위 또한 낮다. 하지만 데이터 과학자가 되기 위한 좋은 출발점이 될 수 있다. 비즈니스 환경에서 데이터를 사용해본 적이 없다면 더욱 그러하다. 비즈니스 인텔리전스 분석가로 시작하여 데이터 과학자로 성장하고 싶다면 R과 파이썬 프로그래밍 같은 새로운 기술을 배우도록 하자.

데이터 엔지니어

데이터 엔지니어data engineer는 데이터베이스의 데이터를 유지 보수하고 사람들에게 필요한 데이터를 제공한다. 동료가 보고서를 실행 및 분석하거나 모델을 개발할 수 있도록 데이터베이스의 데이터를 깔끔하게 저장하고 형식에 맞게 정리하는 일을 한다. 데이터 엔지니어는 대규모 클라우드의 데이터베이스에 있는 모든 고객 레코드를 유지하며 요청에 따라 해당 데이터베이스에 새 테이블을 추가한다. 데이터 과학자와는 상당히 다른 직무이며 수요가 많은 직무이다.

회사 내 실험적 시스템의 데이터 백엔드 구성 요소를 구축한다. 실행 시간이 길면 데이터 처리 흐름을 고치는 데 도움이 된다. 배치 및 스트리밍 환경을 개발 및 모니터링해 수집 및 처리하고, 데이터 스토리지 등을 관리한다.

데이터 공학에 관심이 있다면 컴퓨터 과학 관련 기술력을 키워야 한다. 데이터 엔지니어 대부분은 이전에 소프트웨어 엔지니어였다는 점을 명심하자.

연구원

연구원research scientist은 회사의 다른 데이터 과학자가 자주 사용하는 도구, 알고리즘, 방법론 등을 새로이 개발하고 구현한다. 대부분 박사 과정을 졸업해야 하는 것은 물론 컴퓨터 과학, 통계학, 양적 사회 과학 등의 관련 분야를 전공해야 한다. 몇 주 동안 온라인 실험의 영향력을 높이는 방법과 새로운 딥러닝 알고리즘을 구축하는 방법을 연구하거나 자율주행차의 이미지 인식 정확도를 1%라도 더 높이는 데 몰두한다. 회사에서는 거의 사용하지 않지만 기업의 가치를 높이고 해당 분야의 발전에 도움이 되는 연구 논문을 쓰기도 한다. 매우 구체적인 배경을 요구하는 직무이기에 이 책에서는 깊게 다루지 않는다.

1.3 자신만의 길 정하기

3장에서는 데이터 과학 기술을 얻기 위한 방법과 장단점 및 선택 요령에 대해 살펴본다. 어느 분야의 데이터 과학자 전문가로 나아갈지 3장에서 곰곰이 생각해보길 바란다. 여러분은 어떤 경력이 있는가? 필자는 엔지니어, 심리학 교수, 마케팅 담당자, 통계학과 학생, 사회 운동가였던 사람들이 데이터 과학자가 된 사례를 본 적이 있다. 데이터 과학과 전혀 관련 없는 직업과 학업에서 얻은 지식의 많은 부분은 데이터 과학자가 되는 데 큰 도움이 된다. 데이터 과학 분야에서 일한다면 세 영역 중 어디로 가고 싶은지 생각해보자. 지금 분야가 좋은지 아니면 다른 데이터 과학 업무로 옮기고 싶은지 생각해보는 것이 좋다. 물론 업무 이동도 가능하다.

비키 보이키스: 누구나 데이터 과학자가 될 수 있을까?

데이터 과학 분야의 모든 낙관주의(그리고 기사에 기재된 급여)와 함께 특히 데이터 과학 직종 범위가 지속적으로 커지는 것을 보면 데이터 과학자가 왜 매력적인지 쉽게 알 수 있습니다. 데이터 과학 분야의 신입으로서 데이터 과학 시장이 향후 몇 년 동안 어디로 향할지 현실적인 시각으로 바라봐야 합니다.

오늘날 데이터 과학 분야에 영향을 미치는 몇 가지 추세가 있습니다. 첫째, 데이터 과학 분야는 10년 동안 대중 매체의 과대 광고, 조기 채택, 통합이라는 하이프 사이클hype cycle[2]의 초기 단계를 거쳤습니다. 언론에서는 데이터 과학 분야를 지나치게 부풀려 다루고 있으며, 실리콘밸리에 있는 많은 기업에서는 빠른 성장을 위해 이를 채택했습니다. 또한 스파크, AutoML과 같은 데이터 과학 워크플로 도구셋이 표준화됐습니다.

둘째, 그 결과 대학 내 새로운 데이터 과학 프로그램 및 온라인 강좌인 부트캠프에서 새로운 데이터 과학자를 과잉으로 공급했습니다. 대부분의 데이터 과학 직무, 특히 초보 수준에서 20명이던 지원자 수는 직무당 100명 이상으로 증가했죠. 모집 단위당 이력서 500개를 보는 일이 흔한 일이 됐습니다.

셋째, 도구셋의 표준화와 충분한 노동력, 해당 분야에 경험이 많은 사람의 수요는 데이터 과학 직무의 보급 방식을 변하게 했고 데이터 과학 직무와 업무의 계층화를 만들었습니다. 예를 들어 어떤 회사에서는 '데이터 과학자'가 모델을 만들고 어떤 회사에서는 (직무는 동일하지만) SQL 분석을 주로 다루는 일을 합니다.

이는 데이터 과학에 새로이 입문하려는 사람에게 중요한 의미를 지닙니다. 첫 번째는 취업 시장의 경쟁이 매우 치열하고 혼잡해졌다는 점입니다. 특히 일반직(대학교 졸업생 등)이나 다른 곳에서 이직한 수천 명의 후보자와 경쟁하는 사람에게는 더욱더 그렇습니다. 두 번째는 비전공자들이 블로그 및 언론에서 잘못 묘사되는 데이터 과학 직무에 지원하게 될지도 모릅니다. 즉 단순하게 알고리즘을 작성하고 구현하는 일을 할 수도 있습니다.

이상의 사항을 통해 처음부터 다른 이력서와 차별화하는 것이 어렵다는 것을 알 수 있습니다. 이 책에서 설명하는 방법이 많게 보일 수도 있지만 치열한 채용 시장 속에서 여러분을 돋보이게 할 겁니다. 새롭고 경쟁이 치열한 데이터 과학 환경에 꼭 필요한 내용들입니다.

---

2 옮긴이_ 미국의 정보 기술 연구 및 자문 회사인 가트너에서 기술의 성숙도를 표현하기 위해 개발한 시각적인 도구이다.

1.4 로버트 창 인터뷰

로버트 창Robert Chang은 에어비앤비의 데이터 과학자로 에어비앤비 플러스 제품을 담당한다. 이전 회사인 트위터에서 제품 분석 및 데이터 파이프라인 개발, 실험 수행, 모델 생성 등을 담당했다. 로버트의 블로그(*Medium.com/@rchang*)에서 데이터 엔지니어링과 데이터 과학이 처음인 사람을 위한 글, 에어비앤비와 트위터에서의 업무에 관한 글을 볼 수 있다.

Q 데이터 과학자로서 첫 여정을 시작한 곳은 어디인가요?

A 첫 회사는 『워싱턴 포스트』의 데이터 과학자였습니다. 2012년 학업을 마치고 바로 취업하고 싶었지만 무엇을 하고 싶은지 몰랐죠. 그저 막연하게 『뉴욕 타임스』의 경험으로 데이터 시각화 전문가가 되고 싶었습니다. 교내 채용 박람회에서 『워싱턴 포스트』의 채용 공고를 봤을 때 아무것도 몰랐습니다. 다른 회사는 찾아보지도 않고 『뉴욕 타임스』에서 했던 업무와 유사하리라 생각해 해당 직무에 지원했습니다.

데이터 시각화와 모델링이 모두 필요한 직무였지만 이는 데이터 시각화 전문가가 아닌 데이터 엔지니어라는 직업이었습니다. 대부분 업무는 ETL(추출, 변형, 로딩) 파이프라인 구성, SQL 스크립트 재실행, 경영진에게 최고 수준의 분석을 보고하기 위한 보고서를 꼼꼼히 확인하는 것이었습니다. 제가 추구하는 방향과 회사가 정말 필요한 부분이 달라 결국 퇴사를 결심했습니다.

트위터와 에어비앤비에서 일하면서 데이터 과학은 특별하지 않고 평범하다는 것을 깨달았습니다. 데이터 기능을 구축할 때 계층별로 구축해야 했습니다. 이때 모니카 로게티Monica Rogati의 블로그에 있는 데이터 과학의 계층 구성에 관한 유명한 글(*http://mng.bz/ad0o*)을 참고했습니다. 매우 정확하게 쓴 훌륭한 글입니다. 하지만 그 당시 제게는 새로운 내용이어서 실제로 어떻게 데이터 과학 업무가 이뤄지는지 알 수 없어 이해하는 데 한계를 느꼈습니다.

Q 데이터 과학 직무는 어떻게 찾나요?

A 데이터 과학 직무를 찾는다면 해당 회사의 데이터 인프라 구조에 대해 알아봐야 합니다. 데이터 웨어하우스data warehouse에 저장되지 않은 원본 데이터가 많은 회사에 입사하면 분석과 실험, 머신러닝에 흥미를 가질 때까지 오랜 시간이 걸립니다. 원했던 업무가 아니라면 회사의 상태와 여러분이 조직에 기여하고자 하는 방식에 간극이 생깁니다.

이를 평가하기 위해서는 '데이터 인프라 팀이 있는가?', '팀원들은 얼마나 오래 일했는가?', '데이터 스택이 어떻게 되는가?', '데이터 엔지니어링 팀이 있는가?', '데이터 과학자들과 어떻게 협업하는가?', '신제품을 만들 때 기록을 분석하거나 데이터 테이블을 만들어 데이터 웨어하우스에 넣는 과정이 있는가?' 등의 질문이 필요합니다. 질문에 대한 답이 명확하지 않다면 해당 업무를 책임지는 팀원이 되어 꽤 많은 시간을 투자해야 할지도 모릅니다.

그다음 세 부류의 팀원을 찾아야 합니다. 첫째, 데이터 과학자가 되고 싶지 않다면 경험이 많은 리더가 있는 데이터 과학 조직을 찾아야 합니다. 숙련된 리더는 데이터 과학자의 생산성이 높아지도록 우수한 인프라 및 워크플로를 구축하고 유지하는 법을 알고 있습니다. 둘째, 지속적으로 배우길 원하는 담당자를 찾아야 합니다. 마지막으로, (특히 첫 회사라면) 기술 책임자 및 실무 능력이 뛰어난 선배 데이터 과학자를 찾아야 합니다. 여러분의 일상 업무에 가장 많은 도움을 줄 동료가 될 겁니다.

Q 데이터 과학자가 되기 위해 필요한 기술은 무엇인가요?

A 어떤 직무를 찾는지 그리고 고용주가 어느 기준으로 정했는지에 따라 다릅니다. 일반적으로 상위급 기업은 높은 진입 장벽 또는 지나치게 높은 기준이 있습니다. 여러분이 원하는 회사에 들어가려는 지원자는 많습니다. 이들은 보통 유니콘 기업을 찾습니다. R이나 파이썬을 활용한 데이터 관련 기술을 갖고 있을 뿐만 아니라 ETL 파이프라인 구축, 데이터 엔지니어링, 실험 설계 및 모델을 제작한 실무 경험까지 있을 겁니다. 이는 다른 지원자에게 많은 부담을 줍니다. 이런 기술들은 언젠가는 배우게 될 기술이고 문제를 해결하는 데 매우 유용하게 사용될 겁니다. 하지만 데이터 과학에 반드시 필요한 것은 아닙니다.

R, 파이썬, 초급 수준의 SQL을 안다면 이미 데이터 과학을 시작하는 데 꽤 좋은 위치에 있는 겁니다. 앞으로 더 많은 것을 배우면 본인의 진로를 계획하는 데 큰 도움이 될 겁니다. 앞서 다룬 내용은 필수 조건이 아닙니다. 배움에 대한 호기심이 더 중요합니다. 우수한 IT 기업에서 일하고 싶다면 필요할 수도 있지만, 이는 해당 업무에서 정말 필요한 것이 아닌 신호 효과signaling effect[3] 때문일 겁니다. 경쟁력 있는 유명한 기업에 입사하고 싶다면 현재 가진 데이터 과학 분야에서 필요한 핵심 기술과 그렇지 않은 기술을 구분할 수 있어야 합니다.

---

3 옮긴이_ 정보의 비대칭 상황에서 더 많은 정보와 높은 경쟁력을 가진 사람이 본인의 우월성을 드러내는 목적으로 특정 수단을 사용할 때 나타나는 효과를 의미한다.

1.5 마치며

- 데이터 과학 기술은 직무와 직책에 따라 다양하다. 데이터 과학자는 기본적인 지식만 알고 모든 분야에 전문가가 될 필요가 없다.
- 데이터 과학 업무는 여러 영역이 있다. 담당자에게 올바르고 정제된 데이터를 전달하는 업무(분석), 제품에 머신러닝 모델을 적용하는 업무(머신러닝), 데이터를 활용해 결정하는 업무(의사결정론)가 있다.

CHAPTER 2

데이터 과학 기업

이 장의 주요 내용

◆ 데이터 과학자를 고용하는 기업

◆ 각 기업의 장단점

◆ 각 직무에서 살펴봐야 할 기술 스택

1장에서 다뤘듯이 데이터 과학자는 다양한 영역에서 연구원, 머신러닝 엔지니어, 비즈니스 인텔리전트 전문가 등 여러 역할을 한다. 데이터 과학자로서 여러분이 하는 일은 역할에 따라 다르지만 회사에 주는 영향은 같다. 대기업과 중소기업, 기술 산업과 전통 산업, 기성 기업과 신성 기업 모두 집중해야 할 프로젝트, 지원 기술 및 팀 문화에 영향을 미친다. 몇 가지 유형의 기업만 잘 이해한다면 데이터 과학 직무나 회사를 찾을 때 잘 준비할 수 있다.

이번 장에서는 일반 기업이 매일 어떤 일을 하는지 알아본다. 데이터 과학자를 고용하는 가상의 기업 다섯 곳을 소개한다. 실제로 존재하는 회사는 아니지만 우리의 연구 및 업무 경험을 바탕으로 광범위하게 적용할 수 있는 기본 사항을 보여준다. 두 회사가 정확히 일치하지 않지만 다섯 유형을 알면 유망한 기업을 발굴할 수 있다.

다섯 기업은 산업 트렌드에 기초했으며, 절대 정답은 아니다. 여기서 말하는 틀을 완전히 깨는 기업이나 다른 팀을 찾을 수도 있다. 이번 장에 등장하는 기업은 모두 가상이지만 데이터 과학자의 직무는 실제 회사에서 하는 일이다.

2.1 MTC: IT 대기업

- 유사 기업: 구글, 페이스북, 마이크로소프트
- 기업 연혁: 20년
- 직원 수: 8만 명

MTC는 텍스트 편집기, 서버 하드웨어와 같은 대규모 장비, 클라우드 서비스 판매, 소비자 생산성 소프트웨어 및 수많은 독자 비즈니스 솔루션을 보유한 기술 회사다. 큰 규모와 함께 자율주행 스쿠터 VR 기술처럼 특수 연구 개발 프로젝트에 투자한다. 대부분 직원은 R&D로 뉴스에 등장하지만 대부분 기술 인력은 기존 제품을 점진적으로 개선하고 기능을 추가하며 사용자 인터페이스를 개선하고 새 버전을 출시하는 엔지니어다.

2.1.1 MTC 내 수많은 팀

MTC에는 약 100명의 데이터 과학자가 일한다. 데이터 과학자들은 방대한 팀을 이뤄 제품과 부서를 도와주고 데이터 과학을 사용하지 않는 팀에 개별적으로 배치되어 지원한다. 팀별로 VR 헤드셋 데이터 과학자, 마케팅 데이터 과학자, VR 헤드셋 마케팅 데이터 과학자가 있으며 VR 헤드셋 공급망 팀에도 데이터 과학자 한 명을 배치한다.

데이터 과학 팀의 일원으로 참여하면 기술과 지식을 빠르게 습득할 수 있다. 대기업은 매일 새로운 직원을 채용한다. 노트북 제공은 물론 전문 도구 사용법을 교육하고 데이터에 접근할 수 있는 체계적인 절차를 갖추고 있다. 해당 팀에서 특정 영역에 집중해 데이터 과학 업무를 진행할 수 있다. 여기에는 경영진이 프로젝트 지원을 결정할 수 있도록 보고서 및 도표를 만드는 것이 포함될 수도 있다. 혹은 소프트웨어 개발자가 생산에 필요한 머신러닝 모델을 만들게 하는 것일 수도 있다.

MTC는 훌륭한 기술 기업으로 성장하면서 훌륭한 직원을 채용할 넓은 공간을 갖추게 되었다.

여러분이 속한 팀은 경험이 풍부한 사람들로 가득 차면서 점점 커질 것이다. 팀의 규모가 커지면 팀원들은 맡은 업무와 관련 없는 일을 하게 될 수 있다. 누군가는 R을 활용해 탐색적 분석을 관리자에게 보고하고, 또 다른 누군가는 파이썬을 활용해 옆 팀의 머신러닝 모델을 구축할 수도 있다. 팀의 규모가 커지는 것이 좋을 수도, 나쁠 수도 있다. 아이디어를 논의할 수 있는 전문 데이터 과학자가 많지만 대부분 여러분의 특정 작업에 익숙하지 않을 것이다. 하지만 팀의 체계는 잘 잡혀 있다. 직급이 높을수록 해당 분야의 경험이 많은 것은 물론 MTC에서 여러 부서를 상대한 경험도 많아 팀원의 의견을 잘 경청해주는 경향이 있다.

기업을 안정적으로 유지하는 데 팀의 업무가 도움이 된다. 월별 보고서를 작성하거나 분기별로 머신러닝 모델을 업데이트하고 지금까지 하지 못한 예측을 해보는 등 새로운 프로젝트를 시작할 수 있다. 팀 관리자는 다른 팀의 과한 데이터 과학 업무 요청과 단기적으로 팀을 돕는 혁신적이지만 불필요한 업무 사이에서 균형을 맞춰야 한다. MTC는 많은 현금을 보유하고 있어 다른 기업보다 훨씬 더 많이 R&D에 투자할 수 있다. 이는 흥미롭고 참신한 데이터 과학 프로젝트를 시도하려는 의지로 귀결된다.

2.1.2 진보된 기술, 회사에 고립된 기술

MTC는 대기업이다. 이 정도 규모의 조직은 범기업적 차원에서 다양한 유형의 기술을 사용해야 한다. 어떤 팀의 주문 및 고객 데이터는 마이크로소프트 SQL 서버Microsoft SQL server 데이터베이스에 저장하고 다른 팀은 레코드를 아파치 하이브apache hive에 보관한다. 데이터 저장 기술이 분리되어 있을 뿐만 아니라 데이터 자체도 분리되어 있을 수 있다. 어떤 팀은 고객 레코드를 전화번호로 색인화하고 다른 팀은 고객 색인에 이메일 주소를 사용한다.

MTC 규모의 대부분 기업은 자체 제작 기술 스택이 있다. MTC의 데이터 과학자로서 MTC에 특정 데이터를 쿼리하고 사용하는 구체적인 방법을 배워야 한다. 이런 전문 도구를 익히면 MTC 내 더 많은 액세스가 가능하다. 다만 습득한 지식을 다른 회사에 사용할 수는 없다.

여러분은 데이터 과학자로서 사용할 수 있는 여러 가지 도구가 있다. MTC는 워낙 크기 때문에 많은 사람이 사용하는 R과 파이썬 같은 주요 언어에 대한 지원이 풍부하다. 일부 팀에서는 SAS 또는 SPSS와 같은 유료 언어를 사용할 수도 있지만 드물다. 하스켈haskell과 같이 다른 사람이 거의 사용하지 않는 특수한 언어는 관리자에 따라 사용할 수도, 못할 수도 있다.

머신러닝 스택은 부서마다 크게 다르다. 일부 팀은 모델을 효율적으로 배치하고자 마이크로서비스microservice와 컨테이너container를 사용하는 반면 다른 팀은 구형 생산 시스템이다. 소프트웨어 배포를 위한 기술 스택이 다양해서 다른 팀의 API에 연결하는 것은 어려우며 현재 상황을 파악하고 이해할 수 있는 중심점이 없다.

2.1.3 MTC의 장단점

MTC에서 데이터 과학자는 훌륭한 회사의 화려한 직업이다. 기술 회사이기에 MTC의 직원은 데이터 과학자가 무엇이며 데이터 과학자가 할 수 있는 일이 무엇인지 잘 안다. 다른 직원이 데이터 과학자의 직무를 이해하는 것은 일을 쉽게 하는 데 큰 도움이 된다. 사내에 데이터 과학자가 많은 것은 일이 힘들 때 대규모 인맥 네트워크의 도움을 받을 수 있고 입사 및 필수 자원 접근을 위한 원활한 프로세스를 갖추고 있다는 것을 의미한다. 자신만의 틀에 갇히는 일은 드물다.

주변에 데이터 과학자가 많은 것은 장점이지만 단점이 되기도 한다. 많은 사람이 다양한 방법으로 기술 스택을 쌓아와서 복잡해져서 찾기 어려워진다. 재구성을 요청받은 분석은 퇴사한 직원이 모르는 언어로 작성했을 수 있다. 주위에 데이터 과학자가 많아 눈에 띄고 주목받는 게 어려울 수도 있다. 또한 너무나 많은 흔한 프로젝트는 이미 다른 데이터 과학자가 시작해 여러분이 작업할 수 있는 흥미로운 프로젝트를 찾는 게 어려울지도 모른다.

MTC는 자리를 확실히 잡은 기업이라 MTC의 데이터 과학자로 일하는 것은 안정적이다. 불안정한 상황으로 갈 위험성은 있지만, 재정이 부족할 가능성이 높은 스타트업에서 일하는 것과는 다르다. 대기업의 경영자는 해고보다는 일할 사람을 위한 새로운 팀을 구성하는 데 심혈을 기울인다. 해고는 해당 결정을 철저하게 지원해줄 수 있는 온갖 법적 문제가 발생한다.

MTC 내 많은 전문직이 있다는 것이 장점이자 단점이다. 데이터 엔지니어, 데이터 아키텍처, 데이터 과학자, 마케팅 연구원 등 모두 데이터 과학과 관련된 직무이다. 즉 업무를 전달해야 할 사람이 많다는 것을 의미한다. 데이터베이스를 직접 작성할 가능성은 적다. 여러분에게 비전문적인 일을 주기에는 좋지만 업무 능력을 늘릴 수 없다는 것을 의미한다. 또 다른 단점은 관료주의다. 대기업은 신기술, 콘퍼런스 참석, 프로젝트 등의 승인을 받으려면 임원의 허가가 있어야 한다. 몇 년 동안 작업한 프로젝트가 임원 간의 다툼으로 취소되거나 손해볼 수 있다.

MCT는 분석을 원하는 의사결정 전문가와 모델 구축 및 배치를 원하는 머신러닝 엔지니어를 도와 최첨단 기법으로 큰 문제를 해결하는 데 도움을 주는 데이터 과학자가 일하기 좋은 기업이다. 대기업은 해결해야 할 문제가 많지만 새로운 것을 시도할 수 있는 예산이 충분하다. 스스로 큰 결정을 내리지 못할 수도 있지만 각자 해당 결정에 기여한다. MCT는 의사결정자가 되어 모든 책임을 지려는 데이터 과학자에게는 좋지 않은 선택지다. 대기업은 이미 고정된 업무 방법, 프로토콜, 구조를 가졌다.

2.2 HandbagLOVE: 소매 업체

Handbag LOVE

- 유사 기업: 페이리스Payless, 배스 앤 비욘드Bed Bath & Beyond, 베스트바이Best Buy
- 기업 연혁: 45년
- 직원 수: 1만 5천 명(소매점: 1만 명, 본사: 5천 명)

HandbagLOVE는 미국 전역 250여 곳의 소매 체인점에서 지갑과 클러치를 판매하는 오랜 역사를 자랑하는 기업이다. 매장 배치와 고객 경험 개선 방안에 대해 잘 아는 전문가가 많다. 신기술 도입이 늦은 편이라 웹사이트와 앱을 공개하기까지 많은 시간이 걸렸다.

아마존을 비롯한 온라인 유통 업체의 시장 점유율이 높아지면서 HandbagLOVE의 매출이 감소했다. 위기감을 느낀 HandbagLOVE는 온라인 앱과 아마존의 알렉사alexa 기술에 투자한 후 이를 데이터로 활용하여 발전을 도모했다. 주문 및 고객에 대해 높은 수준으로 집계 통계를 계산하는 재무분석가를 수년 동안 고용했다. 최근에는 고객의 행동을 더 잘 이해하고자 데이터 과학자를 고용하려고 한다.

새롭게 구성된 데이터 과학 팀은 기존의 기업 실적 지표 보고서를 엑셀로 작성한 재무분석가를 기반으로 했다. 직원들을 우수한 데이터 과학자로 충원하면서 더욱 정교한 제품을 제공하기 시작했다. 이를 위해 R을 활용한 고객 성장 월간 통계 예측, 경영진이 판매를 쉽게 이해할 수 있는 대화형 대시보드, 고객 마케팅에 유용한 고객의 그룹화 및 세분화 등의 업무를 한다.

보통 조직에서 새로운 보고서와 분석에 힘을 실어주고자 머신러닝 모델을 만든다. 하지만 HandbagLOVE는 머신러닝 모델 생산에 지속적으로 투자하는 것과는 거리가 멀다. 웹사이트와 앱에 있는 모든 제품 추천은 회사 내에서 만들어진 것이 아니라 타사의 머신러닝 제품을 활용해 작동한다. 데이터 과학 팀에서 바꾸자는 이야기가 있었지만 시간이 얼마나 걸릴지는 아무도 모른다.

2.2.1 성장하고 싶은 작은 조직

팀은 생소한 머신러닝을 배우기보다 보고를 할 수 있는 데이터 과학자에게 많이 의지한다. 이는 여러분이 더 많은 것을 배우고 새로운 것을 시도하는 데 관심을 갖게 되는 기회가 되어 큰 도움이 될 것이다. 다만 확인할 전문가가 없어 프로그래밍과 통계적 방법 중 일부가 업무에 비효율적이거나 심지어 틀릴 수도 있다.

HandbagLOVE는 데이터 과학자가 고위직으로 발전할 수 있는 일반적인 길을 제시했다. 안타깝게도 데이터 과학에만 국한되지 않는다. 소프트웨어 개발과 같은 다른 위치에서 만들어진 높은 수준의 목표이다. 경력을 발전시키기 위해서는 관리자에게 여러분이 준비됐다는 것을 보여줘야 한다. 긍정적으로 보면 팀이 성장할수록 빠르게 팀의 선임자로 자리잡을 수 있다.

데이터 과학 팀은 마케팅, 공급망, 고객 관리 등 전사적인 부서에 대한 보고서와 모델을 제공해 회사의 다른 부서 직원들은 데이터 과학 팀의 구성원을 잘 안다. 이는 회사 내부에서 데이터 과학 팀을 존경하게 만들었다. 팀 규모와 회사 내부의 지휘력을 결합해 다른 회사보다 데이터 과학자의 영향력이 크다. 데이터 과학 팀의 팀원이 최고위급 간부와 만나 대화하는 것은 일상적인 일이다.

2.2.2 레거시 스택과 변화하는 기술

HandbagLOVE에서 기술을 이야기할 때 흔히 듣는 말은 '음, 항상 그랬지'이다. 주문 및 고객 데이터는 캐시 레지스터 기술과 직접 연결되어 20년간 운영된 오라클 데이터베이스에 저장된다. 이 시스템은 한계치를 훨씬 넘었고 많은 수정을 거쳤다. 다른 데이터도 수집되어 중앙 데이터베이스에 저장된다. 즉 웹사이트에서 수집된 데이터, 고객 관리 통화에서 수집된 데이터, 프로모션 및 마케팅 이메일에서 수집된 데이터 모두 사내(클라우드가 아님) 서버에서 IT 팀이 상주하며 유지 및 관리한다.

모든 데이터를 하나의 대형 서버에 저장해 원하는 데이터에 연결하고 접근할 수 있다. 가끔 쿼리가 오래 걸리거나 시스템이 과부하될 수 있지만 대부분 이를 해결할 수 있는 해결책을 찾는다. 대부분 분석은 노트북에서 이뤄진다. 모델을 훈련할 더 좋은 컴퓨터가 필요할 수도 있는데이를 얻는 과정은 매우 번거롭다. 사내 머신러닝 조직이 없어 머신러닝 관련 기술 스택이 없다.

2.2.3 HandbagLOVE의 장단점

HandbagLOVE에서는 옳다고 생각하는 일을 할 수 있는 있다. 고객 라이프 타임 가치 모델을 만들자고 제안하는 것부터 시작해 모델을 만들고 사내에서 사용하는 것까지 아이디어를 왜 실행해야 하는지 설득해야 할 사람은 그리 많지 않다. 기업 규모와 데이터 과학의 새로움이 복합적으로 작용했기 때문이다. 이런 자유로움은 매우 가치 있다. 여러분이 가장 좋다고 생각하는 것을 할 수 있다.

단점은 도움을 청할 사람이 많지 않다는 점이다. 여러분이 고객 라이프 타임 가치 모델을 만들려고 노력했지만 잘 작동되지 않는다면 지원해줄 수 있는 동료가 거의 없다. 일이 잘 풀릴 수 있는 방법을 찾거나 일이 잘 풀리지 않았을 때의 결과를 책임져야 한다.

기술 스택이 오래됐고 그 문제를 해결하려면 많은 시간을 투자해야 한다. 번거로운 일이다. 데이터를 저장하거나 모델을 실행하고자 신기술을 사용하고 싶지만 기술 지원을 받지 못할 것이다. 신기술을 스스로 설정할 수 없다면 신기술을 사용하지 않고 견뎌야 한다.

데이터 과학자의 급여는 대기업, 특히 기술 기업의 임금보다는 높지 않다. HandbagLOVE는 데이터 과학 관련 임금을 많이 지불할 수 있는 자금이 부족하다. 최고 수준의 데이터 과학자를 필요로 하지 않으며 기본기만 충실한 직원이면 된다. 다행히도 비슷한 경력의 직원 임금보다는 훨씬 높을 것이다.

자신이 옳다고 생각하는 것을 자유롭게 할 수 있어 데이터 과학자가 일하기에는 분명 좋지만 회사는 가장 최신의 방법을 사용하는 데는 관심이 없다. 일반적인 통계 방법을 사용한 일상적인 보고가 편하다면 HandbagLOVE는 여러분의 커리어를 키우기에 적합한 회사다. 정말 훌륭한 머신러닝 방법을 사용하는 것에만 관심이 있다면 HandbagLOVE에서 할 수 있는 프로젝트는 많지 않다. 여러분의 말을 이해하는 사람을 찾기 어려울 것이다.

2.3 Seg-Metra: 스타트업

- 유사 기업: 처음 들어보는 수없이 실패한 스타트업
- 기업 연혁: 3년
- 직원 수: 50명

Seg-Metra는 신생 기업이다. 고객사의 웹사이트를 해당 고객에 맞춰 개인화할 수 있도록 도와주는 제품을 만든다. 해당 제품은 비투비^{business-to-business}(B2B)로 거래하며 일반 소비자는 해당되지 않는다. 짧은 역사를 지녔지만 유명한 몇몇 대기업을 고객으로 유치했으며 벤처 캐피털의 투자도 받았다. 수백만 달러의 자산으로 규모를 키워 제품의 우수성을 높인다.

창업자가 투자자에게 던진 가장 큰 개선점은 기본적인 머신러닝 방법을 제품에 추가하는 것이다. '최첨단 AI'란 평가를 받았다. 새롭게 투자를 받게 되면서 투자자가 말한 머신러닝을 만들 전문가를 찾는다. 의사결정 전문가는 도구 사용 관련 보고를 해 회사가 제품에서 어떤 개선을 해야 하는지 더 잘 이해할 수 있도록 해야 한다.

2.3.1 여러분의 팀은 어떤 팀인가?

여러분은 회사의 첫 데이터 과학자가 될 수도 있다. 첫 번째가 아니라면 소수의 데이터 과학자 중 한 명일 것이고 먼저 채용된 사람에게 보고해야 할 가능성이 높다. 신생 팀이므로 프로토콜은 거의 없거나 전혀 없을 수 있다. 즉 프로그래밍 언어, 모범 사례, 코드 저장 방법 또는 공식회의 등 정해진 게 없다.

Seg-Metra는 최초의 데이터 과학자를 고용하고 프로토콜 수립을 담당할 것이다. 팀의 문화는 팀원의 자발적인 노력으로 이루어진다. 그룹 회의에 열려 있고 다른 팀원들을 신뢰한다면 데이터 과학 팀이 어떤 언어를 사용할지 등 팀원 모두 함께 결정한다. 반대로 팀원의 목소리를 듣지 않는다면 팀원들을 통제하고 독단적으로 결정을 내린다.

구조화되지 않은 환경은 굉장히 혼잡하다. 데이터 과학 팀 전체가 다양한 신기술, 방법, 도구로 업무를 진행하고자 노력하며 깊은 유대감을 형성하고 우정을 쌓을 수 있다. 대신 권력을 가진 사람이 감정적으로 대하거나 회사가 너무 작아 책임감이 느껴지지 않을 수 있다. 이곳에서 데이터 과학자로 시작한다면 험난하고 어려운 여행을 하게 될 것이다.

팀의 업무는 좋을 수도 어려울 수도 있다. 데이터 과학자는 고객 구매 데이터를 사용해 고객을 세분화하거나 첫 번째 신경망을 제품에 배치하는 등 처음으로 분석을 한다. 처음 하는 분석과 엔지니어링 작업은 회사 내에서 미지의 영역이다. 데이터 과학자가 선구자가 된다. 또 다른 날에는 투자자를 위한 데모를 준비해야 한다. 발표 전날에도 모델이 구성되지 않으면 업무가 어려워진다. 회사가 데이터를 가지고 있더라도 기반 구조가 체계적이지 않아 효율적으로 데이터를 사용하는 것이 어렵다. 업무가 혼란스럽지만 Seg-Metra에서 일하는 동안 많은 기술을 빨리 배울 수 있다.

2.3.2 서로를 잘 아는 최신 기술

신생 기업인 Seg-Metra는 오래된 레거시 기술을 유지할 필요는 없다. 기술 스택이 인상적일 수록 투자자에게 깊은 인상을 주기 쉽다. 즉 Seg-Metra는 소프트웨어 개발, 데이터 저장 및 수집, 분석 및 보고 기술이 최신이다. 데이터는 클라우드 최신 기술로 저장된다. 데이터 과학자는 데이터베이스에 직접 연결해 GPU 프로세싱과 함께 대규모 AWS 가상 머신 인스턴스에 머신러닝 신경망 모델을 구축한다. 이 모델들은 최신 소프트웨어 엔지니어링 기법으로 배치된다.

다만 언뜻 보기에는 기술 스택이 인상적이지만 회사가 신생이고 빠르게 성장해 각 기술 간 조합에 끊임없이 문제가 생긴다. 데이터 과학자가 클라우드 스토리지에서 데이터가 누락된 것을 알아차리면 자기의 몸을 혹사시켜 일한 데이터 엔지니어가 해결할 때까지 기다려야 한다(이것도 데이터 엔지니어가 있을 정도로 운이 좋은 경우이다). 동작 중인 프로그램을 유지할 수 있도록 전담 데브옵스devops 팀을 구성하면 좋지만, 이미 예산을 다른 곳에 사용해 이런 팀을 구성하는 건 어렵다. 게다가 회사가 아무리 스타트업이라고 해도 기술 발전이 너무 빨라 모든 업무를 관리하기는 어렵다.

2.3.3 Seg-Metra의 장단점

성장하는 스타트업인 Seg-Metra에서 근무하는 것은 매우 매력적이다. 기업이 성장하는 동안 흥미롭고 다양한 데이터 과학 업무를 경험해볼 수 있어서 빠르게 배울 수 있다. 이런 회사는 데이터 과학 분야에서 커리어를 시작하는 기술을 배울 수 있다. 예를 들어 제한적인 조건으로 마감일이 있는 업무, 데이터 과학자가 아닌 직원과 소통하는 기술, 프로젝트의 성공 유무를 판단하는 기술 등이다. 특히 커리어 초기에 이런 기술을 습득한다면 대기업에서만 일했던 사람보다 직원으로서 여러분을 훨씬 더 좋아할 것이다.

Seg-Metra에서 일하는 또 다른 장점은 최신 기술로 일을 시작할 수 있다는 점이다. 과거 기술보다 최신의 기술을 활용하면 업무 성과를 더 높일 수 있어 여러분의 업무가 즐거워질 것이다. 최신 기술을 익혀 이직할 때 더 좋은 이력을 가질 수 있다. 최신 기술을 사용하려는 회사들은 여러분이 회사가 나아가야 할 방향을 적극적으로 제시해주길 원한다.

급여는 대기업, 특히 기술 기업만큼 경쟁력이 있지는 않지만 미래에 큰 수익이 될 수 있는 스톡옵션을 제공한다. 회사가 상장되거나 매각된다면 스톡옵션은 수십만 달러 혹은 그 이상의 가치가 된다. 다만 이 일이 일어날 확률은 '시의회에 선출되는 것'과 '미의회에 선출되는 것' 사이에 있다.

Seg-Metra에서 일하면 매우 열심히 일해야 한다. 주당 50시간에서 60시간 근무는 일상이다. 회사는 모든 직원이 자기 업무 외에 모든 일을 할 수 있기를 원한다. '모두 함께 열심히 일하지 않으면 회사가 성공하지 못하는데 1년 안에 모든 휴가를 사용하는 유일한 직원이 될 것인가?' 와 같은 무언의 압박을 줄 수도 있다.

Seg-Metra는 변동이 크며 신규 고객을 찾고 투자자들의 도움을 받아 기업을 유지해야 한다. 고용 안정성이 낮아 갑자기 직원을 해고하거나 파산할 수 있다. 이런 고용 불안으로 부양가족이 있는 직원이 다니기는 어려워 회사 내 직원 평균 연령이 낮다. 좀 더 다양하고 경험 많은 팀원과 함께 일하고 싶은 사람에게는 젊은 인력으로 구성된 팀이 단점이 될 수 있다.

전반적으로 Seg-Metra에서 일하는 것은 흥미로운 기술로 일하고 많은 것을 빨리 배울 수 있으며 극소수는 돈을 많이 벌 수 있다. 다만 좋지 않은 환경에서 엄청난 양의 업무를 수행해야 한다. Seg-Metra와 같은 기업은 경험을 쌓고 다른 곳으로 이직하려는 데이터 과학자에게 가장 적합하다.

로드리고 푸엔테알바 카르테스: 공공기관 컨설팅 기업의 수석 데이터 과학자

저는 정부 기관, 군사 및 법 집행 기관, 개인 고객에게 분석, 데이터 과학, 모바일 솔루션을 제공하는 회사에서 근무합니다. 수석 데이터 과학자로서 사내 데이터 과학 프로젝트를 담당하는 유일한 직원이죠. 새로 생긴 부서라서 데이터 엔지니어, 데이터 전문가와 같은 데이터 과학과 관련된 직무는 없습니다. 그 대신 데이터베이스 관리자, 소프트웨어 개발자, 시스템 통합자가 있습니다. 저는 이곳에서 시스템 및 소프트웨어 아키텍처와 오픈 소스 개발자를 겸임하고 있습니다. 이상하게 보일 수도 있고 부담도 되지만 업무에 큰 지장은 없습니다.

직무와 관련된 특별한 에피소드가 있습니다. 일별 기상 조건과 같은 많은 환경 변수의 과거 정보를 활용하는 프로젝트를 담당한 적이 있었습니다. 연구 영역에 기상 관측소가 설치되지 않아 필요한 데이터가 매우 부족했죠. 불안정한 프로젝트였고 일주일 내에 고객 정보를 찾지 못한다면 프로젝트를 중단해야 했습니다.

부족한 데이터를 수집하고자 해당 지역으로 가 안전하게 항해할 수 있는 방법에 대해 몇몇 어부에게 물어봤습니다. 보통 배에서 라디오를 들으며 기상이 어떤지 확인한다고 답했습니다. 저는 라디오 방송국을 방문해서 1974년부터 수기로 작성한 통신 녹취록을 확인했습니다. 확인한 자료를 토대로 메모를 인식하고 의미 있는 정보를 추출하는 알고리즘을 구현한 후 문자열을 분석할 수 있는 자연어 처리 파이프라인을 구현했습니다. 현장에서 특수한 데이터를 찾은 덕분에 프로젝트가 유지될 수 있었습니다.

구스타보 코엘료: 작은 스타트업의 데이터 과학자

지난 11개월 동안 AI를 인사 관리에 적용하는 데 초점을 맞춘 신생 스타트업에서 일했습니다. 지원자의 향후 실적이나 특정 회사에 채용될 가능성을 예측하는 일입니다. 이 예측은 채용 절차를 빠르게 진행하는 데 큰 도움을 줍니다. 모델의 편향을 줄이는 것이 업무의 성과를 좌우합니다. 중소기업지만 11명이 근무하며 데이터 과학 팀은 저를 포함해 총 다섯 명입니다. 기업은 데이터 과학 팀이 교육받은 모델을 생산에 적용할 수 있도록 지원합니다.

작은 스타트업에서 일하면 매일 새로운 개념을 배우고 적용할 수 있는 기회가 빈번히 생깁니다. 저는 데이터 과학 프로세스를 설정해 데이터 과학자가 데이터 과학에 집중하고 더 자유롭게 일할 수 있는 최선의 방법은 무엇인지 생각하는 것을 좋아합니다. 인사 업무는 기술에 정통한 분야가 아닙니다.

따라서 프로젝트의 절반 이상이 고객에게 솔루션을 설명하고 새로운 개념에 익숙해지도록 돕는데 소요됩니다. 업무를 진행하다 보면 고객의 IT 부서와 데이터 파이프라인을 통합하는 데 많은 시간이 소요됩니다.

2.4 Videory: 중견기업

- 유사 기업: 리프트Lyft, 트위터, 에어비앤비
- 기업 연혁: 8년
- 직원 수: 2천 명

Videory는 동영상 기반 소셜 네트워크를 운영하는 중견기업이다. 사용자들은 20초 분량의 동영상을 업로드해 대중과 공유한다. 영상은 바로 공개되고 많은 사람이 이에 열광한다. MTC 규모에는 못 미치지만 사회관계망으로서 좋은 성과를 거두고 있어 매년 고객층이 증가한다. 데이터에 정통하며 데이터 분석가나 과학자들을 창업 후 지금까지 계속 고용 중이다. 팀의 데이터 과학자들은 비즈니스를 지원하고자 분석과 보고를 한다. 사람들을 예술가와 연결시키는 데 도움을 주는 머신러닝 모델을 만들기 위해 매우 바쁘다.

2.4.1 전문적이지만 여전히 유연한 팀

아직까지 Videory의 현재 규모는 모든 데이터 과학자가 초대형 회의실에 모일 정도이다. 회사 규모를 감안해 팀을 중앙집중식으로 구성하거나 모든 데이터 과학자가 데이터 과학 관리자에게 보고하고 직원 모두 조직의 큰 단일 부서에 있을 수도 있다. 전사적으로 다른 팀을 돕지만 궁극적으로는 각자 우선순위가 있다. 일부 데이터 과학자는 바로 좋은 결과가 나오지 않는 장기 프로젝트를 진행한다.

Videory의 데이터 과학 팀은 복잡한 머신러닝, 통계 및 분석을 하는 팀원들로 구성된 전문성 있는 팀이다. Videory는 그룹 간 전환이 가능할 정도로 중소기업이라서 훈련 세션, 월례회, 공유된 슬랙 채널 등으로 모든 데이터 과학자가 서로 소통할 수 있다. 수만 명의 직원이 있는 MTC에서는 찾아볼 수 없는 일이다. 다른 하위 팀들은 개별적인 도구를 사용할 가능성이 높다. 학술 논문을 발표하고 이론적인 작업을 더 많이 하는 박사 학위 소지자도 있다.

2.4.2 레거시 코드로 꼼짝 못하게 하는 기술

Videory는 많은 레거시 코드와 기술이 있다. 사내에서 몇 가지 도구를 직접 개발했다. 기술을 따라잡기 위해 새로운 시스템으로 전환하거나 신기술로 기존 시스템을 보완할 계획이다. 대부분의 회사처럼 Videory의 데이터 과학자는 데이터를 얻고자 SQL 데이터베이스를 무조건 조회한다. 데이터 과학 외 업무도 해 비즈니스 인텔리전스 도구도 있다.

Videory의 데이터 과학자로서 새로운 것을 배울 수 있다. 빅데이터와 이를 다룰 시스템이 갖춰져 있다. SQL만으로는 충분치 않다. 사내에서는 수십억 개의 이벤트를 한 달 동안 처리한다. SQL 데이터베이스에 저장되지 않은 일부 사용자 지정 데이터를 추출하려면 하둡Hadoop이나 스파크를 사용해야 한다.

보통 데이터 과학은 R이나 파이썬을 활용하기 때문에 업무가 어려울 때 도움받을 수 있는 전문가가 많다. 머신러닝은 마이크로서비스를 사용해 현대적인 소프트웨어 개발 절차로 진행한다. 성공적인 스타트업으로 잘 알려져 재능이 많은 직원이 최신 기술을 활용해 Videory에서 근무한다.

2.4.3 Videory의 장단점

Videory는 데이터 과학자에게 적합한 규모의 회사다. 주변에 멘토링해줄 수 있는 데이터 과학자가 충분히 많으며 팀 규모가 작아 모든 팀원을 알 수 있다. 회사는 데이터 과학을 중요하게 생각한다. 이는 여러분의 연구가 부사장이나 중역(CEO, CTO 등)에게 인정받을 수 있다는 것을 의미한다. 데이터 파이프라인이 느려지거나 고장이 났을 때 직접 고칠 필요가 없다. 사내에

이러한 문제를 해결해줄 데이터 엔지니어가 있다.

1천 명 이상으로 구성된 조직인만큼 정치 문제를 피할 수 없다는 것이 단점이다. 여러분은 직원들이 듣고 싶어하는 것(관리자에게 보너스를 받고 싶다고 말할 수 있다)과 일치하는 수치를 달성하도록 압력을 받거나 무언가를 얼마나 빨리 개발할 수 있는지에 대한 비현실적인 기대를 받을 수 있다. 관리자의 부탁으로 비즈니스에는 별로 도움이 되지 않는 일을 하게 될 수도 있다. 때론 방향을 잡지 못하거나 시간을 낭비하는 것처럼 느껴질 것이다. 초기 단계의 신생 스타트업만큼 많이 변화하지 않겠지만 조직은 계속해서 변할 것이다. 즉 1분기에 정한 우선순위가 다음 2분기에 완전히 뒤로 밀릴 수도 있다.

Videory의 데이터 과학자는 대부분의 데이터 과학 분야를 여러분보다 더 많이 알고 있지만, 시계열 분석과 같은 특정 주제에서는 여러분이 더 많은 것을 알고 있을 것이다. 회사에 데이터 과학자가 많으면 멘토링 같이 다른 사람을 가르치는 것을 좋아하거나 논문을 읽거나 강의를 들어 특정 전문 분야를 많이 배우고 싶을 때 유리하다. 하지만 여러분의 업무에 관심을 가져주고 새로운 것을 배우는 데 도움을 주는 사람이 없다면 회사 생활이 힘들 수 있다. 항상 더 많은 것을 배울 수 있지만 그 배움이 여러분이 집중하고 싶은 분야가 아닐 수도 있다.

Videory는 몇 가지 혜택을 제공한다. 필요할 때 도움을 주고받을 수 있는 사람이 주변에 있을 정도로 크지만 관료주의에 빠지거나 부서의 범위가 겹칠 정도로 크지는 않다. 이곳에서 일하는 데이터 과학자들은 배울 기회가 많으나 역할의 전문성 때문에 모든 것을 시도할 기회는 없다. 성장할 수 있는 기회를 제공하는 안정적인 회사를 찾는 데이터 과학자에게는 적합한 곳이지만 많은 기회를 제공하는 곳은 아니다.

에밀리 바사: 중견 스타트업의 첫 번째 데이터 과학자

저는 보험 상품에 중점을 둔 중견 스타트업의 첫 번째 데이터 과학자입니다. 첫 번째 데이터 과학자로서 데이터 사용과 제품에 머신러닝 도입 전략을 짰습니다. 회사의 데이터 팀에 소속되어 데이터 엔지니어뿐만 아니라 데이터 제품 관리자와도 매우 긴밀하게 협력합니다.

하루는 데이터 팀과의 아침 회의로 시작됩니다. 당일에 계획한 내용과 문제점 또는 종속성에 대해 이야기합니다. 저는 시각화, 보고서 작성, 데이터의 품질 문제 또는 특이 사항 조사 등 데이터를 검색하는 데 많은 시간을 보냅니다. 문서 작성에도 많은 시간을 보내죠.

코딩할 때는 다른 엔지니어링 팀처럼 깃허브를 사용해 팀원들과 제 코드와 다른 팀원의 코드를 검토합니다. 하루 중 많은 시간을 회의를 하거나 팀원들과 협업합니다.

과거에 더 큰 회사에서 일한 적이 있지만 중소기업에서 일하는 것이 더 맞다는 것을 느꼈습니다. 여기서는 주도적으로 나설 수 있는 기회가 많아서 여러분이 지닌 아이디어를 현실로 만들고자 한다면 아무도 여러분을 방해하지 않을 겁니다. 데이터 엔지니어링에 이미 투자한 기업을 찾아보길 바랍니다. 이 회사에 왔을 때 이미 여러 데이터 엔지니어가 계측, 데이터 수집 및 스토리지 등의 방법을 가지고 있었습니다. 중소기업에서 일한다면 상황과 우선순위가 끊임없이 변화합니다. 이에 적응하는 것이 중요하죠. 몇 달 동안 한 프로젝트로 업무하는 게 좋다면 스타트업은 추천하지 않습니다. 종종 '충분히 좋은' 해결책을 미리 내놓고 다음 단계로 진행해야 하거든요.

2.5 Global Aerospace Dynamics: 공공조달 대기업

GLOBAL AEROSPACE DYNAMICS

- 유사 기업: 보잉Boeing, 레이시언Raytheon, 록히드마틴Lockheed Martin
- 기업 연혁: 50년
- 직원 수: 15만 명

Global Aerospace Dynamics(GAD)는 큰 규모를 자랑하는 부유한 기업이다. 다양한 정부 계약을 통해 매년 수백억 달러의 이익을 거두고 있다. 전투기와 미사일부터 능동형 신호등 시스템까지 다양한 기술을 개발한다. 여러 부서가 전국적으로 퍼져 있고 서로 잘 알지 못한다. 수십 년의 역사를 지닌 기업으로 대부분 직원은 수십 년 동안 GAD에서 일하고 있다.

GAD는 데이터 과학 습득이 늦은 편이다. 대부분 엔지니어링 부서에서 데이터를 수집하고 있지만 엄격한 기존 공정에서 어떻게 사용할 수 있을지 이해하고자 애쓰고 있다. 업무 특성상 코드에 버그가 있으면 안 돼 수많은 테스트가 필요하다. 동작 중 예측 가능성이 어려운 머신러닝 모델을 구현한다는 생각은 위험하다. GAD의 업무 속도는 느리다. GAD의 기업 정신은 일반적인 기술 업계의 모토인 '빠르게 움직이고 혁신을 이뤄내자'는 사고방식과는 정반대이다.

인공지능 관련 언론 기사가 많아지고 머신러닝이 발달하면서 기업은 변화하고 데이터를 활용해야 한다는 필요성이 제기됐다. 이에 GAD는 데이터 과학자 채용을 준비 중이다. 데이터 과학자들은 더 훌륭한 보고를 하고자 엔지니어링 데이터 분석, 제품에 넣을 머신러닝 모델 구축, GAD 고객의 문제를 해결하기 위한 서비스 제공 업체의 과제를 가지고 전체 조직 내 팀으로 구성했다.

2.5.1 엔지니어 바닷속의 데이터 과학 팀

GAD 내 어느 부서가 어떤 프로젝트를 진행하느냐에 따라 다르지만 대부분 데이터 과학자는 엔지니어 팀의 한 일원이다. 기껏해야 팀에 두세 명의 데이터 과학자가 있다. 데이터 과학자는 분석, 모델 구축 및 제품을 전달하는 등 엔지니어를 지원하는 업무를 수행한다. 팀에 있는 대부분 엔지니어는 데이터 과학이 무엇인지 아주 조금 이해한다. 대학 시절에 배운 회귀분석 정도는 기억하지만 데이터 수집, 특성 엔지니어링, 모델 검증의 어려움 또는 모델이 어떻게 배치되는지 등의 기본적인 내용은 모른다. 업무가 잘못될 때 도와줄 수 있는 직원이 거의 없다. 여러분의 업무를 이해할 수 있는 팀원이 너무 적어서 일이 잘못되고 있다는 것을 아무도 알지 못할 수 있다.

팀에 소속된 엔지니어의 상당수는 10년 이상 이 회사에 근속해 제도적 지식이 풍부하다. '여기 있을 때부터 이런 식으로 일을 해왔는데 왜 바뀌어야 하지?'라는 사고방식을 가졌을 가능성이 높다. 이런 태도로 데이터 과학자들의 아이디어가 실제로 구현되기 어렵다. 방위 산업의 업무 속도가 느리다는 특성은 직원들이 다른 곳보다 덜 열심히 일한다는 것을 의미하기도 한다. 직원들은 일주일에 40시간씩 출근하지만 일은 그보다 적게 한다. 다른 회사에서는 너무 많은 업무로 스트레스를 받는 반면 GAD에서는 업무가 많지 않고 지루해서 스트레스를 받을 수 있다.

공식적으로 승진을 하면 임금이 인상된다. 차별을 줄이려는 사칙에 맞게(GAD가 소송당할 가능성은 낮다) 수십 년 동안 이 방식으로 해왔다. 승진은 회사에서 몇 년 동안 근무했는지와 크게 관련 있다. 매우 열심히 일하는 사람은 승진을 1년 앞당기거나 꽤 높은 보너스를 받을 수 있다. 신입 데이터 과학자가 선임 데이터 과학자로 올라갈 가능성은 적다. 다른 시각으로 보면 해고되는 직원이 적다.

2.5.2 오래되고 굳건하며 보안이 강화된 기술

기술 스택은 GAD 내 팀마다 크게 다르다. 사내에선 클라우드 대신 상대적으로 오래된 보안 프로토콜을 적용한다. 전투기 성능 같은 기술을 다뤄 이와 관련된 데이터의 정보 유출을 막는 것이 중요하다. 회사는 무언가 일이 잘못될 경우를 대비해 사용 중인 모든 기술에 법적 책임을 적용한다. 그들에겐 보안이 가장 중요하므로 오픈 소스는 눈살을 찌푸리게 만드는 기술이다. 그래서 마이크로소프트 SQL 서버가 포스트그레 SQL^PostgreSQL보다 비싸지만 GAD는 보안 버그가 있을 경우 마이크로소프트에 연락해 처리하는 것이 가능해 마이크로소프트 사용을 더 선호한다.

실제로 누가 무엇에 액세스할 수 있는지 매우 보수적인 IT 팀에서 운영하는 마이크로소프트 SQL 서버 데이터베이스에 데이터가 저장된다. 데이터 과학자는 데이터에 접근할 수 있다. 하지만 인터넷 접속이 제한된 특수 서버에서 파이썬을 실행하면 모든 라이브러리의 외부 유출은 안 된다. 데이터 과학자들이 특수한 오픈 소스 소프트웨어를 사용한다면 IT 및 보안 팀에서 승인할 가능성은 거의 없다. 결국 데이터 과학자들의 업무는 훨씬 더 어려워진다.

GAD는 생산 시스템에 코드를 구축해야 할 때 기존 방식으로 코드를 배치하는 경향이 있었지만 이제 막 머신러닝 코드를 생산에 투입하는 최신 방법을 채택하기 시작했다.

2.5.3 GAD의 장단점

GAD에서 일하면 데이터 과학 업무가 느리게 진행되고 편안하며 안정적인 장점이 있다. 업무 속도가 빠르지 않다는 것은 저녁에 집에 가면 덜 피곤하다는 것을 의미한다. 편하게 데이터 과학 블로그와 기사를 읽으며 보내거나 일할 때 종종 자유 시간을 얻을 수 있다. 데이터 과학의 기초를 아는 직원이 거의 없어 여러분의 능력을 의심하는 팀원이 적다. GAD는 법적 문제를 걱정하는 방대한 조직이기에 실적이 정말 저조해야 해고된다.

GAD에서 일하면 다른 기업보다 새로운 기술을 배울 가능성이 적다는 단점이 있다. 몇 년간의 단일 프로젝트에 할당될 가능성이 높아 기술과 도구는 금방 익숙해진다. 설상가상으로 여러분이 배우는 기술은 다른 업체로 이전할 수 없을 정도로 오래된 기술이다. 쉽게 해고되지 않지만 승진도 쉽지 않다.

즐거운 프로젝트를 하는 팀을 찾고 업무가 여러분의 삶이 되길 원하지 않는다면 일하기 좋은 회사다. 많은 직원이 GAD가 굉장히 편안해 수십 년 동안 일하고 있다. 하지만 계속 도전하고 싶다면 GAD는 적합하지 않다.

네이선 무어: 유틸리티 기업의 데이터 분석 관리자

제가 근무하는 회사는 수십만 명의 사람에게 전력을 공급하고 판매하며 회사의 일부는 정부 소유입니다. 1천 명 정도의 직원이 있고 직무가 다양합니다. 저는 새로운 데이터 소스를 조사하고 프로토타입으로 제작합니다. 데이터베이스 전문가와 협력해 현재의 데이터 소스를 정리하고 문서화하는 작업도 하죠. 수많은 레거시 시스템과 새로운 프로젝트를 진행해 항상 일이 있습니다.

대부분 업무는 미팅, ETL의 사양 검토, 트위터에서 발견한 새로운 머신러닝 기법 시도, 보고와 관련된 피드백, 지라^{Jira}와 컨플루언스^{confluence} 사용법 배우기, 이메일 보내기 등입니다. 이전에는 모델 개발 및 평가, 가끔 갑자기 업무가 잘못될 시 데이터 분석, 해당 분야의 전반적인 검토를 정부에 제출하는 일을 했습니다.

회사는 일상적인 보고부터 대규모 고객 세분화 프로젝트에 이르기까지 다양한 프로젝트를 수행할 수 있는 우수한 분석가 팀이 있습니다. 저는 지금 업무에서 다른 업무로 옮길 기회는 많았지만 이곳에서 11년 동안 일했습니다. 다만 수십억 달러의 자산을 보유하고 있어 회사 내 위험 회피가 높고 변화의 속도는 다소 느립니다. 일상적인 기능을 충분히 지원할 수 있는 IT 부서가 있지만 시스템 업그레이드와 같은 중요한 프로젝트는 개선할 자원이 부족합니다. 모든 것에 이유가 필요하며 예산이 책정되어야 하고 사내 정치도 해야 합니다.

2.6 다섯 개의 가상 기업 정리

여러분이 근무하고 싶은 회사는 지금까지 살펴본 회사들과 비슷할 것이다. 현재 커버레터를 작성하거나 면접을 준비하고 있다면 [표 2-1]처럼 각 기업의 장단점이 무엇인지 정리해보면 도움이 된다.

표 2-1 데이터 과학자를 고용하는 회사 요약

기준	MTC	HandbagLOVE	Seg–Metra	Videory	GAD
	IT 대기업	소매 업체	스타트업	중견기업	방위 산업
관료주의	많음	적음	없음	적당	많음
기술 스택	복잡	오래됨	취약	혼합	아주 오래됨
자유도	적음	많음	매우 많음	적음	없음
급여	매우 많음	괜찮음	적음	좋음	괜찮음
안정성	좋음	괜찮음	적음	괜찮음	좋음
학습 기회	많음	적당	많음	많음	거의 없음

2.7 랜디 우 인터뷰

랜디 우Randy Au는 구글 클라우드 팀에서 일한다. 10년 넘게 인간 행동과 관련된 데이터 과학에 몸담았다. 스타트업에서 일하는 방법과 다양한 기업을 주제로 블로그 글(*medium.com/@randy_au*)을 썼다.

Q 대기업과 중소기업의 차이가 큰가요?

A 그렇습니다. 일반적으로 대기업이 더 조직적이고 구조적입니다. 기업의 규모로 사내 문화가 바뀌는 포인트가 존재합니다. 10명으로 시작할 때는 모든 사람이 모든 일을 하기 때문에 개인이 모든 것을 떠맡는 경우가 종종 있죠. 직원이 20명이 되면 체계적으로 변하기 시작합니다. 특정 분야에 전념할 수 있도록 3~4명이 팀을 이루게 되죠. 특정한 일에 더 집중할 수 있으며 회사의 모든 내용을 알 필요가 없어집니다. 80명에서 100명 정도 되면 기존 팀은 더 이상 확장하지 않습니다. 확장하게 되면 업무에 필요한 과정이 훨씬 더 많아집니다. 더 이상 사내 모든 직원을 알지 못하며 무엇을 지원하는지 알지 못하죠. 이에 공통의 이해에 도달하고자 훨씬 더 많고 높은 자리가 필요해집니다. 150~200명 정도 되면 회사 주변에서 어떤 일이 벌어지고 있는지 알 수 없어 관료주의가 존재하게 됩니다. 구글은 대략 10만 명의 직원이 있습니다. 직원 대부분은 회사가 무슨 일을 하는지 전혀 모릅니다.

회사가 작을수록 사내 직원과 더 많이 교류할 수 있습니다. 40명 규모의 회사에서는 함께 데이터셋을 연구하기 위해 CEO를 제 책상에 앉히곤 했습니다. 구글에서는 절대 일어날 수 없는 일이죠. 그러나 F1 자동차를 제작하고 운전대를 잡아야 하는 등 다같이 해야 할 일이 많은 스타트업의 상황을 괜찮다고 할 수 있을까요? 소규모 기업의 '데이터 담당자'에게 방법은 그다지 중요하지 않습니다. 모든 데이터를 압축하고 그 의미를 얻기만 하면 됩니다. 더 빨리 결정을 내리는 데 엄격하지 않아도 괜찮습니다.

Q 회사의 업종에 따라 차이가 있나요?

A 일부 산업에서는 예전부터 수학 및 데이터 관련 인력이 있었습니다. 보험 회사는 보험계리인(사고, 화재, 사망 등의 통계 기록을 연구해 보험료율 및 보험 위험률 등을 산출하는 일을 하는 사람)이 있습니다. 100년 전부터 있던 보험계리인은 통계를 잘 압니다. 보험 회사가 데이터 과학자를 채용할 때 기존 회사와는 다소 다른 관점으로 봅니다. 보험 회사는 이미 재능 있는 통계학 전문가에 적합한 구조입니다. 데이터 과학자는 빅데이터나 웹사이트 최적화의 공백을 메우게 됩니다.

금융 또한 퀀트[quant1]가 오래전부터 있었습니다. 퀀트 금융 면접의 코딩 테스트에서 한 번 실패한 적이 있습니다. 데이터 과학자인 저는 코드가 제대로 작동하는지 확인하고 올바른 답을 제시할 뿐입니다. 문제가 될 때까지 성능에 대해 깊게 생각하지 않았습니다. 금융 분야의 코딩 테스트는 말 그대로 성능을 테스트했고 그들은 자동으로 수행되지 않는 점을 지적했을 때 '그래요, 여러분은 금융 업무를 하고 있어요. 이해해요'라고 답했습니다.

데이터 과학 업무를 하는 모든 직원과 이야기를 나누다보면 대다수는 전혀 매력없는 업무라고 여기며 투덜거리는 사람들이라고 생각합니다. 그래서 스타트업의 데이터 과학을 주제로 쓴 기사에 '그래, 이게 내 인생이야'라는 말은 모순적인 말이라는 생각이 들었죠. 이 사람들은 데이터 과학자를 의미하는 것이 아닙니다. '여기 내가 아카이브[arXiv] 논문에서 적용한 새롭고 참신한 알고리즘이 있어'는 전혀 흥미롭지 않습니다. 12년 동안 일하면서 아카이브 논문에 적용한 경우는 없습니다. 효과가 높은 회귀분석을 여전히 사용합니다. 이것이 바로 현실이죠.

여러분은 데이터를 정리할 것입니다. 페이스북이나 구글에도 데이터를 정리할 직원이 필요합니다. 사내 시스템이 잘되어 있어 데이터를 정리하는 것이 조금 더 쉽겠지만 데이터를 정리해야 합니다. 이것이 현실이죠.

---

1 옮긴이_ 수학 및 통계에 기반해 투자 모델을 만들거나 금융시장 변화를 예측하는 사람을 말한다.

Q 데이터 과학자를 꿈꾸는 이들에게 마지막으로 하고 싶은 말은 무엇인가요?

A 데이터를 잘 알아야 합니다. 시스템이 복잡하면 6개월에서 1년 또는 그 이상의 시간이 걸립니다. 데이터 품질은 모든 업무의 기본입니다. 데이터를 모른다면 데이터가 여러분의 판단을 혼란스럽게 할 것입니다. 누군가 '제 웹사이트를 방문한 고유한 쿠키가 몇 개 있습니다. 이는 고유 방문자 수와 같습니다'라고 한다면 이는 사실이 아닙니다. 방문자는 여러 장치나 브라우저를 사용할 수 있습니다.

데이터를 제대로 이해하기 위해서는 해당 분야의 전문가와 가까이 지내야 합니다. 재무 보고서를 작성할 때 재무 담당자와 친분을 쌓아서 회계 처리에서 어떤 단어를 사용하며 어떤 순서로 내용을 뺄 것인지 배울 수 있습니다. 혹은 하나의 IP에서 5천만 페이지를 확보하면 누군가는 IBM이라는 것을 압니다. 여러분은 이 모든 것을 알지 못하겠지만 다른 이들은 알 것입니다.

2.8 마치며

- 데이터 과학자를 채용하는 다양한 기업이 있다.
- 데이터 과학 직무 자체는 기업의 형태, 규모, 연혁, 팀 문화에 따라 다양하다.
- 근무하려는 기업을 이해하는 것이 중요하다.

CHAPTER 3

기술 익히기

이 장의 주요 내용

◆ 데이터 과학을 학습하는 다양한 방법

◆ 좋은 학습 프로그램 및 부트캠프 이해하기

◆ 본인에게 적합한 과정 선택하기

데이터 과학자가 되기로 결정했으니 이제 기술을 익혀야 한다. 시작도 전에 두려워하지 말자. 데이터 과학자가 되는 데 데이터 과학 기술을 어떻게 배우는지 알아야 하는 것은 당연한 일이다. 유튜브 동영상 시청부터 학위 취득까지 다양한 방법이 있다. 알고리즘, 프로그래밍 언어, 통계적 방법 등 학습량에 압도당하기 쉬우며 다른 비즈니스 영역도 고려해야 한다. 생각만으로도 힘들 수 있다.

좋은 소식은 필요한 기술을 얻는 방법은 네 가지뿐이라는 점이다. 각 방법의 장단점을 살펴보면 어느 것이 여러분에게 적합한지 찾을 수 있다. 이번 장을 마치고 나면 자신의 상황에 가장 적합한 길은 무엇인지 결정할 수 있을 것이다.

데이터 과학 기술을 습득하는 방법은 다음과 같다.

- 데이터 과학 또는 관련 분야 대학원 학위 취득
- 데이터 과학 부트캠프(8~12주간의 데이터 과학 집중 과정) 참여
- 현재 회사에서 데이터 과학 업무 진행
- 온라인 강의와 데이터 과학 서적으로 독학

지금부터 하나씩 자세히 살펴보자.

3.1 데이터 과학 학위 취득하기

많은 대학에서 데이터 과학 분야의 대학원 학위를 취득할 수 있다. 컴퓨터 과학, 통계학, 경영대학원 등 다양하다. 일반적으로 2년 석사 과정이며 7만 달러 이상의 학비가 든다. 대부분 대학원 과정과 마찬가지로 회사를 다니면서 프로그램을 천천히 진행하거나 데이터 과학 관련 온라인 강의를 들을 수 있다. 많은 학교에서 데이터 과학 학위를 취득하는 것이 가능하다. 컴퓨터 과학, 통계학, 비즈니스 분석, 분석 연구 또는 데이터 과학과 매우 비슷한 학위를 받을 수도 있다.

데이터 과학 학위의 장점은 각 주제를 자세하게 다룬다는 점이다. 학위 기간과 해당 과정을 수강하는 동안 데이터 과학자가 되는 데 필요한 모든 것을 배운다. 프로그램과 프로젝트를 바탕으로 직접 프로그래밍을 작성하면서 많은 것을 배울 수 있다. 프로그래밍 경험이 많지 않은 상태라면 수업을 더 선택해야 한다(추가 과정을 한두 가지 더 수강해야 할 수도 있다).

데이터 과학을 배우는 대학원에는 몇 가지 단점이 있다.

- 학비가 많이 든다. 직접적인 업무 경험을 쌓는 데 따른 기회비용 측면에서 보면 다른 선택 사항보다 훨씬 더 비싸다. 직업을 바꾸기 위해 몇 년을 공부한다는 것은 인생에서 엄청난 시간을 투자하는 것이다. 공부하다가 데

이터 과학자가 되고 싶지 않더라도 그간 쏟아 부은 돈과 시간을 되돌릴 수 없다.

- 소프트웨어 개발과 같은 데이터 과학 관련 분야나 해당 분야의 학부 과정을 밟고 있다면 대학원에서 배우는 내용과 중복될 가능성이 높다. 대학원에서 유용한 새로운 정보는 아주 조금 얻게 된다. 이는 큰 단점이며 그 과정에서 불만이 쌓일 수 있다.

- 대학원 과정은 학계의 교수가 가르친다. 가르치는 내용이 실무에서 사용하는 것과 다를 수 있다. SPSS처럼 오래된 언어를 사용하거나 버전 관리와 같은 현대적인 도구를 이해하지 못할 가능성이 크다. 데이터 과학 외의 수업에서 특히 흔한 일이다. 어떤 대학은 산업계 전문가를 초청해 강의하지만 산업계 전문가는 잘 가르치지 못한다. 대학원에 들어가기 전까지는 얼마나 많은 프로그램이 현대 기술을 사용하는지 알기 어렵다. 지원할 때 학위 과정에 대한 본인의 생각과 회사 생활에 얼마나 유용할지를 현재 또는 과거의 학생들과 상담하는 것이 좋다.

3.1.1 학교 선택하기

대학원의 데이터 과학 학위 과정을 검색하면 수많은 선택지에 압도된다. 여러분의 메일함이 다른 학위 과정 광고로 가득 차고 채용 담당자의 연락을 받을지도 모른다. 얼마나 지원할 수 있는지에 따라 다르지만 보통 3~10개의 대학원에 지원한다. 너무 적게 지원하면 합격하기 어렵다. 너무 많이 지원하면 대학원 과정 지원에 과도한 시간(그리고 원서비)을 쏟게 된다. 어떤 학교에 지원할지 결정하는 데 다음과 같은 기준이 도움이 될 것이다.

- **생활할 곳과 그곳의 라이프스타일에 만족하는가(매우 중요)**: 전세계 수많은 대학원 과정을 찾아보게 될 것이다. LA의 학교와 뉴욕주 북부에 있는 학교의 삶은 상당히 다르다. 지역 날씨, 친구, 생활비 등이 여러분에게 맞지 않아 학교의 삶이 행복하지 않다면 그 학교의 과정이 아무리 좋더라도 의미 없다.

- **어떤 주제를 학위 과정에서 다루는가(중요)**: 데이터 과학은 매우 새로운 영역이다. 대학들은 천차만별로 다른 과목을 가르친다. 학위 과정과 학과에 따라 특히 다르다. 컴퓨터 과학 기반의 데이터 과학 과정은 방법 및 알고리즘에 초점을 맞추지만 경영학 과정은 응용과 사례 연구에 더 집중한다. 강의 자료에서 기술의 단점을 다루는지 확인해보자(1장 참조).

- **교육과정에서 프로젝트를 진행하는 비중이 높은가(중요)**: 대학원 과정에 프로젝트가 많을수록 데이터 과학이 실제로 어떻게 동작하는지 더 많이 알 수 있으며 실무 준비에 도움이 된다(프로젝트는 4장에서 자세히 다룬다). 또한 중요한 프로젝트는 이력서에 기입하기도 굉장히 좋다. 대학원 과정 중 인턴십을 하거나 취업하는 데 유용한 이력이 된다.

- **졸업 후 취업 및 진로(중요)**: 학교에선 학계 진출 및 『포춘fortune』이 선정한 500대 기업에 들어가는 졸업생 비율을 통계로 발표한다. 통계는 매우 유익한 정보이지만 학교는 지표가 잘못되었더라도 가장 돋보일 만한 지표를 보여준다(아이러니하지만 어떤 통계가 잘못됐는지 이해하는 것은 데이터 과학자로서 배울 수 있는 기술 중 하나이다). 가능하면 링크드인LinkedIn에서 졸업생들이 현재 어떤 일을 하는지 연락해보는 것도 좋다. 특히 대기업에서 일하고 싶다면 기업이 직접 고용하는 학교는 어디인지 알아볼 수 있다. 해당 기업이 채용하지 않아도

지원할 수 있지만 여러분의 지원서는 우선순위에서 밀려날 것이다.

- **경제적 부분(드물지만 매우 중요)**: 드물지만 석사 과정 학생에게 수업 비용을 지불하거나 수업 조교에게 급여를 추가하는 등 경제적인 부분에서 도움을 주기도 한다. 학연장려금이 지급된다면 등록금을 지불하지 않아도 되니 반드시 활용하도록 하자. 학연장려금을 받는 것이 스스로 돈을 내는 것보다 재정적으로 훨씬 더 나은 선택이다. 그 자금이 가르치는 것을 포함한다면 많은 사람과 의사소통하는 방법을 배울 수 있으며 데이터 과학 관련 경력을 쌓는 데도 도움이 된다. 단점은 수업 시간이 길어 연구에는 도움이 되지 않는다는 점이다.

- **학위 과정과 해당 분야의 산업이 얼만큼 잘 연결되어 있는가(보통)**: 학교가 지역 기업, 특히 기술 기업과 많은 일을 한다면 학교는 지역사회와 연결된다. 이 같은 관계를 통해 인턴십이나 회사에 들어가는 것은 더 수월하고 수업 중 흥미로운 자료를 많이 얻을 수 있다. 학계 밖에서 사용하는 방식과 이를 접하지 못한 교수의 수도 적다.

- **입학 요건(그다지 중요하지 않음)**: 어떤 학교는 입학하면 특정 과정을 수강하게 한다. 대부분 대학원 과정에서 선형대수학과 같은 일부 수학 강좌나 자바와 같은 프로그래밍 강좌를 수강해야 한다. 필수과목 중 한두 과목을 이수하지 못하면 해당 과목을 이수할 때 해당 요건이 면제되거나 보충 과목을 수강할 수 있다. 전제 조건이 없거나 학교에서 특정 학부 학위(컴퓨터 과학 등)를 요구한다면 적절하지 않은 대학이다.

- **학교 명성(전혀 중요하지 않음)**: 스탠퍼드 대학교나 매사추세츠 공과대학교와 같이 매우 유명한 학교에 입학하지 않는 한 채용 담당자는 학교가 얼마나 잘 알려져 있는지 크게 신경 쓰지 않는다. 학교 명성은 산업보다는 학계에 들어가려고 할 때 중요하며 석사 학위가 아닌 박사 학위를 이수해야 한다(그리고 이 책이 아닌 다른 책을 읽어야 한다). 명성은 학교의 잘 조직화된 동문회에서만 유용하다.

- **지도 교수(매우 중요하지만…)**: 고려하고 있는 대학원 과정에서 학위 논문이 필수라면 학교의 교수진들을 살펴봐야 한다. 나와 비슷한 업무 방식 및 관심 분야이면서 혹사하지 않는 교수를 둔다면 프로그램의 성공과 실패를 쉽게 구분할 수 있다. 안타깝게도 어떤 지도 교수와 함께하게 될지는 학교를 입학하기 전까지 알 수 없다. 그러니 지도 교수의 성격이 어떨지는 신경 쓰지 말자. 지도 교수가 매우 중요할지라도 결정을 내리는 데 필요한 도움이 될 만한 사항은 많지 않다. 해당 과정의 대부분이 교과 과정이거나 캡스톤 프로젝트^{capstone project}**1**로만 구성됐다면 지도 교수는 큰 문제가 되지 않는다.

지원할 학교의 목록을 작성할 때 위에서 살펴본 기준에 따라 해당 학교가 어떻게 운영되는지 스프레드시트로 나열해보자. 모든 자료를 확보한 후라면 학교의 순위를 객관적으로 매기기 어려울지도 모른다. 여러분이 살고 싶지는 않지만 산업이 발달된 도시의 학교가 프로젝트 업무가 없는 도시에 있는 학교보다 더 낫거나 나쁘다고 말할 수 있는가? '최고'라는 목적을 찾으려는 생각을 버리기를 권한다. 학교를 '매우 만족함', '좋음', '괜찮음'으로 그룹화한 후 '매우 만족함' 및 '좋음'에 해당하는 학교에 지원하길 바란다.

---

1 옮긴이_ 공학 계열 학생들이 졸업해 현장에서 마주할 문제의 해결 능력을 길러주고자 설계 및 제작하는 종합 설계 교육 프로그램이다.

온라인 대학원 과정

점점 더 많은 학교가 온라인 대학원을 운영하면서 대학 캠퍼스에 다니지 않고 수업 내용을 모두 배울 수 있다. 온라인 강의는 대학에 다니는 것보다 훨씬 더 편하다는 장점이 있다. 현재는 온라인 과정의 초창기만큼 온라인 과정의 단점이 많지 않아 기업이 학위를 공식적으로 인정할지 걱정하지 않아도 된다. 단점은 온라인에서 모든 것을 할 경우 프로그램 및 자료를 관리하는 것이 훨씬 어렵다는 점이다. 질문이 있을 때 교수님과 상담하는 것이 어렵고 집중력이 떨어지며 숙제를 빼먹기 쉽다. 온라인 과정의 편리함으로 반드시 해야 한다는 책임감이 적어진다. 온라인 과정에 전념하고 집중할 수 있다면 온라인 대학원은 좋은 선택이지만 리스크가 있다는 것을 기억하길 바란다.

3.1.2 학위 과정에 참여하기

학위 과정에 참여하려면 먼저 지원해야 한다. 대학원 과정에 지원하는 데 익숙하다면 데이터 과학 석사 학위 지원 과정은 쉽다. 가장 먼저 지원서를 쓴다. 대부분 학교는 가을에 서류 마감일과 필요한 자료를 포함한 지원 방법을 공지한다. 일반적으로 대학원을 지원할 때는 다음과 같은 사항을 포함해야 한다.

- **1~2페이지의 지원서**는 여러분이 이 과정에 왜 적합한지를 매우 잘 보여준다. 왜 이 프로그램에 지원하는지에 대해 구체적으로 적자. 데이터 과학에 필요한 기술이나 지금까지 맡았던 업무 같은 것이 매우 유용하다. '저는 어렸을 때부터 데이터 과학에 관심이 많았습니다'와 같은 진부한 표현은 피하자. 훌륭한 졸업생이 쓴 커버레터와 같은 자료를 많이 참고하길 바란다. 학교에 작성을 도와줄 센터가 있을 것이다.
- **성적 증명서**는 현재 학위 과정의 필수 조건이다. 학교 홈페이지에 성적 증명서를 발급받는 방법이 있다. 보통 비용이 들며 일주일 이상 걸리니 막판까지 미루지 말자!
- **GRE**Graduate Record Examination 점수는 언어와 수학에서 일정 점수 이상은 충족해야 한다. 수학은 데이터 과학의 기초이므로 수학 GRE는 데이터 과학 과정에 지원한 사람이라면 누구나 쉽게 풀 수 있는 수준이다. 하지만 많은 사람이 고등학교 이후로 까다로운 수학 문제를 접하지 않아 수학 GRE를 미리 공부해놓는 게 좋다. 언어 시험은 더 어렵고 더 많이 공부해야 한다. GRE는 정해진 장소에서 치르며 시험 일정을 맞추기 번거로울 수 있으니 시험을 일찍 볼 수 있도록 시험 일정을 잘 확인해보자. 영어가 모국어가 아니라면 TOEFL이나 IELTS에서 기준점 이상을 받아야 한다.
- **세 개의 추천서**는 여러분에게 이 과정이 왜 필요한지 보여준다. 여러분의 지도 교수 혹은 현재 직업이 데이터 과학과 관련 있다면 회사 관리자가 써줄 수 있다. 여러분의 가능성에 대해 잘 작성해줄 수 있는 사람에게 부탁해야 한다. '이 지원자는 우리 반에서 A 학점을 받았다'고만 말할 대학교수나 기술 영역에서 여러분의 업무를 잘 모르는 사람은 피하자. 학부생이 이 책을 읽고 있다면 교수 연구실에 방문하고 세미나에 참석하며 학회 동아리에 가입해 교수들과 더 친분을 쌓아보자.

3.1.3 학위 요약

데이터 과학 관련 대학원 과정은 광범위한 교육과 이를 감당할 수 있는 사람에게 적합하다. 마케팅 분야 등의 프로그래밍이나 기술 업무와 전혀 관련 없는 분야에서 올 수도 있다. 대학원 과정의 학생들은 데이터 과학의 모든 요소를 차근차근 천천히 배워간다. 이미 필요한 기술을 충분히 보유한 사람들에게는 대학원 과정이 적합하지 않다. 그만한 가치가 있기에는 너무 오랜 시간이 걸리고 비용이 많이 든다. 산업의 전문가들이 가르치는 것이 아니라 배우는 내용이 그다지 실무와 관련이 없을 수도 있다. 대학원 과정 동안 인턴십으로 실무 경험을 쌓아야만 학위 자체를 높일 수 있다.

데이터 과학자가 되기 전 폭넓은 교육이 필요하다고 생각한다면 해당 방법을 시도해보고 마음에 드는 대학원을 찾아보자. 교육받는 것이 많은 업무로 다가오고 더 쉬운 다른 방법이 있을 것이라고 생각한다면 다음 절의 몇 가지 선택 사항을 고려해보길 바란다.

박사 학위가 필요할까?

아니다.

박사 학위는 취득하는 데 많은 시간이 걸리고 교수가 되기 위한 교육에 집중하는 학위다. 이전 방법보다 조금 더 나은 방법이나 해결책을 찾는 데 몇 년을 보내야 한다. 학술지에 논문을 게재하고 최신 연구를 매우 구체적인 분야로 진전시키는 역할을 하지만 앞에서 살펴봤듯이 데이터 과학자가 하는 일은 학문적 연구와 같다. 데이터 과학자는 최신 기술의 솔루션을 찾는 것이 아닌 충분히 좋은 솔루션을 빠르게 찾는 데 집중한다.

박사 학위가 필요한 데이터 과학 직무는 상당히 많지만 박사 학위에서 배운 지식이 업무에 필요한 경우는 드물다. 일반적으로 박사 학위를 요구하는 회사는 데이터 과학자의 명성을 높게 간주한다. 석사 또는 학사 학위만으로도 충분히 데이터 과학 업무를 이행할 수 있다.

박사 학위를 취득하는 데는 많은 기회비용이 든다. 졸업하는 데 7년이 걸린다면 7년 동안 회사에서 일하며 데이터 과학을 향상시키고 훨씬 더 많은 돈을 벌 수 있다.

박사 학위를 받은 후 데이터 과학자가 될 수는 있겠지만 박사 학위가 필요하다고 다른 사람에게 말하지 않길 바란다.

3.2 부트캠프 참여하기

부트캠프bootcamp는 메티스metis나 갈바니즈galvanize와 같은 회사가 8~15주간 개설하는 집중 강좌이다. 부트캠프 기간 동안 매일 8시간 이상 데이터 과학 기술을 배운다. 실무자의 강연을 듣고 프로젝트를 진행하며 시간을 보낸다. 이 과정을 마치면 보통 데이터 과학자를 채용하는 기업 담당자로 가득 찬 방에서 캡스톤 프로젝트를 발표한다. 그 발표를 통해 면접의 기회를 얻게 되고 채용으로 이어지게 된다.

부트캠프는 아주 짧은 기간에 엄청난 양의 지식을 가르쳐준다. 데이터 과학에 필요한 대부분 기술을 가르쳐줘서 유익한 시간을 보내게 될 것이다. 일부 업무를 프로그래밍하면서 일한 신경과학자를 생각해보자. 데이터 과학 부트캠프에서 로지스틱 회귀와 SQL 데이터베이스와 같은 주제를 배울 수 있다. 과학적인 기본 지식을 바탕으로 데이터 과학 직업을 가질 준비가 되어 있어야 한다. 가끔 부트캠프에서 지식 자체가 아닌 실제 그 일을 할 수 있다는 자신감을 얻는 것도 좋다.

3.2.1 무엇을 배우는가?

훌륭한 부트캠프는 필수로 알아야 할 데이터 과학 직무에 매우 적합한 강의로 구성된다. 단순한 기술력을 넘어 같이 프로젝트를 진행한 사람들과 네트워크를 형성할 수 있는 기회도 있다. 무엇을 다루는지 자세히 살펴보자.

기술

부트캠프는 기존 교육을 보충해서 배우기에 적합하다. 소프트웨어 개발자로 수년간 근무한 사람이라면 수학 및 통계 기법과 데이터에 관한 사고방식에 필요한 세부 사항을 빨리 배울 수 있다. 석사 학위를 취득하는 2년의 과정 없이 데이터 과학 직무에서 일할 수 있다. 이미 데이터 과학 분야가 아닌 석사 학위를 가졌다면 특히 더 매력적이다. 일반적으로 배울 수 있는 기술은 다음과 같다.

- **기초 통계학**: 선형 및 로지스틱 회귀분석과 같이 데이터로 예측하는 방법과 t-검정t-test처럼 업무에서 사용할 수 있는 검증법이 있다. 기초 통계학을 모두 다루기에는 내용이 상당해 각 방법이 어떻게 동작하는지 자세히 알아보지 못하지만 어떻게 사용하는지는 많이 배울 수 있다.

- **머신러닝 기법**: 랜덤 포레스트^{random forest} 및 서포터 벡터 머신^{support vector machine} 같은 머신러닝 알고리즘을 다룬다. 데이터를 학습 및 평가 그룹으로 나누고 교차 검증을 사용하는 방법도 배운다. 자연어 처리 및 검색 엔진과 같이 좀 더 구체적인 사례와 관련된 알고리즘 또한 배울 수 있다. 머신러닝 기법의 의미가 전혀 이해가 되지 않는다면 부트캠프 과정이 필요하다.
- **R 및 파이썬을 활용한 중급 프로그래밍**: 데이터 프레임에 데이터를 저장하는 방법과 데이터 요약, 필터링 및 플로팅을 어떻게 다루는지 배운다. 여러분이 선택한 과정 내에서 통계학 및 머신러닝을 다루게 된다. R이나 파이썬 중 한 언어를 배우고, 첫 회사에 가기 위해 부트캠프 수료 후 다른 언어 하나를 더 배워야 한다.
- **실제 사용 케이스**: 알고리즘뿐만 아니라 알고리즘이 어디에 사용되는지 배운다. 고객이 제품 구독을 중단하는 시기를 예측하는 로지스틱 회귀분석이나 클러스터링 알고리즘으로 마케팅 캠페인에 따라 고객을 분류하는 경우를 다루며 취업에 매우 유용한 내용이다. 실제로 면접에서 활용 사례에 대한 질문을 자주 한다.

프로젝트

부트캠프는 많은 프로젝트를 기반한 커리큘럼 과정이다. 하루 8시간 강의 대신 대부분 시간을 데이터 과학을 이해하고 자신만의 데이터 과학 포트폴리오(4장의 주제)로 시작하는 데 가장 도움이 되는 프로젝트를 살펴본다. 프로젝트 기반 업무와 비슷한 실무 기술과 일치해 학교에서 배우는 것보다 낫다.

먼저 프로젝트에서 데이터를 수집한다. 한 기업의 데이터를 가져오기 위해 만든 웹 API를 사용한다. 정보를 수집하고자 웹사이트를 스크래핑하거나 정부의 기존 공공 데이터셋을 사용할 수도 있다. 그 후 R이나 파이썬으로 불러와 스크립트를 작성해 데이터를 조작하고 그 위에 머신러닝 모델을 실행한다. 그 결과를 활용해 프레젠테이션 및 보고서를 작성한다.

프로젝트 과정은 부트캠프가 필요한 것은 아니다. 이 책의 4장은 여러분이 데이터 과학 프로젝트를 어떻게 직접 하는지 살펴본다. 다시 말해 프로젝트 기반 부트캠프의 경우 본인이 잘못된 방향으로 학습하면 강사가 도와준다. 혼자 배우면 의욕을 잃기 쉽고 도움받을 사람이 없으면 막히기 쉽다.

인맥

부트캠프를 다녀온 많은 사람이 구글이나 페이스북 같은 회사에서 성공적으로 경력을 쌓는다. 부트캠프는 해당 기업에 발을 들여놓을 수 있도록 인맥 네트워크를 운영한다. 프로그램 관련 데이터 과학 발표자를 초대해 이야기를 나눌 수도 있다. 업계 직원들이 최종 프레젠테이션을 보고 해당 회사의 취업을 돕는 연결고리 역할을 한다. 데이터 과학 직무가 있는 기업에 진입하는 것은 취업에 유리하다. 이런 부트캠프의 특성은 강조할만 하다.

링크드인으로 부트캠프 출신의 동문들과 연락할 수도 있다. 자신이 다니는 회사의 일자리를 소개해주거나 여러분에게 잘 맞을 회사를 추천해준다.

이런 인맥은 적극적으로 활용해야 한다. 발표가 끝 난 발표자와 대화하거나 이야기를 나눠보지 않은 사람들에게 먼저 다가가보자. 특히 낯선 사람과 사회적으로 만나는 게 불편하다면 두렵겠지만 부트캠프에서 인맥을 적극 활용해야 한다. 효과적인 인맥 요청 팁은 6장을 참고하길 바란다.

3.2.2 비용

부트캠프의 큰 단점 중 하나는 비용이다. 참가비는 보통 약 1만 5천 달러에서 2만 달러 정도이다. 참가비 일부를 충당하고자 장학금을 받을 수도 있지만 프로그램 기간 동안 정규직(또는 파트타임)을 할 수 없다는 기회비용도 고려해야 한다. 부트캠프 후에는 몇 달 동안 취업 준비를 해야 할 수도 있다. 부트캠프 기간에는 바쁘고 기술을 배우지 못해 지원할 수 없다. 취업에 성공하려면 지원부터 시작까지 여러 달이 걸리기도 한다. 결국 프로그램 참여 기간 외에는 6~9개월 동안 실업 상태인 것이다. 일이 한가할 때 데이터 과학을 가르치거나 그 업무를 배운다면 부트캠프에 다니며 등록금을 지불하지 않아도 되니 수만 달러를 절약할 수 있다.

3.2.3 프로그램 선택하기

거주 지역에 따라 부트캠프 프로그램이 얼마 없을 수 있다. 대도시에 살아도 프로그램은 몇 개 없을 것이다. 대도시에 살지 않아 부트캠프에 참여하기 위해 잠시 해당 지역으로 옮겨야 하는 경우도 있다. 프로그램 비용 외에 부수적인 비용이 추가되어 부담스러울 수 있다.

다행히 데이터 과학 관련 온라인 부트캠프가 있다. 오프라인 부트캠프는 동기부여와 집중력을 유지할 수 있다는 장점이 있다. 하지만 온라인 강의를 이수한다면 그 이점을 잃는다. 수많은 무료 및 저렴한 온라인 강의와 동일한 강좌가 2만 달러에 해당하는 온라인 부트캠프가 될 것이다.

해당 지역 내 부트캠프를 선택할 때는 장소를 확인하고 몇몇 강사와 대화하며 가장 편리한 부분은 무엇인지 확인한다. 여기서 주의해야 할 점은 학위와 부트캠프 모두 데이터 과학자가 되고자 하는 사람에게 책임을 떠넘기려는 경우가 많다는 것이다. 취업에 전혀 도움이 되지 않는 것은 물론 수만 달러의 빚을 지게 된다. 부트캠프에서 선배들과 대화를 많이 해볼 것을 권한다. 링크드인에서 성공한 졸업생을 찾아 어떤 경험을 했는지 물어보며 어떻게 생각하는지 알아보자. 여러분이 수강하려는 프로그램을 이수한 사람을 찾을 수 없다면 위험하다는 신호이다.

3.2.4 부트캠프 요약

부트캠프는 이미 데이터 과학의 기본 사항을 알고 이직을 준비하는 사람에게 훌륭한 프로그램이다. 학교를 막 졸업하고 포트폴리오에 몇 가지 데이터 과학 프로젝트를 추가하고 싶은 사람에게도 유용하다.

부트캠프는 하나부터 열까지 모두 할 수 있도록 구성되어 있지 않다. 대부분 부트캠프는 입학 요건이 까다로우며 프로그램을 최대한 활용하기 위해서는 프로그래밍 및 통계의 기초 지식은 익히고 참여해야 한다.

3.3 본인 회사에서 데이터 과학 업무 보기

여러분은 이미 데이터 과학과 가까운 직무에 종사하고 있을 수도 있다. 현 업무의 일부에서 더 많은 데이터 과학 작업을 시작하는 것이 매우 효과적인 데이터 과학 학습 방법이다. 아마도 여러분은 데이터 과학 보고서에 비즈니스 의견을 추가하며 자신만의 그래프를 추가할 수 있는 회사에 다닐 것이다. 혹은 R이나 파이썬으로 옮길 수 있는 스프레드시트를 만드는 회계 부서에서 일할 수도 있다.

시장조사 부서에서 몇 년간 근무하며 고객 설문 조사와 시장조사 그래픽 사용자 인터페이스를 사용한 조사 결과를 집계하는 앰버 씨를 예로 들겠다. 사회학을 전공한 앰버 씨는 학부 시절에 프로그래밍을 조금 해봤다. 가끔 데이터 과학 부서와 협업해 조사 데이터를 전달하며 데이터 과학자들이 모델에 사용할 수 있도록 돕는다. 본격적으로 데이터 과학 팀을 돕기 위해 R에서 특징을 추출하고 시각화 업무를 시작했다. 데이터 과학 팀은 점점 더 앰버 씨에게 의지하게 됐다. 이 기간 동안 팀원들의 프로그래밍과 데이터 과학 기술도 많이 향상됐다. 1년 뒤 앰버 씨는 시장조사 부서를 뒤로하고 데이터 과학 팀에 합류한다.

현재 회사에서 데이터 과학을 시도하는 것은 위험성이 낮은 것은 물론 동기부여가 된다. 회사를 그만두고 비싼 부트캠프나 학위를 이수하는 것이 아니라 지금 할 수 있는 업무에 데이터 과학 업무를 조금 추가하는 것이다. 본인 직무에서 데이터 과학을 한다는 사실은 다른 직원에게 여러분의 업무 가치가 높아져 동기부여가 된다. 시간이 지남에 따라 모든 업무에서 더 많은 데이터 과학 업무를 할 수 있다.

전직 시장조사 연구원이었고 현재는 데이터 과학자로 일하는 앰버 씨는 다음과 같은 여러 업무를 했다.

- 이미 데이터 과학 부서와의 협업으로 멘토링 경험이 있다.
- 프로그래밍과 데이터 시각화의 기본적인 사항을 이해한다.
- 업무에서 데이터 과학 기술을 배우는 동기가 충분했다.
- 데이터 과학 부서는 앰버 씨에게 작은 프로젝트를 맡겼고 시간이 지나면서 프로젝트들이 성장했고 앰버 씨는 데이터 과학자가 됐다.

사내에서 데이터 과학 업무를 더 많이 하려면 작은 데이터 과학 프로젝트가 있는 부서와 이를 도와줄 직원을 찾아보길 바란다. 보고서를 만들거나 기존 보고서를 자동화하는 것만큼 간단한 데이터 과학을 자세히 배울 수 있다.

한 가지 주의할 점이 있다. 절대로 다른 이에게 짐이 돼서는 안 된다. 완벽한 데이터셋을 만들어줄 것을 계속 부탁하는 것과 같은 직접적인 부담이나 여러분의 업무를 검토해줄 것을 요청하는 것은 크지는 않아도 작게 부담을 줄 수 있다. 팀에 새로운 도구를 추가해 갑자기 부담을 줄 수도 있다. 만약 회계 팀이라면 모든 팀원이 엑셀을 사용할 경우 팀을 더 복잡하게 만든다. 여러분이 할 수 있는 업무를 맡겨달라고 부탁하는 행동조차도 부담이 된다. 이는 다른 사람들이 여러분에게 맞는 업무를 찾아야 한다. 기술을 배울 때는 다른 사람들에게 피해를 주지 않도록 주의하자.

두 대화의 관점

여러분이 다음과 같이 말했다.

"제가 할 수 있는 어떤 방법으로든 도움을 줄 수 있어 행복합니다. 저에게 방법을 알려주세요. 감사합니다!"

여러분은 상대방이 이렇게 받아들일 것으로 생각한다.

"저는 이 팀에서 일하길 간절히 원합니다. 오랜 기간 붙잡고 있을 수 있는 재미있지만 간단한 프로젝트를 맡겨주신다면 열심히 최선을 다하겠습니다!"

하지만 실제로 상대방은 다음과 같이 받아들인다.

"반갑습니다! 도움이 되고 싶지만 팀에서 무엇이 필요한지 전혀 모르겠습니다. 팀원의 업무량과 비교해 제 능력을 잘 모르니 제가 할 수 있는 업무를 찾아주길 바랍니다. 저에게 딱 맞는 업무를 찾았다면 여러 번 살펴봐야 할 것이며 그나마도 여러분의 쉬는 시간을 빼앗을 겁니다. 감사합니다!"

이 과정이 잘되려면 몇 가지 핵심 전략이 필요하다.

- **적극적으로 행동하라**: 다른 직원들이 업무를 요구하기 전 직접 업무를 할 수 있다면 남들에게 부탁하는 부담도 줄어든다. 데이터 과학 팀에 지루한 데이터 라벨링 및 간단한 보고서 작성과 같은 업무가 있다면 먼저 나서면 된다. 단 모든 업무에 뛰어들지 않도록 주의하자. 여러분에게는 의미 있겠지만 팀은 여러분의 업무를 다시 한 번 확인해야 한다. 업무를 시작한 후 팀원의 의견을 받을 수 있지만 직접 업무를 한다면 시간을 아낄 수 있다.

- **새로운 기술을 한 번에 하나씩 선택하라**: 단번에 데이터 과학자가 되려 하지 말자. 업무를 통해 배우고 싶은 한 가지 기술을 찾고 해당 기술을 배워보자. 데이터 과학 팀이 R로 보고서를 만든다면 해당 업무를 배우고 싶을 것이다. 팀에 도움이 될만한 작은 프로젝트를 찾아서 기술을 배우고 필요할 때 언제든지 사용할 수 있다. 거기에서 다른 데이터 과학 기술도 배울 수 있다.

- **목표를 정확히 정하라**: 데이터 과학자가 되기 위해 추가 업무를 한다면 꽤 빨리 목표에 가까워질 것이다. 데이터 과학 팀에 적극적으로 배우고 싶다는 의지를 보여주면 여러분에게 도움이 될 계획을 세울 수 있다. 데이터 과학 팀도 과거에는 몰랐기에 경험이 없는 여러분을 충분히 이해할 것이다.

- **강요하지 마라**: 한 사람을 데이터 과학자로 키우는 것은 엄청난 과정이다. 데이터 과학 팀은 이미 과중한 업무에 놓여 있다. 팀이 여러분을 도울 시간이 없다는 것을 알게 된다면 개인적으로 받아들이지 마라. 연락이 잘 안되면 가끔은 괜찮아도 계속하지는 말자. 불편함을 느끼고 여러분을 가능성 있는 직원으로 보지 못하고 귀찮아하게 된다.

3.3.1 현직에서 데이터 과학 배우기

데이터 과학 기술을 적용할 수 있는 회사와 조언해줄 주변 이들이 있다면 직무에 관한 배움은 데이터 과학자가 되는 데 효과적인 방법이다. 많은 이에게 적용할 수 있는 방법은 아니다. 이 과정이 적합하다고 생각한다면 적극적으로 이용하자. 회사에서 배우는 것이 가능하다면 기회를 꼭 잡길 바란다.

3.4 독학하기

많은 도서가 데이터 과학(이 책도 그렇다) 및 온라인 강의를 다룬다. 도서와 웹사이트는 실용적인 매체(가격 기준)로 데이터 과학 기초는 물론 심층적인 기술을 제공한다. 데이터 과학 블로그, 튜토리얼 및 스택 오버플로 답변 모두 스스로 데이터 과학을 배우기에 충분하다.

이와 같은 학습 자료는 개인의 능력을 올리는 데 아주 좋다. 딥러닝 도서를 읽으며 딥러닝을 공부할 수도 있고, 온라인 강의를 통해 R이나 파이썬 기초를 배울 수 있다. 자기 주도적인 온라인 강의 및 도서처럼 데이터 과학을 배우는 것은 선생님 없이 유튜브 영상으로 악기 연주를 배우는 것과 같다. 가장 중요한 것은 인내심이다. 새로운 기술을 배우는 데는 수백, 수천 시간이 걸릴 수 있다. 베스트 틱톡TikTok 모음을 한 탭으로 하는 등 데이터 과학에 수천 시간을 투입하는 것은 정말 어렵다. 어디서부터 시작해야 할지 알 수 없다. 모든 데이터 과학 내용을 배우기 위해 어떤 도서를 먼저 읽어야 하는지 누가 알겠는가?

독학을 하게 되면 선생님이나 롤모델이 없다. 학위 과정이나 부트캠프처럼 질문할 수 있는 선생님이 없다면 어디서부터 잘못됐는지 파악하거나 이후 어떻게 해야 하는지 등 준비된 능력을 갖추지 못한다. 방향 없이 잘못된 길로 빠져서 자료를 이해하는 데 시간이 꽤 걸릴지도 모른다. 교사의 부재를 대처하기 위해 질문할 수 있는 이들을 모으는 것이 가장 좋은 방법이다. 좋은 예로 토마스 모크Thomas Mock가 시작한 화요일 프로그램(*https://github.com/rfordatascience/tidytuesday*)은 매주 화요일 야심 찬 데이터 과학자가 R을 사용해 데이터 과학 문제를 해결한다.

독학을 하기로 결정했다면 건설적인 업무를 해야 한다. 책을 읽고 영상을 보는 것도 좋지만 자신만의 데이터 과학 업무를 해보면 훨씬 더 많은 것을 배울 수 있다. 자전거에 관한 독서는 교육적일 수 있지만 실제로 자전거를 타지 않고는 자전거 타는 법을 배울 수 없듯이 말이다. 데이터셋을 가져와 흥미로운 결과를 찾거나 머신러닝 모델과 API를 만들거나 신경망을 사용해 텍스트를 생성하는 등 여러분이 하고 싶은 프로젝트를 반드시 찾아보자. 4장에서는 이런 종류의 프로젝트에 대해 훨씬 더 자세히 설명한다. 포트폴리오를 구축하는 프로젝트도 있지만 독학은 프로젝트를 배우는 것이 매우 중요하다.

3.4.1 독학하기 요약

독학하는 것은 어렵다. 할 수는 있지만 어렵다. 무엇을 배우고 싶은지 그 순서를 알아야 하고 그 기술을 배울 충분한 동기가 있으며 여러분을 도와줄 멘토나 선생님 없이 모든 것을 할 수 있어야 한다. 다른 방법과 달리 독학은 이력서에 자신의 자격 사항을 표시하는 데 한계가 있다. 그다지 추천하는 방법이 아니다. 잘못된 방식으로 공부를 하게 되거나 계속 집중하기 어렵다. 독학은 한 가지 기술을 익히는 데는 좋으나 데이터 과학자가 되고자 필요한 모든 것을 배우기 어려운 방법이다.

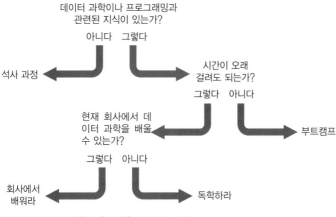

그림 3-1 데이터 과학 교육과정을 선택하는 흐름

3.5 선택하기

데이터 과학을 배우는 네 가지 방법을 어떻게 선택할 것인가? 그 과정은 사람마다 다르다. 다음 세 가지 질문에 대답해보자(그림 3-1).

1 데이터 과학에 관한 지식이 있는가? 적어도 한 가지 프로그래밍 언어로 프로그래밍한 적이 있는가? SQL 데이터베이스에서 데이터를 쿼리하는 방법을 아는가? 선형 회귀가 무엇인지 아는가?

    a. "아니오, 배울 게 많습니다"라고 답한다면 석사 학위 같은 학과 과정이 가장 적합하다. 해당 과정은 여러분이 안정적인 직업을 구할 때까지 데이터 과학의 모든 주제를 가르쳐준다.

    b. "네, 잘 압니다"라면 2번 질문으로 넘어가자.

2 데이터 과학 직무를 빨리 구하지 않고 6~9개월간 직업이 없는 상태로 필요한 데이터 과학 기술을 습득하는 데 1년 또는 그 이상이 걸려도 되는가? 공부에만 몰두하면 새로운 기술을 빨리 습득하기 어렵다. 일하면서 새로운 기술을 배우는 것은 더욱 어렵다. 데이터 과학 직무로 일하기 위한 과정이 길어져도 괜찮은가?

    a. "아니오, 빨리 배우고 싶습니다"라고 답하면 부트캠프를 이용하자. 3개월 안에 데이터 과학에 대해 많이 배울 것이다. 하지만 부트캠프 이수 후 일자리를 찾는 데 3~6개월 정도 걸릴 수 있다.

    b. "네, 시간을 더 투자하고 싶습니다"라면 3번 질문으로 넘어가자.

3 현재 회사에서 데이터 과학을 배울 수 있는가? 일부 데이터를 SQL에 저장 및 분석하거나 R이나 파이썬을 사용하는 등 현재 직무 내에서 데이터 과학을 이용할 수 있는가? 멘토링해주거나 데이터 과학에 대한 작은 업무를 줄 수 있는 팀이 있는가?

a. "네, 회사에서 배울 수 있습니다"라면 그렇게 해보고 여러분의 업무를 데이터 과학 배움의 발판으로 삼길 바란다.

  b. "아니오, 제 업무에서는 그럴 기회가 없습니다"라면 도서나 온라인 과정을 찾아봐야 한다.

이러한 질문들이 출발점이 될 수는 있다. 하지만 지금 당장 한 방법으로 최종 결정할 필요는 없다. 혼자서 독서하는 것부터 시작할 수 있고 더 빨리 시작하고 싶다면 부트캠프를 이용할 수도 있다. 재직 중인 회사에서 데이터 과학을 시도하며 저녁에는 석사 과정을 공부할 수도 있다. 완벽한 단 하나의 정답은 없다. 여러분에게 적합한 접근법을 찾는 것이 중요하다. 효과가 없다면 될 때까지 방법을 바꿔보자.

길을 정했으면 그 길을 따라갈 시간이다. 석사 과정에 등록하거나 부트캠프에 참여하거나 혹은 책을 사서 읽어보자. 이제 시간이 흘러 여러분이 데이터 과학자가 되는 데 필요한 기본적인 기술을 배우는 데 성공했다고 가정하고 다음 단계를 소개한다. 다음 장부터 이 기술을 사용해 데이터 과학 관련 직업을 얻는 데 도움이 되는 데이터 과학 포트폴리오를 만들어볼 것이다.

3.6 줄리아 실기 인터뷰

줄리아 실기^{Julia Silge}는 데이비드 로빈슨과 공동으로 개발한 **tidytext** 패키지와 함께 데이터 과학에 관한 유명한 블로그 글로 알려졌다. 이 패키지는 R에서 NLP를 토대로 70만 번 이상 다운로드됐다. 두 사람의 공동 저서로『R로 배우는 텍스트 마이닝』(제이펍, 2019)이 있다.

Q 데이터 과학자가 되기 전에 학계에서 일했을 때 배운 기술이 데이터 과학자로서 어떻게 도움이 되었나요?

A 학자로서 연구할 때는 하루 중 일부를 실제 데이터를 수집하는 데 보냈습니다. 이 경험으로 데이터가 생성되는 과정을 생각하게 됐죠. 왜 데이터가 깔끔하지 않은지 혹은 데이터 포인트를 얻지 못하는 원인은 무엇인지 알게 됐죠. 웹 데이터를 직접 다루는 기술 기업에서 몇 년간 일한 적이 있습니다. 데이터를 생성하는 몇 가지 프로세스가 있는데 어떻게 해당 데이터를 기록하고 어떻게 과정이 잘되거나 잘못될 수 있는지 신중히 생각해야 했어요. 실제 데이터에 대한 경험은 지금의 머신러닝 도구를 개발하는 내 접근법에 많은 도움을 줍니다.

데이터 과학자가 되기 전 배운 또 다른 기술은 의사소통과 교육입니다. 몇 년간 대학교수로 재직했고 고객을 상대하는 일도 했었죠. 이때 제가 지닌 지식을 다른 사람이 잘 이해할 수 있도록 설명하는 연습을 했습니다. 이것이 많은 데이터 과학자가 해야 할 역할이라고 생각합니다. 물론 모델 훈련 및 통계적 분석 업무를 한다면 동일한 모델이나 분석으로 무엇을 의미하는지, 어떻게 작동하는지 또는 어떻게 구현하는지 좀 더 넓은 맥락에서 설명하는 게 더 중요합니다.

Q 데이터 과학자가 되기로 결심하고 새로운 기술을 습득하기 위해 무엇을 했나요?

A 학과 과정, 부트캠프, 온라인 강의 모두 좋은 선택지라고 생각합니다. 저는 이미 박사 학위가 있어 다시 학교로 돌아가 돈을 더 쓰고 싶지 않았습니다. 그래서 부트캠프 두 군데에 참여했습니다. 이 직무를 데이터 과학 분야로 전환하기로 결정한 것은 그 일을 할 수 있다는 것을 깨달았을 때입니다. 제가 할 수 있다는 것을 다른 이들에게 보여줘야 했습니다. 대학원에 다닐 때는 최신 머신러닝이 천체물리학에 적용되지 않아 머신러닝 지식과 몇몇 기술을 더 배워야 했어요.

온라인 강의를 들으며 독학도 많이 했습니다. 농담으로 모든 MOOC^{massive open online course}를 수강했다고 했을 정도로 많이 들었습니다. 약 6개월이 지나도 제가 맡은 직무는 일이 많지 않아 온라인 강의에 몰두할 수 있었습니다. 학교를 가지 않아도 됐고 학습 자료가 마음에 들었습니다. 한동안 데이터 분석을 하지 않았기 때문에 데이터 분석을 해보는 것이 정말 즐거웠습니다.

Q 데이터 과학 분야에서 어떤 업무를 하고 싶은지 알았나요?

A 비교적 선택지를 빨리 찾았습니다. 다른 이들이 데이터 과학의 '분석'과 '개발'에 대해 생각하는 것을 보면서 저는 '분석'에 적합하다는 것을 알았습니다. 스스로 엔지니어보다는 과학자, 즉 사물을 이해하고 질문에 답하는 업무에 적합하며 무언가를 개발하는 일은 잘 맞지 않다는 것을 깨달았습니다. 거기서부터 제 커리어는 시작됐습니다. 스택 오버플로에서는 유일한 데이터 과학자였어요. 매우 유능하고 지식이 풍부한 데이터 엔지니어와 함께 팀을 이뤘습니다. 유일한 데이터 과학자인 제 직무는 데이터 분석과 모델 구축을 주로 했습니다. 지금은 오픈 소스 도구를 개발하며 '소프트웨어 엔지니어'가 됐습니다. 분석보다 더 많은 에너지를 쏟고 있어요.

Q 데이터 과학자를 꿈꾸는 이들에게 마지막으로 하고 싶은 말은 무엇인가요?

A 이 일을 할 수 있다는 것을 증명해야 한다고 강조하고 싶습니다. 아직까지 데이터 과학자가 명확하게 정의되지 않아 사람들은 데이터 과학자가 된다는 것이 무엇을 의미하고 누가 데이터 과학자가 될 수 있는지 잘 모릅니다. 데이터 과학 직무가 무엇인지 불확실하고 적합하지 않은 사람이 채용될 위험이 매우 높아 기업은 꺼려합니다. 기업에서 지원자가 그 일을 할 수 있는지 신뢰할 수 있어야 합니다. 저는 오픈 소스 컨트리뷰션contribution으로 할 수 있다는 것을 증명했습니다. 각자의 프로젝트를 내부 미팅에서 소개하고 블로그나 깃허브 프로필로 프로젝트 포트폴리오를 구성했습니다. 저는 MOOC 및 배워야 할 내용을 모두 담은 프로젝트 관련 블로그를 시작했습니다. 프로젝트와 블로그 글은 훗날 면접에서 활용했습니다.

3.7 마치며

- 데이터 과학자가 되기 위한 기술을 배우는 확실한 네 가지 방법으로 학위 취득, 부트캠프, 현재 회사에서 기술 습득, 독학이 있다.
- 네 가지 방법은 각기 학습 자료, 소요 시간, 자발성의 정도에 따라 조절해야 한다.
- 여러분에게 적합한 방법을 찾으려면 현재 어떤 기술을 할 수 있고 강점은 무엇이며 어떤 자원이 있는지 스스로 자신에 대해 생각해봐야 한다.

CHAPTER 4

포트폴리오 작성하기

> **이 장의 주요 내용**
>
> ◆ 데이터 과학 프로젝트 만드는 방법
>
> ◆ 블로그 시작하기
>
> ◆ 프로젝트 예시

축하한다. 부트캠프 참여, 학위 수료, 온라인 강의를 수강하고 회사에서 다양한 데이터 프로젝트에 참여해봄으로써 데이터 과학자가 되기 위한 준비를 마쳤다.

2부에서는 데이터 과학 직무를 어떻게 찾고 지원해야 하는지 다룬다. 그전에 3장에서 익힌 데이터 과학 기술을 활용해 성공적으로 포트폴리오를 작성하는 데 도움이 되는 여러 방법을 살펴본다. 포트폴리오는 데이터 과학 프로젝트를 모은 것으로 다른 사람들에게 여러분의 데이터 과학 업무 성과를 보여줄 수 있다.

훌륭한 포트폴리오는 깃허브 저장소와 블로그를 포함한다. 여러분의 깃허브 저장소는 프로젝트 코드를 보여주고, 블로그는 의사소통 기술 및 데이터 과학 업무의 코드가 아닌 다른 부분을 보여준다. 대부분은 여러분의 깃허브 저장소에서 수천 줄의 코드를 읽고 싶어 하지 않는다. 블로그에서 여러분이 한 일의 요점만 확인하고 싶을 것이다. 세계 각지에서 여러분의 블로그를 읽고 여러분을 데이터 과학자로 채용할지 누가 알겠는가? 물론 여러분이 했던 분석 및 모델과 관련해 블로그 글을 반드시 써야 하는 것은 아니다. 통계 기법을 설명하거나 텍스트 분석 방법 튜토리얼을 쓰거나 학위 과정을 선택한 과정 등을 글로 공유해도 된다.

그렇다고 성공적인 데이터 과학자가 되기 위해 프로젝트로 채워진 블로그나 깃허브가 반드시 필요한 것은 아니다. 대다수 데이터 과학자가 블로그나 깃허브를 하지 않고 포트폴리오가 없어도 채용된다. 하지만 포트폴리오가 여러분을 돋보이게 할 수 있다는 점을 알고 있길 바란다. 데이터 과학 기술을 갈고닦을 수 있는 좋은 방법이다. 즐거운 마음으로 포트폴리오를 작성하길 바란다.

이번 장은 어떻게 하면 좋은 포트폴리오를 만들 수 있는지 설명한다. 첫째, 데이터 과학 프로젝트를 진행하고 깃허브에 정리한다. 둘째, 블로그를 어떻게 시작하고 공유하는지 훌륭한 사례를 살펴보며 여러분의 업무에서 가장 가치 있는 부분을 발견할 수 있도록 돕는다. 마지막으로 필자들이 진행했던 실제 프로젝트를 처음부터 끝까지 살펴보는 것으로 끝을 맺는다.

4.1 프로젝트 만들기

데이터 과학 프로젝트는 흥미로운 데이터셋과 함께 무엇이 궁금한지 질문하는 것으로 시작된다. 정부의 인구조사 데이터에서는 '전국의 인구 통계는 시간이 지날수록 어떻게 변화하고 있나요?'라고 질문할 수 있다. 다양한 질문과 데이터는 프로젝트의 핵심이다(그림 4-1). 이 두 가지로 데이터 과학을 시작해보자.

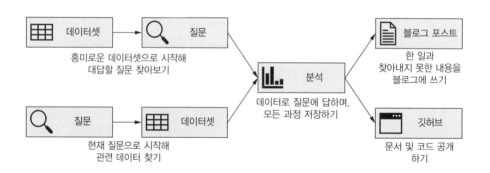

그림 4-1 데이터 과학 프로젝트 구성 순서

4.1.1 데이터를 찾고 질문하기

어떤 데이터를 사용할지 고민 중이라면 본인에게 가장 흥미로운 데이터로 시작하길 바란다. 여러분이 선택한 데이터는 여러분의 성향, 이전 경력이나 학업에서 가져온 도메인 지식을 보여준다. 만약 여러분이 패션에 관심이 있다면 패션 위크에 관한 기사를 찾아보고 지난 20년간 스타일이 어떻게 바뀌었는지 찾아볼 수 있다. 만약 열정이 넘치는 달리기 선수라면 시간이 지날수록 달리는 모습은 어떻게 변하고, 러닝 타임이 날씨와 관련이 있는지 찾아볼 수 있다.

타이타닉titanic 데이터셋, MNIST 및 다른 인기 있는 초보자를 위한 데이터셋을 사용해서는 안된다. 이런 학습법이 좋지 않은 것은 아니다. 다만 채용 담당자를 놀라게 하거나 흥미를 끌지 못할 것이며 여러분을 돋보이게 해줄 새로운 것을 발견하는 데 도움을 주지 못한다.

때론 데이터셋에 관한 질문이 있을 수 있다. 대학 전공자의 성별 분포가 시간에 따라 어떻게 변화했는지, 졸업 후 중위 소득과 관련 있는지 궁금할 수 있다. 구글에서 검색해 해당 데이터가 있는 페이지를 찾을 수 있다. 그러나 대답에 필요한 데이터 과학 기술을 어떻게 습득하는지는 찾을 수 없을 것이다. 이때 데이터셋을 검색하고 흥미로운 질문이 있는지 살펴봐야 한다. 어디서부터 시작해야 하는지 다음을 살펴보자.

- **캐글**: 캐글(*kaggle.com*)은 데이터 과학 대회 웹사이트로 시작했다. 기업이 데이터셋과 문제를 올리고 가장 좋은 답변을 남긴 사람에게 상품을 제공했다. 대출금 채무불이행 여부, 주택 분양가 예측 등 머신러닝 모델이 필요한 문제들이 많다. 사용자는 테스트셋을 이용하거나 각 성능 지표를 활용해 모델을 비교한다. 캐글은 토론 포럼 및 많은 사람이 코드를 공유하는 커널kernel이 있어 데이터셋에 접근하는 방법을 배울 수 있다. 결과적으로 캐글은 수천 개의 데이터셋이 있고 관련 질문과 다른 사람들의 분석법을 예제로 볼 수 있다.

  캐글의 가장 큰 장점은 가장 큰 단점이기도 하다. 여러분에게 (일반적으로 정리된) 데이터셋과 문제를 줘 많은 일을 하게 한다. 수천 명의 사람이 같은 문제를 다뤄 특별히 기여하는 것은 어렵다. 캐글은 데이터셋을 가져오되 다른 문제를 던지거나 탐색적인 분석을 하는 것이 하나의 사용 방법이다. 캐글 프로젝트를 하면서 다른 사람은 어떻게 문제를 수행했는지 보며 배울 수 있다. 포트폴리오의 일부보다는 해당 모델로 무엇을 했는지 바탕으로 배우게 된다.

- **뉴스 데이터셋**: 최근 많은 뉴스 회사가 회사의 데이터를 공개하기 시작했다. 예를 들어, 파이브서티에이트FiveThirtyEight(*FiveThirtyEight.com*)는 여론조사 분석, 정치, 경제, 스포츠 블로그에 초점을 맞춘 웹사이트로 기사에 사용할 수 있는 데이터를 게시하고 기사 웹사이트에서 직접 원본 데이터를 참조하기도 한다. 이런 데이터셋을 직접 정리해야 할 때도 있지만 뉴스에 나온다는 것은 해당 데이터셋과 관련된 명확한 문제가 있다는 것을 의미한다.

- **APIs**: APIsapplication programming interfaces는 기업의 데이터에 직접 접근할 수 있는 개발자 도구이다. URL을 입력해 웹사이트에 접속하는 방법을 아는가? API는 URL과 동일하지만 웹사이트가 아닌 데이터를 얻는다. 유용한 API 회사에는 『뉴욕 타임스』와 옐프yelp가 있다. 두 회사의 기사와 리뷰를 가지고 올 수 있다. 일부 API에

는 R 및 파이썬 패키지가 있어 만들기 유용하다. R의 리트윗rtweet 패키지는 트위터 데이터를 빠르게 가져와 특정 해시태그로 트윗을 찾을 수 있게 해준다. 교토 지역에서 유행하는 화제가 무엇인지, 스티븐 킹이 좋아하는 트윗이 무엇인지 등을 확인할 수 있다. API를 사용할 때는 제한되는 점과 서비스 약관이 있다. 현재 옐프에서는 하루에 5천 번으로 호출을 제한해 모든 리뷰를 가져올 수 없다. API는 많은 부분에서 매우 강력하고 조직적인 데이터를 제공하는 데 유용하다.

- **정부 공공 데이터**: 많은 정부에서 데이터를 온라인으로 제공한다. 인구조사 자료, 고용 자료, 사회 조사 자료, 뉴욕 시의 911 통화나 교통량 같은 수많은 지방 정부 자료를 이용할 수 있다. CSV 파일로 데이터를 직접 다운로드하거나 API를 사용하면 된다. 공개되지 않은 데이터를 얻고자 정부 기관에 정보 열람을 요청하는 것도 가능하다. 정부 데이터는 상세하다. 예를 들어 시애틀에 등록된 모든 반려동물의 이름 데이터와 같이 특이한 주제를 다뤄 자료로써 훌륭하다. 반면 정부의 공공 데이터는 PDF 파일에 저장된 테이블과 같이 잘 정리되지 않는다는 단점이 있다.

- **자체 데이터**: 자신의 데이터를 다운로드할 수 있는 곳이 많다. 크게 보면 소셜 미디어 웹사이트 및 이메일 서비스이다. 여러분이 신체 활동, 독서 목록, 예산, 수면 등을 추적하고자 앱을 사용한다면 그 데이터도 다운로드받을 수 있다. 배우자와 주고받은 이메일을 기반으로 챗봇을 만들 수 있다. 트위터에서 가장 많이 사용하는 단어와 시간이 지나면서 해당 단어가 어떻게 변했는지 볼 수도 있다. 한 달간의 카페인 섭취량과 운동을 추적해 얼마나 깊은 수면을 취했는지 예측할 수도 있다. 본인의 데이터를 사용할 경우 이전에 아무도 해당 데이터를 살펴보지 않아 프로젝트의 고유성이 보장된다.

- **웹 스크래핑**: 웹 스크래핑web scraping은 API가 없는 웹사이트에서 데이터를 추출하는 방법이다. 기본적으로 방문하는 웹페이지를 자동화해 데이터를 복사한다. 영화 웹사이트에서 100명의 배우 목록을 검색하고 프로필을 불러와 출연한 영화 목록을 복사해 해당 데이터를 스프레드시트에 넣는 프로그램을 만들 수 있다. 하지만 조심해야 한다. 웹사이트를 스크래핑하면 사용 조건에 위반되거나 스크래핑 행위가 금지일 수 있다. 웹사이트의 robots.txt 파일을 확인해 허용되는 항목을 확인해야 한다. 웹사이트 방문이 너무 많다면 힘들 수도 있다. 서비스 약관에서 이를 허용하고 스크래핑 액세스를 적합하게 만든다면 스크래핑은 고유한 데이터를 얻을 수 있는 훌륭한 방법이다.

어떤 것이 프로젝트를 흥미롭게 만드는가? 어떤 결과이든 여러분에게 무언가를 가르쳐주거나 기술을 증명할 수 있는 좀 더 탐구적인 분석을 선택할 것을 추천한다. 시애틀에서 범주별로 색상으로 구분된 311건의 통화로 구성된 인터랙티브 맵interactive map을 만들면 시각화 기술과 중요한 패턴이 도출된다는 것을 명확히 보여줄 수 있다. 반대로 주식 시장을 예측하다 보면 탐구적인 분석이 어렵고 부정적인 결과만 나오면 기업에서 실력을 평가하기 어렵다.

또 다른 팁은 질문에 대한 답을 구글 검색 결과에서 찾아보는 것이다. 첫 번째 결과가 신문 기사나 블로그 게시물이라면 접근 방식을 제고한다. 다른 이의 분석을 확장하거나 다른 데이터로 분석해 레이어를 추가할 수 있지만 분석 과정을 다시 시작해야 할 수도 있다.

4.1.2 방향 정하기

포트폴리오를 구축하는 데 많은 시간을 쏟을 필요는 없다. 완벽하지 않아도 된다. 물론 없는 것보다 있는 게 좋다. 무엇보다도 기업에서는 여러분이 데이터를 코드화하고 의사소통할 수 있는지 알고 싶어 한다. 담당자가 여러분의 코드를 보고 비웃거나 '와, 이 지원자가 괜찮을 거라고 생각했는데 코드가 엉망이네!'라고 생각할까봐 걱정할 수도 있다. 이런 일은 일어나지 않는다. 기업은 지원자를 경력에 맞는 수준으로 생각한다. 초보 데이터 과학자라면 컴퓨터 공학 전공자의 코드 수준만큼 기대하지 않는다. 여러분은 코딩을 전혀 할 줄 모르는 것을 더 크게 걱정해야 한다.

1장에서 다룬 데이터 과학 분야를 생각해보는 것도 좋다. 데이터 시각화를 하고 싶은가? D3.js로 대화형 그래프를 만들어보자. 자연어 처리를 하고 싶은가? 텍스트 데이터를 활용해보자. 머신러닝을 하고 싶은가? 무엇인가를 예측하는 것으로 시작해보자.

프로젝트를 활용해 새로운 것을 배워보자. 프로젝트를 분석해보면 실제로 부족한 지식은 무엇인지 발견할 수 있다. 정말 관심 있는 데이터가 웹에 있다면 웹 스크래핑을 배우고, 그래프 모양이 이상하다면 시각화를 잘하는 방법을 배우면 된다. 프로젝트는 독학을 할 때 다음에 무엇을 배워야 할지 몰라 중단하게 되는 문제를 해결할 좋은 방법이다.

일반적으로 본인이 주도하는 프로젝트의 문제는 과도한 범위 지정이다. 모든 것을 하고 싶거나 계속 더 많은 것을 추가하고 싶다. 항상 개선 및 편집, 보완을 할 수 있지만 결코 끝나지 않는다. 해결책으로 할리우드 영화처럼 후속작을 만드는 것이 있다. 다시 보고 싶은 질문이나 주제로 연구를 종료하거나 '계속해야 하는가?'라는 질문 및 주제로 연구를 끝낼 수 있다.

또 다른 문제는 전환이 안 된다는 것이다. 원하는 데이터가 없거나 충분하지 않을 수 있다. 혹은 정제가 불가능할 수 있다. 답답한 상황에 포기하게 될 가능성이 있다. 이때 프로젝트를 어떻게 살릴지 생각해보자. 이미 블로그 튜토리얼 글을 쓸 만큼 작업이 충분히 됐는가? 데이터를 어떻게 수집했는가? 기업은 실수에서 배우고 이를 인정할 줄 아는 사람을 찾는다. 다른 사람들이 이와 같은 상황을 피할 수 있도록 무엇이 잘못되었는지 보여주는 것만으로도 가치 있는 일이다.

4.1.3 깃허브의 리드미 채우기

아마도 여러분은 이미 부트캠프나 학위 과정에서 자체 프로젝트를 진행해봤을 것이다. 깃허브에 코드를 커밋했을 것이다. 이걸로 충분할까?

그렇지 않다. 깃허브 저장소를 효과적으로 이용하기 위해 최소한의 요구 사항인 리드미^{readme}

파일을 작성하는 게 좋다. 다음 질문을 참고해 리드미 파일을 작성해보자.

- **이 프로젝트는 무엇인가?** 어떤 데이터를 사용하는가? 무슨 질문에 답하고 있는가? 출력 형태가 모델, 머신러닝 시스템, 대시보드 또는 보고서인가?
- **저장소는 어떻게 구성되었는가?** 이 질문은 저장소가 실제로 어떤 방식으로 구성되었는지를 의미한다. 시스템은 다양하지만 기본적으로 코드 스크립트를 데이터 얻기(관련된 경우), 정리, 탐색, 최종 분석으로 나눈다. 이렇게 되면 사람들은 자신의 관심에 따라 어느 부분에 집중해야 하는지 알 수 있다. 회사에서 여러분의 업무를 조직적으로 유지하는 것이 가능하다. 기업은 여러분을 고용하면서 따라올 수 있는 위험을 감수하려 하지 않는다. 프로젝트를 맡겨 살펴보면 아무런 설명이 없는 5천 줄짜리 스크립트를 준다. 프로젝트를 잘 관리하면 코드 일부를 훗날 다시 사용할 때 도움이 된다.

프로젝트를 진행하고 문서화된 깃허브 저장소에 공개하면 좋지만 코드를 보며 왜 중요한지 이해하는 것은 매우 어렵다. 프로젝트 후 다음 단계로 블로그에 글을 써 여러분의 업무가 왜 멋지고 흥미로웠는지 알려줘야 한다. pet_name_analysis.R 파일보다는 '나는 가장 이상한 반려동물 이름을 찾기 위해 R을 사용했어'에 더 관심이 가는 것이 당연하다.

4.2 블로그 시작하기

블로그는 여러분의 생각과 프로젝트를 자랑하는 곳이다. 업무에 관해 비기술적 관점을 제공할수도 있다. 이제 막 멋진 기술을 배웠으니 자랑하고 싶은 것이 당연하다. 데이터 과학자는 항상자신의 결과를 일반인에게 전달해야 한다. 블로그는 데이터 과학의 모든 과정을 비즈니스 언어로 바꾸는 경험을 가져다줄 것이다.

4.2.1 잠재적인 주제

블로그를 만들었다. 사람들이 여러분의 프로젝트에 관심을 가질까? 아직 데이터 과학자가 아닌데 어떻게 누군가를 가르칠 수 있겠는가?

여러분은 몇 발자국 뒤떨어진 사람들을 가르칠 수 있는 가장 좋은 상태이다. 패키지를 통합하거나 텐서플로 모델을 만드는 등의 개념을 배운 후에도 여러분이 가졌던 오해와 좌절감을 이해할 수 있다. 몇 년이 지난 후에는 초보자의 사고방식을 이해하기 어려워진다. 굉장히 똑똑하지만 그 개념을 전혀 전달하지 못하는 선생님을 본 적이 있는가? 선생님이 그 주제를 알고 있다는 사실은 의심하지 않지만 개념을 전달하고 바로 이해하지 못하는 것에 좌절한다.

청중을 6개월 전의 여러분으로 생각하자. 6개월 전 여러분은 무엇을 배웠는가? 어떤 리소스를 사용할 수 있었다면 좋았겠는가? 이런 과정을 통해 여러분이 얼마나 성장하고 발전했는지 확인할 수 있다. 데이터 과학은 배울 것이 너무 많아 충분히 해본 적이 없다고 느끼기 쉽다. 그간 성취한 것을 되돌아보기 위해 잠시 멈추는 것도 좋다. 데이터 과학 블로그 게시물을 네 가지 카테고리로 분류해보자.

- **코드 중심 튜토리얼**: 웹 스크래핑이나 파이썬에서 딥러닝을 구현하는 방법을 보여준다. 여러분은 실용적인 데이터 과학자가 될 것이다. 튜토리얼을 **코드 중심**이라고 하지만 보통 더 많지 않아도 코드만큼 많은 글이 있길 원한다. 코드는 그 자체를 설명하지 않는다. 각 부분이 무엇을 하고 왜 작성됐는지, 그 결과가 무엇인지 설명해야 한다.
- **이론 중심 튜토리얼**: 경험적 베이즈^{bayes}가 무엇이고 주성분 분석이 어떻게 작동하는지와 같이 통계적 및 수학적 개념을 알려준다. 방정식이나 시뮬레이션도 있을 수 있다. 코드 중심 튜토리얼처럼 수학 관련 배경 지식이 있는 일반적인 데이터 과학자라면 누구나 따라할 수 있게 글을 써야 한다. 특히 여러분의 의사소통 능력을 입증하기에 좋다. 박사 학위가 있는 기술자는 개념을 잘 설명하지 못한다는 고정관념이 있다.
- **지금까지 가장 재미있었던 프로젝트**: 4.1절에서 언급했듯이 획기적인 의료 이미지 인식에만 노력하지 않아도 된다. 영화 〈트와일라잇〉 시리즈에서 어떤 영화가 셰익스피어의 『템페스트』에 나온 단어만을 사용했는지도 알 수 있다. 3장에서 인터뷰한 줄리아 실기는 신경망을 사용해 제인 오스틴과 같은 소리를 내는 텍스트를 생성했다. 이와 같은 블로그 게시물은 프로젝트에서 가장 흥미로운 부분이 무엇이었는지에 따라 결과나 과정에 더 집중할 수 있다.
- **경험 기록**: 튜토리얼이나 데이터 과학 프로젝트와 관련된 내용만 블로그에 적지 않아도 된다. 데이터 과학 모임이나 콘퍼런스에서 어떤 강연이 흥미로웠는지, 처음 오는 사람을 위해 조언해주거나 발표자들이 공유한 자료에 대해 이야기할 수 있다. 다음 해 같은 행사에 참여할 것인지 생각 중이거나 거리 및 재정상의 이유로 회의에 참석할 수 없는 사람에게 도움이 된다. 기업은 이 유형의 블로그 글로 여러분이 어떻게 생각하고 소통하는지 알 수 있다.

4.2.2 실행 계획

흥미로운 글을 어디에 올려야 할까? 다음 두 가지 형태의 블로그가 있다.

- **본인만의 웹사이트 만들기**: R 언어로 업무를 한다면 R 코드(wild, right 중 하나)를 사용해 블로그 관련 웹사이트를 만들 수 있는 블로그다운^{blogdown} 패키지를 받는 것이 좋다. 파이썬을 사용한다면 휴고^{hugo}, 지킬^{jekyll} 중에서 선택하면 된다. 두 개 모두 정적 블로그 웹사이트를 만들 수 있다. 다른 사람이 만든 많은 주제를 이용해 본인의 **마크다운**^{markdown}에 블로그 글을 쓸 수 있다. 여러분의 주제와 스타일은 크게 걱정하지 말자. 본인이 좋아하는 스타일로 선택하면 된다. 블로그의 외모를 바꾸는 데 집중해 블로그 글을 쓰지 않는 것보다 안 좋은 것은 없다. 단순한 게 가장 좋다. 주제를 바꾸는 것은 굉장히 어렵다. 6개월 만에 질릴 수 있는 주제는 되도록 피하는 게 좋다.
- **미디움과 같은 블로그 플랫폼 사용하기**: 미디움^{medium}은 무료 온라인 출판 플랫폼이다. 콘텐츠를 작성하지 않고 수십만 명의 작가를 위한 콘텐츠를 호스팅한다. 웹사이트의 호스팅과 첫 구성을 어떻게 할지 걱정할 필요가 없다. 매체 및 사이트를 빨리 시작하고 싶을 때 좋은 선택지이다. '새 게시물'을 클릭한 후 글을 쓰고 게시하면 된다. 사람들이 **데이터 과학** 및 **파이썬**과 같은 용어를 찾고자 블로그 사이트를 검색할 때 더 많은 트래픽을 얻을 수 있다. 다만 미디움과 같은 플랫폼을 사용하면 플랫폼에 의지할 수밖에 없게 된다. 회사에서 비즈니스 모델을 바꾸고 모든 것을 구독 형식으로 한다면 블로그 게시물을 무료로 유지하기 어렵다. 본인만의 블로그 부분을 만들거나 사용자가 원하는 페이지 링크를 추가할 수 없다.

많은 사람이 블로그 글을 얼마나 자주 그리고 오래 게시해야 하는지 묻는다. 여러분의 선택이다. 작은 규모의 블로그를 운영하면 일주일에 여러 번 짧은 글을 올리기도 한다. 혹은 더 긴 내용의 기사를 한 달 주기로 게시하기도 한다. 이때 몇 가지 주의할 점이 있다. 여러분의 게시물은 장편 서사시인 『율리시스^{Ulysses}』를 닮지 않아야 한다. 글이 너무 길면 장황해질 뿐이다. 데이터 과학의 핵심 기술인 만큼 명확한 의사 전달을 보여줘야 한다. 임원 및 심지어 관리자조차도 여러분의 잘못된 시작이나 시도했던 20가지의 업무를 듣고 싶어 하지 않거나 들을 필요가 없다. 잘못된 시작을 간단하게 요약해 내용에 포함할 수는 있지만 요점과 마지막 길을 빨리 찾아야 한다. 한 가지 예외는 여러분의 구독자를 놀라게 하는 경우이다. 어떤 문제에 가장 인기 있는 라이브러리를 사용하지 않았다면 라이브러리의 오작동으로 이를 사용하지 않았다고 설명할 수 있다.

아무도 여러분의 블로그 글을 읽지 않아서 모든 일이 물거품이 될 것이라고 걱정할 수도 있다. 블로그는 구직에 분명히 도움이 된다. 데이터 과학 프로젝트를 참조할 때 이력서에 블로그 게시물 링크를 넣을 수 있다. 특히 인터랙티브 시각화 및 대시보드가 훌륭하다면 면접 시에도 블로그 게시물을 볼 수 있다. 수백, 수천 명의 독자는 중요하지 않다. 미디움에 스냅을 받거나 데이터 과학 기업의 뉴스레터에 실린다면 좋겠지만 높은 지표보다는 자료를 읽고 중요성을 살펴보며 몰입할 수 있는 독자가 있다는 것이 더 중요하다.

그렇다고 독자층을 형성할 필요가 없다는 것은 아니다. 우선 자기 자신을 광고해야 한다. 진부한 표현이지만 해시태그(예: #브랜드)를 활용해 브랜드를 광고한다면 장기적인 네트워크 구축에 유용할 것이다. 단순하게 보여도 해당 분야가 너무 크다는 것은 많은 데이터 과학자에게는 새로운 일이다. 일하고 싶은 기업 담당자가 여러분의 결과를 읽을 수도 있다. 이를 시작하기에 트위터가 좋다. 게시물을 올릴 때 뉴스를 공유하고 적절한 해시태그를 사용하면 더 넓은 독자층을 확보할 수 있다.

여러분의 블로그를 아무도 읽지 않더라도(파트너와 반려동물 외에) 분명 블로그는 그만한 가치가 있다. 블로그에 글을 쓰는 것은 좋은 습관이다. 여러분의 생각을 정리할 수 있다. 누군가에게 설명한다는 생각으로 글을 작성한다면 여러분이 잘 알지 못했던 내용을 깨닫는 데 도움이 될 것이다.

4.3 프로젝트 예시

이 절에서는 초기 아이디어부터 분석을 한 후 최종적으로 공개된 결과물에 이르기까지 두 가지 프로젝트 예를 살펴본다. 필자들이 실제로 진행한 프로젝트다. 첫 번째는 에밀리 로빈슨이 진행한 '웹 애플리케이션을 만들어 데이터 과학 프리랜서에게 가장 적합한 직무 찾기'이고, 두 번째는 재클린 놀리스가 진행한 '이상한 자동차 번호판을 생성하는 신경망 학습하기'이다.

4.3.1 데이터 과학 프리랜서

에밀리 로빈슨

질문

필자가 데이터 과학자를 꿈꾸던 때 데이터 과학자가 여윳돈을 벌 수 있는 방법인 프리랜싱에 관심을 갖게 됐다. 프리랜싱은 대기업에 고용되지 않고 프로젝트를 하는 것을 의미한다. 프로젝트들은 몇 시간에서 몇 달까지 진행된다. 업워크^{upwork}와 같은 프리랜싱 웹사이트에는 많은 프리랜싱 일자리가 있다. 데이터 과학은 매우 광범위한 분야이다. 웹 개발에서 엑셀 분석, 수 테라바이트의 데이터를 이용한 자연어 처리까지 여러 가지 있다. 필자는 프리랜서들이 가장 적합한 직무를 찾고자 수천 개의 일자리를 고르는 데 도움이 될지 알아봤다.

분석

데이터를 수집하고자 업워크의 API를 사용해 현재 모집 중인 일자리와 '데이터 과학 및 분석' 범주의 모든 사용자 프로필을 추출했다. 최종적으로 프리랜서는 9만 3천 명, 일자리는 3천 개를 찾았다. API로 활용해 데이터 접속이 비교적 쉬웠지만(웹 스크래핑을 하지 않아도 된다) 수백 번 API 호출하고 해당 API 호출이 실패했을 때 처리해야 했으며 데이터를 변환해 사용해야 했다. 이 과정은 데이터를 쉽게 구할 수 없어 동일한 프로젝트를 하는 사람이 얼마되지 않는다는 장점이 있었다. 캐글 대회의 데이터를 사용했다면 많은 사람이 동일한 프로젝트를 진행했을 것이다.

데이터를 잘 보관한 후에 몇 가지를 탐구하고 분석했다. 프리랜서들의 교육 수준과 출신지에 따라 수입에 어떻게 영향을 주는지 살펴봤다. 프리랜서들이 나열한 기술의 상관관계 그래프도 만들었다. 웹 개발자(PHP, jQuery, HTML, CSS), 재무 및 회계(재무회계, 부기, 재무 분석), 데이터 수집(데이터 입력, 리드 생성, 데이터 마이닝, 웹 스크래핑), '기존' 데이터 과학 기술(파이썬, 머신러닝, 통계, 데이터 분석) 등 다양한 프리랜서 유형으로 나누었다.

마지막으로 프로필 단어와 직무 단어 사이의 유사도 점수를 만들어 기술과 묶어 점수를 매겼고 프리랜서와 직무의 매칭 점수를 구현했다.

최종 결과

블로그에 글 쓰는 것으로 끝나지 않았다. 대신 인터랙티브 웹 애플리케이션을 만들었다. 프로필 단어, 기술, 직책 요구 사항(직업 포스터의 최소 피드백 점수 및 업무 소요 시간 등)을 입력하면 채용 중인 일자리는 요구 사항에 충족되어 필터링되면서 사용자들에게 맞춰 정렬된다.

필자는 완벽한 것도 좋다고 생각했다. 프로젝트를 더 좋게 만들 방법은 얼마든지 있었다. 단 한 번만 일자리를 구했고 4년 전에 프로젝트를 진행해 애플리케이션은 여전히 작동하지만 그중 어느 것도 더 이상 사용할 수 없었다. 장기간에 걸쳐 좋은 애플리케이션을 만들려면 밤마다 일자리를 찾고 목록을 업데이트해야 했다. 좀 더 정교한 매칭 알고리즘을 만들고 앱의 초기 로딩 시간을 앞당기고 좀 더 화려하게 만들어야 했다. 이 같은 한계에도 해당 프로젝트는 몇 가지 중요한 목표를 달성했다. 노트북에 있는 정적 분석에 국한되지 않고 프로젝트와 사람들이 상호작용할 수 있다는 것을 보여줬다. 프리랜서들이 일자리를 찾는 데 도운 실제 사례가 있다. 데이터 수집, 정리, 탐색 분석 실행, 최종 결과물 제작 등 데이터 과학 프로젝트 주기의 모든 과정도 거쳤다.

4.3.2 이상한 자동차 번호판을 생성하는 신경망 학습하기

재클린 놀리스

질문

데이터 과학자로 성장하기 위해 신경망을 학습시켜 새로운 밴드 이름, 새로운 포켓몬, 이상한 요리법과 같은 것들을 만들어내는 흥미로운 블로그 글을 찾아볼 때마다 좌절을 겪어야 했다. 이런 훌륭한 프로젝트들을 혼자서 구현해보고 싶었지만 어떻게 만들어야 하는지 전혀 알 수가 없었다. 어느 날 애리조나 주에서 너무 이상하다는 이유로 불법이 된 모든 번호판의 데이터셋 이야기가 생각났다. 해당 데이터셋은 신경망을 만드는 방법을 배우는 데 안성맞춤이었다. 본인 만의 공격적인 번호판을 직접 만들 수 있다(그림 4-2).

그림 4-2 이상한 자동차 번호판을 생성하는 신경망

분석

애리조나 주 교통부에 공개 기록을 요청했고 이상한 번호판 목록 수천 개를 받았다. 신경망을 전혀 몰랐기에 자료를 받은 다음 어떻게 만드는지를 설명하는 블로그 게시물을 찾기 위해 인 터넷을 찾았다. R을 활용한 신경망을 만들기 위해 R스튜디오^{Rstudio}의 케라스^{keras} 패키지를 선택 했다.

R에 데이터를 불러온 후 신경망으로 텍스트를 생성하고자 R스튜디오 케라스 패키지 예제를 살 펴봤다. 번호판 데이터로 작업하기 위해 코드를 수정했다. R스튜디오의 예제는 긴 텍스트의 시

퀸스를 생성하는 것이었지만 일곱 개 문자로 된 번호판으로 학습하고 싶었다. 각 번호판(번호판의 각 문자를 예측하는 하나의 데이터 지점)에서 모델에 대한 여러 학습 데이터 포인트를 생성했다.

그다음 신경망 모델을 훈련시켰지만 처음에는 제대로 동작하지 않았다. 한 달간 프로젝트를 쉬고 돌아오니 데이터가 제대로 처리되지 않았다는 것을 발견했다. 이런 문제를 해결한 후 신경망이 만들어낸 결과는 훌륭했다. 궁극적으로 R스튜디오의 예제를 많이 바꾸지는 않았지만 신경망 구현과 사용에 훨씬 더 자신감이 생겼다.

최종 결과

데이터를 얻고 신경망에 적합하게 처리한 과정, 어떻게 R스튜디오 예제 코드를 수정했는지 블로그에 글을 썼다. 해당 블로그 게시물은 '신경망 구성을 처음 하는 제가 배운 내용을 소개합니다'라는 형식의 게시물이었다. 모든 내용이 어떻게 동작하는지 이미 알고 있다는 인상을 주지 않으려고 했다. 블로그 글의 일부분에 신경망 모델에서 텍스트를 출력하는 이미지를 만들어 애리조나 주 번호판처럼 보이게 했다. 깃허브에 코드도 올렸다.

블로그에 글을 쓰고 코드를 올린 후 수많은 사람이 각자의 흥미로운 신경망을 만들고자 수정했다. 이 바보 같은 프로젝트를 바탕으로 중요한 컨설팅 계약에 영향을 주는 머신러닝 모델을 만들 수 있었다. 기존 작업이 진지하지 않다고 중요성이 떨어지는 건 아니다.

4.4 데이비드 로빈슨 인터뷰

데이비드 로빈슨은 R의 tidytext 패키지와 『R로 배우는 텍스트 마이닝』(제이펍, 2019)의 공동 저자이다. 전자책 『Introduction to Empirical Bayes』와 R 패키지 broom와 fuzzyjoin를 공개했다. 프린스턴 대학교에서 정량 및 계산 생물학 박사 학위를 받았다. 로빈슨은 블로그(http://varianceexplained.org)에 통계학, 데이터 분석, 교육, R 프로그래밍에 대한 글을 썼다.

Q 블로그는 어떻게 시작하게 되었나요?

A 프로그래밍이나 통계에 대한 저의 능력을 보여주는 인터넷 자료가 없다는 것을 깨달았습니다. 블로그에 글을 처음 쓴 것이 박사 학위를 받고 회사에 지원할 때였습니다. 블로그를 시작했을 때 준비했던 게시물 두 개를 쓰고 나면 더 이상의 아이디어가 없을 것이라는 두려움이 있었죠. 하지만 글을 쓸수록 분석하고자 하는 데이터셋, 공유하고 싶은 의견과 방법 등을 계속 떠올리는 제 자신을 볼 때마다 놀라웠습니다. 그때부터 4년간 꾸준히 블로그에 글을 올리고 있습니다.

Q 글을 공개함으로써 이 분야로 오게 된 특별한 기회가 있었나요?

A 온라인에 작성한 글을 보고 첫 회사에서 입사 제의를 받았어요. 스택 오버플로의 통계 사이트에 작성한 답변을 보고 스택 오버플로에서 연락이 왔습니다. 수년 전에 작성한 답변을 본 몇몇 전문가가 감명받았다고 합니다. 이때 경험은 저의 노력을 공개하는 것에 대한 강한 믿음을 갖게 해주었습니다. 때때로 그 효과는 몇 달 혹은 몇 년 후에 나타나 기대했던 기회로 이어지곤 했죠.

Q 어떤 사람이 지금까지 해왔던 업무를 공개하면 좋을까요?

A 이력서에 데이터 과학 기술 내용이 없거나 박사 학위나 데이터 분석가로서의 전형적인 배경이 없을수록 특히 본인의 업무를 공개하는 것이 좋습니다. 자격증이 없다면 그 일을 잘 해낼수 있는 후보자로 추천하기 어렵습니다. 저는 후보자를 평가할 때 후보자가 온라인에 공개한 분석을 읽습니다. 누군가가 만든 그래프를 어떻게 설명했는지, 데이터를 어떻게 파고들었는지 볼 수 있다면 직무에 적합한지 알 수 있습니다.

Q 온라인에 공개하는 것의 중요성에 대한 생각이 어떻게 바뀌게 되었나요?

A 제가 프로젝트를 보는 방식은 무언가를 계속 작업하면서 꾸준히 발전해왔습니다. 대학원에서의 아이디어는 가치가 없다고 생각했지만 코드, 초안, 완성된 초안을 거쳐 결국 논문으로 출간했습니다. 그 과정에서 제 일이 서서히 가치 있는 것이라고 생각하게 됐습니다.

그 후 제가 완전히 잘못 생각하고 있었다는 것을 깨달았습니다. 아무리 완벽해도 컴퓨터에만 남아 있는 것은 세상에 존재하지 않는 것과 같아 아무 가치도, 의미도 없습니다. 세상 밖으로 나와야 비로소 가치를 가집니다. 대학원에서 논문을 쓰며 깨달았죠. 논문에 많은 노력을 쏟았지만 아직 준비가 미흡하다는 것을 계속 느꼈습니다. 몇 년이 지난 지금은 논문 내용이 기억 나지 않아 찾을 수가 없습니다. 블로그에 글을 쓰고 트윗을 보내며 정말 간단한 오픈 소스 패키지라도 만들었다면 해당 과정의 가치가 높아졌을 것입니다.

Q 데이터 분석 관련 글을 쓰기 위한 아이디어를 어떻게 도출하나요?

A 데이터셋을 볼 때마다 다운로드해서 보는 습관을 길렀고 데이터 감각을 얻고자 몇 줄의 코드도 실행했습니다. 데이터 일부분을 흥미로운 글의 일부로 만들지, 어떤 것이 포기할 만한지 감각을 얻을 수 있는 많은 프로젝트를 수행하면 데이터 과학의 취향을 형성하는 데 도움이 됩니다. 데이터 분석 기회가 있다면 현재 업무에 있지 않거나 흥미롭지 않아도 빠르게 몇 분 안에 무엇을 찾을 수 있는지 살펴보길 바랍니다. 데이터셋을 선택하고 시간을 정한 후 가능한 한 모든 분석을 수행한 다음 글을 올리길 바랍니다. 완전히 정리된 게시물이 아닐 수도 있습니다. 찾고자 하는 모든 것을 찾아내지 못하고 대답하고 싶은 모든 질문에 대답하지 못할 수도 있습니다. 하지만 하나의 데이터셋이 하나의 글로 이어지는 목표를 설정하는 습관이 만들어지기 시작할 것입니다.

Q 데이터 과학자를 꿈꾸는 이들에게 마지막으로 하고 싶은 말은 무엇인가요?

A 해당 분야의 최신 기술이나 트렌드를 따라잡는 데 너무 스트레스받지 마세요. 데이터 과학과 머신러닝 관련 일을 하면 딥러닝이나 다른 고급 방법을 사용해야 한다는 유혹이 있을 겁니다. 이런 방법은 산업에서 가장 어려운 문제 중 일부를 해결하기 위해 개발됐습니다. 데이터 과학자로서, 특히 신입이 직면할 문제가 아닙니다. 데이터 변환 및 시각화, 다양한 패키지를 사용한 프로그래밍, 가설 검정, 분류 및 회귀분석과 같은 통계적 기법부터 시작해야 합니다. 최신 개념을 고민하기 전에 개념을 잘 이해하고 적용하는 것이 중요합니다.

4.5 마치며

- 깃허브 저장소 및 블로그에 공유된 데이터 과학 프로젝트를 포트폴리오로 만들면 이력서 작성에 도움이 된다.
- 부수적인 프로젝트로 좋은 데이터셋을 찾을 수 있는 많은 곳이 있다. 본인이 관심 있고 평범하지 않은 걸 선택하는 게 중요하다.
- 부수적인 프로젝트만 블로그에 작성할 필요는 없다. 튜토리얼 및 부트캠프, 콘퍼런스, 온라인 과정의 경험 또한 공유할 수 있다.

도서

- 『R로 배우는 실무 데이터 과학』(제이펍, 2017)

  R을 사용한 데이터 과학을 소개한다. 직무의 기술적인 요소를 좀 더 깊게 살펴볼 수 있어 좋은 참고 자료가 된다. 데이터셋 및 이에 관한 질문을 생각하고 어떻게 해야 하는지, 나아가 결과를 해석하는 과정을 다룬다.

- 『데이터과학 입문』(한빛미디어, 2014)

  데이터 과학을 시작하는 데 도움이 되는 이론과 실전을 적절히 조합한 책이다. 전반적인 분야를 다루며 특정 연구에 집중하는 것보다 다양한 관점에서 접근한다.

- 『데이터 과학 입문자를 위한 R』(에이콘출판사, 2017), 『Pandas for Everyone』(Addison-Wesley, 2017)

  『데이터 과학 입문자를 위한 R』과 『Pandas for Everyone』 모두 애디슨-웨슬리의 데이터와 분석Addison-Wesley Data and Analytics 시리즈이다. R과 파이썬을 활용해 기본 함수부터 복잡한 분석, 데이터 과학 문제 해결까지 모두 다룬다. 이런 주제를 배우고 싶은 이에게 훌륭한 자료가 될 것이다.

- 『Think Like a Data Scientist』(Manning, 2017)

  데이터 과학 업무가 실제로 어떻게 이뤄지는지 소개하는 데이터 과학 도서이다. 문제를 정의하고 계획을 구성하며 데이터 과학 문제를 해결하는 데서 얻은 부분을 다른 사람에게 발표하는 과정을 다룬다. 데이터 과학의 기본 기술을 이해하고 싶은 독자에게는 적합하나 장기 프로젝트에는 맞지 않다.

- 『Getting What You Came For』(Farrar, Straus and Giroux, 1997)

  석사 및 박사 학위를 받기 위해 대학원에 진학하면 길고 험난한 과정을 겪게 된다. 시험 및 자격 과정을 어떻게 통과하는지 알고 연구를 하며 직접 배우지 않은 부분을 빠르게 끝내는 방법을 이해해야 한다. 오래된 도서지만 오늘날 어떻게 성공적으로 대학원을 지원하는지 잘 알려준다.

- 『쓰기의 감각』(웅진지식하우스, 2018)

  글 쓰는 방법을 알려주며 실생활에도 많은 도움을 준다. 제목은 앤 라모트Anne Lamott의 아버지가 동생에게 한 말에서 유래됐다. 3개월 동안 할 일이 있었지만 마지막 날 하려고 남겨두었던 새와 관련된 보고서를 작성하는 데 막막함을 느낄 때 아버지는 '새에 의지해 보렴, 그냥 새 한 마리씩 가져가 보거라'라고 말했다. 완벽해야 한다고 생각하거나 무엇을 쓸지 알아냈다면 적합한 도서이다.

블로그

- 'Bootcamp rankings(부트캠프 랭킹)', by Switchup.org, *https://www.switchup.org/rankings/best-data-science-bootcamps*

  스위치업switchup은 학생들이 쓴 리뷰 중 가장 우수한 20개의 부트캠프를 소개한다. 염두에 둔 리뷰와 순서를 살펴봐야겠지만 어떤 부트캠프에 지원할지 선택하는 데 확실한 출발점이 된다.

- 'What's the Difference between Data Science, Machine Learning, and Artificial Intelligence?(데이터 과학, 머신러닝 및 인공지능의 차이점은 무엇인가?)', by David Robinson, *http://varianceexplained.org/r/ds-ml-ai*

  데이터 과학, 머신러닝, 인공지능이 무엇인지 혼란스럽다면 데이비드 로빈슨David Robinson의 블로그를 통해 구별하는 방법을 참고하길 바란다. 보편적인 정의는 없지만 데이터 과학은 통찰력을 만들고 머신러닝이 예측하며 인공지능은 제품화한다.

- 'What You Need to Know before Considering a PhD(박사 과정을 고려하기 전 알아야 할 사항)', by Rachel Thomas, *https://www.fast.ai/2018/08/27/grad-school*

  데이터 과학자가 되고자 박사 학위가 필요하다고 생각한다면 레이첼 토마스Rachel Thomas의 블로그를 먼저 읽어보길 바란다. 토마스는 박사 학위를 받는 데 드는 상당한 비용(잠재적인 정신 건강적 비용과 직업의 기회비용 모두 고려)을 제시하고 딥러닝에서 최신 연구를 하려면 박사 학위가 필요하다는 것을 강조한다.

- 'Thinking of Blogging about Data Science? Here Are Some Tips and Possible Benefits(데이터 과학에 대한 블로그를 생각하는가? 몇 가지 팁과 장점은 다음과 같다)', by Derrick Mwiti, *http://mng.bz/gVEx*

  4장에서 블로그의 장점을 이해하지 못했다면 데릭 뮈티Derrick Mwiti의 블로그가 도움이 될 것이다. 뮈티는 블로그에 글머리 기호와 새로운 데이터셋을 사용하는 것을 포함해 블로그 유입을 늘리는 몇 가지 유용한 팁을 알려준다.

- 'How to Build a Data Science Portfolio(데이터 과학 포트폴리오를 만드는 방법)', by Michael Galarnyk, *http://mng.bz/eDWP*

  데이터 과학 포트폴리오를 만드는 방법을 알려주는 우수하고 세세한 블로그이다. 마이클 갈라닉Michael Galarnyk은 포트폴리오에 포함할(또는 포함하지 않을) 프로젝트의 유형뿐만 아니라 이력서에 이를 공유하는 방법도 알려준다.

데이터 과학 직무 찾기

이제 데이터 과학 직무를 준비할 때가 됐다. 2부는 일자리를 찾는 방법과 직무 제안을 협상하고 받아들이는 것까지 구직 활동에 필요한 모든 내용을 다룬다. 데이터 과학 분야의 일자리를 찾는 과정에 몇 가지 특이한 부분이 있다. 수많은 데이터 과학자 채용 공고를 분석하고 기업에서 어떤 테이크홈 take home [1] 연구 과제가 주어지는지 살펴본다. 특히 이전에 데이터 과학 업무를 해본 적이 없던 사람은 물론 신입 및 실력 있는 데이터 과학자에게도 매우 유용한 내용이다.

5장은 데이터 과학 직무를 찾는 방법과 복잡한 채용 공고를 분석한다. 6장은 훌륭한 데이터 과학 이력서 및 커버레터 작성 방법을 알려주고 여러분의 자료를 바탕으로 만든 예시와 숨겨진 원리를 제공한다. 7장은 화상부터 대면 면접까지 데이터 과학에 취업하려면 무엇을, 어떻게 준비해야 하는지 모든 내용을 다룬다. 8장은 기업에서 데이터 과학 직무를 제안했을 때 협상 방법과 수락 과정 등을 살펴본다.

---

1 옮긴이_ 기업 채용 과정에 필요한 테스트(예: 코딩 테스트, 며칠 동안 큰 주제를 해결하는 테스트 등)

Part II

데이터 과학 직무 찾기

CHAPTER 5

탐색: 본인에게 적합한 직무 찾기

이 장의 주요 내용

◆ 적합한 직무 찾기

◆ 직무 설명을 보며 어떤 역할인지 이해하기

◆ 지원할 직무 고르기

기술과 포트폴리오가 있지만 놓친 것이 있다면 데이터 과학 분야이다. 데이터 과학 분야에서 일하기까지는 시간이 좀 더 걸릴 것이다. 성공적인 입사 지원도 지원에서 제안받기까지 최소한 달 이상 걸리며 일반적으로는 몇 달도 걸린다. 이번 장의 사례를 보며 그 과정이 좀 더 수월해지길 바란다. 5장은 데이터 과학 직무를 찾는 방법에 초점을 맞춘다. 첫째, 데이터 과학 관련 모든 직무를 다루며 선택의 폭을 넓힐 수 있도록 돕는다. 그 후 하나씩 살펴보며 필요한 기술과 해당 직무를 알아본다(스포일러: 모두 필요한 건 아니다). 마지막으로 1부에서 살펴본 데이터 과학 기술 및 기업 구조 지식을 활용해 본인에게 가장 적합한 선택지는 무엇인지 살펴본다.

5.1 직무 찾기

'완벽한' 이력서와 커버레터 작성을 걱정하기 전 어디에 지원할 것인지 먼저 정해야 한다. 링크드인, 인디드^{indeed}, 글래스도어^{glassdoor}와 같은 구인 게시판에서 검색을 시작하면 좋다. 모든 기업이 여러 웹사이트에 채용을 공고하지 않는다. 두 개 이상의 구인 웹사이트를 살펴봐야 한다. 기술 분야에서 잘 두드러지지 않는다면 유색 인종을 위한 포싯^{POCIT}, 여성을 위한 테크 레이디^{tech ladies}와 같이 특정인을 타깃으로 한 사이트도 찾아봐야 한다. 지원하는 직업의 종류 또한 찾는 곳에 영향을 미친다. 스타트업(예: 엔젤리스트)과 기술(예: 다이스)과 같은 특정 유형을 위한 구인 게시판도 있다. 1장에서 말했듯이 데이터 과학 직무는 데이터 과학자 외에도 많은 명칭이 있다. 회사마다 비슷한 역할이지만 다른 명칭을 사용한다. 어떤 회사는 직무의 의미를 바꾼다. 데이터 분석가였지만 다음 해에는 데이터 과학자가 될 수도 있다. 데이터 과학자의 다양한 명칭의 예는 [그림 5-1]과 같다.

- **데이터 분석가**: 일반적으로 직무이다. 과학^{science}, 기술^{technology}, 공학^{engineering}, 수학 ^{mathematics} 학위가 없고 (STEM), 이전 기업에서 데이터 분석을 하지 않았다면 좋은 출발점이 될 수 있다. 해당 직무는 프로그래밍 및 통계, 머신러닝을 다뤄야 한다.
- **정량적, 제품, 연구 및 다른 형태의 분석가**: 데이터 분석가보다 다양한 업무에서 책임을 진다. 다른 기업의 데이터 과학자와 완전히 동일한 업무를 하거나 기존 마이크로소프트 엑셀로 업무를 할 수도 있다.
- **머신러닝 엔지니어**: 직무 이름에서 알 수 있듯이 데이터 과학의 머신러닝 부분에 집중한다. 공학적 지식이 많아야 한다. 컴퓨터 공학을 전공했거나 소프트웨어 엔지니어로 일했다면 적합하다.
- **연구원**: 일반적으로 박사 학위가 필요하다. 컴퓨터 공학, 통계학 및 필요한 분야의 석사 학위라면 협상할 여지는 있다.

데이터 분석가
기초 수준
데이터를 분석하고
보고서를 만든다.

제품 분석가
다양한 직무로
회사의 한 부분에
집중한다.

머신러닝 엔지니어
소프트웨어 중심
비즈니스 역량을
높이고자 머신러닝
모델을 개발한다.

연구원
이론적인
연구 중심 직무로
높은 학력을
요구한다.

그림 5-1 검색 시 '데이터 과학'을 포함하지 않는 직무명

채용 게시판에서 간단히 검색하고 한 시간 동안 직무 게시물을 읽어보길 바란다. 해당 직무를 바탕으로 지역에서 어떤 산업이 대표적이며 어떤 유형의 일자리가 있는지 더 잘 알 수 있다. 새로운 목록을 더 빨리 훑어볼 수 있는 요령도 생긴다. 채용 공고 중인 모든 일자리가 아니라 본인에게 알맞은 일자리를 찾으면 해당 분야에서 관리할 만한 수로 좁힐 수 있다. 직무 설명을 읽어보며 적합성을 따져보자.

구직 활동을 숫자 놀이로 생각하는 것은 굉장히 조심해야 한다. 뉴욕이나 샌프란시스코 같은 대도시나 여러 도시에서 일자리를 찾아보면 수백 개의 일자리가 있다. 채용 게시판을 확인하는 것은 쉬운 방법이다. 이는 '오늘 70개의 게시물을 읽었어!'처럼 강박관념이 될 수 있다. 트위터

나 페이스북처럼 끊임없이 업데이트를 확인하며 중독될 가능성이 있다. 3~5일마다 한 번 이상 체크할 것을 권한다. 한 달에 한 번만 확인하면 좋은 기회를 놓칠 수 있지만 채용 게시판에 올린 지 이틀 만에 고용할 수 있는 회사는 없다.

특정 기업에 관심이 있다면 해당 기업의 웹사이트에서 채용 공고를 확인하자. 여러 직무 이름을 검색하고 부서별로도 확인해보자. 어떤 기업은 재무나 기술 또는 다른 부서에서 데이터 과학 직무를 구할 수 있으니 다양하게 확인해봐야 한다.

> **TIP** 대졸, 초대졸, 신입 등이 들어간 직무 이름을 찾아보자. 고용센터의 도움을 받거나 캠퍼스 내 채용 박람회에 참가해보자.

5.1.1 직무 기술서 살펴보기

데이터 과학 직무는 두 종류로 나눠진다.

- **비즈니스 인텔리전스 분석 직무**: 엑셀 및 태블로와 같은 비즈니스 인텔리전스 도구를 사용한다. SQL도 조금 사용하지만 일반적으로 코딩을 하지 않는다. 코딩 기술, 머신러닝 도구 박스, 통계 및 데이터 엔지니어링 지식을 키우고 싶다면 적합하지 않다.
- **유니콘**: 5년 이상 데이터 과학자로 일한 컴퓨터 공학 박사이자 최신 통계학, 딥러닝, 비즈니스 파트너와의 의사소통 전문가를 원하는 직무이다. 게다가 제품 수준의 머신러닝을 만든 경험부터 대시보드를 만들고 A/B 테스트를 시행하기까지 다양한 업무를 맡은 경험을 가진 사람을 구한다.

걱정하지는 말자. 이외에도 직무는 다양하다. 해당 직무를 좀 더 잘 이해하는 방법은 경력의 관점에서 바라보는 것이다. 기업이 자체 부서를 만들 사람을 찾으며 아직 데이터 파이프라인 인프라를 갖추지 못했는가? 아니면 현재 데이터 과학 팀의 다섯 번째 멤버를 찾는가? 새로운 사람이 바로 업무에 기여하고 동시에 데이터 조작, 비즈니스 의사소통, 소프트웨어 개발까지 모두 하는 전문가가 되기를 바라지 않는가? 직무 기술서를 바탕으로 기업이 실제 어떤 인물을 찾는지 파악해야 한다. 고양이 입양 목록을 살펴보는데 그중 나비가 '여러분의 하루를 물어보는 것을 좋아한다'라는 설명이 있다고 가정해보자. 설명서를 통해 여러분은 나비가 계속 '야옹'하며 관심을 끌고 그만큼 집이 시끄러워진다는 것을 깨달아야 한다.

직무 기술서에서 눈여겨봐야 할 문장이 있다. '열심히 일하고 열심히 놉니다'는 장시간 근무하고 비공식적인 회사 행사(회식)에 참석해야 한다는 것을 의미한다. '자발적이고 독립적인 사람'

은 지원을 많이 받지 못한다는 뜻이다. 글의 의미를 파악한다면 적합한 직무가 무엇인지 파악해 지원할 수 있다.

직무 기술서는 어느 정도 유연한 희망 목록이다. 요구 사항의 60%를 충족한다면 (경력이 1년 부족하거나 회사 기술 스택의 한 부분으로 근무하지 않은 경우) 적합하지 않더라도 지원해봐야 한다. 장점이나 '있으면 좋을 것'을 너무 걱정하지 말자. 수년간의 업무 경험을 요구하는 것은 필요한 기술을 대신하는 것뿐이다. 대학원에서 코딩을 한다면 이 또한 좋은 경험이 될 수 있다. 마케팅 분야에서 데이터 과학자를 꿈꾸는 여러분이 스파크 및 하둡 숙련도, 머신러닝 모델 구현부터 배치 등 데이터 과학자로서 5년 동안 일한 경험이 필요한 선임 데이터 과학자에 지원하는 것은 시간 낭비이다. 회사는 다른 수준을 요구한다.

학위 요구

많은 데이터 과학자는 '양적인 학문'의 학위(통계, 공학, 컴퓨터 과학, 경제학 등)를 필수로 갖췄다. 학위를 갖추지 못하더라도 직무에 지원할 수 있을까? 물론 지원할 수 있다. 6장에서 좀 더 자세히 다루겠지만 해당 분야의 수업(부트캠프 및 온라인 강의)을 들었다면 그 점을 강조하면 된다. 포트폴리오를 만들고 블로그 글을 작성하며 4장의 조언을 따랐다면 실행했던 프로젝트로 해당 업무를 할 수 있다고 기업에 강조할 수 있다.

데이터 과학 업무를 배치할 때 한 가지 복잡한 부분은 각 단어가 같은 의미를 가질 수 있다는 점이다. 특히 머신러닝과 통계가 악명이 높다. 어떤 회사는 회귀 또는 분류에 대한 경험을 요구하고 또 다른 회사는 지도 학습에 대한 경험을 요구한다. 하지만 전반적으로 두 용어는 동일한 의미를 지닌다. A/B 테스트, 온라인 실험, 무작위 제어 시험도 마찬가지다. 용어가 익숙하지 않다면 구글에 검색해보자. 다른 명칭으로 진행된 업무들을 확인할 수 있다. 인터넷 글에 나온 기술을 사용하지 않았다면 비슷한 업무를 했는지 확인해보자. AWS를 참조해 마이크로소프트 애저azure 또는 구글 클라우드cloud로 업무를 진행한 적이 있다면 클라우드 컴퓨팅 서비스 업무를 할 수 있는 기술이 있는 것이다.

직무 기술서를 이해하면 적신호 또한 알아차릴 수 있다(5.1.2절 참조). 어떤 회사도 업무 환경이 좋지 않다고 말하지 않는다. 좋지 않은 업무 상황을 일찍 인지할수록 더 좋다. 직무 기술서에 경고 표시가 있는지 찾아보자.

5.1.2 좋지 않은 부분 발견하기

일자리를 찾는 것은 두 갈래로 갈라진다. 이 과정 동안 기업이 모든 권력을 가졌으며 자격이 있다는 것을 증명해야 한다고 느낀다. 여러분이 선택할 수 있다. 불편한 회사나 지겨운 업무를 계속하는 것은 정말 힘들다. 직무 기술서만으로 모든 내용이 사실인지 아닌지 알 수는 없지만 몇 가지 내포된 경고를 발견할 수 있다.

- **직무 기술이 없는 경우**: 기업이나 직무 자체에 관한 자세한 설명 없이 단순히 요구 사항만 나열된 경우이다. 해당 조직에서 채용은 양면적인 과정이라는 것을 잊고 여러분의 입장을 생각하지 않을 수 있다. 혹은 데이터 과학을 과도하게 광고하며 생산적으로 일할 수 있는 환경을 조성하지 않은 채 데이터 과학자 채용을 원할 수도 있다.
- **요구 사항이 많은 경우**: 앞서 언급한 유니콘에 관한 부분이다(5.1.1절 참조). 직무 유형(결정 이론, 분석, 머신러닝) 중 두세 가지를 일차적인 책임으로 갖춰 기술하는 직무 기술서는 조심해야 한다. 직무마다 기본 역량을 갖춰야 하는 것은 맞지만 전문가 수준에서 모든 직무를 채울 수 있는 사람은 없다. 그런 사람이 있어도 모든 업무를 할 시간이 없다.
- **요구 사항과 직무 기술서가 일치하지 않는 경우**: 요구 사항과 직무 기술이 일치하는지 확인한다. 기업에서는 딥러닝 경험을 요구하지만 직무 기술서에는 대시보드 만들기, 이해관계자와의 의사소통, 실험 진행 등이 적혀 있지 않은가? 해당 기업은 인공지능 분야에서 스탠퍼드 대학교 박사 학위를 가진 '유명한' 데이터 과학자이거나 가장 인기 있는 도구를 사용할 수 있는 사람을 원하는 것이다. 실제로 이와 같은 사람들도 직무 기술서에 적힌 전문 지식을 사용하기 어렵다.

5.1.3 기대치 설정하기

앞으로 가질 직업에 어느 정도 기준이 있어야 하지만 완벽하지 않아도 된다. 포부가 큰 데이터 과학자는 '1~98단계: 파이썬, R, 딥러닝, 베이즈 통계, 클라우드 컴퓨팅, A/B 테스트, D3.js, 99단계: 데이터 과학 직무 구하기, 100단계: 소득'처럼 자신의 길을 세분화한다. 데이터 과학을 홍보할 때 일부는 실무를 이상화시킨다. 그 결과 데이터 과학자는 몇 십만 달러의 급여와 높은 직업 만족도를 가진 '미국에서 가장 좋은 직업(*http://mng.bz/pyA2*)' 중 하나가 되었다. 똑똑한 동료와 흥미로운 문제를 다루며 매일 시간을 보내는 것을 상상할지도 모른다. 필요한 데이터는 잘 정리돼 항상 이용할 수 있고 문제가 있으면 엔지니어 팀이 즉시 해결해주며 여러분의 업무는 직무 기술서에 명시된 그대로이고 흥미 없는 데이터 과학은 하지 않아도 된다고 생각할 것이다.

아쉽게도 꿈 같은 일이다. 1부에서 해당 분야에 들어가기 전 모든 것을 알 필요는 없다고 했다.

기업 역시 완벽한 유니콘 기업이 되지 않는다. 이 책이 데이터 과학 직무를 얻는 것으로 끝나지 않는 이유이다. 데이터 과학은 끊임없이 공부해야 하는 분야이다. 모델이 실패하고 사내 정치로 한 달간 업무를 중단하기도 하며 필요한 데이터를 수집하고자 엔지니어 및 제품 관리자와 함께 몇 주간 보내야 하기도 한다.

특히 데이터 과학 분야에서 유명한 기업을 이상화하는 것은 쉽다. 해당 회사의 직원을 만나 이야기하면서 큰 감명을 받을 수도 있다. 몇 달간 그 사람의 블로그를 살펴보며 해당 분야의 가장 최신 기술을 선두하고 있다는 것을 알고 있을 것이다. 또는 회사에서 낮잠을 자고 진수성찬인 식사가 나오며 친절한 동료가 많다는 기사도 봤을지도 모른다. 안타깝게도 여러분의 관심을 끄는 모든 것은 이미 다른 데이터 과학자 역시 관심을 가진다. 대부분 기업은 채용 과정에서 수백 개의 지원서를 받으며 해당 업무의 기준 역시 높다.

기대가 높겠지만 첫 데이터 과학 직무가 꿈에 그리던 직업은 아닐 것이다. 현재 직무에 데이터 과학을 도입하는 게 더 쉽다. 설령 현재 분야를 떠나더라도 여러분이 가진 다른 기술을 활용할 수 있는 직무로 이동해야 할지도 모른다. 특정 요구 및 선호에 맞춰 가지 말라는 것은 아니지만 어느 정도 융통성을 가져야 한다. 기술 분야에서는 1~2년 내에 직무를 옮기는 것이 자주 일어나기에 15년 근로계약에 서명하지 않는다. 해당 분야에서 일하기 전 무엇을 원하는지 정확히 알 수 없고 안 좋은 회사에서도 배울 수 있는 것은 있으니 너무 스트레스받지 말자.

5.1.4 밋업 행사 참여하기

일반적으로 채용 게시판에서 현재 채용 중인 직무를 찾지만 가장 효과적인 방법은 아니다. 6장에서 살펴보겠지만 온라인으로 지원서를 제출하면 응답률이 매우 낮다. 2017년 캐글의 조사에 따르면 데이터 과학자로 채용된 사람들이 회사를 찾았던 대표적인 방법은 채용 담당자 및 친구, 친인척, 지인 등 인맥을 통해서이다. 인맥을 만드는 가장 좋은 방법은 밋업meetup 행사에 가는 것이다.

밋업 행사는 평일 저녁에 직접 만나는 모임이다. 보통 연설자와 패널이 행사와 관련된 주제를 발표한다. 무료이거나 형식적으로 참가비를 내며 음식을 제공하기도 한다. 20명만 초대하거나 300명으로 가득 차기도 하고 매달 모임에 참여하거나 1년에 몇 번만 참여하는 사람도 있다. 참여한 사람들과 행사가 끝난 후 행사장에서 이야기를 나누거나 근처 술집에 가는 경우도 있고 대화에만 초점을 맞추는 사람도 있다. 파이썬을 이용한 고급 자연어 처리와 같이 구체적인 주제로 대화하는 사람도 있으며 이번 달은 시계열, 다음 달에는 고급 딥러닝 모델을 소개하는 이도 있다. 밋업 행사는 다루는 주제도 중요하지만 다른 참석자와 대화하기 좋은 장소. 대부분 밋업 행사는 밋업 홈페이지(*https://www.meetup.com*)[2]에 가입해서 데이터 과학 머신러닝, 파이썬, R 분석 등을 검색해 해당 지역 내 관련 행사를 찾을 수 있다.

수많은 데이터 과학 행사는 행사 초반에 채용 관련 발표를 한다. 발표자를 찾아가 이야기해보자. 채용은 발표자의 업무 중 하나이므로 자리가 불편하더라도 조언을 해주거나 다른 일자리를 추천해준다.

여러분이 관심이 있는 기업이나 관련 산업에서 일하는 참석자를 만날 가능성도 있다. 해당 분야를 더 자세히 알 수 있도록 이야기를 나눌 수 있을지 물어볼 수 있다. 정보를 얻는 대화에서는 취업을 청탁하는 수동적이고 강요하는 느낌을 줘서는 안 된다. 회사 내부를 살펴보며 현직에 있는 누군가의 조언을 얻기에 좋다. 6장에서 회사를 추천받는 장점을 다루지만 방금 만난 사람에게 여러분을 추천하라고 요구해서는 안 된다. 상대방은 자신을 이용한다는 생각에 불쾌감을 느낄 수 있다. 회사를 설립한 사람이 여러분을 추천해줄 수 있다고 말한다면 엄청난 행운이지만 정보 공유만으로도 많은 것을 얻을 수 있다.

밋업 행사에서 같은 지역의 같은 생각을 가진 사람들을 찾을 수 있다. 새로운 도시로 이사했거나 대학을 막 졸업했다면 지금 살고 있는 지역이 낯설게 느껴질 것이다. 밋업에 참여하는 것은 여러분의 커리어를 발전시키고 사교적 모임을 만들 수 있는 좋은 기회다. 밋업을 통해 인맥을 형성하거나 특정 데이터 과학에 대해 질문하는 것부터 구직 추천 또는 멘토링까지 도움을 받을 수 있는 연락처를 받는 것도 가능하다. 온라인에 강연을 녹화해 올리는 행사도 있지만 아닌 경우도 있어 직접 참석해야만 연설을 들을 수 있는 행사도 있다.

밋업에는 몇 가지 단점이 있다. 경험이 풍부하거나 서로를 아는 소수의 사람만 참여하는 건 어렵다. 가면 증후군impostor syndrome[3]이 생길 수 있지만 밋업 행사보다 더 좋은 만남을 가질 수 있는 자리가 없으니 극복해야 한다. 밋업 행사는 지역 내 데이터 과학 산업을 볼 수 있는 좋은 기회이지만 주최자의 반응과 다른 커뮤니티와의 연결이 얼마나 다양한지에 따라 행사가 편향적이거나 다양성이 부족할 수 있다.

---

2 옮긴이_ 밋업 코리아 홈페이지 주소는 다음과 같다(https://www.meetup.com/ko-KR).
3 옮긴이_ 자신이 이뤄낸 업적을 스스로 받아들이지 못하는 심리적 현상을 의미한다.

5.1.5 SNS 사용하기

도시와 가까이 살고 있지 않다면 주변에 데이터 과학 관련 밋업 행사가 없을 수 있다. 이때 트위터 및 링크드인이 인맥을 구성하는 데 좋다. 꽤 유명한 데이터 과학자를 팔로우해 많이 리트윗하거나 언급한 사람을 찾으면 된다. 여러분의 이름을 유명해지게 만들 수도 있다.

다음과 같이 트위터를 이용하자.

- **업무 공유하기**: 블로그 글을 훌륭하게 썼다면 다른 사람들이 보기를 원할 것이다. 트윗의 짧은 설명으로 자신의 업무와 연계해 스스로를 알리는 것은 매우 정상적인 일이다.

- **다른 이의 업무 공유하기**: 좋은 책을 읽어봤는가? 라이브러리 패키지가 좌절감을 덜어주었는가? 본인 업무에 도움이 되는 강의 슬라이드를 봤는가? 그렇다면 다른 사람도 알 수 있도록 도와줘야 한다. 다른 사람의 업무에서 어떻게 이득을 얻었는지 언급해야 한다. 게시물에 태그를 걸고 긍정적인 형태로 관계를 가지는 것은 좋은 방법이다. 대화를 나눈다면 콘퍼런스나 밋업에 해시태그가 있는지 확인한다. 트윗에 해시태그를 사용하면 더 많은 사람이 보도록 할 수 있다.

- **도움 요청하기**: 여러분과 구글이 해결하지 못한 문제가 있는가? 다른 사람도 같은 문제에 직면했을 가능성이 높다. 문제의 종류에 따라 질문을 할 수 있는 구체적인 포럼 및 웹사이트가 있을 수도 있고 관련 해시태그로 요청을 할 수도 있다.

- **팁 공유하기**: 모든 팁이 블로그의 글을 만드는 데 도움을 주지 않지만 정말 빨리 할 수 있는 팁이 있다면 공유하는 것이 좋다. '모든 사람'이 다 아는 것처럼 보일지 모르지만 이제 막 시작하는 사람들은 모든 것을 알지 못한다. 몇 년간 특정 언어를 사용했던 사람들조차도 새로운 방법을 모를 수도 있다.

구직 중이라고 공개적으로 밝히고 SNS에 글을 올려 사례를 물어보는 것도 가능하다. 아직 강력한 데이터 과학 네트워크는 없더라도 회사 내 직무를 알 수 있는 친구, 동창, 동료가 있을 수 있다. 링크드인 및 트위터와 같이 데이터 과학과 연결된 사람이 모이는 SNS 플랫폼에서 유용한 접근법이지만 페이스북과 같은 SNS에서도 기회가 된다.

아직 인맥이 없다고 느끼는 것은 커리어 초기에 흔한 일이다. 이미 데이터 과학 직무를 가진 이들이 인맥을 유지하는 것으로 보일 수 있다. 구직 때뿐만 아니라 이전부터 해당 네트워크를 형성하자. 콘퍼런스, 밋업 행사, 학회, 바베큐 파티 등에서 주변 사람과 이야기를 나누면 다음 일자리를 찾는 데 많은 도움이 된다.

파이프라인을 최대로 하기

일자리를 구할 때 한 번의 기회에 희망을 걸고 다른 직무에 지원조차 하지 않는 실수를 흔히 저지른다. 주어진 기회가 무산된다면 어떻게 할 것인가? 처음부터 다시 구직 과정을 시작하고 싶지 않을 것이다. 단계마다 여러 기회가 있기를 바란다. 제출한 애플리케이션, 인사 팀 면접, 테이크홈 연구 과제, 직무 인터뷰 등 서면으로 제안을 수락하기 전에는 과정이 끝났다고 생각하지 말자.

여러 번의 기회를 갖는 것도 거절에 대처하는 데 도움이 된다. 구직 활동에서 거절당하는 경험을 할 수밖에 없다. 개인적으로나 자신의 가치에 대한 표시로 받아들일 수 있다. 어떤 경우에는 거절당했다는 통보도 받지 못한다. 회사는 아무런 통보를 하지 않는다. 해당 직무에서 떨어진 이유는 알 수 없다. 아무도 고용하지 않았거나 모집을 종료했거나 내정자가 있거나 혹은 다른 사람이 합격했을지도 모른다. 정말로 간절히 원했던 기업에서 거절당하면 더 많이 상처를 받는다. 감정을 추스르는 데 약간의 시간이 필요하다. 이때는 다른 선택지를 갖는 것도 동기부여가 되고 발전하는 데 도움이 된다.

마지막으로 여러 가지 잠재적 옵션을 가지고 있다면 일자리를 더 쉽게 거부할 수 있다. 인사 검증 및 사례 연구로 주변에 데이터 엔지니어가 없는 것을 알게 되거나 기업 규모는 크지만 데이터 과학 팀은 몇 명뿐인 경우 혹은 회사가 원하는 것이 공고한 것과 매우 다를 수 있다. 완벽한 데이터 과학 직무를 기다려서는 안 되지만 (물론 존재하지도 않는다) 협상이 불가능한 조건이 다른 직무에서 충족된다면 요구 사항을 계속 유지하는 것이 훨씬 더 쉽다.

5.2 지원할 직무 결정하기

지금쯤이라면 적어도 어느 정도 관심 있고 잘 어울릴만한 십여 개 정도의 일자리를 정해야 한다. 지금 당장 모든 공고에 묻지마 지원을 시작해야 하는가?

그렇지 않다. 어떤 이는 수십, 심지어 수백 개의 회사에 지원한다. 지원한 회사의 응답률이 10%라면 가능한 한 많은 기업에 지원해 응답 수를 높이면 취업할 수 있다고 생각할 수 있다. 하지만 그건 잘못된 생각이다. 10개가 아닌 100개의 지원서를 작성하면 각 지원서에 투자하는 노력은 적어진다. 6장에서 각 직무에 맞게 지원서를 수정하는 방법을 이야기하겠지만 이는 어디에 지원할지 정해야만 가능하다. 50개 회사 모두 조정하는 것은 거의 불가능하다.

R과 파이썬 기업에서 파이썬을 원하고 R을 안다면 혹은 반대라면 지원할 수 있을까? 한 언어에 능통하면 다른 언어도 쉽게 익숙해질 수 있지만 이미 이해 당사자와 함께 일하고 내부 정

치나 통계, 데이터셋 등 첫 데이터 과학자로서 회사에서 많은 것을 배우고 있을 것이다. 회사를 구한다 해도 다른 모든 것을 하며 새로운 언어를 배우는 것은 어렵다. 여러분이 잘하는 언어를 사용하는 직무에 지원하길 추천한다. 언어 중 하나를 아는 게 가점 요인이고 다른 언어는 필수가 아니라면 조심해야 한다. 실제로 코딩을 하지 않는다는 의미일 수 있다. 마지막으로 어떤 직무는 두 언어를 요구한다. 여기서 다시 조심해야 한다. 보통 이 같은 요구 조건은 한 언어를 좀 더 사용한다는 의미이다. 모든 사람이 둘 다 알고 있다는 것을 의미하지 않으며 협업이 어려워진다. 이 같은 직무는 구조조정 대상이 될 수 있으니 면접 시 두 언어의 경계점을 물어보길 바란다. 20명으로 구성된 팀에서 파이썬을 사용하는 사람이 여러분을 포함해 두 사람이라면 프로그래밍 능력을 향상시키기 어렵다.

데이터 과학 관련 기업의 종류와 데이터 과학 업무를 다룬 첫 두 장으로 돌아가 살펴보자. 데이터 과학의 다양한 부분을 시도해보고 권장한 시스템을 한 달간 조절해본 후 고객 평생 가치 모델을 만들어보겠는가? 그렇다면 더 많은 훌륭한 기업은 전문화된 역할을 하기에 최근 데이터 과학을 시작한 기업에서 일하고 싶을 것이다. 기술 대기업은 수많은 데이터 엔지니어가 있어 일상적인 데이터를 얻는 게 빠르고 쉽다.

이 중 일부, 예를 들어 10인 규모의 스타트업은 안정적인 데이터 과학 시스템을 갖추지 못한다. 그렇다면 어떻게 이런 기업에 대한 정보를 알아낼 수 있을까?

먼저 해당 기업에 데이터 과학 블로그가 있는지 찾아본다. 블로그 내 게시물을 읽는 것은 실제 어떤 일을 하는지 배울 수 있어 중요하다. 기업 블로그의 특정 게시물에 대해 본인의 긍정적인 생각을 담아 해당 회사에 제출하는 커버레터에 포함시키면 매우 좋다(6장 참조). 해당 기업을 들어본 적이 없다면 웹사이트를 방문해보자. 무엇을 하며 어떻게 이윤을 창출하는지 알면 어떤 종류의 데이터 과학이 필요한지 추측할 수 있다. 마지막으로 여러분이 정말 해당 기업에 관심 있다면 기업의 데이터 과학자 중 직무를 주제로 블로그 글을 쓰는 사람을 찾아 그에 관해 이야기해보자.

기업을 살펴볼 때 여러분에게 중요한 부분이 무엇인지 생각해봐야 한다. 때론 집에서 업무하는 것이 중요한가? 휴가 기간은 어떠한가? 여러분이 콘퍼런스에 참석하고 싶을 때 기업에서 경비나 휴가를 지원하는가? 기업에서 말하는 내용을 읽으면 기업의 가치를 알 수 있다. 테이블 축구, 사무실에서의 맥주 타임, 출장 저녁을 언급하는가? 젊은 직원으로 가득한가? 유연 근무제 및 가족 휴가를 강조한다면 가족을 중요하게 생각하는 회사이다. 8장에서 급여 외의 다양한 협상을 어떻게 하는지 살펴보겠지만, 이 단계에서도 여러분의 우선순위에 알맞은 장점을 회사가 가지고 있는지 확인할 수 있다.

가능성 있는 직무 목록을 정리했다. 이제 지원해야 할 때이다. 6장에서는 각 직무에 적합한 이력서 및 커버레터를 구성하고 작성하는 방법을 다룬다.

5.3 제시 모스티팍 인터뷰

제시 모스티팍Jesse Mostipak은 분자생물학을 전공했다. 비영리 데이터 과학에 몸담기 전 공립학교 교사로 일했다. 인터뷰 당시 제시는 티칭 트러스트Teaching Trust[4]의 데이터 과학 담당 상무이사였다. 비영리 데이터 과학, R을 배울 때 필요한 조언과 다른 주제의 글을 웹사이트에 작성했다 (https://www.jessemaegan.com).

Q 직무 찾으려 시작할 때 어떤 사항을 추천하나요?

A 데이터 과학자라는 직무를 얼마나 좋아하는지 생각해보세요. 여러분이 불리는 이름에 신경 쓰지 않고 업무에 집중한다면 회사를 더 유연한 자세로 찾을 수 있습니다. 검색해볼 비 데이터 과학 키워드에는 분석, 분석가, 데이터가 있습니다. 더 많이 걸러내야 '연구 및 평가' 직무를 찾을 수 있는데 발견하기 쉽지 않죠. 회사를 볼 때 데이터 과학자로서 하고 싶은 일은 무엇인지 집중해보세요. 저는 웹사이트 클릭으로 투자 수익률을 계산한다고 해서 큰 기쁨을 느끼지 못합니다. 스스로에게 '나는 어떤 원인을 신경 쓰는가?', '어느 기관이 제휴하는가?'라고 물어봤어요. 그 결과 걸스카우트에 신경을 많이 썼고 분석가를 찾는 것을 알게 돼 회사를 옮겼습니다. 그리고 교육에 더 많이 힘쓰고 싶을 때 티칭 트러스트로 이직할 수 있었죠.

Q 인맥을 어떻게 형성했나요?

A 데이터 과학 분야로 옮길 때 많은 실패를 경험했어요. 그날 본 모든 데이터 과학 기사를 트위터에 올리고 관계없는 글도 하루에 스무 개씩 게시했습니다. 누구를 만나고 싶고 어떤 관계가 왜 중요한지, 그리고 본인이 진정 원하는 것은 무엇인지 생각해야 합니다. 온라인 및 SNS

---

4 옮긴이_ 교육 격차를 해소하고자 2010년 설립된 교육 커뮤니티 기관이다(https://www.teachingtrust.org).

공간에서 어떻게 보이는지 확실히 해 자신을 브랜드화해야 합니다. 저는 완벽한 데이터 과학자가 될 수 없다는 것을 깨닫고 모든 데이터 과학을 알 때까지 SNS에 올리는 것이 불가능하다는 것을 알았죠. 현재 배우는 내용을 다루며 그 과정을 좀 더 투명하게 공개하기로 결심했고 인맥을 만들었습니다.

Q 데이터 과학 직무에 지원하는 데 자신감이 없을 때 어떻게 해야 하나요?

A 기술을 개발하고 파이썬 및 R 분석이 가능하며 기본적인 내용을 다룰 수 있다면 어떻게 위험과 실패를 좀 더 극복할 수 있을지 알아야 합니다. 데이터 과학자는 많은 실패를 겪습니다. 입사 지원 과정에서 위험과 실패를 두려워한다면 모델이 동작하지 않을 때 어떻게 될까요? 모호하고 반복되는 개념을 받아들여야 합니다. 기업에 지원하고 도전해보세요. 불합격할 수 있지만 이는 정상적인 과정입니다. 저도 매번 회사에서 퇴짜를 맞았습니다. 단순히 경험의 일부일 뿐입니다.

Q '직무에 필요한 요구 조건을 모두 만족하지 못해'라고 생각하는 사람에게 해줄 수 있는 말은 무엇인가요?

A 일부 연구에서 특정 집단은 100% 자격 요건을 갖춰야 한다고 생각하는 반면 다른 집단은 '25%만 만족하더라도 지원한다'라고 말합니다. 25% 자격 요건일 때 자신 있게 도전해보세요. 직무 설명을 이해하는 데 시간이 걸릴 수도 있습니다. SQL 데이터베이스로 10년간 업무한 것과 동일한 별도의 기술이 있다고 가정해봅시다. '그 기술은 잘 모릅니다. 저는 마이크로소프트의 액세스로 7년간 일했습니다'라고 생각하겠지만 '저는 이 기술을 잘 모르지만 비슷한 기술은 할 줄 압니다'라고 지원자로서 말할 수 있어야 합니다. SQL을 살펴보며 현재 본인의 기술을 얼마나 활용할 수 있으며 기업에서 마이크로소프트 액세스로 이룬 놀라운 성과를 알리세요. SQL 등으로 이 업무를 할 수 있기에 여러분을 채용해야 한다고 설득해야 합니다.

Q 데이터 과학자를 꿈꾸는 이들에게 마지막으로 하고 싶은 말은 무엇인가요?

A 소통 능력과 함께 이를 활용할 능력을 키워야 합니다. 대화를 나누는 사람들의 전문성을 존중하고 그들의 삶을 좀 더 쉽게 만들고자 옆에 있다는 것을 보여주면서 모든 조직 위치에서 소통할 줄 알아야 합니다.

'이런 방식으로 문제나 프로젝트에 접근하지는 않을 것입니다. 하지만 여러분이 어느 조직에서 왔는지는 알 수 있습니다. 그렇게 해보죠. 저는 이 방식으로 수정할 수 있습니다'라고 말할 수 있어야 합니다. 사람들은 이제 데이터 과학을 이해하는 단계이기 때문에 융통성 또한 필요합니다. 기업은 데이터 과학자가 필요하지만 어떻게 데이터 과학자를 구해야 할지 잘 모릅니다. 조직에 필요한 것을 제공해보세요. 요구가 바뀌면 해당 요구에 가장 적합하게 바뀌고 적응해야 합니다.

마지막으로 직무 내용이 변경될 수 있다는 점을 주의하세요. '내가 생각했던 일이 아니지만 어떻게 하면 이 업무를 잘 할 수 있을까?'라고 받아들일 수 있어야 합니다. '난 신경망 분야에서 최고야. 그런데 신경망을 다루고 있지 않아서 이 업무는 완전히 별로야'라고 하면 안 됩니다. 여러분의 직무는 회사의 필요에 따라 변화하고 성장할 것임을 알아야 합니다.

5.4 마치며

- 채용 게시판에서 데이터와 관련된 부분을 검색하며 직무명이 아닌 직무 기술서를 자세히 살펴본다.
- 표기된 자격을 100% 만족하지 못하더라도 걱정하지 말자.
- 일자리 찾아보는 과정은 두 가지라는 걸 명심하자. 좋지 않은 부분을 알아차리고, 어떤 종류의 데이터 과학자를 원하는지 생각해보자.

CHAPTER 6

지원: 이력서와 커버레터

> **이 장의 주요 내용**
>
> ◆ 설득력 있는 이력서와 커버레터 작성하기
>
> ◆ 지원서를 해당 직무에 알맞게 작성하기

이제 기업들에게 여러분의 존재를 알려야 한다. 거의 모든 기업에서는 이력서를 제출하라고 한다. 이력서는 여러분의 기술과 경험을 잘 보여준다. 여러분이 지원한 직무에 왜 뽑혀야 하는지 설명하는 커버레터 한 장이 필요하다. 이전 회사를 설명하고 지원 회사에 대한 관심과 열정을 보여주는 형식으로 작성할 수 있지만 그 외에도 더 많은 노력을 기울여야 면접을 볼 수 있다.

이번 장에서는 모범 사례와 흔히 저지르는 실수를 살펴보며 효과적인 이력서와 커버레터 작성 방법을 알아본다. 이후 '최종' 이력서 및 커버레터를 각 직무에 맞게 다듬는 방법을 알려준다. 마지막으로 여러분의 지원서가 수많은 이력서 속 관리자의 손에 들어가는 데 인맥이 어떤 도움을 주는지 살펴본다.

> **NOTE_** 이력서의 목적은 이력서를 대충 훑어보는 사람에게 면접을 봐야 한다고 설득하는 것이다.

이번 장의 핵심 주제는 여러분을 해당 직무에 적합하다고 빠르게 설득시키는 것이다. 기업의 채용 담당자들은 데이터 과학 직무 모집을 시작할 때마다 수백 개의 이력서를 받는다. 데이터 과학에는 많은 종류의 직무가 있어 해당 직무를 지원하는 사람들의 기술 범위는 매우 크다. 여러분의 자료를 보고 '이걸 읽으면 많은 지원서를 볼 필요가 없어'라고 생각하게끔 해야 한다. 여러분이 자격이 있다는 것을 보여주는 것은 쉽지 않다. 지원서를 내고 각 기업에 알맞게 수정하는 데는 많은 시간이 걸린다. 그러나 커버레터와 이력서를 쓰고 한 번의 클릭으로 수십 개의 회사를 지원하는 데 한 시간을 소비하는 것보다 훨씬 결과가 좋다. 지원서를 회사의 요구 사항에 맞추면 면접 가능성은 더 높아진다. 면접을 보게 되면(7장 참조) '왜 이 직무에 관심이 있나요?'에 훌륭하게 답할 수 있다.

6.1 이력서의 기본

이력서의 목표는 단지 일자리를 얻기 위한 것이 아니다. 면접을 보기 위한 것이다. 채용 담당자는 직무에 필요한 자격 사항을 확실히 갖추지 못한 지원자를 채용하면 곤란해지고 해당 직무에 적합한 사람을 채용하면 칭찬받는다. 이력서에 해당 직무에 대한 요건을 총족한다고 보여줘야 채용 과정에서 좀 더 편해진다.

이력서의 목표는 경험 없는 지원자가 모든 경험을 카탈로그로 만드는 것과는 매우 다르다. 회사를 그만둬 이력서에 공백이 생기는 것을 피하고 싶겠지만 데이터 과학과 관련 없는 일에 시간을 아끼는 것이다. 데이터 과학 관련 경험이 많더라도 지원 직무와 가장 관련성이 높은 경력을 강조하는 데 집중해야 한다. 대부분 채용 담당자는 여러 개의 이력서를 모두 읽을 시간이 없다. 어느 부분을 읽어야 할지 또한 알 수 없다. 아무도 '귀하를 채용하려 했으나 인명구조 경험이 이력서에서 누락돼 채용할 수 없었습니다'라고 구체적으로 알려주지 않는다.

면접에서 업무, 교육 및 데이터 과학 프로젝트를 자세히 살펴본다. 우선 현재 지원한 직무의 자격을 충족시키는 데 가장 적절한 부분에 초점을 맞춰야 한다. 나머지는 다른 지원자보다 돋보일 수 있는 각자의 뛰어난 자질에 집중한다. 첫 단계에서는 채용 담당자의 기대에 맞추는 데 집중하는 것이 좋다.

이 점을 염두하며 이력서의 기본 형태에서 좋은 내용을 작성하는 방법과 수많은 이력서 규칙은 어떻게 적용할지 살펴보자. 이번 장에서 배운 내용은 대부분 기술 직무에 적용할 수 있다. 데이터 과학에서 찾아볼 수 있는 유일한 점에 최대한 초점을 맞췄다. [그림 6-1]은 이력서 예시이다.[1]

---

1 옮긴이_국내보다 해외에서 많이 사용하는 이력서. 자유 양식을 요구하는 기업을 지원할 때 참고하면 좋은 내용이기에 원서의 예시를 그대로 가져왔다. 국내에도 다양한 이력서 예시가 있으니 적절한 예시를 찾아 활용하길 바란다.

SARA JONES

San Francisco, CA · 534-241-6264

sarajones@gmail.com · linkedin.com/in/sarajones · sarajones.github.io · github.com/sarajones

---

EXPERIENCE

JUNE 2019 – PRESENT, SAN FRANCISCO, CA
DATA SCIENCE FELLOW, AWESOME BOOTCAMP
- Built a web application in Python that recommends the best New York City neighborhood to live in based on someone's budget, lifestyle preferences, and work
- Analyzed 2,200 New York Times business articles (obtained via API) using natural language processing (TFIDF and NMF), visualizing how topics changed over time

AUGUST 2017 – JUNE 2019, SAN FRANCISCO, CA
INVESTMENT CONSULTANT, BIGCO
- Created a forecasting model in Python that boosted quarterly revenue by 10%
- Automated generating weekly market and industry trend reports

SEPTEMBER 2016 – JUNE 2017, NEW ORLEANS, LA
INTRODUCTION TO STATISTICS TEACHING ASSISTANT, COOL UNIVERSITY
- Led weekly review sessions of sixty students, earning a 4.86/5 rating in evaluations
- Created and open-sourced study guides that have been downloaded over 1,500 times

JUNE 2016 – AUGUST 2016, NEW ORLEANS, LA
ECONOMICS RESEARCH ASSISTANT, COOL UNIVERSITY
- Conducted an in-person experiment on decision-making with 200 participants, using cluster analysis to analyze the results in Python
- Published the resulting paper in the Journal of Awesome Economics

EDUCATION

JUNE 2017, NEW ORLEANS, LA
BA ECONOMICS, STATISTICS MINOR COOL UNIVERSITY
GPA 3.65/4.0
Relevant Coursework: Linear Algebra, Introduction to Regression and Statistical Computing, Experimental Design, Econometrics, Elements of Algorithms and Computation

SKILLS

- Python
- SQL
- Machine learning
- Git
- Pandas
- Seaborn
- Scikit-learn
- NumPy

그림 6-1 데이터 과학자를 꿈꾸는 사람을 위한 이력서 예시

6.1.1 이력서 세부 사항

이번 절에서는 [그림 6-1] 이력서 예시의 각 부분을 살펴보며 어떤 내용이 들어가야 하는지 자세히 살펴본다.

연락처

SARA JONES

San Francisco, CA · 534-241-6264

sarajones@gmail.com · linkedin.com/in/sarajones · sarajones.github.io · github.com/sarajones

채용 담당자가 여러분에게 연락하려면 이력서에 연락처가 있어야 한다. 최소한 성과 이름, 전화번호, 이메일을 포함해야 한다. 이외에도 링크드인 및 SNS 프로필, 깃허브와 같은 온라인 코드 저장소, 개인 웹사이트 및 블로그 등 더 많은 정보를 볼 수 있도록 링크를 넣는 것도 좋다. 무엇을 더 추가해야 할지는 본인 스스로 '다른 사람이 이 링크를 클릭하면 나를 더 높이 평가할 것인가?'라고 물어본 후 결정하길 바란다. 예를 들어 4장의 프로젝트 포트폴리오 링크를 포함하면 좋다. 튜토리얼 프로젝트를 클론clone하고자 만든 빈 공간의 깃허브 프로필 링크는 적합하지 않다. 공개할 수 있는 데이터 과학 업무가 있다면 이력서에 적자.

일반적으로 채용 담당자는 여러분이 회사와 가까운 도시나 주에 거주하길 원한다. 일자리를 얻게 되면 이사를 해야 할 수도 있음을 알려야 한다. 일부 회사는 비용 문제로 새로운 고용을 주저한다. 회사 근처에 살지 않아 힘들게 일하고 싶지 않다면 회사 근처로 옮겨야 할 수도 있다.

만약 법적 이름과 사용하는 이름이 다르다면 평소 사용하는 이름을 사용해도 된다. 다만 채용 과정에서 신원 조회를 할 수 있어 법적 이름이 무엇인지 회사에 반드시 알려야 한다. 법적 이름을 꼭 사용할 필요는 없다.

마지막으로 불편함을 야기하는 이메일 주소(예: *i_hate_python@gmail.com*)나 학교 이메일처럼 만료될 수 있는 이메일 주소는 사용하면 안 된다.

경력

JUNE 2019 – PRESENT, SAN FRANCISCO, CA
DATA SCIENCE FELLOW, AWESOME BOOTCAMP
- Built a web application in Python that recommends the best New York City neighborhood to live in based on someone's budget, lifestyle preferences, and work
- Analyzed 2,200 New York Times business articles (obtained via API) using natural language processing (TFIDF and NMF), visualizing how topics changed over time

근무했던 업무와 인턴십 및 부트캠프를 통해 업무에 대한 자격을 증명하는 부분이다. 과거 소프트웨어 공학과 같은 데이터 과학과 관련 있는 직업이었다면 이력서에 작성하는 것이 정말 좋다. 이력서의 많은 부분을 해당 이력에 투자하라. 미술사 교수와 같이 데이터 과학과 관련된 직업이 아닌 경우 해당 직업을 적어도 되지만 많은 시간을 할애해서는 안 된다. 직무별로 회사 이름, 입사와 퇴사 월과 연도, 직함, 자신이 한 경험을 하나의 글머리 기호(가장 관련성이 높은 직무일 경우 두세 개 정도)로 설명해야 한다. 신입 및 기졸업자라면 인턴십과 대학에서 한 연구 경험도 포함할 수 있다.

이력서의 절반을 차지할 정도로 가장 비중이 큰 부분이다. 채용 담당자는 가장 먼저 채용 대상의 업무와 관련이 많은 데이터 과학 경력을 살펴보기 때문에 매우 중요하다. 6.1.2절에서 해당 부분에 들어갈 가장 적합한 내용을 어떻게 만드는지 살펴본다.

교육

EDUCATION

> **JUNE 2017, NEW ORLEANS, LA**
> **BA ECONOMICS, STATISTICS MINOR** COOL UNIVERSITY
> GPA 3.65/4.0
> Relevant Coursework: Linear Algebra, Introduction to Regression and Statistical Computing, Experimental Design, Econometrics, Elements of Algorithms and Computation

데이터 과학 기술을 활용할 수 있다는 것을 보여주기 위해 교육 경험을 적는다. 학위를 받지 않았더라도 학교, 날짜(경력과 동일한 형식) 및 배운 영역을 기재한다. 높은 학점으로 학교를 졸업했다면 기재하는 것이, 그렇지 않다면 적지 않는 게 좋다. 통계학, 수학, 컴퓨터 공학 등 관련 수업(사회과학 연구 방법론 및 공학 등)을 수강한 기졸업생이라면 어떤 수업을 들었는지 적는다.

채용 담당자는 데이터 과학, 통계학, 컴퓨터 과학 및 수학 학위와 같이 데이터 과학과 관련된 연구 영역이 있는지 여부를 보며 매우 관심을 가진다. 학위 또한 흥미롭게 본다. 많은 데이터 과학 주제는 대학원 수준까지 다루지 않아 석사 학위를 갖는 게 도움이 된다. 유명하거나 평판 있는 학교를 다닌 것이 아닌 이상 학교는 신경 쓰지 않는다. 게다가 졸업한지 몇 년이 지났다면 더욱 중요하지 않다. 신입 지원자는 부트캠프 경험, 자격증, 온라인 과정 수료증 등을 보여주면 좋다. 여러분이 높은 수준의 교육을 받았다는 것을 보여주기 때문이다.

이력서의 교육 부분은 담당자에게 귀중한 정보를 준다. 다만 3장에서 다룬 추가적인 학위나 자격증을 취득하는 정도의 노력은 해야 하는 부분이기도 하다.

기술

SKILLS

- Python
- SQL
- Machine learning
- Git

- Pandas
- Seaborn
- Scikit-learn
- NumPy

데이터 과학을 구성할 때 필요한 모든 관련 기술을 명시할 수 있다. 가장 이상적인 상황은 채용 담당자가 해당 직무와 관련된 기술을 나열한 기술 부분을 보고 '네, 채용하겠습니다'라고 말하며 고개를 끄덕이는 것이다. 데이터 과학 이력서 내 기술 부분에 적어야 할 두 가지 유형을 살펴보자.

- **프로그래밍/데이터베이스 기술**: 프로그래밍 언어(파이썬, SQL 등), 프레임워크(.NET)와 환경(JVM), 도구(태블로, 엑셀 등), 에코시스템(애저, AWS 등)이 있다.
- **데이터 과학 기술**: 데이터 과학 기술의 두 번째 유형은 회귀와 신경망이다. 다양한 방법을 적으며 중요한 기술 몇 가지를 같이 보여주는 데 집중한다. 회귀, 클러스터링 방법, 신경망 작업, 분석 업무 등은 여러분이 기본적인 지식과 깊이를 갖췄다는 것을 보여준다.

다른 지원자보다 뛰어남을 보이고자 일곱 개 이상 기술을 나열하지 않는 게 좋다. 즉 관련 없는 기술(대학원 시절 얼핏 배운 학문적인 프로그래밍 언어 등)은 쓰지 말자.

5년간 손대지 않았으며 다시 하고 싶지 않은 언어가 아닌 기업에서 유용하게 사용될 기술만 기재하자. 이력서에 적혀 있다면 담당자가 물어보는 것은 당연하다. 여러분이 본 데이터 과학 직무 게시판에 특정 기술, 즉 여러분이 가진 기술이 필요하다고 되어 있다면 반드시 기재한다. 기업의 채용 담당자가 찾는 내용이다.

각 기술을 얼마나 잘하는지 별과 숫자를 활용해 점수를 매기는 것은 좋지 않다. 등급은 아무런 의미가 없다. 누구나 자기 자신을 5점 만점에 5점으로 평가할 수 있다. 자신에게 만점을 준다면 채용 담당자는 여러분을 정직하지 않거나 자기 성찰이 부족하다고 생각할 수 있다. 낮은 점수를 준다면 능력을 의심할 것이다. 각 레벨이 어느 정도 의미하는지 또한 명확하지 않다. 5점

만점에 5점은 자신이 세계 최고라고 생각한다는 의미인지, 어려운 업무도 잘한다는 뜻인지 아니면 동료보다 특정 기술을 더 잘한다는 뜻인지 전혀 알 수 없다. 여러분이 가진 다른 기술을 알고 싶다면 채용 담당자가 면접에서 물어본다.

비판적 사고와 대인 관계 기술과 같이 평범한 내용은 기재하면 안 된다. 물론 성공적인 데이터 과학자가 되는 데 필수 기술이나 이를 이력서에 기재하는 것은 누구나 할 수 있다. 데이터 과학 분야에서 본인의 기술을 강조하려면 이력서의 경력 부분에 특정 사례에서 기술을 어떻게 사용했는지 쓴다. 마이크로소프트의 스위트^{suite} 등을 활용한 협업은 누구나 지원서에 기재하는 기본적인 기술이니 적지 않아도 된다.

데이터 과학 프로젝트(선택)

업무 외 데이터 과학 프로젝트를 수행한 경우 해당 프로젝트 관련 부분을 만들어보자. 경력은 적지만 다른 형태 및 학교, 부트캠프에서 프로젝트를 수행한 경험이 있는 지원자에게 매우 좋다. 채용 담당자에게 '데이터 과학에 관련한 모든 학위 과정을 끝냈기 때문에 관련 업무 경험이 많지 않다는 것은 중요하지 않아요'라고 말하는 것과 같다.

프로젝트마다 제목과 무엇을 어떻게 했는지 설명하고 이에 대한 결과가 필요하다. 데이터 과학 프로젝트는 구조 및 내용에서 경력 부분처럼 보여야 해 6.1.2절의 내용 생성 부분도 적용된다. 블로그 글 관련 링크 및 리드미 파일이 있는 깃허브 저장소 링크가 있으면 가장 좋다. 데이터 과학은 본인이 한 일을 보여주기 쉬운 분야이다. 이 부분은 이를 적기에 좋다. 관련 업무 경험이 많다면 생략하고 면접에서 프로젝트만 이야기하면 된다.

발표(선택)

석사 및 박사 과정에 데이터 과학과 관련한 논문을 작성했다면 발표 부분에 넣어야 한다. 물리학, 계산 생물학과 같은 다른 분야 논문은 간략하게 기재한다. 데이터 과학과 직접적인 관련이 없어 채용 담당자 입장에서는 열심히 노력했다는 것 외에 얻을 것이 없다. '분당 수백만 개의 RNA 시퀀스를 분석하는 알고리즘을 개발했다'처럼 연구 중 수행한 관련 업무는 경험 부분에 적는다. 만약 채용 담당자가 들어보지 못한 저널에 논문이 실렸다면 해당 분야에 권위 있는 학위 출판물일지라도 그저 논문 그 자체로 그칠 것이다.

기타

캐글 대회에서 우승했거나 장학금 및 펠로우십을 받은 경우 영광, 수상 등 다른 부분을 추가할 수 있지만 꼭 필요하지 않다. 참고 문헌은 포함하지 않는다. 참고 문헌에 대한 이야기는 나중에 진행되며 그때 해당 내용을 공유하면 된다. 이력서에 이미 기재된 정보가 포함된 문장은 필요하지 않다. '파이썬을 경험하고 A/B 테스트와 모델링 기술을 개발할 일자리를 찾는 데이터 과학자'라는 문구는 채용 담당자의 이목을 끌지 못한다.

모아보기

연락처를 맨 위로 쓰고 다음으로 중요한 부분을 적는 게 좋다. 학교에 재학 중이거나 이제 막 졸업했다면 교육 부분을 최우선으로 하고 관련 회사 및 교육 경험이 없다면 데이터 과학 프로젝트를 최우선으로 한다. 그렇지 않으면 회사 경험을 위에 둔다. 회사 및 교육 부분 내 가장 최근 경험부터 가장 오래된 경험까지 시간 역순으로 나열한다.

지금까지 데이터 과학 이력서에 필요한 유용한 형식을 살펴봤다. 데이터 과학 분야에서는 구조가 다소 자유로우며 표준 형식이 없다. 이력서를 어떻게 하면 좀 더 빠르고 쉽게 살펴볼 수 있을지 고민해야 한다. 채용 담당자는 이력서를 빠르게 훑어본다. 가장 최근 회사가 어디였는지 찾는 데 오랜 시간이 걸리지 않도록 이력서를 작성해야 한다. 이력서 디자인과 내용을 동떨어지게 하지 말고 다른 사람들이 이력서를 어떻게 볼지 생각해보자. 몇 가지 좋은 관례는 다음과 같다.

- 부분별로 쉽게 나눠볼 수 있도록 머리글을 확실히 적기
- 내용을 더 쉽게 파악할 수 있도록 공백 추가하기
- 회사에서의 직무와 같이 중요한 단어는 볼드체 적용하기

공백이나 머리글을 어떻게 할지 잘 모르겠다면 온라인의 이력서 템플릿을 이용하거나 디자인 전문가에게 문의하자.

일반적으로 이력서는 한 장만 제출하는 게 좋다. 채용 담당자가 이력서를 잠깐 훑어볼 때 이력서에서 가장 중요한 정보는 무엇인지, 경력에서 어떤 부분이 가장 중요한지 빠르게 파악할 수 있다. 만약 17쪽 분량의 이력서라면 채용 담당자는 어떤 부분이 중요한지 전혀 파악할 수 없고 해당 이력서를 읽을 사람을 전혀 배려하지 않는 것을 의미하기도 한다.

마지막으로 이력서 내용이 일관성 있는지 확인해야 한다. 교육 부분에서 월명을 줄였다면 회사

경력 부분에서도 월명을 줄여서 적는다. 머리글과 본문 텍스트의 글꼴 및 크기가 다를 수 있지만 글머리 기호의 형식은 바꾸면 안 된다. 이전 직무는 과거 시제를, 현재 회사는 현재 시제를 사용한다. 세세하게 주의를 기울이면 채용 담당자는 글꼴 및 스타일 변화에 산만해지지 않고 내용을 빨리 살펴볼 수 있다. 단 하나의 틀린 부분으로 면접에 떨어질 것 같진 않지만 때론 작은 부분이 큰 차이를 만들기도 한다.

교정 이력서 교정을 꼭 받아야 한다. 몇 가지 오타나 문법상의 실수로 지원서가 (비유적으로) 쓰레기통으로 갈 수 있다. 왜 그럴까? 수백 개의 이력서를 살펴보면 두 가지 유형으로 나뉜다. 하나는 잘못된 부분이 드물게 나타나지만 너무 명확해 쉽게 고칠 수 있는 형태이다. 다른 하나는 쉽게 탈락시킬 수 있는 형태이다. 후자의 경우 채용 담당자의 경험적인 규칙이 필요하며 요구 조건을 충족하지 못하면서 오타가 있는 이력서를 제출한 지원자는 탈락하기 좋다. 데이터 과학 직무는 세부적인 요소에 꼼꼼해야 하며 여러분이 한 업무를 다시 한번 돌이켜봐야 한다. 지원서 작성에 힘을 쏟을 수 없다면 여러분에게 무엇을 의미하는가? 워드프로세서의 오타 검사 기능을 사용하는 것 외에도 적어도 두 명 이상의 다른 이에게 지원서를 맡겨 읽어보게 해보자.

6.1.2 경력 부분 더 자세히 살펴보기: 내용 채우기

여러분의 회사 및 교육 이력 날짜와 그에 관한 제목을 생각하는 게 쉽길 바란다. 회사 경험(또는 데이터 과학 프로젝트)을 설명하고자 효과적인 핵심을 찾아내는 방법은 무엇일까?

대부분 사람이 가장 흔히 저지르는 실수는 단순히 각자 경력만을 목록화한다는 것이다. 예를 들면 'SQL과 태블로를 활용해 임원용 보고서 생성', '각 30명인 총 세 반에 미적분학을 가르침'과 같이 작성한다. 여기에 두 가지 문제점이 있다. 무엇을 어떻게 성취했는지가 아닌 책임진 부분만 명시했으며 이는 데이터 과학 분야에서는 적합하지 않다는 것이다. '태블로와 SQL을 활용해 임원진을 위한 판매 예측 보고서 생성을 자동화했고 매주 네 시간의 업무 시간을 절약할 수 있었다'와 '90명의 학생에게 수학 미적분학을 가르쳐 학생 평가에서 평균 9.5/10점을 받았고 85% 학생이 BC 미적분학 AP 시험[2]에서 4 또는 5점을 받았다'처럼 상세하게 작성해야 한다.

------

2 옮긴이_ 미국 대학 입학에서 다루는 고교 과정 중 수학 과정 및 시험이다. 미적분학은 AB, BC로 나뉘며 AB는 문과, BC는 이과형이다. AP 시험은 5점이 만점이다.

가능한 한 데이터 과학으로 옮길 수 있는 기술 측면에서 본인의 경험을 설명하고 싶은 게 당연하다. 데이터 과학 및 분석 분야에서 일하지 않았더라도 담당했던 데이터가 있었는가? 채용 담당자는 데이터 과학 분야 외의 경험을 관련이 있는 것으로 볼 수 있지만 해당 분야의 담당자를 설득해야 한다. 업무가 데이터를 가져와 이해하는 것과 관련이 있다면 한 업무를 주제로 간결하게 이야기하는 데 많은 노력을 기울여야 한다. 천체물리학 박사를 돕고자 100GB 용량의 행성 데이터를 분석을 해봤는가? 베이커리의 직원을 채용하고자 엑셀 파일 30개를 관리한 경험이 있는가? 많은 일상에서 데이터를 사용해 다양한 문제를 이해할 수 있다.

구글 애널리틱스, 엑셀, 서베이몽키^{survey monkey}와 같은 도구를 사용해봤는가? 직무에서 필요한 도구가 아니라도 다양한 유형의 데이터 업무와 관련 있다. 특정 의사소통 기술을 사용했는가? 박사 연구 회의 및 다른 비즈니스 분야의 기술 또는 작은 개념을 설명해봤는가? 이직에 도움이 되는 기술을 고안하는 게 어렵다면 걱정하지 말자. 교육 및 부수적인 프로젝트가 어떻게 데이터 과학 기술을 증명하는지, 특히 업무 경험이 이를 뒷받침할 수 있는지 생각하자.

몇 년 전에 맡았던 가장 관련성이 적은 직무는 간단히 적으면 된다. 그렇지만 이력서에 몇 개월 이상 공백이 있는 걸 원하지 않아 관련성이 적은 직무라도 그만두지 못할 수도 있다. 한동안 회사를 다니며 많은 직무를 경험했다면 가장 최근의 서너 개만 적는 게 좋다.

경력 부분을 적는 과정이 5년 전 현재 일하는 곳에 이력서를 제출했던 때보다 훨씬 더 쉬워졌을 것이다. 지금까지의 업적과 주요 프로젝트 목록을 만들자. 매일 업무를 보며 조금씩 성장하면 전체적으로 얼마나 성장했는지 잊을 수 있다. 기업에선 이력서가 완벽하지 않다는 것을 안다. '지원자는 판매 팀에서 일주일에 20시간 이상 수작업으로 우수 판매점에 점수를 매기고 자동화 시스템 구축에 15개월 걸렸다'라고 생각하지 않는다. 기업은 '우리는 이런 시스템이 필요해!'라고 생각할 뿐이다.

일반적으로 중요한 항목은 두 가지로 분류한다. 첫 번째는 '현재 동작 중인 모든 실험과 전력 소모량을 계산하는 대시보드를 만들었다'와 같은 큰 성과이다. 두 번째는 '60개 이상의 실험을 구현하고 분석해 3천만 달러 이상의 수익을 창출했다'와 같은 평균과 합계이다.

어느 경우든 이력서의 각 글머리 내용은 (이상적으로) 수치화할 수 있어야 한다. '고객을 위한 발표를 했다'보다는 『포춘』 선정 500대 경영진을 대상으로 20번 이상 발표했다'라고 적는다. 본인의 역량을 수치화할 수 있다면 더욱 좋다. '이메일 캠페인에서 20번 A/B 테스트 실시'보다는 '이메일 캠페인에서 20번 A/B 테스트를 수행했으며 그 결과 클릭률이 35%, 매출액이 5% 증가'라고 적는 것이 훨씬 좋다.

6.2 커버레터의 기본

커버레터는 여러분이 누구인지를 보여준다. 회사에서 어떤 업무를 했었으며 왜 적합한지 강조할 수 있다. 이력서에 경력을 명확하게 쓰지 않았다면 커버레터에 모든 것을 동원해 직무에 적합한 훌륭한 인재라는 것을 설명해야 한다. 해당 기업에 대해 잘 알고 있으며 '회사 소개'란을 읽었다는 것 또는 (개인이 사용할 수 있는 경우) 해당 제품을 사용해봤다고 하는 것만으로도 큰 효과가 있다. 커버레터는 채용 담당자가 이력서를 보고 이해되지 않았던 부분을 이해할 수 있도록 도와주는 가장 좋은 수단이다.

이력서와 달리 커버레터는 선택 사항일 수 있지만 제출할 수 있다면 제출하길 바란다. 일부 회사는 커버레터가 없으면 탈락시킨다. 회사에서 '지도 학습supervised learning' 기술처럼 여러분이 가장 좋아하는 특정 업무를 요구하는 건 흔한 일이다. 이런 요청은 지원자가 여러 곳에 커버레터를 보내지 않고 직무 설명서를 읽고 따랐는지 확인하기 위해 이뤄진다. 업무 지시를 잘 따를 수 있다는 것을 회사에 확실히 알려야 한다.

커버레터에서 흔히 하는 실수는 기업이 여러분에게 무엇을 해줄 수 있는지에 집중하는 것이다. '이 정도면 내 경력에 아주 좋은 밑거름이 될 거야'라고 하지 말자. 채용 담당자는 지원자의 경력에 가능한 한 많은 도움을 주는 것이 아니라 회사에 도움이 되는 인재를 채용한다. 여러분이 어떻게 직무를 해낼 수 있는지 보여줘야 한다. 해당 기업이 첫 번째 데이터 과학자가 되는 곳이지만 관련 경험이 있다면 어떤 것이 있는가? (데이터 과학과 관련이 없더라도) 목표를 달성할 수 있도록 결과를 달성한 경험을 공유할 수 있는가? 자신을 과소평가하지 말고 기업에 어필할 수 있는 방법을 폭넓게 생각해보자.

이력서처럼 커버레터도 짧아야 한다. 보통 3/4~1페이지 정도이다. 본인의 강점에 초점을 맞춰 작성한다. 직무 설명서에 작성한 네 가지 기술 중 두 가지 기술이 가장 뛰어나다면 해당 기술을 주제로 이야기하자. 부족한 다른 실력에 대해 변명하는 내용은 작성하지 않는다.

[그림 6-2]는 커버레터 예시이다. 독자 편의를 위해 커버레터 예시를 다음과 같이 번역했다.

SARA JONES

New York, NY · 534-241-6264

sarajones@gmail.com · linkedin.com/in/sarajones · sarajones.github.io · github.com/sarajones

GREETING	Dear Jared,
INTRODUCTORY PARAGRAPH	I am writing to express my strong interest in applying for the Data Scientist position at Awesome Company. I've enjoyed reading Awesome Company's data science blog since it started 8 months ago. The post on using topic modeling to automatically generate tags for your support articles was immensely helpful in one of my own projects to classify articles in the New York Times business section.
1-2 PARAGRAPHS OF DATA SCIENCE WORK EXAMPLES	I recently graduated from Awesome Bootcamp, a full-time, 3-month Data Science immersive. At Awesome Bootcamp, I designed, implemented, and delivered data science projects in Python involving data acquisition, data wrangling, machine learning, and data visualization. For my final project, I gathered 3,000 neighborhood reviews and ratings from Neighborhood Company. By using natural language processing on the reviews and available listings from Real Estate Company's API, I built a recommendation system that will match you to a neighborhood based on your budget, preferences, and a free-text description of your ideal neighborhood. You can try it out here: myawesomewebapp.com.
	Prior to Awesome Bootcamp, I was an Investment Consultant at BigCo. When I joined, my team of six was all using Excel. While exceeding my targets, I began automating common tasks in Python, such as generating a weekly market and industry trends report, saving the team hours each week. I then developed a tailored curriculum to teach them Python. The initiative was so successful the company asked me to develop a full 2-day workshop and flew me out to three other offices to teach it, reaching over 70 consultants.
CLOSING PARAGRAPH	I am confident that [...] and Statistics, and ex[...] great fit for the Data[...]
SIGNOFF	Sincerely, Sara Jones

사라 존스

뉴욕시, NY, 534-241-6264

sarajones@gmail.com · linkdin.com/in/sarajones · sarajones.github.io · github.com/sarajones

인사말	재러드에게
소개 문단	Awesome 사의 데이터 과학자 직무에 관심이 많습니다. 8개월 전부터 Awesome 사의 데이터 과학 블로그를 흥미롭게 읽었습니다. 기사에 자동으로 태그를 만들어주는 모델을 주제로 한 블로그 게시물은 현재 제가 하고 있는 「뉴욕 타임즈」의 비즈니스 섹션 기사를 분류하는 프로젝트에도 매우 도움이 될 것으로 생각합니다.
1-2 문단의 데이터 과학 경력	최근 Awesome 풀타임의 데이터 과학에 집중한 부트캠프를 3개월 과정으로 세 달 전에 마쳤습니다. 부트캠프에서 데이터 과학 프로젝트를 디자인하고 구현하고 전달했으며 파이썬에 기반한 데이터를 가져오고 논의하며 머신 러닝에 적용하고 시각화까지 해봤습니다. 최종 프로젝트로 3천 개의 리뷰를 모아 Neighboorhood 사를 평가했습니다. 자연어 처리를 리뷰에 적용하고 Real Estatet 사의 API를 이용하는 등 사용자의 예산, 선호도, 이상적인 지역을 설명하는 텍스트를 바탕으로 가장 알맞은 지역을 추천하는 시스템을 구현했습니다. myawesomewebapp.com에서 살펴볼 수 있습니다.
	Awesome 부트캠프 이전에는 Bigco의 투자 컨설턴트로 일했습니다. 제가 합류할 때 모든 여섯 명의 직원은 엑셀을 사용했습니다. 주간 시장 및 산업 경향 보고서를 만드는 등 일상적인 업무를 파이썬으로 자동화하면서 팀의 시간이 절약되었습니다. 이후 직원들에게 파이썬을 교육하는 맞춤 과정을 만들었습니다. 이 같은 일이 좋은 성과를 거둬 회사에서 이틀간의 워크숍을 구성했으며 70명의 컨설턴트가 있는 사무실에서 가르치기도 했습니다.
마무리 문단	저는 파이썬을 활용한 경제학 및 통계학 분야의 교육에 전문성이 있으며 비즈니스 결과로 도출한 경험은 데이터 과학 팀에 적합할 것이라고 자신합니다. 깊은 관심에 감사드립니다.
끝맺음	사라 존스

그림 6-2 요소별 중요한 부분을 나타낸 커버레터 예시

6.2.1 구조

커버레터는 이력서보다 규칙이 적다. 다음과 같이 일반적인 구조로 구성된다.

- **인사말**: 해당 직무를 담당하는 채용 담당자 및 모집자가 누구인지 알아야 한다. 가장 먼저 살펴봐야 할 것은 직무 기술서이다. 담당자 이름이 있을 수 있다. 목록에 이메일 주소가 있다면 인터넷에서 검색해 담당자가 누구인지 찾아볼 수도 있다. 그렇지 않다면 링크드인 및 기업 웹사이트를 확인해 누가 팀장인지 확인한다. 부사장(팀장 중의 팀장) 정도 되는 높은 직급에게 여러분이 한 연구를 보여줄 수 있다. 마지막으로 이름을 찾을 수 없는 경우 '채용 담당자님에게(또는 데이터 분석 직무 관련 채용 담당자님에게)'라고 이메일을 보낸다. '친애하는 귀하에게' 등 고풍스럽고 포괄적인 구절을 사용하지 않길 바란다.
- **소개 문단**: 자기소개를 하고 원하는 직무는 무엇이며 회사와 직무에 관심 있는 이유를 간략히 설명한다. 회사에서 운영하는 데이터 과학 블로그가 있거나 데이터 과학자 중 한 명이 업무를 주제로 블로그 글을 썼다면 해당 글을 보거나 읽었다고 언급하는 것도 좋다. 프레젠테이션을 통해 배운 내용을 직무와 기업에 관심 있는 이유와 연결하길 바란다.
- **데이터 업무 예시 1~2문단**: 이전 회사의 성과를 현재 직무와 연결한다. 이력서에 적은 항목에 세부 내용을 추가하고 구체적인 예시를 통해 핵심 직무 또는 사이드 프로젝트를 자세히 설명한다. '말하지 말고 보여줄 것' 원칙을 따르길 바란다. '세부적인 조직 문제를 해결하는 사람'이라고 표현하기보다는 기업에서 어떤 사람이 되겠다는 구체적인 예시를 제시하길 바란다.
- **끝 문단**: 채용 담당자에게 시간을 내줘서 고맙다는 말을 남긴다. 직무에 왜 적합한지 설명하며 자격을 갖추고 있음을 요약해 보여준다.
- **맺음말**: '드림', '올림', '이해해주셔서 감사합니다' 등이 좋은 끝맺음이다. '고마워요' 등 안부 인사 같이 일상적이거나 지나치게 친근한 표현은 쓰지 않는 것이 좋다.

6.3 다듬기

앞 두 절에서는 커버레터와 이력서를 효과적으로 작성하는 방법을 살펴봤다. 다른 지원자와 차별화하는 가장 좋은 방법은 해당 지원서를 직무에 맞게 작성하는 것이다.

데이터 과학 분야 이력서를 가려내는 첫 번째 사람은 직무 관리자가 아니다. 심지어 사람이 아닐 수도 있다. 대기업에서는 지원자 선별 시스템으로 자동으로 키워드에 맞게 이력서를 걸러내고자 해당 단어를 표시한다. 이런 시스템은 '선형 모델링'이 '회귀'라는 필수 경험을 충족한다고 인식하지 못한다. 사람도 마찬가지다. 인사 담당자는 직무 설명서에 가장 적합한 지원자를 찾으라는 지시만 받았을 수 있다. 'k-근접 알고리즘'을 사용하는 프로젝트에서 클러스터링 분석 경험이 있거나 **NLP**가 **자연어 처리**의 약어라는 것을 이해하지 못하는 인사 담당자를 만날 수도 있다. 이력서와 직무 설명서를 훑어보면서 경험과 요구 사항이 일치하는지 확인하기도 한다. 이력서에는 전문용어가 많은 것을 선호하지는 않지만 R 또는 파이썬 등의 키워드를 사용하는 것은 이력서가 통과되는 데 도움이 된다.

매번 처음부터 다시 시작하는 것보다는 '마스터' 이력서 및 커버레터가 있는 것이 좋다. 특히 다른 직무에 지원할 경우 도움이 된다. 머신러닝과 다른 실험적인 분석을 강조한 직무는 핵심 기술과 관련된 간략한 문구를 추가한다. 마스터 이력서와 커버레터는 한 페이지 이상일 수 있지만 제출하는 이력서와 커버레터는 항상 한 페이지 미만이어야 한다.

지원서를 해당 직무에 맞추기 위해 모든 요구 사항에 하나의 중요 항목이나 기술이 필요한 것은 아니다. 5장에서 살펴봤듯이 직무 기술서는 일반적인 희망 사항일 뿐이다. 직무의 핵심 기술이 무엇인지 알아보자. 때론 기업에서 기술과 경험을 '필수 요건'과 '우대 사항'으로 나누지만 그렇지 않더라도 직업적 책무를 설명하는 데에서 알아볼 수 있다. 기업은 모든 것을 할 수 사람을 채용하고 싶어 하지만 불가능하다.

예외가 있다. 대기업과 빠르게 성장하는 유명한 스타트업이다. 많은 지원자가 몰리고 훌륭한 지원자를 찾기 위해 적절하지 않은 지원자를 거절할 이유를 찾는다. 대기업과 유명 스타트업은 적합하지 않은 사람이나 평범한 사람을 고용하게 될 것을 걱정한다. 이미 훌륭한 사람이 많아 훌륭한 사람을 고용하지 못하는 경우는 걱정하지 않는다. 100%는 아니더라도 대개 90%의 필수 조건을 충족하는 사람을 고용한다.

6.4 추천서

회사 웹사이트 및 채용 게시판에 이력서를 저장해두면 클릭 한 번으로 모두 지원할 수 있는 곳이 있다. 너무 편리한 방식이기에 수백, 수천 개의 유사한 지원서에 파묻히기 쉽다. 다른 선택지가 없을 때까지는 사용하지 않는 게 좋다. 채용 공고를 읽어보는 것은 어떤 종류의 일자리가 있는지 알기 좋지만 기회를 얻기 가장 좋은 방법은 누군가 그 기회를 열어주는 것이다.

대부분 기업에서 비공개적으로 추천서를 받는다. 추천 채용이란 현 직원이 지원자의 지원서와 정보를 제출해 누군가를 추천하는 것이다. 많은 기업에서 채용을 제의받아 입사하면 추천한 직원에게 2천 달러 정도의 보너스를 제공한다. 기업은 능력을 보장받은 입사이기에 일한 경험을 바탕으로 적합한 인재라고 생각한다. 정식으로 여러분을 추천하지 않아도 커버레터에 '저는 훌륭한 직원 OOO 씨와 이 직무에 대해 상의했다'라고 쓸 수 있다. 해당 직원이 채용 담당자에게 여러분의 이력서를 잘 봐 달라고 말하면 큰 도움이 된다.

여러분을 추천할 사람은 어떻게 찾을까? 먼저 링크드인을 살펴보고 관심 있는 기업의 직원과 아는 사이인지 확인해보자. 한동안 이야기 나누지 않았어도 공손하게 먼저 말을 걸어보자. 그 다음 이전에 같은 회사에서 일했거나 같은 학교를 다녔던 사람을 찾아보자. 공통 화제로 대화를 시작하면 갑자기 보낸 메시지라도 답장이 올 가능성이 높다. 마지막으로 한 다리 건너 공통점이 있는 사람을 찾아보자. 서로에게 좋은 조건이라면 여러분을 소개할 의향이 있는지 해당 직원에게 연락한다.

데이터 과학자에게 연락하고 싶다면 일하는 시간을 알아야 한다. 블로그, 트위터, 깃허브 저장소가 있는가? 서비스나우servicenow의 데이터 과학자인 마크 멜룬Mark Meloon은 자신의 블로그에 '데이터 과학자가 되려면 관계 사다리에 올라가야 한다'라는 글을 썼다. 가장 효과적인 메시지는 상대방이 작성한 글을 칭찬하며 몇 가지 질문을 하는 것이다. 다른 곳에서 찾을 수 없는 조언을 들을 수 있다.

데이터 과학에 몸담고 있는 사람만 여러분을 도울 수 있는 것은 아니다. 다른 데이터 과학자들이 본인이 다니는 기업에서 어느 직무가 괜찮은지 말해줄 수 있으며 다양한 직무의 사람이 여러분을 언급할 수 있다. 알고 지내는 사람이 지원하고자 하는 회사에서 일한다면 연락해보자. 최소한 회사 문화 정도는 알려줄 것이다.

효과적으로 메시지를 작성하는 법

인디드의 수석 데이터 과학 관리자인 트레이 코지는 'Do you have time for a quick chat?(잠깐 대화할 수 있을까요?)'라는 제목의 블로그 게시물(*http://mng.bz/YeaK*)에서 프로젝트, 구직, 직무 선택을 주제로 이야기하고 싶지만 이를 잘 모르는 사람을 위해 효과적으로 메시지를 작성하는 요령에 대해 정리했다. 이런 지침을 따르면 생산적인 회의 및 지속적인 관계를 유지하기 위한 좋은 틀을 구축할 수 있다.

- 상의할 내용을 목록화하여 이메일로 보낸다.
- 잠시 시간(퇴근 후 30분도 좋다)을 내거나 회사 근처에서 보자고 한다.
- 점심이나 커피를 사준다.
- 약속 시간보다 먼저 도착한다.

- 보내준 내용으로 이야기를 나누기 위해 구체적인 질문과 목표를 보여준다. '가능한 모든 조언을 해주세요'라고 하지 말자.
- 시간을 확인하며 약속한 시간이 지나면 알려주자. 계속 이야기할 수 있다면 흔쾌히 대화를 이어나갈 것이다.
- 항상 감사하게 생각하고 말한 모든 내용을 정리한다.

이 모든 내용을 하나의 메시지로 정리하면 다음과 같다.

"안녕하세요, 트레이 씨. 저는 트레이 씨의 블로그 글에서 데이터 과학 인터뷰를 읽었습니다. 이번 주에 카페에서 만나 커피 한 잔을 하면서 이에 대한 이야기를 나누고 싶습니다. 현재 저는 면접을 진행 중입니다. 화이트보드 위에 손코딩하는 것이 정말 재미있었습니다. 손코딩과 관련한 문답을 어떻게 개선하면 좋을지 조언을 듣고 싶습니다. 또 이 같은 형태의 질문에 관한 제 경험담을 공유하고 싶습니다. 30분 정도만 시간을 내주실 수 있나요? 다음 주 화요일이나 수요일은 어떠신가요? 훌륭한 블로그 글을 써줘서 고맙습니다."

6.5 크리스틴 케러 인터뷰

크리스틴 케러Kristen Kehrer는 UC 버클리 대학교에서 데이터 과학을 가르치며 명예 경영 연구소emeritus institute of management의 교수진이다. 데이터무브미Data Moves Me의 창업자인 크리스틴은 데이터 과학 팀이 머신러닝 모델 결과를 관련 당사자에게 전달해 기업이 확실히 의사결정을 내리도록 돕는다. 응용 통계학으로 석사 학위를 취득했고 『Mothers of Data Science』의 공동 저자이다.

Q 이력서를 얼마나 수정했나요?

A 백만 번 정도는 수정했습니다. 아버지는 소방관이고 어머니는 주부인 집안에서 자라 회사에 취직하기 위해 훌륭한 이력서를 쓰는 방법을 배운 적이 없었습니다. 대학원을 졸업할 때 다른 사람에게 도움을 청했습니다. 현재 작업하는 새로운 프로젝트나 이력서에 추가할 수 있는 흥미로운 내용을 항상 찾았습니다. 저는 이력서를 2년간 꾸준히 업데이트했습니다. 최근 이전 회사에서 해고되면서 일자리 코칭을 들었습니다. 그간 쌓아온 경험으로 어떤 이력서가 좋고 어떻게 하면 좋은 회사를 얻을 수 있는지에 관한 모든 것을 배울 수 있었습니다.

사람들에게 이력서를 자주 업데이트하라고 꼭 말하고 싶습니다. 특히 한 회사에서 일하면 이력서에 무언가를 추가할 생각을 하기 힘듭니다. 현재 일이 지원하는 모든 직무와 관련 없지만 건강 관리 직무에 지원한다면 해당 연구를 참고하세요. 주기적으로 살펴보지 않으면 내 공동 저자가 누구였는지, 포스터 제목은 무엇이었는지 기억 나지 않습니다.

Q 사람들이 저지르는 일반적인 실수는 무엇인가요?

A 정말 많습니다. 예를 들어 데이터 과학 분야에 지원하면서 수영 코치를 한 적 있다고 적은 4쪽 분량의 이력서가 있었습니다. 또 다른 경우는 지원자 선별 시스템이 특정 사항을 잘 분석하지 못한다는 것을 깨닫지 못하는 것입니다. 이력서에 아이콘이나 도표를 포함하면 오래된 자동화 시스템이 해당 이력서를 걸러내고 최종적으로 자동 탈락하게 됩니다. 저는 파이썬에 별세 개를 붙이는 것도 별로 좋아하지 않습니다. 별 두 개인 기술은 그 기술을 잘 못 한다는 의미로 받아들여집니다.

Q 이력서를 지원하는 직무에 맞춰야 하나요?

A 이 부분에 초점을 두진 않습니다. 대부분 중소기업 및 대기업은 지원자 선별 시스템을 사용합니다. 여러분은 키워드를 일치시켜 순위가 높아지길 바랄 겁니다. 제가 했던 업무와 일치하지만 약간 다르게 표현된 직무 기술서를 보았다면 기업의 직무 기술서에서 사용하는 단어와 일치하도록 몇 가지 단어만 단순히 바꾸면 됩니다.

Q 이력서에 직무를 설명하는 데 어떤 방법이 좋은가요?

A 사람들에게 이력서를 현재 직무가 아닌 기업이 원하는 직무에 맞도록 최적화하라는 조언을 주곤 합니다. 여러분이 한 모든 일을 일일이 적지 않아도 됩니다. 대신 데이터 과학을 하고자 직무를 바꿀 수 있는 업무를 생각해보세요. 수학 선생님이라면 비전문가 청중에게 기술이나 수학적 내용을 설명했을 겁니다. 분석은 아니지만 여러 팀에서 서로 기능적으로 수행하는 프로젝트를 했을 수도 있습니다. 전체적으로 문제를 해결하고 스스로 관리하며 의사소통 능력이 좋으며 성과를 낼 수 있음을 보여주길 바랍니다. 마지막으로 부수적인 프로젝트를 이용해 기술 혁신과 주도성을 강조할 수도 있습니다.

Q 데이터 과학자를 꿈꾸는 이들에게 마지막으로 하고 싶은 말은 무엇인가요?

A 데이터 과학 직무에 지원하는 것부터 시작해야 합니다. 많은 사람이 데이터 과학자가 되려면 백만 개의 업무 방법을 알아야 한다고 생각합니다. 온라인 강의만 계속 들을 수 있지만 업무를 시작하면 더 많이 배울 수 있습니다. 10년이 흘러도 아직 배울 것이 많습니다. 기업에 지원하면 채용 시장에서 피드백이 옵니다. 아무도 이력서에 답하지 않는다면 적합한 직무에 지원하지 않았거나 기술을 제대로 알고 있지 않기 때문일 것입니다. 사람들에게 피드백을 받은 후 파이썬으로 프로세스를 자동화할 수 있는 등 집중하고자 하는 분야를 선택해보세요. 이를 연구해 이력서에 추가하고 더 많은 기업에 지원해보세요. 기업에 지원하고 피드백받고 취업할 때까지 계속 반복해야 합니다.

6.6 마치며

- 지금까지 살펴본 여러분의 모든 이력서는 완벽하지 않다. 면접을 보려면 최대한 직무 설명서와 일치되도록 작성해야 한다.
- 커버레터는 해당 기업에 왜 관심을 가지고 있으며 여러분의 경험이 해당 직무에 어떤 역할을 할지 보여줘야 한다.
- 데이터 과학자로 재직 중인 사람과 이야기하는 것은 채용 및 기업 문화를 이해하는 데 가장 좋은 방법이다.

CHAPTER 7

면접: 어떻게 대처할 것인가

> **이 장의 주요 내용**
>
> ◆ 면접관이 찾는 부분
>
> ◆ 일반적인 인터뷰 질문들
>
> ◆ 기업에서 의사소통할 때 적절한 에티켓

면접을 준비하면 면접이 얼마나 까다로운지 알 수 있다. 어떻게든 낯선 사람들에게 여러분이 해당 직무에서 충분히 잘할 수 있다는 것을 보여줘야 한다. 면접에서는 다양한 분야와 상당한 수준의 기술 관련 질문을 받는다. 이 중 일부는 이전에 사용한 적이 없을 수 있다. 면접을 보는 동안 해당 기업을 충분히 파악해야 그곳에서 일하고 싶은지도 결정할 수 있다. 이 모든 것을 몇 시간 안에 해야 하며 전문적이고 적절하게 행동해야 한다. 그래서 면접을 볼 때 많이 긴장되고 불안할 수 있다.

철저하게 면접을 준비하면 공황 발작을 극복하고 견딜 수 있으며 즐거운 경험이 될 수 있다.

이번 장에서는 면접관이 찾는 부분과 자신에게 알맞은 태도를 취하는 방법을 안내한다. 데이터 과학 분야의 사례를 살펴볼 뿐만 아니라 기술 및 비기술적인 질문도 다룬다. 마지막으로 어떻게 행동하며 면접관 앞에서 어떤 질문을 해야 하는지 살펴본다. 이번 장에서 다루는 내용을 참고하여 면접을 준비할 때 활용하길 바란다.

7.1 기업이 원하는 것은 무엇인가

기업의 담당자는 공개 채용 면접에서 지원자 중에서 중요한 사람을 뽑으려고 한다.

이 업무를 할 수 있는 사람

이것이 바로 기업에서 찾는 인재 유형이다. 기업은 면접 질문에 대답을 잘하거나 학위 및 나이가 많은 사람을 찾지 않는다. 팀이 목표를 향해 나아갈 수 있도록 도움을 주는 사람을 원한다.

그렇다면 업무에 필요한 몇 가지 사항을 살펴보자.

- **필요한 기술을 가졌는가?** 필요한 기술은 전문적이거나 비전문적일 수 있다. 전문적인 측면에서는 1장에서 다룬 기술인 수학과 통계, 데이터베이스와 프로그래밍의 조합을 이해해야 한다. 비전문적인 측면에서 보면 비즈니스 통찰력뿐만 아니라 프로젝트 관리, 인력 관리, 시각 디자인 등 다양한 기술이 필요하다.
- **함께 일하기 적합한가?** 여러분이 모욕적인 말을 하거나 방어적인 행동을 취하고 다른 사람과 소통하고 협력하지 못한다면 기업은 고용하지 않는다. 면접을 보는 동안(그리고 실제로도 항상) 친절하고 공감 능력이 좋으며 긍정적이기를 원한다. 면접관은 여러분과 맥주를 마시고 싶어 하는 것이 아니다. 팀원이 함께 일하고 싶어 하는 사람인지 알고 싶어 한다.
- **기술을 사용할 수 있는가?** 이 일을 할 수 있는 기술이 있는 것만으로는 충분치 않다. 기술을 사용할 수 있어야 한다. 문제의 해결책을 찾고 구현할 수 있어야 한다. 데이터 과학은 지저분한 데이터를 찾아내고 문제를 생각하며 다른 모델을 시도하고 결과를 정리하는 등 사람의 손길이 필요한 곳이 많다. 이 어려움을 이겨낼 수 있는 직원은 도움을 청하지 않고 기다리는 사람보다 일을 훨씬 더 잘한다. 모든 것을 완벽하게 만들려고 노력하는 사람들도 이 부분에서 어려움을 겪는다. 작업을 끝냈다고 부를 수 없는 것은 결국 업무 기술을 사용할 수 없다는 의미이다.

기업이 지원자를 찾는 세 가지 방법을 안다면 면접 과정에 뛰어들 준비가 된 것이다. 면접이 어떻게 진행되며 자주 듣는 질문은 어떤 것인지 세 가지 방법의 관점에서 살펴본다.

7.1.1 인터뷰 과정

면접은 회사마다 다르지만 기본적인 패턴은 동일하다. 면접 진행 시간을 최소화하면서 기업이 지원자의 정보를 최대한 알 수 있도록 고안된 과정이다. 면접관들은 대부분 바쁘다. 면접 진행이 쉽고 후보자를 공정하게 비교하기 위해 절차는 합리적이고 일관적이어야 한다. 면접의 기본적인 개요를 살펴보자(그림 7-1).

- **1차 화상 면접**: 일반적으로 기술 관련 채용 담당자와 갖는 30분(혹은 한 시간)의 전화 면접이다. 1차 면접관은 지원자를 심사한 경험이 많고 전문용어를 알지만 기술 업무는 직접 하지 않는 사람이다. 기업은 1차 면접에서 해당 직무의 적임자인지 확인한다. 자격을 갖추지 못했거나(필요한 기술이 없거나) 성격이 예민한 (그리고 다른 직원과 잘 어울리지 않는) 사람처럼 누가 보아도 적합하지 않은 지원자를 가려낸다. 잠재적으로 필요한 최소한의 기술력이 있는지 확인하며 해당 기술을 가장 잘하는 사람을 뽑는 것은 아니다. '감마 분포에 관한 최대 우도 추정 값을 어떻게 계산하는가?'보다 '선형 회귀분석을 사용한 적이 있는가?'라고 질문할 가능성이 훨씬 더 높다. 심사 결과가 좋으면 몇 주 안에 좀 더 기술과 밀접한 면접관과 또 다른 전화 면접을 요청하는 회사도 종종 있다.

- **대면 면접**: 2~6시간 정도 진행되며 가장 중요하다. 어디에서 일하게 되고 함께 일할 직원은 누구인지 만날 수 있다. 데이터 과학자로서의 배경, 기술, 장래를 주제로 기업에서 많은 질문을 한다. 여러 사람이 면접을 볼 수 있다. 각기 다른 주제, 기술 및 비기술적인 주제와 관련된 질문을 던진다. 대면 면접의 목적은 업무에 적합한 필요한 기술이 있는지, 인성 질문을 통해 어떻게 행동하는지 보기 위함이다.

- **케이스 면접**: 실제 문제의 설명과 관련된 데이터를 얻을 수 있다. 주말 동안 사무실 또는 집에서 시간을 내 데이터를 분석하고 문제를 해결하며 보고서를 작성한다. 보고서는 채용 팀에 제출한다. 여기서 팀원들에게 기업에서 필요한 기술을 갖추고 있으며 일을 할 수 있다는 것을 보여줘야 한다. 모든 기업에서 하는 과정은 아니다. 지금까지 한 업무 및 프로젝트를 프레젠테이션하는 것으로 대체하기도 한다.

- **최종 면접**: 수석 관리자, 팀장 또는 다른 팀의 수장과 함께한다. 관리자가 해당 직무와 팀에 적합한지 살펴보는 것이 면접의 목적이다. 최종 면접을 한다는 것은 데이터 과학 팀에서 여러분을 적합하다고 생각했다는 의미이다. 이 과정에서 승인 여부를 뒤엎는 경우는 드물다. 케이스 면접 직후에 이뤄지는 경우가 많으며 첫 대면 면접이 최종 면접이거나 대면 면접 후에 최종 면접을 할 수도 있다. 일이 잘 풀리면 2주도 안 돼 직무 제안을 받을 수 있다.

채용 과정에 이 모든 단계가 있다면 이력서를 제출한 후 3주에서 2개월 사이에 통보를 받는다. 보다시피 면접 과정의 각 단계는 회사의 각 목표를 충족하고자 설계돼 있다. 다음 절에서 각 단계를 자세히 살펴보고 단계마다 본인의 기술과 역량을 어떻게 보여줄 수 있는지 알아본다.

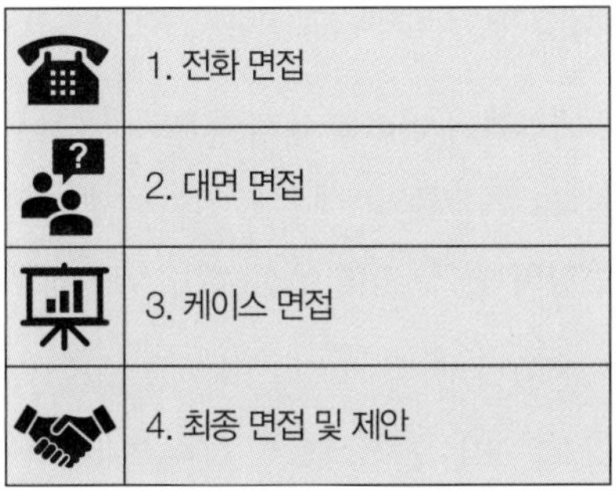

☎	1. 전화 면접
👤❓	2. 대면 면접
📊	3. 케이스 면접
🤝	4. 최종 면접 및 제안

그림 7-1 4단계로 구성된 면접 과정

7.2 1단계: 1차 전화 면접

기업과 지원자의 첫 번째 만남은 30분간의 통화를 통해 이뤄진다. 좋은 첫인상을 주는 것이 중요하다. 기업 규모에 따라 면접관은 데이터 과학 팀과 관련이 없을 수도 있다. **해당 직무에 가장 적합한 사람이라는 것을 반드시 보여줘야 하기보다는 직무를 해낼 수 있다**는 것을 보여주는 게 좋다.

전화 면접관은 자격이 없는 지원자를 걸러내는 역할을 한다. 면접관은 지원자에게 질문하면서 데이터 과학 팀에서 일할 만한 사람인지 평가한다. 많은 경우 지원자의 기술을 활용하지 않는 기업에 지원하거나 필요한 기술을 할 줄 안다고 거짓말을 한다. 1차 면접관은 이런 지원자를 다음 단계의 면접으로 가지 않도록 하는 역할을 한다. 1차 면접의 목표는 면접관이 해당 직무에 자격이 있다고 느끼게 하는 것이다.

1차 면접관은 다음과 같이 질문한다.

- **본인 소개를 해보세요.** (기술적인 질문이 아니지만 필수 질문이다) 1~2분 정도의 자기소개를 요청한다. 지원한 직무와 관련된 경험은 무엇이 있는지 듣고 싶어 한다. 의사결정 직무에 지원한다면 여러분의 학력 및 분석과 관련된 업무와 프로젝트를 듣고 싶어 한다. 1~2분 안에 자기소개를 하는 것이 좋다. 1분 미만의 발표는 설명이 부족해 보이고 2분 이상이면 설명을 요약할 줄 모른다고 볼 수 있다.

- **어떤 기술이 익숙하나요?** 해당 업무를 할 수 있는 기술 경험이 있는지 확인하려고 한다. 수학 및 통계, 데이터베이스와 프로그래밍, 비즈니스 도메인에 얼마나 익숙한지 질문할 것도 예상해야 한다(1장 참고). 직무와 관련 있거나 채용 공고에 언급된 모든 기술을 언급하고자 할 것이다. (R 대신 파이썬과 같은) 공고에서 요구한 기술이 없어도 괜찮다. 솔직하게 말하자. 기업에서 사용하는 기술 스택을 더 많이 안다면 해당 직원들과 이야기한 내용을 바탕으로 답하길 바란다.

- **이 직무에 어떤 부분이 마음에 드나요?** 여러분이 회사에 지원한 이유를 알고 싶어 한다. 특히 주어진 과제와 업무를 해낼 수 있다는 것을 보여줘야 한다. '링크드인의 모든 데이터 과학 작업에 '참여'를 클릭했다'고 대답하면 주체성이 없어 보인다. 너무 많이 생각하지 말자. 회사가 하는 업무를 잘 이해하고 직무에 진정한 관심이 있다는 것을 보여주면 된다. 직무에 여러분의 배경과 관심이 최대한 많이 연결되도록 설명하길 바란다.

1차 면접관은 직무 자체에 대한 이해도를 파악하기 위해 여러분의 이력에 대해 질문한다. 최소 10분간 역할에 대해 이야기해야 한다. 해당 직무를 원한다는 의지를 보여주고 진지하게 관심이 있다는 것을 질문을 통해 내비친다. 출장, 회사 문화, 팀의 변화, 팀의 우선순위, 해당 직무 채용 이유 등과 같은 다양한 주제의 질문이 있다.

통화 중 면접관은 직접적으로 '연봉은 어느 정도 기대하나요?' 또는 간접적으로 '현재 연봉이 어떻게 되나요?'라고 물어본다. 기업이 제안한 연봉을 받아들이기 어려운 지원자의 시간을 낭비하지 않도록 급여 기대치와 회사의 희망 액수를 확실히 말한다. 다만 지원자가 희망 연봉에 대한 정보를 주기 때문에 기업이 제공할 수 있는 것보다 더 낮은 연봉으로 협상할 수도 있다. 면접 절차가 더 진행되기 전까지는 연봉 협상은 피하는 게 좋다. 연봉 협상은 8장에서 다룬다.

아마도 '다음 면접에도 뵀으면 좋겠지만 결과는 일주일 안에 연락드리겠습니다'처럼 말할 것이다. 통화 중에 다음 면접 일정이 어떻게 되고 절차가 어떠한지 물어봐도 된다. '다음 절차가 어떻게 되나요?'라고 물어보는 건 좋다. 다음 면접으로 갈 수 있는지 직접적으로 묻지 말자. 담당자를 난처하게 만들뿐만 아니라 1차 면접관에게 결정을 내릴 권한은 없다.

전화 면접에서 통과하면 대면 면접에 참여하라고 연락이 온다.

7.3 2단계: 대면 면접

면접의 핵심이다. 기업은 대면 면접을 하고자 연락한 후 시간을 정한다. 여러분은 연차를 내고 평상시보다 멋진 옷을 입고 면접에 참가할 것이다.

> **면접에서 무엇을 입어야 할까?**
>
> 면접에서 종종 회자되는 부분은 무엇을 입어야 하는가이다. 기업마다 다양한 문화와 복장 규정이 있기에 복잡하다. 어떤 면접에는 매우 적합하지만 다른 면접에서는 전혀 적합하지 않을 수 있다.
>
> 면접 일정을 잡을 때 담당자와 복장 규정이 어떤지 물어보는 게 가장 좋다. 채용 담당자는 여러분이 잘못된 방향으로 가게 하지 않는다. 혹은 해당 기업이나 비슷한 계통에서 일하는 사람과 이야기해보자. 기존 관료 산업(금융, 국방, 의료 등)의 기업은 복장 규정이 엄격한 반면 신생 기업이나 기술 기업(스타트업, 기술 분야 대기업)은 복장 규정이 자유로운 편이다. 너무 극단적인 복장(샌들, 반바지, 드레스, 실크해트[1])은 피하고 편한 옷을 입길 바란다.

대면 면접에서는 직무를 잘 해낼 수 있는지 알고 싶어 한다. 기업과 직급에 따라 3~10명 정도의 면접관이 들어온다.

어떤 기업은 가장 적합한 지원자 및 이 일을 꽤 잘할 수 있는 지원자를 찾고자 한다. 면접 내내 이 일을 잘할 수 있다고 자신에게 최면을 걸자. 이런 생각은 똑똑한 지원자, 오랜 경험이 있는

---

1 옮긴이_ 높이가 높고 꼭대기가 평평하며 넓은 테두리가 달린 정장용 서양 모자이다.

지원자, 많은 종류의 기술을 사용해본 지원자가 되는 것과는 다르다. 함께 일하기 좋고 업무를 할 수 있는 충분한 기술이 있으며 업무 진행에 있어 적절히 균형 잡힌 지원자라는 것을 보여줘야 한다.

면접을 진행하는 동안 어떤 일이 일어날까? 대면 면접은 보통 다음과 같이 진행한다.

- **업무 공간 탐방 및 팀 소개**: 기업은 자신의 기업에서 일하는 것이 어떤지 보여주고 간식을 주며 좋은 인상을 주려고 한다. 15분도 안 걸리는 과정이지만 이곳에서 일하면 행복할지 주변을 제대로 둘러보는 것도 좋다. 업무 공간이 차분하고 편하게 구성됐는가? 직원들이 행복하고 친절해 보이는가? 컴퓨터가 오래되지 않았는가? 여러분이 돌아다니는 동안 회사의 누군가와 이야기를 나눌 수도 있다. 조심하자. 이런 대화 또한 면접의 일부분이다. 여러분을 불쾌하거나 비겁한 사람이라고 생각하게 되면 제안을 놓칠 수도 있다. 진정한 여러분이 되어야 한다(본인 스스로가 나쁜 사람이면 안 된다).

- **기술 면접**: 기업이 얼마나 엄격한지에 따라 30분에서 수 시간까지 걸린다. 많은 주제와 관련해 질문을 받게 되며 화이트보드나 컴퓨터로 작업할 수도 있다. 7.4.1절과 부록에서 자세히 설명한다. 면접의 핵심은 면접관이 여러분이 잘 알고 있는 주제 및 까다로운 문제를 해결할 수 있는지 여부를 파악하는 것이 아니다. 해당 직무를 하는 데 필요한 최소한의 기술을 가졌는지 보는 것이 핵심이다. 기업에 필요한 기술이 있다는 것을 보여주는 것을 목표로 해야 한다.

- **인성 면접**: 여러분이 팀원들과 얼마나 잘 어울리고 일을 잘 처리하는지 파악하는 것이 인성 면접의 목적이다. 어려운 상황이 닥쳤을 때 어떻게 대처했으며 프로젝트가 어떻게 결실을 맺었는지 등 경험과 관련해 많은 질문을 받을 수 있다. '모델이 실패했던 데이터 과학 프로젝트를 어떻게 극복했는가'처럼 데이터 과학과 관련된 구체적인 질문부터 '트러블이 있던 동료와의 경험을 설명해보세요'와 같은 매우 일반적인 업무 질문을 받을 수 있다. 반드시 정답이 있는 것이 아니다. 면접관의 해석에 따라 정답은 여러 가지이다.

TIP 면접을 보기 전 채용 담당자에게 면접이 어떤지 물어보자. 최소한 어떤 사람과 면접을 보고 어떤 주제를 다룰지 알려준다. 면접의 기술적 및 인성적 부분에서 어떤 부분을 기대해야 하는지 구체적인 세부 사항을 알려줄 수도 있다. 면접을 준비하는 데 도움이 되는 정보이다.

대면 면접은 심리적으로 부담이 된다. 전문적이고 친근한 방식으로 본인을 소개하며 기술적인 주제에 대한 본인의 생각과 장래 희망 질문까지 빠르게 전환해야 한다. 기업 규모에 따라 한 명 또는 많은 사람과 면접을 볼 수도 있으며 면접관에게 좋은 인상을 심어줘야 한다. 면접관들도 사람이고 잘해주길 원하니 너무 긴장하지 말자. 면접관은 적이 아니라 함께하는 존재이다.

다음 절에서는 면접의 다양한 부분을 자세히 알아본다. 이 장에서는 대면 면접의 다양한 내용을 다루지만 자세한 면접 질문 목록과 예시 답안, 그리고 질문을 어떻게 생각하는지는 부록을 참고하길 바란다.

7.3.1 기술 면접

많은 데이터 과학자가 면접 중 가장 긴장하는 면접이다. 어떻게 대답해야 할지 모르는 질문을 받으며 화이트보드 앞에 서서 불합격하는 상상을 한다.

기술 면접은 어떻게 임해야 할까? 4장을 읽고 데이터 과학 포트폴리오를 만들었다면 이미 기술 면접에 합격했을 것이다. 데이터 과학자가 되는 데 필요한 기술이 있는지, 데이터 과학 경험과 관련한 기술을 가졌는지 알아보는 것이 기술 면접의 핵심이다. 면접을 하는 동안 까다로운 질문에 답할 수 없다고 판단되면 이는 면접관이 잘못하고 있다는 신호이다. 필요한 기술도 있고 경험도 있다면 면접에서 어필하면 된다. 면접에 통과되지 못해도 지원자의 결점 때문이 아니다.

면접관에게 해당 업무에 필요한 기술을 가지고 있다는 것을 보여줘야 한다. 다양한 기술을 가지고 있다고 하는 것은 질문에 대한 완벽한 답이 아니다. 면접관이 듣고 싶어 하는 답을 정확히 제시해도 면접을 잘 못 보거나 오답으로 볼 수 있다. 질문에 답할 때는 두 가지 답변을 고려해야 한다.

> **면접관**: k-폴드 교차 검증k-fold cross validation이 무엇인가요?

> **대답 A**: 데이터를 무작위로 k개의 그룹으로 나눠 k모델에 테스트 데이터로 사용하는 것입니다.

> **대답 B**: 데이터에서 무작위로 샘플을 뽑아 모델에 k번 테스트 데이터로 사용합니다. 그 후 모델의 평균을 가져와 이용합니다. 오버피팅을 다루는 중요한 방법인데 다른 학습 데이터를 사용한 여러 모델이 있기 때문입니다. 제 포트폴리오에도 주요한 프로젝트로 사용했는데, 부동산 가격을 예측했습니다.

기술적으로 보면 대답 A는 맞고 B는 틀렸다(B는 크로스 검증이며 데이터가 그룹으로 나눠지지 않기 때문에 기술적으로는 k-폴드가 아니다). 대답 A는 면접관에게 정의를 알고 있다는 것 외에는 아무런 정보를 전달하지 못하는 반면 B는 단어를 알고 왜 사용해야 하며 실제 경험은 무엇인지 보여준다. 면접에서 여러분이 기술이 있다는 것을 어떻게 전달해야 하는지 보여주는 중요한 예시이다.

특히 데이터 과학의 기술 면접에서 다음 몇 가지 사항으로 면접관에게 기술이 있다는 것을 전달할 수 있다.

- **생각을 설명하라.** 대답만 하지 말고 그 대답을 왜 했는지도 설명하길 바란다. 면접관이 어떻게 생각하는지 파악할 수 있다. 정답을 말하지 않았더라도 본인이 올바른 길로 간다는 것을 보여줄 수 있다. 질문을 '음, 여기서 선

형 회귀가 통할까?'처럼 큰 소리로 반복하면 도움이 된다고 느낄 수 있지만 일부 면접관은 잘 모른다는 것으로 받아들일 수도 있다. 질문에 답변하는 연습을 하고 어떻게 틀로 짜는지 사고하는 과정을 연습하길 바란다.

- **경험을 언급하라.** 여러분이 진행한 프로젝트 및 업무와 관련해 이야기하며 실제 업무에서 이야기 나눌 수 있는 기초가 있다는 점을 보여줘야 한다. 대답의 신뢰도를 높이면서 답변을 구체적으로 만들어준다. 틀린 대답을 해도 그 밖의 주제로 만들 수 있다. 이 방법은 적당히 취해야 한다. 현재 마주한 문제와 관련해 이야기하지 않고 과거를 이야기하는 데 너무 많은 시간을 할애한다면 해당 문제를 피하는 것처럼 보인다.

- **모르면 솔직하게 말하라.** 모든 질문의 답을 알 수는 없다. 알고 있는 질문에 솔직히 대답하고 설명하려는 노력만으로도 충분하다. '세미 조인semi join이 무엇인가요?'라는 질문을 받았는데 잘 모른다면 '해당 조인은 들어본 적은 없지만 내부 조인과 관련된 것 같습니다'와 같은 답을 할 수 있다. 모르는 내용은 자신감 있게 밝히는 것이 잘못된 대답을 하는 것보다 좋다. 면접관은 모르는 내용이 무엇인지조차 알지 못하는 지원자를 경계한다.

TIP 면접 질문에 대답할 때 본능적으로 빨리 대답할 수도 있다. 이 본능은 고치는 게 좋다. 약한 대답을 빨리 하는 것보다 강한 대답을 천천히 하는 것이 훨씬 좋다. 면접이라는 굉장한 부담감으로 천천히 말하는 게 어려우니 좀 더 편안한 질문에 답하는 연습부터 시작해보자.

다음은 기술 면접에서 물어볼 수 있는 일반적인 질문 유형이다. 부록에서 면접 질문과 답변을 확인해보자.

- **수학과 통계학**: 데이터 과학 업무에 기초가 되는 학문적인 지식을 얼마나 잘 이해하는지 본다.
  - **머신러닝**: 다양한 머신러닝 알고리즘(k–평균, 선형 회귀, 랜덤 포레스트, 주성분 분석, 서포터 벡터 머신support vector machines) 및 머신러닝 알고리즘 방법(교차 검증, 부스팅), 이를 실제 사용하는 전문 지식(특장 알고리즘이 실패하는 경향)이 있다.
  - **통계학**: 특히 연구나 실험 영역에 있는 경우 순수하게 통계와 관련된 질문을 받을 수 있다. 통계적 검정(t–검정 등), 용어 정의(ANOVA, p–값 등) 및 확률 분포(지수적 무작위 변수의 기댓값 찾기)가 있다.
  - **조합론**combinatorics: 수학에서는 계산과 관련되어 있다. 논리적인 문제로는 '가방에 여섯 개의 다른 색깔 구슬이 있는데 겹치지 않고 두 개를 뽑으려면 몇 개의 조합 수가 있을까?'와 같은 질문이다. 데이터 과학 직무와 거의 관련은 없지만 문제 해결 능력과 관련한 통찰력을 볼 수 있다.

- **데이터베이스와 프로그래밍**: 데이터 과학 중 컴퓨터 기반 업무를 얼마나 효과적으로 할 수 있는지 본다.
  - **SQL**: 데이터 과학 분야 면접에서 SQL의 데이터베이스 쿼리와 관련해 항상 질문받는다. 대부분 업무에 필요하며 SQL에 익숙하다면 새로운 직무를 빨리 시작할 수 있다. 샘플 데이터에 SQL 쿼리를 작성하는 방법과 관련한 질문을 받을 것이다. 여러 학급의 학생 성적표 중 각 반에서 가장 점수가 좋은 학생의 이름을 출력하라고 할 수 있다.
  - **R과 파이썬**: 기업에 따라 의사코드pseudocode를 작성해 일반적인 프로그래밍 질문에 답하거나 R 또는 파이썬(기업에서 사용하는 언어 중 어느 것이든)으로 까다로운 문제를 풀 수 있다. 여러분은 R에 익숙한데 기업은 파이썬(또는 그 반대)을 사용해도 걱정하지 말자. 기업은 많은 지식의 이전은 물론 새로운 언어를 받아들이고 배울 용의가 있다. 코드 작성과 관련된 질문으로는 'R과 파이썬의 테이블을 어떻게 필터링하면 점수

열의 75번째 백분위수보다 큰 행만 보일 수 있는가?'와 같은 것이 있다.

- **비즈니스 영역 전문 지식**: 지원한 기업에 따라 다르다. 기업에서 하는 업무에 얼마나 친숙한지 보려고 한다. 일하면서 이 같은 지식을 습득할 수 있지만 기업은 이미 알고 있기를 바란다. 다른 산업 분야에서 사용되는 몇 가지 질문을 살펴보자.
  - **전자 상거래**: 이메일에서 클릭 비율은 무엇인가? 기본 요금^{open rate}을 어떻게 나눌 수 있으며 차이점은 무엇인가?
  - **물류**: 생산 대기 순서를 어떻게 최적할 수 있을까? 공장을 운영할 때 고려해야 할 점은 무엇인가?
  - **비영리**: 비영리 단체에서 기부자가 많아진다는 것을 어떻게 측정해야 할까? 기존 기부자들이 계속 기부한다는 것을 어떻게 알 수 있을까?
- **까다로운 논리 문제**: 데이터 과학 및 관련된 문제를 넘어 어렵지만 재미있는 질문을 받을 수 있다. 여러분의 지능과 순발력을 보는 것이 목적이다. 실제로 이 같은 질문은 거의 없다. 구글은 까다로운 논리 문제와 같은 질문은 지원자가 해당 업무를 어떻게 할 것인지 예측할 수 없다고 연구(*http://mng.bz/G4PR*)에서 밝혔으며 단순히 면접관에게 똑똑하다고 느끼게끔 하는 역할이라고 설명했다. '미국의 모든 호텔에 샴푸가 몇 개나 있을까?'와 같은 질문이 그렇다. 대기업에서 어떤 유형의 질문을 사용하는지 구글에서 검색해 찾아보자.

어떤 질문을 받을지, 해당 질문에 얼마나 많은 시간을 할애할 수 있을지는 정확히 말하기 어렵다. 기업과 면접관에 따라 다르다. 일부 질문에 대답할 수 없더라도 침착함을 잃지 말고 자신감 있게 끝까지 해내자. 어느 정도 대답을 하며 면접관과 대화한다면 면접관은 여러분이 잘하고 있다고 생각하며 올바른 방향으로 이끌고자 할지도 모른다. 때론 일부러 어떤 데이터 과학자가 와도 대답할 수 없는 어려운 주제를 질문으로 구성해 대답하지 못할 수도 있다.

면접관과의 면접

면접 마지막에 '마지막으로 궁금하신 점 있으신가요?'라고 말하는 경우가 많다. 기업에 대한 솔직한 정보를 얻을 수 있는 유일한 기회이니 현명하게 이용하기 바란다. 사용하는 기술과 업무에 대한 자세한 내용은 물론 팀의 역할은 무엇인지 알 수 있다. 여러분의 질문을 보면 진정으로 기업에 관심이 있는지 파악할 수 있으니 미리 질문을 생각해놓자. 다음 몇 가지 예시가 있다.

- **어떤 기술을 사용하며 그 기술로 신입사원 연수는 어떻게 진행합니까?** 면접에서 기술 스택이 자세히 설명되지 않았다면 매우 좋은 질문이 될 수 있다. 기업에서 공식적으로 교육하는지 아니면 스스로 지식을 습득해야 하는지 알 수 있다.
- **팀의 이해관계는 누구이며 어떤 관계인가요?** 누가 해당 업무를 지휘하는지 궁금한 것이 당연하다. 관계가 좋지 않으면 여러분이 잘못됐다고 판단해도 이해관계자의 요청을 들어야만 한다.
- **데이터 과학 업무와 관련해 품질 관리는 어떻게 하나요?** 오류가 있는 일은 미루지 않고 업무에서 바로 확인해야 한다. 실제로 많은 데이터 과학 팀을 관리하는 곳이 없어 일이 잘못되면 제품 개발자를 탓하게 된다. 이 같은 업무 방식은 문제가 있을 수 있으니 피해야 한다.

7.3.2 인성 면접

인성 면접에서는 여러분의 대인 관계 기술을 살펴본다. 팀 내 데이터 과학자에게 자신을 소개하며 어떻게 여기에 왔는지 더 잘 이해할 수 있도록 하는 면접이다. 기술적인 질문은 한두 가지이며 대면 면접에서 인성 관련 질문이 있을 수 있다. 인사 담당자와의 한 시간, 기술 면접관의 최종 10분 질문 또는 다른 면접관과의 대화를 기다리는 동안 다른 직원과 나누는 대화가 이에 해당한다. 항상 인성 관련 질문에 대답할 준비를 해야 한다. 여러분에게 물어볼만한 몇 가지 면접 질문이 있다. 부록 A.4절에 더 많은 인성 관련 질문과 그 답변이 있으니 참고하길 바란다.

- **여러분을 소개한다.** 전화 면접 중 하는 질문이며 새로운 사람과 이야기할 때마다 물어볼 수도 있다. 1~2분으로 요약하고 대화 상대에 맞춰 답해야 한다.
- **경험한 프로젝트는 무엇이며 어떤 점을 배웠는가?** 지금까지 한 프로젝트에서 어떤 점을 배웠는지 알고 싶어 하는 질문이다. 잘된 부분과 그렇지 않았던 경험을 잘 나열해야 한다.
- **본인의 가장 큰 단점은 무엇인가?** 혹여 단점이 없어 보이고 싶어 하는 것으로 보여 질문을 했다는 생각에 기분 나쁠 수 있다. 자신의 한계를 이해하고 적극적으로 개선하고자 하는 의지가 있는지 확인하기 위한 질문이다.

대답이 무엇이 되었든 정답이 없는 매우 열려 있는 질문이다. 다음 내용을 참고해 질문에 답변하는 방법을 연습하면 면접에서 조리 있게 답할 수 있다.

1 여러분만의 문장으로 질문을 설명하며 질문을 이해했다는 것을 보여준다.
2 해당 경우의 경험을 이야기하며 왜 문제가 발생했는지 설명한다.
3 문제를 해결하고자 한 행동과 그 결과를 설명한다.
4 그 결과 배운 점을 간단하게 요약해 정리한다.

다음과 같은 질문이 있다고 가정한다.

"이해관계자에게 무언가를 말했는데 결과가 좋지 않았던 적이 있나요?"

이때 다음과 같이 답할 수 있다.

"제 업무로 다른 누군가를 실망시킨 적이 있는지 묻고 있군요(1. 질문을 다시 설명한다). 이전 회사에서 고객 성장 보고서를 작성했던 일이 있었습니다. 우리 팀은 요청이 많아 하나의 업무에 집중할 시간이 부족했습니다. 하루 만에 작성한 보고서를 건네자 관리자가 실망을 감추지 못했습니다(2. 문제 설명). 먼저 관리자의 기대에 부응하지 못한 것에 사과했습니다. 어떻게 요청 범위를 줄일지, 요구를 충족시킬 수 있을지 알아보고자 협

업을 하기로 했습니다(3. 해결책 제시). 이 경험을 바탕으로 상호 간 동의할 수 있는 해결책에 도달할 수 있도록 상대방의 요구를 들어줄 수 없는 경우에는 일찍 알리는 것이 최선이라는 것을 배웠습니다(4. 배운 내용).”

인성 면접에서 하는 질문은 대부분 비슷해 미리 답을 준비할 수 있다는 장점이 있다. 어려운 상황에서 동료와 함께 업무를 진행했거나 실패를 관리한 서너 가지 이야기가 있다면 그 이야기를 풀어낼 수 있다. 즉흥적으로 이야기를 생각하고 꾸미려는 것보다 어렵지 않을 것이다. 시간이 있다면 현재 회사에서의 이야기를 어떻게 잘 구성할지 친구 앞에서 큰 소리로 말하며 연습해보자.

대부분 면접은 과거의 프로젝트 경험을 궁금해한다. 이에 대한 답변을 잘 준비하는 것이 중요하다. 가장 좋은 내용은 역경, 특히 어려운 상황 속에서 팀원과 함께 극복하고 해결책을 찾은 도전적인 경험이다. 4단계에 걸친 답안 방식에도 들어맞을 것이다.

흥미로운 반전이 있는 프로젝트 이야깃거리가 없는 경우가 많다. 특히 데이터 과학자를 꿈꾼다면 더욱 그렇다. 답변이 부족하다고 느껴지지만 포트폴리오에 있는 프로젝트를 간단히 이야기해보자. ‘비정형 데이터를 분석하는 게 흥미로울 것 같아 정리하고 블로그에 올린 후 재미있는 결과를 발견했다’는 식의 답변도 면접관의 흥미를 충분히 끌 수 있다.

이미 많은 사람이 인성 면접에서 어떤 대답을 하면 좋을지 연구했다. 여러분은 사용할 정확한 문구의 수준과 함께 각 답변에 이용할 수 있는 시간까지 생각해야 한다. 이와 관련된 기술은 데이터 과학에만 국한하지 않는다. 일반 서적 및 면접에 관한 기사를 참고하길 바란다. 인성 면접 관련 내용은 8장의 추천 사항으로 이어진다.

7.4 3단계: 케이스 면접

대면 면접을 잘 봤다면 케이스 면접, 즉 지원자가 실제로 얼마나 데이터 과학을 잘하는지 알아보기 위해 간단한 프로젝트를 완성해달라고 요청한다. 데이터 과학 팀원이 데이터셋과 함께 해결해야 하는 문제 및 해결 기간을 정해준다. 대면 면접에서 문제 해결을 요구받아 한두 시간 정도 작업하거나 집에서 주말을 포함한 기간 동안 작업할 수도 있다. 기업에서 사용하는 도구가 제한적일 수 있지만 일반적으로 익숙한 프로그래밍 언어 및 도구를 사용하면 된다. 프로젝트를 완성했다면 데이터 과학 팀원에게 짧은 프레젠테이션 및 토론으로 결과를 공유한다. 몇 가지 사례를 살펴보자.

- 기업에서 보낸 홍보 이메일과 주문 관련 데이터가 주어진다면 이메일 정책 중 어떤 부분이 가장 잘됐고 향후 어떻게 마케팅해야 하는지 결정해본다.
- 기업에서 언급한 트위터 2만 건이 텍스트로 주어진다면 마케팅 팀에 유용한 트위터라는 주제로 묶어본다.
- 기업 웹사이트에서는 A/B 테스트가 상당히 진행됐지만 중간에 데이터의 지속적인 수집을 중단했다. 실험 데이터를 가져와 해당 데이터에서 어떤 내용을 도출할 수 있는 확인해보자.

케이스 면접의 목표는 직접적인 데이터 과학 질문이 아니다. '어느 정책이 가장 잘됐는가?'와 같은 질문은 비즈니스 입장에서는 적절하지만 알고리즘을 적용하지 못한다. 문제의 맨 처음부터 해결 방안까지의 과정을 보는 것이 케이스 면접의 목표이다.

기업에서 선호하는 케이스 면접은 정확히 무엇일까?

- **모호하고 개방적인 문제를 해결하는 방법을 찾을 수 있는가?** 문제를 해결하지 못할 수도 있지만 합리적인 방향으로 시도해본 기술이 있으며 업무를 처리할 수 있다는 것을 보여주면 된다.
- **복잡한 데이터로 작업할 수 있는가?** 제공되는 데이터의 필터링, 조인 작성, 특성 엔지니어링과 같이 누락된 요소를 처리할 수 있어야 한다. 기업은 여러분에게 복잡한 데이터셋을 제공해 해당 업무와 동일한 종류의 지시사항을 전달한다.
- **분석을 체계화할 수 있는가?** 기업은 데이터를 체계적이고 신중하게 검토하는지 아니면 현재 업무와 관련이 없는 것을 보는지 알고 싶어 한다.
- **유용한 보고서를 만들 수 있는가?** 주피터 노트북이나 R 마크다운 보고서와 같은 문서 및 업무 관련 프레젠테이션을 만들 수 있어야 한다. 기업은 비즈니스에 도움이 되는 것을 만들 수 있는지, 그리고 효과적으로 구성할 수 있는지 알고 싶어 한다.

한 가지 좋은 점은 훌륭한 케이스 면접에 필요한 기술과 내용이 좋은 포트폴리오 프로젝트에 필요한 부분과 동일하다는 점이다. 즉 데이터와 애매한 질문으로 결과를 산출한다. 블로그에 글을 쓰면 더욱 좋다. 케이스 면접에 필요한 발표를 준비하는 것과 같다. 포트폴리오 프로젝트와 케이스 면접의 문제는 미묘한 차이점이 있기도 하다. 무엇인지 알아보자.

- 케이스 면접에서는 분석할 시간이 제한된다. 데이터를 받은 날부터 일주일 이내이거나 12시간 이내로 제한될 수 있다. 시간이 짧다는 것은 해당 시간을 전략적으로 사용해야 한다는 의미이다. 일반적으로 데이터를 정리하고 준비하는 단계는 데이터 과학자가 기대하는 기간보다 훨씬 더 오래 걸린다. 함께 살펴볼 테이블을 만들고 문자열에서 잘못된 형식의 문자는 필터링한다. 데이터를 개발 환경에 불러오는 것만 해도 오랜 시간이 걸릴 수 있으며 기업 입장에서는 중요하지 않다. 분석할 시간이 너무 적다면 데이터 준비에 많은 시간을 투자하지 않는 것이 최선의 방법이다.

- 케이스 면접은 결과를 발표하는 것으로 판단한다. 흥미로운 결과를 잘 다듬어 발표할 수 있다. 프레젠테이션을 만드는 것은 분석보다 재미없고 중요도가 떨어진다고 봐 많은 데이터 과학자가 마지막으로 미룬다. 프레젠테이션을 끝까지 미루면 준비할 시간도 없으면서 분석의 흥미가 떨어졌음을 발견할 수 있다. 가능한 한 빠르게 프레젠테이션 작업을 시작하고 분석이 진행되는 대로 작성하길 바란다.
- 케이스 면접은 아주 특수한 청중이 있다. 바로 여러분 앞에서 발표를 듣는 소수의 사람이다. 포트폴리오 프로젝트는 누가 볼지 알 수 없지만 케이스 면접은 어느 정도 타깃을 분석할 수 있다. 가능하면 케이스 면접을 할 때 해당 발표의 청중이 누구인지 물어보길 바란다. 듣는 면접관이 모두 데이터 과학자라면 여러분이 사용한 머신러닝 방법의 세부 내용과 왜 그것을 선택했는지 등 좀 더 기술적인 측면에서 발표를 해야 한다. 비즈니스 관련 종사자라면 기술적인 구성 요소는 줄이고 해당 결과가 비즈니스 결정에 어떤 영향을 미칠지 더 집중적으로 살펴본다. 데이터 과학자와 비즈니스 관련 면접관이 섞여 있고 그룹 구성원 중 한 명이 면접을 주도적으로 이끈다면 각 세부 사항을 적절히 포함한다.

프레젠테이션 자체는 결과를 발표하는 것이기에 보통 20~30분 정도 소요된다. 면접관이 접근법과 해당 결과에 대한 질문을 10~15분 정도 한다. 프레젠테이션 연습을 하고 각 부분에서 어떤 말을 할지 계획하는 것이 좋다. 제한된 시간 안에 발표하는 데 도움이 된다. 5분만에 끝나거나 50분 이상 발표하려고 준비하면 안 된다. 질의응답을 할 때는 모든 주제를 포함해 질문한다. 여러분의 모델에서 매개변수를 질문하는 것부터 결과에서 발견한 비즈니스 효과까지 질문할 수 있다. 대답 전에 질문을 잠시 생각해보자. 자신만의 대답을 생각할 수 있다. 자신 있는 답변을 할 수 없다면 '잘 모르겠습니다. 하지만...' 형태로 말한 후 어떻게 답을 찾을 수 있을지 아이디어를 설명하는 것이 가장 좋다. 가능하다면 본인이 알고 있는 적절한 관련 사항을 말해보자.

7.5 4단계: 최종 면접

케이스 면접이 끝나면 같은 사무실에서 최종 면접이 이어진다. 데이터 과학 팀장 및 엔지니어링 팀의 수장 등 최종 결정권자와 함께 진행한다. 기업에서 면접 과정을 어떻게 운영하느냐에 따라 지원자가 입사 과정 초기에 어떻게 행동했는지 알고 있거나 아무것도 알지 못할 수도 있다. 최종 면접의 목적은 최종 결정권자가 여러분의 채용을 허가하는 것이다.

최종 면접에서 어떤 질문을 받을지는 알 수 없다. 면접관에 따라 크게 달라진다. 기술 분야 면접관이라면 여러분의 기술 경험과 가지고 있는 기술에 초점을 맞추지만 비즈니스 분야 면접관이라면 문제 해결 접근법을 묻는다. 면접관과 상관없이 '어려운 상황을 타개하고 문제를 해결하는 방법은 무엇인가?'와 같은 인성 면접과 유사한 질문에 대한 답변은 반드시 준비해야 한다. 이 질문에 개방적이고 정직하며 성실하다는 느낌을 줄 수 있으면 큰 도움이 된다.

더 알아보기

모든 면접이 끝나면 회사 내 직원과 다양한 형태로 만날 수 있다. 여러분과 만난 사람들에게 감사를 표현하거나 면접 진행 과정이 어떻게 이뤄지는지 더 많은 정보를 얻을 수 있다. 이 부분을 간과한다면 까칠하게 보이거나 자포자기 식으로 여겨지고 입사 기회를 놓칠 수도 있다. 진행 상황에 따라 세 가지 방법 중 하나를 사용해보자.

- **회사 내 다른 직원이 여러분에게 연락하기 전**: 지원서를 제출했지만 답장을 받지 못했다면 후속 조치를 취하지 말자. 응답이 없다는 것은 여러분에게 관심이 없다는 의미이다.
- **연락을 했지만 직접 만나기 전**: 전화 면접 후 해당 과정에서 본인의 상태에 확신이 서지 않는 경우에만 후속 조치를 취해야 한다. 기업에서 알려준 다음 단계 공고 시간이 지난 경우에만 이메일을 확인해본다. 본인이 현재 어떤 상태인지 물어본다.
- **직접 연락을 한 후**: 면접관에게 간단한 감사 편지를 이메일로 보낼 수 있다(하지만 반드시 보낼 필요도 없고 필수도 아니다). 채용 의사를 밝혔지만 아직 연락을 받지 못했다면 이메일을 보내 확인해볼 수 있다.

7.6 제안

축하한다! 모든 과정이 잘됐다면 최종 면접 후 일주일이나 2주일 안에 여러분에게 입사를 제안하는 전화를 한다.

8장에서는 좋은 제안은 무엇이며 다른 데이터 과학 직무의 제안과 비교하고 기업의 제안이 더 좋아질 수 있는 방법을 자세히 설명한다.

기업의 입사 제의를 받지 못해 실망할 수도 있다. 잠시 시간을 가져 마음을 추스린 후 다음 면접에서 어느 부분을 개선할지 배우는 기회로 삼자. 전화 면접만 잘됐다면 해당 직무와 기본 자격이 맞지 않았다는 의미이다. 이때는 지원하는 직무를 조정해야 한다. 대면 면접 및 케이스 면접은 했지만 떨어졌다면 기업의 직무에 적합하지 않은 구체적인 이유가 있을 것이다. 다음 면접에서 집중할 수 있는 부분이 무엇인지 고민해보자. 최종 면접은 봤지만 취업이 안 됐다면 직무에는 적합하나 다른 지원자가 좀 더 잘 맞는다는 의미다. 비슷한 직무에 다시 지원해보자. 왜 채용되지 않았는지 연락해서는 안 된다. 정확한 대답을 얻지 못하는 것은 물론 전문가답지 않게 보인다.

7.7 라이언 윌리엄스 인터뷰

라이언 윌리엄스Ryan Williams는 최근 마케팅 및 판매 컨설팅 회사의 데이터 과학 관리자로 옮겨 데이터 과학 면접을 진행했다. 현재 스타벅스에서 기업 분석 및 인사이트 팀의 일원으로 스타벅스 리워드 프로그램 관련 의사결정을 돕는다. 워싱턴 대학교에서 학사 학위를 받았으며 통계학과 경제학을 복수 전공했다. 스타벅스에 입사하기 전 컨설팅 분야에서 일했다.

Q **최고의 면접이 되려면 어떤 사항이 필요한가요?**

A 가장 중요한 것은 연습입니다. 면접에 필요한 모든 기술은 면접에 매우 초점이 맞춰져 있습니다. 많은 사람은 면접에서 각자의 경험이 자연스럽게 빛을 발할 것이라 생각합니다. 다른 지원자들이 이 같은 사고방식으로 면접을 보는 것을 보며 느꼈습니다. '의사소통에서 어려웠던 경험을 말해보세요'와 같은 질문을 준비하지 않았다면 웅얼거리며 빙빙 돌려 답하게 됩니다. 면접에 필요한 기술은 직면하게 될 일반적인 질문을 읽어보는 것이죠. 어디서 면접을 보든 인성 관련 질문과 기술적인 질문은 항상 마주하게 됩니다. 비즈니스 사례에 대한 질문도 받을 것입니다.

일반적인 인성 관련 질문을 알아야 합니다. 면접관이 질문하는 기술적 질문의 유형을 알고 비즈니스 사례의 유형별 질문을 이해해야 합니다. 본인의 경험을 증명하고자 올바른 방법으로 준비하지 않는다면 면접에서 기회를 잡는 건 어렵죠.

Q **어떻게 답해야 할지 모를 때 대처하는 방법은 무엇인가요?**

A 기술 대기업에서 면접을 본 적이 있었습니다. 시간이 지날수록 점점 더 어려운 통계 관련 질문을 많이 던졌습니다. 면접관이 학문적인 부분까지 물어보는 지경에 이르렀죠. '특정 확률 분포함수가 주어진다면 분포의 첨도kurtosis를 찾기 위한 모멘트 함수를 어떻게 사용하나요?'라는

질문이었습니다. 대학을 다닐 때 물었다면 대답을 잘했을텐데 그때는 확신할 수 없었습니다.

제가 그 질문에 대답했을 때 면접관은 분명 실망한 모습이 역력했습니다. 이에 문제를 제기할 수 있었지만 제 생각을 드러내지는 않았습니다. 직업을 가진다는 것은 모르는 것을 해결하는 능력에 관한 것입니다. 알아야 할 모든 내용을 미리 알고 회사에 들어간다는 것은 능력의 문제가 아닙니다.

Q. 답변에 부정적인 반응을 보이면 어떻게 해야 하나요?

A 질문에 제대로 대답할 수 없었다는 부분에 만족하지 못해 면접을 망치면 안 됩니다. 다음 질문에 대처하기보다는 현재 질문을 바로잡으려고 하는 것이 당연합니다. 그렇지만 앞으로 마주하게 될 질문에 예리하게 대처할 수 있어야 합니다.

이 같은 질문에 마주한다면 여러분도 기업을 면접해야 한다고 말하고 싶습니다. 면접관은 여러분에게 많은 질문을 합니다. 여러분이 정말 일하고 싶은지 묻는 유형의 질문을 이용해야 합니다. 저는 첨도를 얻기 위한 모멘트 생성 함수를 도출하는 것이 데이터 과학자에게 매우 중요하다고 생각하는 기업이 일하기에 가장 좋은 환경은 아니라고 생각합니다.

Q. 지금까지 지원자들과 면접을 보며 무엇을 배웠나요?

A 면접을 진행할 때 던지는 질문의 유형에 대해 좀 더 생각하게 되었습니다. 예전에 지원자로서 면접을 볼 때는 면접관이 던지는 질문을 액면 그대로 받아들였습니다. 면접관이 질문하면 제대로 대답만 하면 된다고 생각했기에 면접을 보는 것은 시험을 보는 기분이었습니다. 이전에는 질문의 유형을 평가하지 않는데 지금은 면접 질문에 대해 생각하게 되었습니다. 면접관이 저에게 잡다한 부분을 많이 질문하는지, 여러 프로그래밍 문제를 화이트보드에 쓰길 원하는지, 면접관이 데이터 과학 직무에 관심을 가지는 저를 마음에 두는지 등을 생각하는 법을 배우게 되었습니다.

7.8 마치며

- 면접 과정은 데이터 과학의 경우 대부분 기업이 유사하다.

- 대면 면접에서는 기술 및 인성 질문이 많다.

- 데이터 과학 관련 케이스 면접을 준비한다.

- 일반적인 면접 주제의 답변을 준비하고 연습하는 시간을 가져야 한다.

- 면접 시 기업에서 배우고 싶고 하고 싶은 역할을 알아야 한다.

CHAPTER **8**

제안: 수락 내용 인지하기

> **이 장의 주요 내용**
> ◆ 첫 제안 다루기
> ◆ 여러분의 제안을 효과적으로 협상하기
> ◆ 두 개의 '좋은' 제안 중 선택하기

축하한다! 이제 데이터 과학 직무 제안을 받을 것이다. 엄청난 성취이니 시간을 갖고 차근차근 살펴보자. 여기까지 오는 데 지난 몇 달 또는 몇 년간 많은 일을 했을 것이다.

이번 장은 여러분이 받는 제의를 어떻게 결정할지 도움을 준다. 초조하고 들뜬 상태이겠지만 제의를 받았다고 즉각 '좋습니다! 언제 업무를 시작할 수 있을까요?'라고 답하면 안 된다. 모든 데이터 과학 직무는 동일하지 않다. 기업은 골라서 지원했지만 면접에서 여러 가지 정보를 들어 걱정이 될 수 있다. 혹은 자신에게 꼭 필요한 혜택이 있는지 자세히 살펴봐야 한다. 제안을 수락하고 싶다고 확신이 들어도 바로 승낙하지 말자. 협상이 필요하다. 제안을 받았으나 아직 수락하지 않았을 때가 지원자에게 많은 기회가 있을 때이다. 기업에서는 마침내 적당한 지원자 (여러분)를 찾아 가까이 두고 싶어 한다. 채용에는 많은 비용이 든다. 인적 자원 및 데이터 과학 팀이 지원자를 평가하고 면접하는 데 많은 시간이 소요된다. 채용하지 않는 것은 (가상의) 인력이 하는 업무 이익을 얻지 못한다. 지금 이 기회를 이용해 여러분에게 중요할 수 있는 부분인 더 높은 연봉이나 일주일에 한 번 재택근무 혹은 콘퍼런스 참가 비용 지원을 요청해보자.

8.1 제안 과정

일반적인 제안 과정은 다음과 같다.

1 **기업이 여러분에게 제안할 것을 요청한다.** 다른 기업의 제안을 먼저 수락하지 않도록 가능한 빨리 제안 내용을 알려준다.

2 **기업에서 제안을 한다.** 이메일이나 전화(이메일 이후)로 급여, 업무 시작일, 다른 세부 사항을 알려준다. 제안을 받아들이거나 거절할 수 있는 날짜도 함께 알려준다.

3 **처음으로 답변한다.** 8.2절에서 살펴보겠지만 해당 기업에 취직하고 싶어도 절대적인 확신이 없다면 즉각 수락하기보다는 해당 제안을 수일에서 일주일 정도 생각해보길 바란다. 이후 회사와 연락할 때는 협상에 들어간다(8.3절 참조).

4 **가장 좋은 제안을 얻고자 협상한다.** 여러분이 회사에 제안해 협상할 때는 즉각 답변을 받을 수 있다. 가끔 회사에서 여러분에게 더 나은 제안을 줄 수 있는지 알아보기 위한 시간이 필요하다.

5 **해당 제안이 적합한지 판단하고 최종 답변을 준다.**

8.2 제안 받아들이기

제안과 관련된 전화 및 이메일은 일반적으로 채용 담당자 및 인사 담당자에게서 온다. 이 시점부터 누구를 대하든 대응 방식은 같아야 한다. 해당 제안에 얼마나 기쁘고 기대가 되는지 언급하자. 해당 기업에서 일할 수 있다는 사실에 열의가 없는 것처럼 보이면 안 된다. 기업은 여러분이 제안을 받아들이더라도 오래 일하지 못하거나 최선을 다해 업무에 기여하지 못할 것이라 걱정할 수도 있다.

제안에 매우 실망한 경우 모든 세부 사항을 서면으로 작성하고 며칠간 생각한 후 협상할 것을 권한다. 해당 제안이 매우 실망스럽다면 그에 관해 논의해야 한다. 급여가 예상보다 25% 적다면 다음과 같이 답할 수 있다. "정말 고맙습니다. Z 기업에서 할 업무가 너무 기대됩니다. 하지만 솔직히 제가 기대했던 급여보다 상당히 적다고 말씀드리고 싶네요. 뉴욕에서는 저처럼 석사 학위를 받고 5년 경력이 있을 경우 평균 급여가 X에서 Y 정도 된다고 압니다. 이 정도 수준의 제안을 받으려면 어떻게 해야 하나요?" 여러분은 더 높은 경쟁이나 급여를 제안할 수 있다. 원하지 않는 회사에 5% 정도 연봉 인상을 협상할 때보다 연봉 때문에 회사를 바로 옮길 수 있을 때 이 전략을 사용하는 게 좋다. 아무리 좋은 협상가나 지원자라도 20% 인상은 불가능하다. 더 좋은 다른 곳을 알아보는 것이 좋다.

기업은 자세한 사항을 이메일로 전달해야 하며 그렇지 않다면 요청해야 한다. 이 요청은 두 가지 용도로 사용된다.

- 통화 중 정신없이 메모를 한 후 필기한 내용을 보는 것이 아니라 편히 앉아 시간을 갖고 모든 내용을 읽어봐야 한다.
- 해당 제안이 서면으로 작성되기 전에는 절대로 공식적인 제안이라고 생각해서는 안 된다. 대부분 문제가 없겠지만 전화상으로 일정 월급 및 복리 후생을 오해해 받아들였다면 이후 문제가 될 수 있다.

직무, 급여, 스톡옵션 제공, 복리 후생 등이 제안에 포함돼야 한다. 건강보험 등 필요한 내용이 포함되지 않으면 해당 부분도 요구할 수 있다.

마지막으로 제안을 생각해볼 기간이 있어야 한다. 적어도 일주일은 필요하다. 일주일보다 짧다면 일주일의 시간을 달라고 하자. 자신감을 갖고 '생각하려면 며칠이 필요합니다'라고 말하는 게 좋다. 확고하지 않다면 배우자나 가족 등 다른 사람과 논의하자. 외부에 결정을 내려주고 통제시켜주는 사람이 있으면 도움이 된다. 담당자는 그 자리에서 제안을 받아들이라고 압박할 수 없음을 느낄 것이다.

가끔 기업에서 일주일 이내에 답해야 하는 '급한' 제안을 하기도 한다. 일주일 이내에 답하지 않으면 제안은 철회된다. 마감 기한이 첫 통화에서 답해야 할 정도로 빠르면 안 되지만 24시간 이후가 될 수도 있다. 만약 '저와 기업 모두 잘 맞기를 바란다는 것을 알고 있습니다. 회사를 선택하는 것은 큰 결정이므로 신중히 고려하고자 일주일이 필요합니다'라고 말했다. 최악의 경우 여러분의 제안을 거절할 수 있다. 좋지 않은 신호이다. 여러분의 의견을 존중하지 않는 기업은 다른 분야에서도 여러분의 요구를 존중하지 않을 것이다. 짧은 시간 안에 결정을 내려야 하는 압박감에 잘못된 결정을 내릴 수도 있다. 많은 사람이 데이터 과학 직무에 지원하지만 기업에선 여전히 적임자를 찾고자 안간힘을 쓴다. 지원자를 이런 식으로 대우하는 기업은 좋지 못한 기업이다.

다른 기업에서 면접을 보고 있다면 해당 기업에 제안을 받았다는 사실을 알리고 언제 응답해야 하는지 알려주길 바란다. 최종 면접을 보고 있다면 기업은 현재 제안에서 결정하기 전 또 다른 제안을 하고자 절차를 빠르게 진행한다. 다른 제안을 받았을 때 해당 기업에 알려주는 것은 지극히 정상적인 일이다. 이에 기업은 고마워할 것이다. 가기로 결정한 기업에 얼마나 기대가 큰지 말하고 여러분이 할 업무를 다시 한번 말하자. 어떤 기업은 아무것도 할 수 없을지라도 적어도 기업에 기회를 준 것이다. 기업은 고용할 데이터 과학자를 찾고자 고군분투하며 적합한 인재를 찾으면 빠르게 제안한다.

8.3 협상

많은 사람이 일자리와 관련한 협상을 싫어한다. 일자리 관련 협상이 제로섬 게임zero-sum game으로 인식되는 것이 그 이유 중 하나이다. 여러분이 이기면 기업은 진다. 게다가 해당 제안이 현재 직업보다 더 좋으면 이기적이고 욕심이 많은 것처럼 느껴지는 것이 또 다른 이유이다. 기업의 첫 제안보다 더 많은 돈을 받을 자격이 있다고 생각하지 않으며 제안을 하게 돼 행운이라고 느껴지지 않는다. 이런 입장이더라도 여러분의 제안을 최대한 활용하고자 최선을 다해야 한다.

그렇다! 여러분은 이 업무에 가장 적합한 인재이다. 여러분은 가면 증후군에 사로잡혔지만 기업은 여러분이 업무에서 무엇을 원하는지 본다. 이번 장 초반에 언급했듯이 지금 이 순간 여러분은 협상에 가장 유리한 위치에 있다. 기업 또한 협상하기를 기대한다. 적절한 급여는 이전에 여러분이 받았던 것 및 처음 제안한 부분과 관련이 없다. 대신 기술을 가진 사람에게 기업은 어떻게 제공하는가에 달려 있다. 주변 동료만큼 보수를 받고 전체적인 복지가 기대에 부합하며 여러분에게 가장 중요한 혜택을 받자. 5분의 통화로 급여가 5% 더 오를 수 있다. 통화하는 동안의 불편함은 감수해야 한다.

특히 급여 격차가 큰 데이터 과학 분야는 반드시 협상이 필요하다. 새로운 분야이고 많은 종류가 데이터 과학에 포함돼 명확한 기준이 없다. 같은 기술을 가진 두 동료라도 한 사람은 데이터 과학이라고 부르고 다른 사람은 머신러닝 엔지니어라고 부르면 급여에 큰 차이가 생긴다. 한 사람이 버는 급여와 그 사람의 자격 및 능력 사이에는 상관관계가 거의 없다.

8.3.1 어떤 부분에서 협상이 가능할까?

많은 사람이 입사 제안에서 협상할 때 가장 먼저 급여를 생각한다. 최종 면접 전에 일반적인 데이터 과학뿐만 아니라 기업이 자리잡은 도시 및 데이터 과학자가 있는 특정 기업의 급여를 알아봐야 한다. 해당 제안이 지금보다 큰 폭의 연봉 인상일 수도 있지만 여러분은 새로운 회사의 동료와 비슷하게 연봉을 받게 된다. 면접 과정에서 해당 기업에 현재 연봉을 알릴 필요는 없다. 일부 도시에서는 기업이 이를 요구하는 게 불법이다. 글래스도어glassdoor[1]에 들어가 대부분 데이터 과학자가 여러분보다 연봉이 두 배 더 많다는 것을 알게 되면 좋은 일이다.

---

1 옮긴이_ 세계 최대 규모의 회사 평가 사이트이다(https://www.glassdoor.com).

면접 중 현재 무엇을 하고 있으며 어느 정도의 연봉을 기대하는지 질문을 받는다면 기업의 제안보다 더 낮을 수도 있으니 답변을 피하자. '지금은 제 실력과 경험에 잘 맞는 직무를 찾는 데더 집중하고 있습니다. 저와 회사 모두 적합하다면 그에 알맞은 보상으로 합의할 수 있을 것이라 생각합니다'라고 대답할 수 있다. 제시한 것을 넘어서지 않는다는 걸 알려줘야 한다며 압박이 계속되는 경우는 다음과 같이 말하면 된다. '제 기대가 회사가 제공할 수 있는 정도와 일치했으면 한다는 것을 압니다. 해당 직무는 어느 정도인가요?'라고 되물을 수 있다. 혹은 '(채용담당자 및 고위급 데이터 과학자 등에게 지금까지 이야기하지 않은 부분) 현실적인 기대치를제시하기 전 해당 직무에 어떤 것이 수반되는지 더 알고 싶습니다'라고 말할 수도 있다. 면접관이 답변을 거부하고 숫자를 제시하지 않는다면 안 좋은 징조이다. 해당 기업에 꼭 가고 싶다면'저는 정말 유연한 성격입니다. 전반적인 제시안에 따라 알아보니 X원에서 Y원 정도가 제 경험과 교육을 받은 사람에게 적절하다고 생각합니다'라고 말한다.

케이틀린 휴돈: 가면 증후군

경력을 크게 바꾸게 되면 많은 사람, 심지어 경험 많은 데이터 과학자도 가면 증후군의 고통을느낍니다. 가면 증후군은 여러분의 경력을 의심하고 가짜라고 밝혀지는 것을 걱정하는 감정적증후군입니다. 연봉 협상은 까다롭습니다. 매우 중요한 부분이며 여러분의 가치를 결정하기에많은 연습이 필요합니다. 여러분의 감정은 여러분의 의사결정에 영향을 미칩니다. 모든 것에 객관적으로 주장할 수 있도록 가면 증후군이 심해지는 것을 막아야 합니다.

가면 증후군은 특히 데이터 과학 분야에서 흔합니다. 누구에게 질문하냐에 따라 데이터 과학자는 분석가, 통계 전문가, 엔지니어, 머신러닝 전문가, 시각화 전문가, 데이터베이스 전문가, 비즈니스 전문가가 됩니다. 데이터 과학은 새로운 기술을 계속 배워야 하는 부담이 큰 분야이기도 합니다. 다양한 배경의 사람들이 명확히 정의되지 않으며 (이는 전체적으로 지식의 격차가 불가피하게 야기됩니다) 기술이 사람이 따라갈 수 있는 것보다 더 빠르게 변화해 새로운 분야로 느낄수 있습니다. 한 사람이 데이터 과학을 다루기에 많은 것처럼 느껴진다면 이와 같은 이유 때문입니다.

가면 증후군을 다루는 저만의 접근법이 있습니다. 성취가 불가능한 데이터 과학자의 이상과 비교하는 것보다는 독특한 경험과 그것이 나를 어떻게 독특하게 만드는가에 초점을 맞춥니다. 이곳에서 일하기 위해 데이터 과학에서 알아야 할 모든 것을 배울 수 없다는 것, 즉 모든 알고리즘,기술, 패키지 또는 언어를 결코 알지 못할 것을 깨달았고 가면 증후군에서 좋아졌습니다.

다양한 방향으로 성장하는 분야의 가장 좋은 점은 아무도 모든 지식을 알지 못한다는 것입니다.

더군다나 남들이 모르는 것을 알고 그에 관한 경험도 있습니다. 여러분이 가진 지식과 경험은 모두 다른 사람과 겹치거나 다른 사람과의 차별 요소가 되지만 다른 사람의 하위 집합은 아닙니다. 자신만의 독특한 경험에 집중하세요. 자신만의 독특한 경험을 해야 다른 데이터 과학자와 차별화될 수 있습니다.

연봉 협상 중 본인의 가면 증후군에 맞닥뜨린다면 지금까지 배운 모든 기술, 해결한 문제, 그리고 미래의 팀에 도움이 되는 훌륭한 리소스 등을 잠시 떠올려보세요. 여러분의 경험은 가치 있습니다. 정당한 대가를 받아야 합니다. 여러분이 마땅히 받아야 할 부분을 물어보는 것에 두려워하지 않길 바랍니다.

합리적이라 생각하는 대가를 요구하는 것은 나쁜 것이 아니다. 여러분이 합리적이라고 생각하는 것은 이전까지 생각했던 것으로 정의되면 안 된다. 단순히 새로운 직무에서 이루고자 하는 것으로만 정의해서도 안 된다. 그렇게 되면 기업에서는 더 낮은 금액을 제시한다. 여러분이 신규 고용과 관련해 협상할 것을 예상했기 때문이다. 5% 정도도 많이 받는 것이다.

월급 외 더 많은 부분을 협상할 수도 있다. 사이닝 보너스^{signing bonus}[2], 이직 수당, 주식과 같은 직접적인 금전적 이득이다. 사이닝 보너스는 한 번만 주기 때문에 월급 인상액보다 더 많이 준다. 이직 수당도 마찬가지이다. 이직하게 된다면 기업의 이직 방침을 미리 살펴보길 바란다. 대기업이라면 표준적으로 제공된 이직 패키지가 있으며 이직 전문 회사와 협력할 수도 있다. 중소기업도 무언가를 줄 수 있다. 묻지 않으면 알 수 없다.

이보다 더 넓게 봐야 한다. 회사를 구할 때 생각했던 내용으로 돌아가보자. 무엇이 중요할까? 어떤 부분은 협상이 어렵다. 의료 복지와 퇴직연금 제도는 보통 인사부에서 관리하며 직무에 따라 동일하다. 원서 지원 및 면접 장소를 선택할 때 이런 부분을 고려하자. 스타트업이 아니라면 복리 후생 정보는 글래스도어의 직원 후기에서도 찾을 수 있다. 지금이라도 요구할 수 있는 부분은 다음과 같이 많다.

- 유연하고 재택이 가능한 업무 일정
- 기존보다 빠른 검토(1년 대비 6개월)로 빠른 급여 인상

---

2 옮긴이_ 계약 체결 시 선지급하는 1회성 인센티브를 의미한다.

- 교육 관련 복지
- 콘퍼런스 참석 비용 지원

이 경우 조직 내 제약 사항을 명심하자. 비영리단체는 급여 협상이 어려울지 몰라도 근무 시간 및 휴가에는 유연할 수 있다. 데이터 팀이 많은 기업은 모두 같은 사무실에서 근무하는 기업보다 한 달에 며칠씩 재택근무가 가능한 경우가 많다. 여러분의 요구가 서면으로 작성되고 받아들여지는지 확인하자. 대충 검토하고 협상하지 않으면 회사로부터 결코 원하는 것을 얻을 수 없다. 물론 연봉과 관련 없는 협상은 사소한 부분만 조정할 수도 있다. 급여가 원하는 것에 훨씬 못 미친다면 딱히 다른 방법은 없다.

8.3.2 어디까지 협상할 수 있을까?

최선의 협상 방법은 계속되는 제안이다. 더 높은 연봉으로 취업할 곳이 있다는 것을 기업에 알려주고 경쟁을 제의한다. 두 제안을 받는다면 '저는 여러분과 함께 일하는 것이 훨씬 좋지만 ABC 기업은 저에게 많은 부분을 제공합니다. 이에 상응할 수 있나요?'와 같이 답변하는 것이 가장 좋다. 거짓말은 하지 말자. 두 기업 모두에 거짓말을 하면 문제가 발생한다.

여러분이 가진 또 다른 방법은 현재 다니는 회사에 있다. 대부분 기업은 여러분의 연봉이 낮아지지 않는다는 것을 안다. 비교적 더 좋고 더 나은 혜택이 주어진다면 이 방법을 사용하자. 더 높은 연봉을 제안해도 복리 후생으로 얻는 부분도 계산한다. 현재 기업에서 3%의 퇴직연금이 제공되지만 가고자 하는 회사는 그렇지 않다면 현재 회사의 월급이 3% 높은 것이다. 현재 회사에서 건강보험료를 모두 지불하는 반면 옮기려는 회사는 가족을 부양하기 위해 한 달에 200달러를 지불해야 한다. 이는 급여가 낮은 분야에서 데이터 과학으로 전환하려고 할 때 특히 도움이 된다. 급여는 많이 오르겠지만 현재 회사에서의 복리 후생을 잃을 수 있다. 여러분은 더 높은 연봉을 요구하는 이유로 이와 같은 복리 후생을 들 수 있다.

기술이 중요하다면 여러분의 배경이 새 회사에 얼마나 적합한지 생각해보자. 숙련된 데이터 과학자일 필요는 없다. 여러분이 올해 스탠퍼드 대학교에서 인공지능 관련 박사 학위를 수료한 세 사람 중 한 명이라면 정말 좋을 것이다. 하지만 여러분의 제안이 회사 매출을 높일 수 있는 데이터 과학자가 되는 것이고 매출을 올린 적이 있다고 해보자. 이런 분야의 지식이 있다는 것은 여러분보다 훨씬 더 경험이 많은 데이터 과학자가 그 자리에 앉을 수 없도록 하는 큰 장점이다. 채용 공고가 여러분에게 적합하게 만들어졌다고 보일수록 더 많은 영향력을 가질 수 있다.

입사 제안의 전체적인 그림을 보는 게 어려울 수 있다. 이사를 해야 한다면 이사 비용과 생활비를 고려해야 한다. 휴스턴 시에서 9만 달러의 연봉은 뉴욕 시에서 받는 9만 5천 달러와 차이가 크다. 추가적인 복리 후생을 모두 고려해야 한다. 좋은 건강 관리 계획이나 퇴직 연금 협상 같은 부분이 수천 달러 및 수만 달러의 가치가 있을 수 있다. 연봉이란 작은 부분 때문에 전체적인 부분을 살펴보는 데 소홀히 하지 말자.

여러분의 요구가 모두 받아들여졌다면 기업은 여러분의 수락을 기대한다. 모든 조건이 충족됐다면 해당 제안을 받아들일 경우에만 협상을 시작한다. 정말 받고 싶은 다른 제안이 있을 수 있으며 해당 제안이 좋을수록 더 많이 협상할 수 있지만 매우 위험한 전략이다. 사람들과의 신뢰가 깨질 수 있으니 주의하자. 해당 기업에서 일하지 않더라도 면접에서 봤거나 요구를 받은 직원은 여러분을 기억한다.

협상을 하면 기업에서 제안을 철회하는 경우는 매우 드물다. 이런 경우가 생긴다면 해당 기업에서 일하면 안 된다는 신호이다. 정중하게 협상하는 것은 매우 정상적인 일이다. 협상을 이유로 여러분을 거부하는 것도 위험 신호이다. 나쁜 상황을 피했다고 생각하자.

RSU, 옵션 및 직원 주식 구매와 관련한 간단한 지침

이 같은 추가 사항은 '철저하게 살펴봐야 하는 것'보다는 '간단한 지침'으로 생각하면 된다. 제안서에 포함된 내용을 더 많이 연구하길 바란다.

일반적으로 다음 항목은 4년에 걸쳐 일어나며 1년간 힘든 시기를 겪는다. 1년의 힘든 시기는 1년이 되기 전에 그만두면 아무것도 얻지 못한다는 뜻이다. 1년이 되면 1년치 돈을 한꺼번에 받는다. 그 후 다음 3년간 분기 및 매달 많은 급여를 준다.

- **양도 제한 조건부 주식**restricted stock units(RSU): 제안에는 주어진 한 달의 RSU가 있다. 제안 당시 주식의 가격을 이용해 화폐 금액을 나누면 시간이 흐를수록 주식이 오른다. 주가가 오르면 보상금도 오른다. 주식이 부여되면 한 번에 주식으로 받는다. 기업은 보통 세금을 일정 금액의 주식 형태로 보류한다.

  4만 달러의 제안으로 4년 동안 1년씩 여러분에게 배당된다고 가정하자. 현재 주식은 주당 100달러에 거래되므로 1년 후에는 100주, 이후에는 분기마다 25주씩 받는다. 해당 기업에서 1년간 일하면 65주(세금으로 유보된 35주)를 받는다. 이때 사내 제도를 준수하기만 하면 주식으로 원하는 것은 무엇이든 할 수 있다(일반적으로 주식은 특정 기간에만 판매할 수 있다). 사기업에서 근무할 경우 전매도 같은 방식을 사용할 수 있지만 일반적으로 기업이 상장되거나 인수되기 전까지 주식을 팔 수 없을 것이다.

- **스톡옵션**stock option: 주식 선택권은 특정 행사 가격으로 일정량의 주식을 매입할 수 있는 '스톡옵션'을 부여한다. 일반적으로 옵션이 부여된 시점의 주식의 시장가치가 된다. 이후 주가가 해당 가격보다 훨씬 높게 거래된다면 좋은 소식이다. 주식을 주당 10달러에 살 수 있고 30달러에 거래된다면 주식을 바로 사고팔기만 해도 바로 20달러를 번다. 주가가 행사 가격 이상으로 거래되지 않는다면 가치가 없는 것을 뜻한다. 주식시장에서 5달러에 주식을 살 수 있다면 10달러에 주식을 사는 옵션을 행사하지 않는다.

  스톡옵션은 성장하는 기업 초기 직원에게는 정말 좋지만 복권처럼 될 수도 있다. 현재 기업에서 개인 생활을 유지하는 한 스톡옵션의 가치는 제한적이고 기업이 상장하더라도 주식은 옵션 가치보다 낮게 거래될 수 있다. 가치가 있는 RSU와 달리 스톡옵션은 가치가 없을 수도 있다.

- **우리사주 제도**employee stock purchase plan(ESOP): 기업 주식을 할인해서 살 수 있는 제도이다. 급여 공제로 할 수도 있어 이후 기업의 주식을 사는 날짜를 정할 수 있다. 두 가지 장점이 있다.

  첫째, 15% 정도 할인된 주가로 구매할 수 있다.

  둘째, 공모가 시작일과 구매일 사이에 가격이 올랐다면 더 낮은 가격을 지불할 수 있는 되돌리기lookback가 가능하다.

  공모 기간이 시작될 때 회사의 주식 가치가 10달러라고 가정해보자. 1년에 걸쳐 9천달러를 넣고 다음 구매일을 기다려보자. 10%의 할인으로 1천 주를 살 수 있다. 현재 주가가 20달러라면 해당 1천 주는 2만 달러의 가치가 있다. 여러분이 주식을 팔아 1만 1천 달러의 이익을 얻을 수 있다는 의미이다.

8.4 협상 전략

이제 좀 더 큰 그림을 그려보며 협상에 도움이 되는 팁을 자세히 살펴보자.

- **감사하고 기대된다는 것을 보여주며 시작하라.** 여러분과 기업 모두 그러길 바란다. 여러분이 기업은 나의 편이고 해결책을 얻고자 함께 일한다고 느끼길 원할 것이다. 함께 일한다고 느껴지지 않으면 해당 회사에서 일하는 것을 추천하지 않는다.
- **준비하라.** 통화를 하기 전 정확히 무엇을 바꾸려 하는지, 전체적으로 어떤 보상을 원하는지 메모를 준비하길 바란다. 순간적으로 낮은 수치를 불쑥 말할 수 있다. 메모가 있다면 이런 상황을 피할 수 있다.
- **상대방이 어떤 말을 하는지 경청하라.** 기업에 급여 협상이 없지만 여러분에게 보상이 중요하다면 더 많은 옵션 및 사이닝 보너스를 물어보길 바란다. 현재 위치에서 움직이지 말고 해결책을 찾고자 함께 노력해야 한다. 협상이 제로섬 게임처럼 느껴질 수 있지만 그렇게 느낄 필요는 없다. 여러분에게 매우 중요한 부분이 기업에는 그렇게 중요하지 않을 수도 있어 쉽게 요구를 들어줄 수 있다. 기업은 여러분이 여러분의 역할에 성공하고 행복하기를 원한다는 것을 기억하자.

- **돈에 집착하는 모습을 보이지 마라.** 이런 태도는 잘못될 수 있다. 앞으로 하게 될 업무와 기업의 사명, 새로운 회사 동료에게 동기부여가 된다는 것을 보여주고 싶을 것이다. 돈으로 보이는 건 면접관에게 나쁘게 보이는 것은 물론 기업 입장에서 여러분이 더 높은 연봉을 제의를 받았을 때 바로 떠날까봐 걱정할 수 있다.
- **공동체에 중점을 주어라.** '저는 정말 더 많은 옵션이 필요합니다'라고 말하는 대신 '저는 기업의 장기적인 성장 전망과 제가 기업의 성공에 어떻게 기여할 수 있을지 매우 기대됩니다. 그래서 더 많은 선택지가 있어 더 많은 투자를 받고 싶습니다'라고 말하자.
- **하나씩 짚어주는 것보다 여러분이 원하는 부분을 모아서 보여주자.** 기업은 문제를 해결할 때마다 또 다른 문제가 나타날 수도 있다고 느끼지 않고 원하는 것을 정확히 파악할 수 있다. 여러분이 받아들일 수도 있는 다른 제안을 막을 수 있다. 더 높은 연봉과 더 많은 선택권, 일주일에 하루의 재택근무를 요구할 수도 있지만 기업에서 월급을 못 받으면 대신 사이닝 보너스를 요구하면 된다. 가능하다면 각 항목의 중요도도 나열하자.
- **자기 비하는 하지 말자.** 여러분이 얼마나 훌륭한지 앞에서 언급한 것을 기억하는가? 다시 읽어보길 바란다. '제가 데이터 과학자로 일한 적이 없는 건 알지만' 또는 '제가 박사 학위가 없는 건 알지만'처럼 자신을 과소평가하지 말자. 여러분은 기업이 원하는 부분을 정확히 안다. 여러분이 적합하기에 여러분에게 제안한 것을 잊지 말자.

신문 기사와 책에서 효과적으로 협상하는 방법과 관련해 많은 조언을 찾아볼 수 있다. 부록에 효과적인 협상 관련 내용이 있으니 참고하자.

여성으로서의 협상 많은 연구에서 '여성은 부탁하지 않는다'는 이론이 있었다. 여성이 남성보다 더 적은 임금을 받는 하나의 이유였다. 여성이 일자리 제의를 협상하거나 임금 인상을 요구하지 않는다는 부분을 뒷받침하기도 한다. 최근 연구에서는 특정 분야의 여성이 남성만큼 협상을 많이 한다는 것이 밝혀졌다. 안타깝게도 편견 때문에 성공하기는 어렵다. 공동체에 중점을 두는 것('나' 대신 '우리'라는 단어를 사용한다)과 같이 이 절에서 논의되는 전략은 특히 여성에게 유익하다.

8.5 두 개의 '좋은' 제안 중 무엇을 선택해야 할까?

좋은 제안을 두 개 이상 받으면 큰 문제가 될 수 있다. 물론 여러 제안이 항상 문제로 야기되는 것은 아니다. 특정 직업을 훨씬 더 선호해 결정이 쉬울 수 있지만 그렇지 않다면 어떻게 해야 할까?

첫 번째로 8.3절을 보자. 협상해야 한다. 다른 기업보다 이 기업이 더 좋지만 걸리는 요인이 있다면 기업이 현재의 상황을 바꿀 수 있는지 알아본다. 찾고자 하는 내용에 솔직해야 한다. 경쟁적인 제안은 원하는 것을 얻을 수 있는 수단이며 얻을 가능성도 높다.

다음으로 더 많은 정보를 수집하기 위해 채용 담당자나 직원과 다시 만나자고 요구할 수 있다. 일주일에 회의를 평균 몇 번 하고 얼마나 많은 팀과 함께 일하며 어떻게 요구의 우선순위를 정할지 혹은 이 기업에서 일하는 것이 여러분에게 즐거울지 평가하는 데 도움이 될 만한 사항은 묻지 않았을 것이다.

요구 사항을 검토할 때는 장기적인 부분을 고려해야 한다. 단기적인 걱정이 있을 수 있다. 학자금 대출이 많거나 곧 가정을 꾸릴 예정이라면 대출을 갚거나 돈을 저축하는 데 가장 도움이 되는 제안을 받고 싶은 것이 당연하다. 재정적 문제는 상관없이 생각할 수 있다면 장기적으로 잠재력이 가장 좋은 부분에 집중한다. 각 기업에서 어떤 종류의 업무를 하고 싶은가? A 기업은 높은 직책으로 두 단계씩 올라갈 수 있는 직무 교육을 제공한다. B 기업은 부트캠프 첫날에 배운 내용을 한다. B 기업에서 더 나은 휴가 패키지가 제공돼도 B 기업의 제의를 섣불리 응해서는 안 된다. 데이터 과학자의 급여는 직위가 높아질수록 30~40%까지 오른다. 이력서가 조금 부족하고 나름 잘나가는 이름으로 불릴 좋은 기회라면 1~2년간 조금 낮은 연봉으로 시작해도 좋다.

마지막으로 얼마 안 되는 요인들이 영향을 미치는 것을 두려워하지 말자. 통근 시간이 짧고 더 넓은 사무실의 회사가 필요한가? 두 기업 모두 최소 기준을 만족하고 가장 중요한 요인이 유사할 때 중요하지 않은 요소를 생각하면 된다.

여러 가지 삶의 선택을 고려하는 것이 합리적이다. 흥미롭지만 위험도가 높은 스타트업 업무를 맡고 싶은가? 합리적인 정부 기관의 계약직으로 일하고 싶은가? 다른 사람의 관리 하에 일하는 것이 괜찮은가? 독립적으로 일하는 것을 좋아하는가?

어떤 길이 더 좋을지 객관적으로 결정할 수 있는 방법은 없다. 제안을 받아들이기 전에는 새 직장이 적합한지 아닌지는 알 수 없다. 관리자가 될 때까지 경영을 좋아할지도 알 수 없다. 어쩌면 인생에서 가장 어려운 결정을 고민하는 중일 것이다.

결정에 어려움을 겪는다면 여러분이 가진 정보를 바탕으로 할 수 있는 최선을 다할 수 있다는 사실을 돌아보면 도움이 된다. 자신의 미래를 알 수는 없다. 결정을 내린 후 그 결과가 만족스럽지 않다면 포기하면 된다. 회사를 그만두거나 원래 살던 곳으로 돌아가고, 혼자 일하는 사람으로 되돌아갈 수도 있다. 인생은 복잡하고 원하는 결과로 이어지지 않지만 그 과정에서 많은 것을 배울 수 있다.

결정을 내렸다면 다른 제안은 정중하게 거절한다. '그쪽이 저에게 일부러 낮은 수준의 제안을 했다는 부분을 믿을 수 없습니다. 실망스럽습니다. 정말 비윤리적이군요'라고 말하면서 제안을 거절하면 안 된다. 무례한 행동을 보인 그 사람이 5년 뒤 여러분이 꿈꾸던 회사의 채용 담당자일 수도 있다.

8.6 브룩 왓슨 마두부온우 인터뷰

브룩 왓슨 마두부온우Brooke Watson Madubuonwu는 미국 시민 자유 연합american civil liberties union(ACLU)의 선임 데이터 과학자이다. 브룩은 인권 관련 소송 및 변호 팀을 지원한다. 전염병학으로 석사 학위를 수료했으며 이전에는 연구원으로 일했다.

Q 제안할 때 연봉 외에 어떤 것을 고려하나요?

A 제안을 하기 전 우선순위를 아는 것이 도움이 됩니다. 월급을 비교하는 것은 쉽죠. 각 회사에서 일했던 매일, 매월 경험을 비교해봅니다. 직업을 생활 습관, 학습, 가치관 이 세 가지 범주로 생각하는 경향이 있습니다.

생활 방식은 해당 직업이 내 삶의 일상적인 다른 부분에 관한 내용입니다. '어디에 살 것인가?', '원격으로 일할 수 있을까?', '저녁과 주말에 일을 하는가?', '여행을 갈 수 있을까?', '여행을 해야 하는가?', '필요한 의료, 보육, 퇴직연금의 선택권은 어떤가?', '가족을 돌보는 데 좋은가?' 등이 바로 생활 방식입니다.

학습 방식도 있습니다. '나 자신이 이 직무에서 성장할 수 있을까?', '내가 성장하는 데 어떤 시스템을 갖췄는가?', '관리자와 팀에서 배우는 게 좋은가?' 등입니다.

마지막으로 회사나 조직 내 특정 팀의 가치와 사명을 생각해야 합니다. '조직과 팀이 내 가치에 부합하는 일을 하는가?', '팀 결속력을 중요시하는가?', '내가 계속 만들고 싶은 제품 및 팀인가?' 세 방식 모두 때에 맞춰 각기 다른 중요도일 수 있습니다.

이전에 직함을 변경하고자 협상한 적이 있습니다. 교육 및 회의 리소스, 재택근무, 휴가 지원 및 형평성 등을 협상할 수 있습니다. 데이터 과학은 끊임없이 발전하는 분야입니다. 매일 기술을 쌓으며 본인의 능력을 계속 발전시키는 시간을 가지는 것이 중요하다고 생각합니다.

Q 협상을 준비하는 방법에 무엇이 있나요?

A 이전에 저는 제 자신의 가치를 이야기하고 높이는 것을 매우 불편하게 여겼습니다. 그러지 않고 경력을 쌓기 위해 배우고자 노력했습니다. 동료에게 도움을 요청한 것이 많은 도움이 됐습니다. 친한 동료와 함께 협상을 연습하고 상대방이 여러분의 역할을 했죠. 많은 사람이 자기 자신보다 친구를 옹호하는 것이 훨씬 쉽다고 생각합니다. 다른 사람이 각자의 강점과 니즈를 설명하는 것을 들으면 강한 동기부여가 됩니다. 이런 사고방식에 본인을 적용시키는 것 또한 정말 도움이 됩니다. 스스로에게 '내가 사랑하는 사람, 내가 이 직무에 아주 적합하다고 생각되는 사람, 그리고 성공한 사람을 어떻게 설명할 것인가?'라고 물어보세요. 이런 식으로 자기 자신과 이야기해야 합니다.

Q 제안을 받은 상태에서 다른 제안을 기다린다면 어떻게 해야 하나요?

A 기다리고 있는 회사와 대부분의 면접 과정을 거쳤다면 이미 제안한 회사에 다른 제안이 있다고 말해도 문제가 되지 않습니다. 보통 1주에서 2주간 세부 사항을 검토하고 가족과 논의하고자 더 많은 시간을 요청할 수 있습니다. 협상하고 혜택을 상세히 질문하며 팀원과 일이나 문화를 주제로 이야기해볼 수 있도록 요청해도 됩니다. 이는 시간을 벌고 직무에 대한 더 많은 정보를 알기 위한 이중 목적으로 취할 수 있는 행동 중 하나입니다.

아직 다른 기업의 면접 과정이 빨라 속도를 높이지 못할 수도 있으며 현재 놓인 제안과 현 상황을 비교해야 합니다. 이제 졸업해 회사를 다니면 금전적으로 풍족하지 않을 것입니다. 다른 기업의 제안이 마음에 들지 않는다면 더 잘 맞는 곳을 찾을 때까지 지금 직무에 계속 있어도 좋습니다. 저의 첫 번째 데이터 과학 관련 제안은 만족스럽지 않았는데 빨리 일하고 싶은 마음이었지만 더 나은 일자리를 기다렸습니다.

Q 데이터 과학자를 꿈꾸는 이들에게 마지막으로 하고 싶은 말은 무엇인가요?

A 데이터 과학 분야를 지망하는 사람과 후배 들에게 직함과 관련된 마인드를 넓게 가지라고 충고하고 싶어요. 데이터 과학자의 직함은 사람들에게, 특히 제가 대학교를 다닐 때 존재하지 않았던 이쪽 전공자에게 매력적이라고 생각합니다. 졸업 후 바로 데이터 과학자로 취업하지 않

으면 실패했다고 느낄 수 있어요. 하지만 데이터 과학자의 일상적인 역할은 데이터 분석가, 연구원, 또는 다른 많은 종류의 역할 중 하나입니다. 모두 여러분이 기술을 익힐 수 있는 정말 훌륭한 자료가 됩니다. 저는 연구를 보조하며 코딩 문제를 만들었고 이후 다른 사람들이 데이터 과학자라고 부르기 전까지 몇 년간 한 연구 과학자로서의 업무는 흥미로웠습니다. 학부 시절의 간단한 데이터 입력 작업조차도 데이터 수집 결정이 분석적인 가능도에 영향을 미치는 방법에 대한 내 생각을 만들었습니다. 본인이 가고자 하는 대로 배우고자 한다면 어떤 직업도 하찮치 않습니다.

8.7 마치며

- 제안을 바로 받아들이지 말자. 자세한 사항은 적고 시간을 가지고 살펴볼 수 있도록 요청한다.
- 협상하고, 또 협상하고, 협상하라! 높은 급여나 기타 금전적 혜택을 더 많은 요구할 수 있지만 탄력 근로나 회의비 등도 잊어서는 안 된다.
- 두 개의 좋은 제안 중에서 고려하고 있다면 첫 급여보다는 장기적인 잠재력 관점에서 생각해보자.

도서

- 『부자 되는 법을 가르쳐 드립니다』(안드로메디안, 2019)

  블로그, 책, 비디오, 기타 여러 매체로 모두 취업에 도움이 된다. 라밋 세티[Ramit Sethi]는 면접에서 생각하는 방법과 좋은 평가를 받을 수 있는 답변 방법 등 다양한 자료가 있다. 연봉 협상을 위한 도구, 임금 인상 요구 및 본인을 옹호할 때 발생할 수 있는 여러 까다로운 대화도 다룬다.

- 『나의 색깔 나의 미래』(나는나다, 2016)

  새로운 직무를 찾는 데 알맞은 책이다. 직무에서 어떤 부분을 원하고 찾아야 하며 이력서를 작성하고 면접을 보고 협상하는 방법을 알아본다. 어떻게 하면 회사를 좀 더 넓은 시야로 찾을 수 있는지 알려주며 기술적인 직무에 특정되지는 않는다(데이터 과학 직무와는 상관없다).

- 『코딩 인터뷰 완전 분석』(인사이트, 2017)

  소프트웨어 엔지니어가 회사를 찾는 데 도움을 주는 책이다. 200개의 면접 질문과 모범 답변을 소개한다. 대부분 질문이 데이터 과학과는 관련 없다. 코딩 기반의 머신러닝 엔지니어와 같은 직무를 찾는다면 많은 도움이 될 것이다.

블로그

- 'Advice on applying to data science jobs(데이터 과학 분야 채용에 대한 조언)', by Jason Goodman, *http://mng.bz/P0lv*

  데이터 과학 직무와 관련된 보편적인 회사를 어떻게 찾는지 배울 수 있는 가장 좋은 블로그 게시물이다. 블로그는 5~8장에서 다룬 다양한 개념을 다루며 개인적인 견해가 섞여 있다.

- 'How to write a cover letter: The all-time best tips(커버레터 작성 방법: 최고의 팁)', by Muse Editor, *http://mng.bz/Jzja*

  6장에서 커버레터 작성 방법을 다루지만 다양한 관점을 볼 수 있는 블로그이다. 자기 자랑과 함께 6장에서 다루지 않는 주제를 다룬다.

- 'Up-level your résumé(이력서의 수준을 높이는 방법)', by Kristen Kehrer, *https://datamovesme. com/course_description/up-level-your-resume*

  6장에서 인터뷰한 크리스틴이 데이터 과학자가 되고자 하는 취업 준비생을 위해 만들었다. 이력서를 다듬고 지원자 추적 시스템(예: 로봇 선별기)과 채용 자료를 얻기 위해 커버레터를 제공하는 데 도움을 주는 유료 과정을 만들었다. 1차 면접을 많이 보지 못했다면 이 과정이 적격이다.

- 'How to quantify your resume bullets(When You Don't Work With Numbers)(이력서 항목을 객관화하는 방법(숫자로 작업하지 않을 때))', by Lily Zhang, *https://www.themuse.com/advice/how-to-quantify-your-resume-bullets-when-you-dont-work-with-numbers*

  이력서의 경력 항목을 좀 더 객관화할 수 있는 방법을 찾는다면 도움이 된다. 경력을 객관화하는 방법을 기간, 주기, 규모인 총 세 가지로 나눈다.

- 'How women can get what they want in a negotiation(여성이 협상에서 원하는 것을 얻을 수 있는 방법)', by Suzanne de Janasz and Beth Cabrera, *https://hbr.org/2018/08/how-women-can-get-what-they-want-in-a-negotiation*

  「하버드 비즈니스 리뷰」에 있는 이 블로그 게시물은 여성이 어떻게 연봉과 직무 제안 협상에서 편견을 극복할 수 있는지 다룬다. 이 주제는 여성이라면 생각해볼만한 의미 있는 주제이다. 협상 기술은 경력에서 효과적인 요소이다.

- 'Ten rules for negotiating a job offer(직무 제안을 협상하는 10가지 규칙)', by Haseeb Qureshi, *https://haseebq.com/my-ten-rules-for-negotiating-a-job-offer*

  직무 제안을 어떻게 하면 성공적으로 협상할 수 있는지 자세히 다룬다. 올바른 정보는 회사에 지원할 때 수천 달러의 차이를 의미한다. 이 시기에는 이 블로그 글을 확인해보길 바란다.

III

데이터 과학자로 자리잡기

데이터 과학 직무를 처음 시작하면 성취감이 꽤 크다. 이는 데이터 과학 커리어의 시작일 뿐이다. 기업에서 데이터 과학자로 일하는 것은 취미 및 배움의 일부로 데이터 과학을 하는 것과는 상당히 다르다. 기업의 에티켓부터 생산적인 코드를 개발하는 적합한 방법에 이르기까지 다양한 개념을 알아야 한다. 직무가 어떨지, 결과가 어떻게 나올지에 대한 기대와 다른 모습에 큰 충격을 받을 수 있다. 이 책은 그 충격을 줄이는 것을 목표로 한다. 3부에서 데이터 과학 분야에서 무엇을 기대해야 하는지 살펴보면 더 적절하게 준비할 수 있다.

9장은 여러분이 길을 잃었다고 느낄 수 있고 직무 및 동료, 데이터를 더 많이 알아가는 첫 몇 달 동안에 관한 내용이다. 10장은 처음부터 계획을 수립하고 실행해 분석(대부분의 데이터 과학 직무)을 좋게 만드는 방법을 알려준다. 11장에서는 머신러닝 모델을 도입해 제품을 만드는 부분을 살펴보며 공학 기반의 데이터 과학 직무에 필수적인 단위 테스트 등의 개념을 알아본다. 12장은 이해관계자와 함께 매우 관련성 높은 업무를 깊이 논의한다. 사람들이 가장 어려워하는 데이터 과학 업무 중 하나다.

Part III

데이터 과학자로 자리잡기

CHAPTER 9

회사에서의 첫 달

이 장의 주요 내용

- ◆ 데이터 과학자로서 첫 몇 주간 기대하는 것
- ◆ 관계를 형성하고 질문해 생산성을 높이는 방법
- ◆ 업무 환경이 좋지 못할 때 대처 방법

9장에서는 첫 몇 달 동안 여러분이 데이터 과학자로서 기대하는 부분과 성공적인 회사 생활을 하고자 어떻게 해야 하는지 알아본다. 첫 몇 달은 앞으로 회사에서 어떻게 보내게 될지 결정짓는 중요한 시기이다. 시스템을 구성하고 성공적으로 도와줄 인맥을 형성할 때이기도 하다. 각기 다른 데이터 과학 직무지만 전반적인 형태와 원칙은 모든 직무에 적용된다.

업무가 시작되면 가능한 한 많은 일을 하고 싶다고 생각한다. 이런 본능과 싸워야 한다. 단순하게 일을 끝내는 것이 아니라 올바른 방법으로 해야 한다. 업무를 시작할 때 현재 일하게 된 새로운 기업이 지금까지 어떻게 했는지 알기 어렵다. 어떤 일을 어떻게 해야 하는지 적극적으로 질문해야 한다. 관리자는 전임자가 가졌던 제도적인 지식이 여러분에게는 없다는 것을 잊고 적절하지 않은 업무를 맡기기도 한다. 처음에는 일하는 척 할 수 있지만 먼저 질문하고 업무 과정에 어떻게 접근해야 하는지 알게 되면 업무는 훨씬 수월해진다.

9.1 첫 달

회사에서의 첫 달은 다른 조직에서의 첫 달과는 정말 다르다. 대기업과 중소기업은 정반대의 관점에서 적응해야 한다. [그림 9-1]은 데이터 과학자가 많은 대기업과 데이터 과학자가 없거나 적은 기업에서 기대할 수 있는 부분을 비교했다(2장의 MTC와 Seg-Metra 참고). 두 예시는 극단적인 경우이며 여러분이 일하는 기업은 두 기업 사이일 것이다.

대기업에서
일하기

중소기업에서
일하기

그림 9-1 대기업에 적응한다는 것은 공장 생산 라인에 들어가는 것과 같다. 중소기업은 더욱 즉각적이다(트위모지 프로젝트의 트위터 이모지).

9.1.1 대기업에 입사하기: 기름칠이 잘된 기계

여러분은 이번 주부터 수십 명의 팀원 중 한 사람이다. 어디로 가야 하고 언제 출근해야 하며 무엇을 준비해야 할지 알려주는 이메일을 일주일 전에 받았다. 이제 다양한 부서에서 온 사람들과 함께 공식적으로 매일 함께하게 된다. 노트북을 지급받고 기업 문화, 인사 정책 등 기업이 어떻게 구성되었는지 설명을 듣는다. 모든 내용이 시계처럼 돌아가고 이미 기업에 수천 명의 직원이 입사했다.

데이터 과학자로서 가장 먼저 코딩 환경을 설정해야 한다. 데이터에 접근할 수 있는 내용이 정리된 체크리스트나 광범위한 문서가 있다. 여러분이 읽고 이해할 수 있는 보고서 및 자료를 문서화한 저장 공간 또한 있다. 어느 누구도 여러분이 당장 많은 업무를 할 수 있을 것이라 기대하지 않는다. 팀원들은 여러분의 합류를 기대하면서도 적응할 시간이 필요하다는 것쯤은 안다. 모든 교육을 받고 시스템 접근에 승인받으려면 몇 주의 시간이 필요하다. 바로 업무를 볼 수 없다는 사실에 실망할 수도 있지만 천천히 출발하는 것은 흔한 일이다.

해야 할 업무 목록이나 과제가 주어진다면 진지하게 임해야 하며 결과보다는 과정을 더 신경 써야 한다. 기존 데이터 과학 팀은 눈여겨볼만한 각자의 특색이 있다. 현시점에서 질문하는 것은 이후 업무를 수행하는 능력에 있어서도 필수이다. 첫 몇 달은 앞에 놓인 업무를 동료는 어떻게 하는지 보고 배울 수 있는 기회이다.

9.1.2 중소기업에 입사하기: 입사는 무엇일까?

작은 스타트업에 입사한다면 모든 준비가 안 되어 있어도 놀라지 않길 바란다. 데이터에 접근하는 방법을 혼자서 알아내야 할 수도 있다. 데이터가 업무에 최적화되지 않았고 10만 줄의 테이블에서 SQL 쿼리를 실행하는 데 6분이 걸릴 수도 있다. 업무 교육은 주어진 기간 내에 자주 운영하는 것이 어려워 몇 주간 없을 수도 있다.

데이터 과학의 표준은 없다. 어떤 프로그래밍 언어를 사용해야 하는지 또는 어떻게 분석에 접근하고 구성하는지 알려주는 사람 또한 없다. 여러분에게 바로 생산적 활동과 더불어 빠른 결과를 요구한다. 이때 생산성이 떨어지는 것을 걱정하지 않아도 된다. 실수를 했을 때 아무도 말해주지 않는 것을 더 걱정해야 한다. 몇 개월이 지나야 업무가 잘못되었다는 것을 알게 될 수 있다. 따라서 새로운 조직에서 질문을 하며 기틀을 마련하는 노력이 필요하다. 갈수록 악화되면 여러분의 체력은 고갈된다. 장기적으로 성공할 수 있는 본인만의 프로세스를 구축하고자 노력해야 한다.

9.1.3 기대가 무엇인지 이해하고 맞추기

첫 주에 할 수 있는 가장 중요한 업무는 우선순위를 정하고 관리자와 미팅을 하는 것이다. 여러분이 회사에서 어떤 목표로 일해야 하는지 중요한 부분이다. 일부 데이터 과학 분야에서는 이해관계자에게 분석을 바탕으로 비즈니스의 특정 부분을 성장시키는 데 도움을 주는 것이 우선이다. 또 다른 분야에서는 웹사이트의 고성능 모델을 만드는 것이 목표이다. 어떤 업무에서는 둘 다 또는 모두 다 적용되지 않는다.

채용 공고와 면접에서 이미 업무 내용을 어느 정도 이해했다고 생각할 수도 있다. 면접 과정과 업무 시작 사이에 많은 내용이 바뀔 수 있다. 면접관이 여러분과 같은 시간대에 있지 않거나 입사 전에 조직이 바뀌었을 수도 있다. 가능한 한 빠르게 관리자와 미팅하는 시간을 가져 최신 정보를 얻고 이에 논의해보자.

관리자는 여러분이 무엇을 해야 할지 알지만 우선순위와 강점은 모른다. 여러분은 회사에서 성공이 무엇을 의미하는지 정의하고 싶어 한다. 일반적으로 성공은 팀과 팀원 모두 성공하는 것과 관련 있다. 데이터 과학 팀의 구성원 모두 같은 목표를 바라보고 노력하지 않는다면 팀원끼리 서로 도와주는 것은 어렵다. 자신의 성공을 정의하려면 팀이 어떤 문제를 해결하려고 하는지, 성과를 어떻게 평가하는지 이해해야 한다. 전환을 높이고자 실험이 더 많은 수익을 창출하는 데 도움이 될 것인가? 고객 서비스 담당자의 서비스 요청당 평균 시간을 줄이고 고객의 불만을 예측하는 데 도움이 되는 머신러닝 모델을 만들 것인가?

성능 목표는 '99% 정확도의 머신러닝 모델을 만든다' 또는 '최신 통계 모델을 사용해 분석한다'를 의미하지 않는다. 도구는 문제를 해결하는 데 도움을 줄 뿐 이 자체가 목표는 아니다. 여러분의 모델과 분석이 사람들이 관심을 갖지 않는 문제를 다룬다면 쓸모없게 된다. 최고 성능의 모델을 개발하는 것이 목표라는 것은 첫 데이터 과학에 입문하는 사람이 흔히 갖는 오해이다. 많은 학문적 연구와 교육에서 정확한 모델을 만드는 방법을 다뤄 충분히 할 수 있는 오해이기도 하다. 대부분 데이터 과학 업무에서 매우 정확한 모델을 갖는 것만으로는 성공하기 어렵다. 모델의 유용성, 통찰력 수준, 유지 가능성 등이 더 중요하다. 10장, 11장에서 더 자세히 살펴본다.

새로운 업무를 시작할 때 직무적인 책임으로 어떤 기대가 있는지 알 수 없다. 어떤 기업은 팀워크를 중시하는 동시에 여러 프로젝트에서 일하기를 원하지만 동료를 돕기 위해 현재 업무를 그만둘 수도 있다. 다른 기업에서는 정기적으로 결과물을 달라고 요청하며 프로젝트를 끝내기 위해 이메일이나 슬랙slack 메시지를 무시해도 괜찮다. 기대에 부합하는지 알고 싶다면 직속 관리자와 정기적으로 미팅을 한다. 대부분 기업은 매주 일대일 회의를 하며 현재 진행 중인 업무나 문제를 논의한다. 회의를 통해 관리자에게 보고할 중요한 업무를 하고 있는지 파악할 수 있다. 명확한 피드백을 받을 수 있는데 원하는 것이 무엇인지 추측할 이유는 무엇인가? 이후 더 큰 성능 검토가 있을 때 올바른 방향으로 나아가고 있는지 확신을 얻을 수 있다.

성공을 위한 준비

아주 작은 기업에 있지 않는 한 공식적인 성과를 검토하는 과정이 있다. 해당 과정이 어떠한지, 언제 하는지 반드시 물어봐야 한다. 일반적으로 6개월마다 반복하며 급여 인상 및 승진 가능성이 있다. 많은 기업에서는 360개 프로세스로 인사 고가를 한다. 관리자뿐만 아니라 동료에게 직접적인 피드백을 받는다. 이 경우 가장 중요한 이해관계자가 누구인지 이해할 수 있도록 동료를 선택할지 또는 관리자가 선택할지 여부를 확인하길 바란다.

좀 더 오래된 데이터 과학 팀은 어떤 분야에서 평가받으며 직급에 따라 각 분야의 기대치는 어떤지 보여주는 표가 있다. 어떤 분야는 기술적 전문 지식이 될 수 있다. 신입 데이터 과학자는 기초적인 지식을 가지고 있으며 배우고 있다는 것을 기대할 수 있다. 중간급 데이터 과학자는 한 분야의 전문 지식으로, 수석 데이터 과학자는 A/B 테스트 및 빅데이터 업무와 같은 전 분야의 걸친 기업의 실무자가 될 수 있다. 표가 없다면 관리자와 함께 몇 가지 영역을 제안할 수 있는지 확인한다.

시스템에 상관없이 일반적인 관행이 아니라면 입사한 3개월 후 관리자와 함께 고과 측정 계획을 세우길 바란다. 고과 측정을 관리자와 함께 하면 최신 정보를 얻을 수 있는 것은 물론 첫 6개월과 이후 1년을 계획하는 데 도움이 된다.

성공을 정의하는 핵심은 첫 달에 이미 모든 분야에서 뛰어나야 한다는 것이 아니다. 실제로 대부분 기업은 6개월 미만 근무자에게는 공식적인 고과 측정이 없다. 성공을 정의하는 것은 큰 그림을 염두하고 본인의 직무를 배우고 업무를 시작할 때 확실히 해야 한다.

9.1.4 데이터 이해하기

당연히 데이터 과학 분야도 배워야 한다. 기업에서 데이터 과학 분야에 있었다면 보고서를 읽어보자. 보고서는 기업이 어떤 유형의 데이터를 가지고 있는지뿐만 아니라(중요한 의미를 이해할 수 있다) 결과를 어떻게 제공해야 하는지 품질과 형태도 알려준다. 데이터 과학자의 많은 업무는 비기술적인 동료에게 정보를 전달해야 한다. 보고서를 읽으면 동료가 어떤 기술이 부족한지 알 수 있다. 보고서를 작성한 사람이 특정 개념을 얼마나 단순화하거나 복잡하게 하는지 확인해보자. 이후 여러분이 보고서를 작성할 때 과도하게 또는 무반복적으로 작성할 가능성을 줄인다.

다음으로 데이터가 어디에 있는지 알아보고 데이터에 접근한다. 접근 권한을 얻으려면 원하는 데이터가 포함된 테이블과 데이터 시스템에 포함된 테이블이 무엇인지 알아야 한다. 자주 접근하는 데이터는 SQL 데이터베이스에 저장된다. 2년 전 이벤트 데이터는 HDFS[hadoop distributed file system]에 저장되며 다른 언어를 사용해야 한다.

정기적으로 업무에 사용할 데이터를 폭넓게 살펴보되 가볍게 들어가보자. 일부 테이블은 내부적으로 품질 문제 및 특별한 내용을 설명하는 문서(데이터와 함께 있거나 보고서가 있다)가 같이 있다. 나중에 해결된 것으로 보여지는 '미스터리'한 내용을 다시 조사하지 않도록 이 문서를 먼저 읽어야 한다. 그런 다음 몇 개의 행과 요약 통계를 살펴본다. 이후 이 정보를 사용하거나 결측 값이 종종 있을 때 '뭐지?'라고 말하는 상황을 막을 수 있다. 레코딩되지 않은 부분을 발견했다면 해당 테이블의 전문가와 이야기한다. 기업이 크거나 자료를 수집한 사람이라면 그 직원이 데이터 과학자이다. 레코딩되지 않은 문제를 고쳐야 한다는 것을 알게 되거나 이미 예측된 상황이라고 밝혀질 수 있다. 예를 들어 데이터 접근이 일시적으로 중단되고 해당 날짜에 다시 시작하도록 설정된 형태일 수 있다. 그게 아니면 올해 5월에 사용한 것으로 보이는 지난해 신년 프로모션 쿠폰은 지원 팀에서 발급해줘 5월에 사용됐을 수도 있다.

일부 기업은 실제 데이터와 별도로 검증을 거친 데이터가 있지만 또 다른 기업은 생각없이 데이터를 병합한다. 후자의 경우 테스트 계정에서 특정 주문 및 활동을 제외해야 하는지 또는 특수한 비즈니스 파트너십을 제외해야 하는지 여부를 묻는다. 일부 데이터셋은 근본적으로 다른 동작을 하는 사용자가 있을 수도 있다. 아메리칸 항공은 한때 동반 운임을 포함해 평생 항공권이 있었다. 이 항공권을 소지한 사람 중 한 명은 동반인, 반려동물, 악기 때문에 항공권을 사용했고 하루에 여러 번 비행할 수 있었다. 이렇게 극단적인 기업은 없을 수도 있지만 새로운 비즈니스에서 '100달러에 10년 액세스'처럼 분석할 때 설명이 필요한 어리석은 거래가 드문 일은 아니다.

데이터를 조사하면서 데이터의 전체적인 형태가 어떤지 알아야 한다. 중소기업에 있다면 전체 데이터를 유용하게 이용하기 전 더 많은 데이터를 수집하고자 엔지니어와 함께 일한다. 대기업이라면 원하는 데이터가 있는지 알아보고자 수십 개의 테이블을 살펴본다. 아마도 12개의 데이터베이스에 걸쳐 '순서' 열이 있는 테이블을 찾을 것이다. 최종적으로 거래 및 서비스 사용과 같은 핵심 비즈니스 지표가 잘 문서화되고 정리된 테이블이 있어야 한다. 중요하지 않은 다른 데이터셋은 정리되어 있지 않고 문서화되지 않은 부분에 집중하려면 더 많은 정보가 필요하다.

데이터가 어떻게 전달되는지 반드시 알아야 한다. 웹사이트 데이터 등으로 일하면 웹사이트에서 사용할 데이터베이스로 정보를 전달하는 여러 시스템이 있다. 이 시스템은 어떤 식으로든 데이터를 변화시킨다. 데이터 수집이 갑자기 중단되면 당황하지 말고 문제를 어디서 찾아야 하는지 찾아보자. 의사 및 조사원과 같이 수동으로 입력하는 데이터도 있다. 이 같은 상황에서는 파이프라인 걱정보다는 데이터의 많은 속성과 잘못 입력할 잠재적 위치를 이해하는 데 더 신경 써야 한다. 어디든지 정리되지 않은 데이터를 다뤄야 한다.

데이터에서 '뭐지?'라고 소리쳤던 부분을 기록하며 어디에 있는지 발견해야 한다. 업무 과정에서 일일이 기억하기는 어렵다. 많은 기업은 데이터를 문서화하지 않으며 데이터 발견에 도움을 주는 시스템이 없다. 주석 코드가 본인과 동료가 해당 코드를 이해하는 데 도움이 되는 것처럼 데이터를 문서화하는 것이 좋다. 해당 문서는 노트북에 로컬로 보관하는 것도 좋지만 기업의 모든 직원이 접근할 수 있도록 저장하는 것이 가장 좋은 방법이다. 미래의 신입사원과 심지어 해당 분야에 익숙하지 않은 데이터 과학자에게도 도움이 된다.

엘린 파넬: 학계에서 산업으로 전환하기

저는 학계에서 8년간 수학자로 보냈습니다. 가장 중요하게 보는 업무가 데이터 과학의 중심에 있다는 것을 알게 되면서 이직을 고려했습니다. 제 연구 과제 중 두 가지는 국방부와 자원부의 지원을 받는 엔지니어링 기업과의 협업이었습니다. 우리 연구 그룹이 개발하는 것이 현실 문제를 해결하는 데 사용될 것이고 흥미로운 수학 문제까지 다뤄 해당 프로젝트를 좋아했습니다. 문제를 해결하고자 새로운 수학적 지식을 배울 기회가 생겼고 여러 학문이 팀으로 협업한 것도 좋았습니다. 최근 학계에서 산업으로 옮겨가는 과정에서 느낀 새로운 커리어는 이전 경험과는 크게 대조적이었습니다.

- **광범위한 트레이드오프** trade off: 학계에서 일찍 자리잡은 연구원에게 최우선 과제가 배정됩니다. 보통 깊고 좁은 하위 분야를 중심으로 한 연구 프로그램을 구축하는 과제입니다. 반면 산업에서는 광범위한 문제를 해결하는 것을 목표로 합니다. 현재 분야에서 전체적으로 광범위한 도구를 배우고 활용하는 것을 의미합니다. 모두 다른 형태로 보람을 느낄 수 있습니다. 광범위한 트레이드오프가 나타나는 범위는 학계의 기관 및 연구 분야, 산업계의 팀 및 프로젝트가 무엇을 초점하는지에 따라 다릅니다. 개인적으로 광범위하고 심도 있는 영역을 선호한다면 다양한 취업 기회를 갖는 데 도움이 됩니다.

- **자율성**: 학계에서는 어떤 연구 프로젝트에 초점을 맞추는지에 따라 상당한 자율성이 보장됩니다. 산업에서는 기업에서 해결하고자 하는 문제(대부분 해결 방법이 상당히 유연합니다)를 해결할 것을 기대합니다. 하향식 문제 정의는 여러분이 연구하는 내용이 실제 세계에 긍정적인 영향을 미칠 것이라는 점이 장점입니다. 산업에서는 자율성을 높이는 메커니즘이 있습니다. 많은 직무에는 데이터 과학자가 미래 업무에 새로운 분야를 제안할 수 있는 유연함이 있으며 내외부의 지원금은 새로운 프로젝트의 시간과 재원을 얻을 수 있습니다.

- **일과 삶의 균형**: 학계와 산업 모두에서 일한 대부분 사람과 개인적인 경험에서 생각해보면 일과 삶의 균형은 산업에서 더 좋습니다. 학계에서는 경계를 정하는 것이 상당히 어렵습니다. 매일 밤과 주말에 퇴근하는 것이 당연합니다. 산업에서도 법적 근로시간 외 근무가 일반적이지만 삶의 균형은 특정 기관 및 기업 문화에 따라 다릅니다. 여러분이 해당 문화에 어떻게 참여하고 기여하는가에 달려 있습니다. 저는 두 형태 모두 관리하기 어렵다고 생각하는 사람과 알맞은 균형을 성공적으로 찾은 사람을 알고 있습니다.

9.2 생산적인 업무

여러분은 관리자에게 잘 보이면서 관리자의 업무량을 덜어줘야 하지만 초반에는 더 어렵게 만들 것이다. 충분히 생산적으로 일하려면 생각보다 오랜 시간이 필요하다. 이 시기에 좌절감을 느끼는 것은 정상이다. 새로운 환경에는 많은 인지적 가중이 있다는 것을 기억하자. 직원의 점심시간은 얼마나 되며 근무시간은 어떻고 어떤 형태의 의사소통을 해야 하는지 그리고 모든 직원이 책상에 없을 때 노트북을 닫는지 등 (언급되지 않은) 규칙을 이해하려 노력해야 한다. 전체적인 데이터 시스템도 알아야 한다.

자신을 하루 빨리 증명해야 한다고 생각하는 것은 쉽게 하는 실수이다. 정말로 문제가 있는 기업이 아닌 이상 충분히 준비 시간을 준다. 긴 기간(몇 주보다는 몇 달 이내)에 걸쳐 가치를 전달할 수 있도록 본인의 직무를 확실히 하는 데 집중해야 한다. 기업은 보고서, 분석, 모델 등의 형태로 보고받는 것보다는 '여기에 접근할 수 있을까?', '이 쿼리는 왜 그렇게 느릴까?'와 같은 사항을 더 요구한다.

여러분은 특정 가치를 빠르게 전할 수 있다. '고객 규모 분포는 어떠한가?' 또는 '매주 몇 퍼센트의 사용자가 활동 중인가?'와 같은 간단하면서 전체적인 설명이 가능한 질문에 초점을 맞춰야 한다. 이 과정에서 회사의 데이터를 숙지하고 문제점과 함정을 발견할 수 있다. 관리자와 함께 확인하는 동안 업무의 일부를 알려 올바른 방향으로 진행되는지 확인해야 한다. 관리자가 싫어하는 방법론을 사용하거나 잘못된 데이터셋을 사용하는 등 시간을 많이 들이고 엉뚱한 질문에 답을 하면 좋아하지 않는다.

더욱 간단한 질문에 집중하면 데이터의 모든 세부 내용을 모르는 상태에서 복잡한 질문에 답해 잘못된 결론을 내려 당황하는 상황이 발생하지 않는다. 이해관계자가 데이터 과학을 처음 접하는 경우 첫 번째 질문은 '판매 계약이 성사될 것을 예측할 수 있는가?' 또는 '사용자를 최대로 늘릴 수 있는 방법'과 같은 것으로 어려울 수 있다. 12장에서 살펴보겠지만 데이터 과학자로서 비즈니스 문제를 파고들어 이면에 숨겨진 데이터의 문제를 찾는 것이 해야 할 일 중 하나이다. 기본적인 사실을 모르거나 잘못 알고 있다면 올바른 질문을 하지 못한다.

더 빨리 생산적인 업무를 가능하게끔 도와줄 수 있는 전략 두 가지가 있다. 바로 질문하는 것과 관계를 형성하는 것이다. 질문을 하면 업무의 세부 사항을 빠르게 이해할 수 있다. 동료와 관계를 만들어가면 조직에서 본인의 직무 역할은 무엇인지 이해하는 데 도움이 된다.

9.2.1 질문하기

질문을 하거나 '모른다'라고 말하는 것을 두려워하는 것은 커리어의 발목을 잡을 수 있다. 앞서 언급했듯이 데이터 과학은 너무나도 방대한 분야이기에 모든 것을 아는 사람은 없고 심지어 20%도 모른다. 기업 데이터의 모든 구성을 알지는 못한다. 관리자에게 질문을 하고 다른 사람에게 몇 분간 물어보는 것이 며칠 동안의 헛수고보다 낫다. 'A/B 테스트에서 수익의 변화를 감지하고자 어떤 통계적 테스트를 사용하는가?'와 같이 기술적으로 유용한 질문에서 '이 제품에 대한 책임은 어느 팀에게 있는가?'와 같은 비즈니스 질문에 이르기까지 무엇이든 할 수 있다.

모든 질문이 같지 않다. 더 나은 질문을 하고자 다음 몇 가지 제안을 해본다.

- **다른 사람들이 어떻게 질문하는지 관찰한다.** 사람들이 직접 슬랙 채널, 포럼, 이메일로 질문을 하는가? 채널을 제대로 알면 다른 직원을 덜 귀찮게 할 수 있다. 관리자에게 질문을 어떻게 하는지 자세히 물어볼 수 있다.
- **주도적인 모습을 보여준다.** '조사했는데 세 가지 문제점을 발견했다' 또는 '이는 ~처럼 보인다. 정말인가?'라고 말할 수도 있다. 스스로 몇 가지 조사하면, 그 질문에 대한 답변을 찾을 수 있고 그 개념을 더 잘 이해한 상태에서 질문을 던질 수 있다.
- **스스로 답을 찾을 수 있는 질문은 하지 않는다.** 다른 사람과 협업하거나 문제점을 논의하는 동안 주제가 나오지 않는 한 구글 검색의 첫 번째 스택 오버플로 결과에 답변이 가능한 질문(예: R에서 벡터와 리스트의 차이점은 무엇인가)은 되도록 하지 않는 게 좋다.
- **상대방의 시간을 존중한다.** 질문 중 일부는 기술적으로 자세한 답변이 필요한 질문도 있다. 다양한 통계 및 프로그래밍 방법의 전문가가 누구인지 알아내는 것이 중요하다. 해당 전문가에게 답을 얻을 수 있다. 특정 직원에게 해야 할 질문이 많다면 미팅 일정을 잡자. 몇 분마다 계속 질문하지 않고 미팅 일정을 가지면 상대방은 자신을 더 대우해준다는 느낌을 받는다. 해당 직원의 스타일을 물어보는 것도 도움이 된다. 다른 사람을 지원하는 역할도 있겠지만 그 사람 또한 해야 할 업무가 있다. 바쁜 시간을 피해 가능한 일정이 있는지 확인하고 그 시간을 존중해야 한다.
- **질문을 가장하고 비판의 목소리를 내지 않는다.** 예를 들어 '왜 학부 시절에 배운 더 명확한 방법 대신 이 같은 방식으로 코드를 짜야 하는가?'가 있다. 업무가 지금의 형태로 이뤄지는 이유를 이해하려고 노력하자. 만약 대기업에 물리적 서버가 있다면 데이터를 클라우드로 옮기는 작업은 수십 명의 엔지니어가 반년 이상 해야 하는 업무이다. 다른 사람이 '~만 하는 게 어때? 쉽기도 하고 시간도 많이 절약할 수 있다'고 말할 때 그들은 다른 사람이 종종 문제를 이해하지 못하거나 시급하게 느낀다고 생각한다. 하지만 엔지니어가 해당 업무를 하지 않는 이유는 법적 제약과 같이 여러분이 전혀 알 수 없는 사항이 있을 것이다.
- **다른 사람과 협업한다.** 사람들과 함께 협업하는 것은 가장 훌륭한 배움이다. 단순히 질문하고 답을 얻는 것보다 답을 찾는 과정을 배울 수 있다. 기술적인 질문을 하며 다른 사람의 코딩 환경을 보고 새로운 기술을 배우는 것도 한 방법이다. 어떻게 데이터를 얻는지, 데이터가 어느 테이블에 있는지, 어떤 테이블을 알고 있는지 등을 보며 코딩 기술을 배울 수 있다. 어디를 살펴봐야 하는지 알고 스스로 많은 질문에 대답할 수 있는 것이 여러분의 최종 목표이다.

- **목록을 작성한다.** 즉각적인 대답이 필요하지 않은 질문이라면 데이터 새로 고침 빈도, 쿼리의 크기 제한, 특정 데이터가 로컬 서버로 백업하는 데 걸리는 시간 등 유용한 정보를 적어놓는다. 이후 멘토 및 관리자와 함께 한 번에 검토한다. 이는 여러분이 다른 사람의 업무 시간을 방해하는 것을 방지해주며 여러분이 골칫거리가 되지 않게 해준다.

9.2.2 관계 형성하기

새로운 업무 환경에 익숙해지려면 지원받을 수 있는 관계망을 형성해야 한다. 어떤 이는 다른 누군가보다 더 쉽게 관계를 형성한다. 아마도 여러분은 비기술적인 대화를 하고 싶을 것이다. 이는 대부분 업무를 파악하기 위해 이야기한 적이 없는 사람과 만나는 것을 의미한다. 시간을 낭비하는 것이 아니다. 이름과 직책을 넘어 더 많은 내용을 알게 되면서 서로에게 의지하는 것이 더 익숙해진다.

모르는 사람에게 접근하는 게 망설여질 수 있지만 질문을 하며 대화를 시작하자. 사람은 다른 사람에게 도움이 되고 박식하다고 느끼는 것을 좋아한다. 질문할 때 공손하고 친절하게 하되 두려워하지 말자. 직원과 친해지면 아무리 큰 사무실이라도 불편함이 덜해진다. 친해지고자 30분간 회의를 준비할 수 있는지 물어보면서 긴밀히 협력할 사람들에게 메시지도 보내보자. 대기업에서 일한다면 숙지할 직원 목록을 만들어달라고 관리자에게 요청할 수 있다.

기업이 크든 작든 구체적인 질문을 누구에게 해야 하는지 아는 것은 중요하다. 어떤 직원은 회사에서 SQL을 가장 잘하고 어떤 직원은 실험 시스템을 담당한다. 기술적 장애가 있다면 누구에게 의지해야 하는지 아는 것은 업무에 큰 도움이 된다. 현재 관리자가 도움이 되지 않는다면 더 높은 관리자에게 자신의 현재 상황을 알리는 것도 좋다. 관리자에게 고자질하는 것을 의미하는 게 아니다. 더 높은 관리자에게 본인의 상황을 알리면 직속 관리자와 그 문제에 대한 해결책을 찾는 게 더 수월해진다.

함께 업무를 할 모든 이해관계자와 만나려고 노력해야 한다. 데이터 과학 팀이 10명 미만이라면 개별적으로 모두 만나봐야 한다. 데이터 엔지니어 및 다른 데이터 담당자와 협업하려면 대화가 필요하다. 이 같은 미팅은 비공식적일 수 있지만 이메일 서명만으로 끝내서는 안 된다. 원격으로 일하더라도 얼굴을 볼 수 있도록 화상회의 시스템을 사용해보자. 공식 회의나 점심시간과 같은 사회적인 기회에서도 모두 많이 경청한다. 데이터와 가까운 분야(엔지니어링, 재무, 세일즈 운영, 마케팅 분석 등 모든 분야)에서 일하는 사람과 만나 현재 어떻게 업무를 진행하는지 들어본다. '내가 더 잘할 수 있다'는 식의 표현을 하거나 '그렇게 할 바에야 머신러닝 플랫폼을 만들겠다' 식의 대화는 하지 말자. 단순한 정보와 생각을 얻는 데 초점을 맞춘다. 모든 내용이 항상 업무 이야기일 필요는 없다. 주말 계획 및 좋아하는 TV 프로그램, 취미를 물어보며 개인적으로 알아가는 것이 좋다. 만약 여러분이 현명한 사람이라면 여기에 한 마디 덧붙일 것이다. 사무실의 관리자와 친구가 되길 바란다. 관리자는 여러분의 하루가 즐거워지도록 간식, 점심 주문, 화장실에 있는 비품 종류 등을 관리한다. 가장 힘든 일이지만 감사함을 느끼기 어려운 직업 중 하나이다. 확실하게 감사를 표하는 게 좋다.

멘토링과 후원

'멘토를 찾길 바란다'와 같은 조언은 흔하지만 찾지 못해 실망할 정도로 어려울 수 있다. 멘토는 직무적인 조언을 하며 어려운 문제를 해결하고 더 나은 결정을 내리는 데 도움을 준다. 다만 프로그래밍을 배우거나 의사소통 능력을 향상시키는 것과 달리 멘토는 수업을 듣고 책을 읽는 것과는 관련이 없다. 어떻게 찾아야 할까?

다행히도 멘토링이 반드시 장기적인 관계일 필요는 없다. 앤절라 바사(16장 인터뷰 참고)는 Data Helpers(*datahelpers.org*)에서 신입 데이터 과학자를 멘토링해주고 질문에 답할 수 있는 사람의 목록을 공개했다. 멘토가 여러분이 직면하는 모든 업무적 딜레마를 해결할 수는 없지만 인성 면접을 준비하거나 첫 R 패키지를 만드는 등 현재 겪는 특정 문제에 도움을 줄 수 있다.

후원 및 스폰서의 형태도 여러분의 커리어에 많은 영향을 미칠 수 있다. 후원은 프로젝트에 자금을 대거나 홍보를 도와주거나 중요한 사람을 소개하거나 성장에 도움이 되는 도전적인 프로젝트를 선정해 기회를 주는 사람 및 단체이다. 스폰서가 주는 기회를 잘 활용해야 한다. 여러분에게 콘퍼런스 연설을 부탁했지만 주최자에게 연락하지 않거나 준비되지 않은 연설은 하지 않는다면 추천자에게 안 좋은 영향을 미친다. 이전에 같은 업무를 했을 필요는 없지만 비슷한 업무를 했다는 것을 보여주고(밋업 참여 등) 후원사와의 소통에 친절히 응하면 해당 업무를 잘 해낼 수 있다는 자신감이 생길 것이다.

여러분이 다른 사람의 장기적인 멘토 및 후원자가 되고자 한다면 어떻게 나의 멘토에게 조언을 들었으며 기회를 이용했는지 멘티에게 알려줘야 한다. 많은 사람을 돕고 싶기에 멘토와 후원자가 된다. 어떻게 혜택을 받았는지 들려주면 좋다. 필요한 사항 외에는 멘토와 의사소통 하지 않으면 이용당한다고 느낄 수 있으니 조심하자.

후원이나 멘토링에 관한 많은 공고를 보면 기업에서 멘토와 후원자를 찾는다. 대기업에서 일한다면 특히 중요하다. 데이터 과학자는 몇 년에 한 번씩 직무를 바꾸는 것이 일반적이다. 데이터 과학 분야는 작은 틈새에서 긍정적인 평판으로 다양한 직무에 있을 기업 밖 후원자와 멘토를 찾을 수 있다.

9.3 회사에서 첫 번째 데이터 과학자인 경우

지금까지 살펴본 내용은 데이터 과학자가 맡을 업무 중 첫 몇 달에 해당한다. 조직 내에서 최초의 데이터 과학자가 되는 것은 특별한 도전 과제가 있다는 의미이다. 이 분야가 얼마나 새로우며 많은 소규모 기업에 데이터 과학자가 많이 없다는 것을 고려한다면 첫 번째 데이터 과학자가 있는 기업을 찾기란 어렵지 않다. 기업에서 최초의 데이터 과학자로서 시작한다면 준비가 잘되어 있어야 한다.

새로운 직무를 시작해야 하는 데 선례가 없다. 누구도 파이썬, R 등 어떤 프로그래밍 언어를 사용할지 결정하지 않았다. 해당 업무를 어떻게 관리해야 할지 아무도 모른다. 기존 소프트웨어 개발 관행을 사용해 업무를 진행할지, 그날의 기분대로 해야 할지 빠르게 결정해야 한다. 코드를 어떻게 관리해야 할까? 깃허브 프로 라이선스를 구입해 마이크로소프트 TFS 서버를 사용해야 할까? 아니면 백업 없이 노트북의 '내 문서' 폴더에 모든 파일을 저장해야 할까?

선례가 없으니 앞으로의 모든 업무는 암묵적으로 전례가 된다. 예를 들어 여러분이 애매한 프로그래밍 언어에서 F# 사용이 익숙하다면 다음 데이터 과학자는 F#을 배워야 한다. 여러분이 가장 좋아하는 것보다 일반적인 프로그래밍 언어를 사용해 팀에 도움이 될 결정을 하는 것이 좋다. 미래에 관한 집중과 현재의 문제에 영향을 끼칠 수 있다는 사실 사이의 균형이 이뤄져야 한다. 다른 데이터 과학자와 보고서를 자동으로 공유할 수 있는 훌륭한 파이프라인을 세우고자 3개월을 소비했지만 두 번째 데이터 과학자가 5년간 공석이라면 해당 업무는 쓸모없어진다. 이렇듯 직접적이든 간접적이든 매일 큰 결과를 초래하는 결정을 하게 된다.

스스로 해당 역할을 파악하는 것 외에도 데이터 과학을 나머지 조직에 홍보해야 한다. 지금까지 기업에는 데이터 과학자가 한 번도 없었기에 대부분 직원은 여러분이 왜 여기 왔는지 이해하지 못한다. 여러분의 직무를 더 빨리 이해할수록 함께 일하고 싶어 하고 곁에 두고 싶어 한다. 기대치를 관리하는 것과 같다. 앞서 살펴봤듯이 일부 직원은 데이터 과학은 매력적이며 최초의 데이터 과학자가 기업의 가장 큰 문제 중 일부를 즉각 해결할 수 있다고 생각한다. (a) 데이터 과학이 할 수 있는 것과 (b) 이런 목표에 얼마나 빨리 도달할 수 있는지에 대한 현실적 기대를 설정할 필요가 있다. 여러분의 업무는 직원들에게 데이터 과학 및 비즈니스에 도움이 될 만한 사항을 지속적으로 설명해야 한다. 한 팀에서 20번째 데이터 과학자라면 몇 달간 구석에서 조용히 모델 작업을 하는 것도 괜찮지만 첫 번째 데이터 과학자는 그렇게 하기 어렵다.

최초의 데이터 과학자는 다른 직무보다 훨씬 더 많은 업무와 위험을 안고 있지만 그만큼 큰 보상이 따른다. 기술적인 결정을 여러분이 원하는 방향으로 선택할 수 있다. 데이터 과학을 조직에 홍보해 더 잘 알려지면 더욱 큰 영향력이 생긴다. 데이터 과학 팀이 성장하면서 여러분은 데이터 과학 팀의 리더가 될 수 있으며 경력에도 큰 도움이 된다.

9.4 직무가 기대와 다를 때

데이터 과학 기업에 들어갔는데 예상한 직무와 전혀 다르다는 것을 알게 될 수도 있다. 몇 달간 업무를 한 후 드디어 현장에 나간다고 기대했지만 다시 처음부터 시작해야 할지도 모른다. 기업을 빨리 떠나면 이력서에 부정적으로 보일 것이라는 걱정이 앞설 것이다. 1년은 있어야 한다는 의미일까? 이어서 두 가지 주요한 문제의 유형을 다룬다. 업무가 최악이고 업무 환경도 좋지 않을 때이다. 완벽히 해결할 방법은 없지만 몇 가지 내부적으로 완화시킬 수 있는 방법을 살펴본다.

9.4.1 업무가 너무 최악일 때

먼저 여러분의 기대는 무엇인지 냉정하게 살펴봐야 한다. '모든 데이터가 정리되지 않아 이틀 동안 데이터를 모두 전처리했습니다. 데이터 엔지니어는 바로 문제를 고치지 않습니다'와 같은 문제가 있는가? 이런 문제는 데이터 과학 업무 중 일부이다. 수백 명의 엔지니어가 있는 대기업의 데이터 과학자들도 갖는 문제이다. 데이터가 너무 많아 모든 내용을 완벽히 검사하는 것은 불가능하다. 핵심이 되는 테이블은 깔끔하고 문서화가 잘되어야 하며 하위 영역에 여러분이 개선하거나 수집하고자 다른 사람들과 협업해야 할 데이터가 있을 것이다.

여러분의 기대가 얼마나 현실적인지 다른 데이터 과학자에게 확인하면 알 수 있다. 관련 학위를 졸업하거나 부트캠프에 있었다면 동료 및 동기 네트워크에 있는 사람들에게 현재 근무하는 환경을 어떻게 생각하는지 물어본다. 아직 데이터 과학자를 많이 모르고 소도시 및 시 외곽에서 일한다면 모임에 참석하거나 온라인 커뮤니티에 가입해보자(5장 참조). 현재 회사에서 다른 데이터 과학자가 이전에 데이터 과학 관련 업무를 수행했다면 어떻게 비교되는지 알려줄 수 있는지 확인한다.

업무가 지루할지도 모른다. 여러분이 기대한 업무는 모델 예측이지만 실제로 하는 업무는 다른 사람의 기존 예측 모델을 한 달에 한 번 계속 실행 버튼만 누르는 것일 수 있다. 이 경우 추가 프로젝트를 진행할 수 있는지 아니면 일부 과정을 자동화할 수 있는지 확인해본다. 지루하지만 시간이 많이 걸리지 않는다면 데이터 과학 관련 업무의 기회를 잡아야 한다. 추가 프로젝트를 계속하며 데이터 과학 포트폴리오에 추가하거나 블로그 게시물을 작성 및 온라인 강의를 수강한다.

안 좋은 직무에서도 배울 게 있다. 더 많은 것을 배우고 이룰 수 있도록 직무를 조정할 방법이 있는가? 어떤 부분을 개선할 수 있을까? 동료가 더 나은 코드를 작성할 수 있도록 배우는 것을 돕지 않지만 데이터 과학 팀을 만들 때 어떤 실수가 가장 빈번한지 배울 수 있는가? 분명 기업에는 똑똑하고 괜찮은 좋은 사람이 있을텐데 어째서 안 좋아졌을까? 이런 경험을 통해 다음 회사를 구할 때 무엇을 조심해야 할지 배울 수 있다. 만약 본인만의 데이터 과학 팀을 꾸린다면 실수를 피할 수 있을 것이다.

9.4.2 업무 환경이 좋지 않을 때

여러분의 업무가 정말 최악이라면 어떠할까? 관리자와 이해관계자가 매우 비현실적인 기대를 하지만 데이터가 없어 가치 예측에 진전을 이루지 못할 때 해고하겠다고 한다면 어떻게 할까? 아니면 기업의 기대에 미치지 못할 때 불이익을 받게 될까? 데이터 과학을 처음 접하는 기업은 핵심적인 문제를 데이터 과학으로 해결해줄 것을 기대한다. '문자를 잘 썼는지 여부를 알려주는 모델을 만들길 바랍니다'라고 말할지도 모른다. 데이터 과학 분야에서 어느 누구도 해결하려고 하지 않은 문제이다. 이런 경우 기업의 실적이 저조하다고 느끼는 리스크나 기대를 조절해야 한다. 본인을 대변하는 것은 어렵지만 어느 기업에나 합리적이고 똑똑한 사람이 있다. '여러분이 더 나은 데이터 과학자였다면 할 수 있었을 텐데'라고 말한다면 안 좋은 신호이다. 훨씬 더 경험 많은 데이터 과학자가 문제를 해결할 수 있어도 기업은 데이터 과학자 직무를 만들고 고용할 때부터 이 사실을 알고 있어야 했다.

서로 다른 팀끼리 협업하지 않는 것이 문제가 될 수도 있다. 도울 곳을 찾기보다는 서로 방해하려고 할지도 모른다. 단순히 어떻게 앞서 나갈 수 있는지 또는 기업에서 성공하는 데에만 초점을 맞추며 서로 경쟁하는 제로섬게임(여러분의 팀이 이기면 다른 팀은 진다)이 될 수도 있다. 협업하지 않는 상황은 건강하지 못한 환경을 만드는 것 외에도 많은 낭비로 이어진다. 다른 직원이 여러분의 데이터 및 알고 있는 사항을 공유하지 않아 다른 사람의 프로젝트를 따라 하게 될 수도 있다.

또 다른 문제는 데이터 과학 분야와 전혀 관련 없는 문제다. 성차별주의, 인종차별주의, 동성애 혐오 등이나 또 다른 적대적인 업무 환경으로 출근길이 불편한 경우이다. 공공연히 직장 내 괴롭힘을 당하거나, 회의에서 구설수에 오르거나, 잘못된 성별로 불리거나, '출신이 어디니?'라는 질문을 받는 것도 이에 해당한다.

안타깝게도 이 같은 문제를 해결하려면 대개 높은 자리에 있는 사람이나 모든 사람이 적극적으로 참여해야 한다. 직장에 문제가 있다는 것은 리더십이 존재하지 않거나 심지어 적극적으로 문제를 일으킨다는 것을 의미한다. 문제가 한 명의 나쁜 사람에게서 시작되었다면 다른 사람이 그 문제를 인식하고 지적하는 것이 이상적이다. 하지만 문제가 커진다면 바꾸는 것이 거의 불가능하거나 여러분은 후배이기에 바꾸는 게 어려울 수 있다. 이때는 회사를 떠나야 할 것인지 신중하게 고민해봐야 한다.

9.4.3 퇴사를 결심했을 때

회사를 그만두는 것이 옳은지 결정하는 것은 지극히 개인 문제이다. 누구도 그 결정을 고민 없이 쉽게 내릴 수 있는 지름길을 알려줄 수는 없지만 결정에 도움을 줄 몇 가지 질문은 있다.

- 저축을 많이 했는가? 부양해야 할 사람이 있는가? 회사를 관두면 돈을 빌릴 수 있는 가족이 있는가?
- 회사가 건강과 업무 외의 삶에 영향을 주었는가?
- 회사가 문제라면 관리자와 해당 문제를 주제로 이야기하거나 해결하려고 노력했는가?
- 지금 또는 몇 달 이내에 팀이나 직무를 바꿀 수 있는가?

이 질문들에 답을 하면서 여러분이 떠나야 한다고 생각된다면 바로 다른 회사를 찾기 시작하자. 물론 이력서에 짧은 회사 생활을 가진 것이 어떻게 보일지, 면접관에게 어떻게 설명할지 걱정되는 것이 당연하다. 근무한지 불과 몇 주밖에 안 됐다면 이전 회사의 관리자와 연락하는 것을 고려해보자. 아직 직무를 대체할 사람을 찾지 못했을 가능성이 높고 좋은 관계로 떠났다면 돌아가게 될 수도 있다.

새로운 회사를 찾는다면 짧은 회사 생활과 관련해 면접에 도움이 될 몇 가지 팁이 있다.

- **면접관이 주제를 발표할 때까지 기다린다.** 먼저 적극적으로 말해야 한다고 생각하지 말자. 기업은 분명히 관심을 가지고 있으니 걱정하지 않아도 된다.

- **직무에서 긍정적인 경험과 배운 점을 찾는다.** 이런 경험과 교훈은 여러분이 일해본 프로젝트일 수도 있고 업계에 있었을 수도 있으며 선배의 지도일 수도 있다.

- **이직을 왜 이렇게 빨리 했느냐고 물으면 짧고 중립적으로 대처한다.** 떠나게 된 이유와 자신의 잘못이 아님을 알리고 싶겠지만 너무 솔직하면 면접관은 함께 일하기 어렵다고 볼 수도 있다. 최선의 선택은 '요구 사항이 기대했던 것과 달랐고 저의 기술과 전문 지식으로 회사를 좋게 만들 수 없었다'라는 모호한 말을 해야 한다. 배운 사항이 있다면 공유하자. 아마도 기업의 첫 데이터 과학자로 더 큰 팀의 일원이 되고 싶다는 것을 깨달았을 것이다.

퇴사를 결정했으면 15장에서 정규직으로 일하는 동안 새로운 일을 찾고 좋은 인상을 남기는 등 최대한 품위 있게 퇴사하는 방법을 확인해본다.

하지만 비자 때문에 회사를 계속 다녀야 하거나 작은 도시에서 데이터 과학을 하는 유일한 기업이기에 떠날 수 없을지도 모른다. 이때 몇 가지 팁이 있다.

- **스스로가 직책이 아니라는 것을 기억한다.** 기업이 내리는 잘못된 결정에 책임을 질 필요는 없다. 리더가 아닌 한 기업의 업무는 통제할 수 없다.

- **건강을 지켜야 한다.** 친구나 가족을 만나는 시간, 수면이나 운동하는 시간을 아끼지 말자.

- **다른 사람과 대화한다.** 어쩌면 그 사람은 배우자, 친구 혹은 치료사일지도 모른다. 조언이 있을지 모르지만 여러분의 이야기를 들어주는 것만으로도 큰 도움이 된다.

- **개인적인 괴롭힘을 보고한다.** 특정 직원에게 괴롭힘을 당한다면 인사 팀에 신고하는 것을 고려해본다. 이때 보고서를 문서화해야 한다. 인사 팀에 직접 가지 않고 이메일을 통해 그 과정을 기록한다. 서면으로 기록되면 도움이 된다. 기업에서 아무 조치가 없다면 미국의 고용평등기회 위원회Equal Employment Opportunity Commission(EEOC)[1]에 문제를 제기한다. 안타깝게도 직장 내 괴롭힘을 신고하는 데 위험이 없는 것은 아니다. 괴롭힘은 분명 잘못된 행위지만 기업은 신고자의 승진을 지연시키거나 해고하는 방식으로 신고에 보복하기도 한다. 괴롭힘을 보고하고 싶지 않더라도 나중에 신고하기로 했다면 이에 관한 문서를 보관하길 바란다.

- **퇴사라는 틀에서 벗어난 생각을 해본다.** 유일한 선택권이 평판이 좋지 않은 회사로 이직하거나 더 낮은 직책을 얻거나 일시적으로 일을 쉽게 돼 경제적인 부분이 어려워져 퇴사할 수 없다고 생각할 수 있다. 좋지 못한 환경에 머무르며 받는 부정적인 영향을 과소평가하지 말자. 회사를 떠나는 단기적인 희생을 감수할 수 있다면 퇴사는 장기적으로 가치 있는 선택이 된다.

이 같은 상황에 있지 않길 바라며 '비상 매뉴얼' 같은 정보가 있으면 편리하다. 데이터 과학 업계에서 직업을 바꾸는 것은 흔하다(15장 참고). 여러분을 불편하게 만드는 회사에 계속 머물 필요는 없다는 것을 명심하자.

---

1 옮긴이_국내에서 발생한 경우 고용노동부 홈페이지(www.moel.go.kr) 상단의 '기관소개'에서 사업장 소재지를 관할하는 지방고용노동관서 홈페이지에 들어가 도움을 요청하면 된다.

9.5 자비스 밀러 인터뷰

자비스 밀러Jarvis Miller는 스포티파이spotify의 개인 설정 팀의 데이터 과학자이다. 사용자의 음악 감상 경험을 향상시키고 있다. 인터뷰를 하자고 했을 때는 버즈피드BuzzFeed의 데이터 과학자로 일했다. 2018년 통계학 석사 학위를 취득했다.

Q 첫 번째 데이터 과학 업무에서 가장 놀라웠던 사실은 무엇인가요?

A 저를 놀라게 한 두 가지는 작가로서 얼마나 발전할 수 있는지와 전문용어를 사용하지 않고 업계에 데이터 과학 기여도를 어떻게 설명해야 하는지였습니다. 이해관계자가 데이터 과학자와 함께 일해 언어를 이해하는 방법을 배웠기에 설명하는 방식을 바꿀 필요가 없다고 생각했습니다. 하지만 절대 그렇지 않다는 것을 깨달았죠. '분류 문제의 데이터에 로지스틱 회귀분석을 했다'라고 간단히 말할 수 없었죠. 작가인 저는 보고서를 작성할 때 스토리를 구체화하고 데이터 스토리텔링 능력을 높이며 기술 관련이 아닌 제품 관리자, 디자이너, 이해관계자 들이 어디에 위치하는지 설명하는 형태로 업무를 설명하고 이해를 도왔습니다.

학계에서는 하루의 마지막에 결과를 발견하느냐의 문제가 전부라고 생각했습니다. 마감 직전에 일을 시작했든 미리 계획을 세웠든 상관이 없었습니다. 산업에서는 전체적인 목표가 크지만 결과를 어떻게 세분화할지 알아야 합니다. 첫 번째 결과가 작동되고 잘 전달되고 있는지 아닌지 살펴본 후 향후 분기에 개선해야 합니다. 해당 프로젝트가 끝날 때까지 가는 것에 익숙했습니다. 프로젝트의 일부에 우선순위를 매기는 방법도 배워야 했죠. 제가 한 업무와 다음 프로젝트에서 해야 할 업무를 문서화하는 법을 배웠습니다. 또한 다른 직원들이 제 업무를 바탕으로 무엇을 해야 할지 볼 수 있도록 보고서를 공유 폴더에 넣거나 앱을 만들어 공유했습니다.

Q 마주한 문제점은 어떤 것이 있었나요?

A 자유롭게 말하기란 정말 어려운 일이었습니다. 업무를 시작했을 때 혼자 프로젝트를 했는데 보고해야 할 사람은 뉴욕에 있었고, 저는 LA에 있었어요. 가장 혼란스러웠던 점은 즉시 메시지를 보내야 할지 아니면 회의와 관련해 따로 저장해야 할지였습니다. 업무를 가로막은 무언가에 휘둘리면 안 된다는 것을 알았지만 어떤 것이 방해하는지조차 알지 못했어요. 특히 소외된 그룹에 있거나 다른 분야에서 온 데이터 과학자에게 나타나는 공통적인 문제입니다. 새로 입사한 전문가인지 아닌지와 관련해 불쾌감을 표시하거나 의견을 제시할 수 없는 것처럼 느낄

수도 있습니다. 이전으로 돌아갈 수 있다면 어떻게 고립감을 느꼈는지 회사 내 의사소통을 어떻게 확신할 수 없었는지 이야기해 좀 더 일찍 조언을 주고받고 싶습니다.

Q 첫 번째 프로젝트의 이야기를 해줄 수 있나요?

A 첫 프로젝트 중 하나가 회사의 A/B 테스트 플랫폼을 개선하는 것이었습니다. 문제가 매우 광범위했죠. 버즈피드에서 지금까지 무엇을 했고 어떻게 동작했으며 A/B 테스트가 어떻게 워크플로에 적합한지 물어볼 직원을 찾아보는 것부터 시작했습니다. 이후 직원이 무엇을 왜 싫어했으며 이를 사용했을 때 워크플로는 어떠했는지 등 구체적인 도구를 주제로 이야기 나누었습니다. 안타깝게도 저는 너무 많은 업무를 떠맡게 되었죠. 많은 직원이 다양한 제안을 했고 같은 중요도인 업무가 50개나 있었어요. 하지만 관리자는 왜 이런 제안이 우선시되는지를 포함해 꼭 필요한 사항과 좋은 사항으로 나눠 달라고 부탁했습니다. 프로젝트의 전반적인 목표를 살펴보고 목표를 향한 기여도와 시간이 얼마나 걸리는지에 따라 아이디어를 중요도 기반으로 할 것을 제안했습니다.

Q 일을 시작한 첫 달에 가장 해주고 싶은 조언은 무엇인가요?

A 여러분이 채용된 이유가 있다는 것을 기억하세요. 기업은 여러분의 견해를 존중하며 배울 수 있게 도와줄 수 있고 충분히 배울 수 있다고 생각합니다. 의견이 있다면 다른 직원에게 알리세요. 큰 조직에서 말하는 것을 싫어한다면 소수의 직원에게 메시지를 보내고 함께 실행시키고 아이디어에 대한 피드백을 받아보세요. 단순히 기술적 측면에만 적용되는 것은 아닙니다. 저는 관리자와 일대일로 마주한 첫 몇 분간 제가 한 업무에 당장 뛰어들고 싶지는 않았습니다. 잠시 기분을 전환하고 마음의 정리를 할 시간이 필요했죠. 이런 부분이 생산성에 도움이 된다는 것을 깨닫고 기업은 제가 생산적이기를 원하니 알려야 했습니다. 여러분의 의견은 소중하고 특히 어떻게 대우받고 싶은지 혹은 어떻게 이 직무에서 생산적인 방향으로 나아갈 수 있는지에 관한 것이라면 공유할 가치가 있습니다. 스스로 본인을 아는 것만큼 남들은 저를 모릅니다. 여러분의 생신성은 모든 사람에게 도움이 됩니다.

9.6 마치며

- 지금 당장 완벽한 생산성을 갖추려고 하지 말자. 대신 관계, 도구 및 데이터 관한 이해를 높이는 데 초점을 맞춘다. 장기적으로 생산성을 높일 수 있는 방법이다.

- 근무 환경이 좋지 않다면 본인의 건강과 커리어에 미치는 영향을 줄이고자 조절하는 데 노력한다.

CHAPTER 10

효과적으로 분석하기

이 장의 주요 내용

◆ 분석 계획하기

◆ 코드, 데이터 및 프로젝트 구조 생각하기

◆ 고객에게 분석 전달하기

10장은 의사결정론과 분석에 초점을 맞춘 데이터 과학자, 즉 데이터를 사용해 비즈니스에 아이디어를 제안하는 사람을 고려해 구성됐다. 머신러닝 엔지니어도 모델을 구성하고 배치하기 전 분석해야 하지만 시각화가 충분히 된 이해관계자에게 보여줄 내용은 관련성이 떨어진다. 여러분이 머신러닝 엔지니어가 되어 이 책을 읽고 있다면 걱정하지 말자. 여러분과 관련 있는 장이다. 모델을 제품 생산에 배치하는 것을 다루고 싶다면 11장을 추천한다.

많은 데이터 과학의 핵심은 분석이다. 데이터를 사용해 비즈니스 상황을 설명하거나 문제를 해결하려는 간단한 문서 및 최근 기업의 보고서 모두 분석에 기반한다. 결정을 내리는 사람은 자신의 선택에 뒷받침할 데이터 없이 결정하는 것에 불편함을 느낀다. 데이터 과학자는 데이터에서 의미를 찾을 수 있는 사람이다. 머신러닝 모델을 구축하기 전 데이터셋의 맥락을 파악해야 하기에 머신러닝 도구를 구축하는 부분도 분석이 중요하다. 방대한 양의 기업 데이터를 가져와 마주한 문제를 명확히 간단한 결과로 도출하는 분석을 만드는 것은 매우 어렵다. 사실상 예술에 가깝다. 어떻게 과거에 기록된 수백만 개의 정보와 내부의 복잡함, 뉘앙스가 있는 표를 보고 '그래, 데이터는 이 아이디어가 좋다고 말하고 있어'라고 확실하게 도출할 수 있겠는가? 수학적으로 어느 부분이 의미 있고 기업이 무엇을 신경 쓰며 어떻게 둘 사이의 격차를 해소할지 알아내는 자연스러운 방법을 기대해서는 안 된다.

10장에서는 분석의 기본적인 구성을 살펴보며 기업에 의미 있는 분석을 어떻게 할지 알아본다. 이번 장에서 살펴본 기술을 활용하면 데이터 과학 커리어에서 더 빠르게 성장할 수 있다.

분석이란 무엇일까? 일반적으로 데이터 과학자가 아닌 사람과 공유할 수 있도록 파워포인트, PDF, 워드, 엑셀 스프레드시트 등으로 표시하는 데이터 및 시각화할 수 있는 방법이다. [그림 10-1]은 분석 예시이다. 데이터 과학자가 데이터를 수집하고 데이터를 통계적 방법으로 코드를 실행하며 최종 결과를 1~4주 걸려 도출한다. 결과가 완료되면 몇 달 후 다시 분석해야 하며 다시 실행하기 전까지는 코드를 수정하지 않는다. 분석의 예시는 다음과 같다.

- 고객 조사 자료를 분석해 만족도가 가장 높은 제품을 파악한다.
- 신규 공장의 입지를 선정하기 위해 발주처의 자료를 검토한다.
- 과거의 항공 산업 자료를 활용해 어느 도시에 더 많은 항로가 필요한지 예측한다.

예시들은 다양한 수준에서 기술적으로 복잡하다. 어떤 예시는 데이터의 요약과 시각화만 필요한 반면 다른 예시는 최적화 방법 및 머신러닝 모델이 필요하다. 모두 일회성 질문에 답한다.

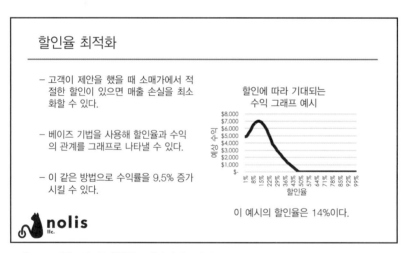

그림 10-1 파워포인트를 활용한 분석 슬라이드 예시

보고서 vs 분석

보고서와 분석은 비슷하면서도 다르다. 보고서는 버전이 바뀔수록 구조 변화 없이 반복적으로 생성한다. 월별 재무 보고서는 매월 새로운 숫자로 업데이트되는 방대한 엑셀 스프레드시트일 수 있다. 보고서는 테이블이 어떻게 변화되는지 사람들이 계속 알아보도록 하는 것이 핵심이다. 분석은 더 상세한 질문에 답하고자 일회성으로 이뤄진다. R을 사용해 신규 고객의 제품 구매 방법의 고객 인식 분석으로 파워포인트 프레젠테이션에 결과를 넣을 수 있다. 보고서는 일반적으로 숫자와 지표로 채워지지만 분석은 하나의 주요한 결과를 보여주는 데 초점을 둔다. 좋은 분석은 대부분 좋은 보고서인 특징이 있다. 10장에서는 달리 명시하지 않는 한 보고서와 분석 모두를 의미하고자 분석이란 단어를 사용한다.

좋은 분석이란 무엇일까? 다섯 가지 특징이 있다.

- **질문에 답한다.** 분석은 질문에서 시작된다. 의미 있는 분석이라면 답이 있어야 한다. 제시된 질문이 '두 웹사이트 중 어느 웹사이트에서 제품 구매가 더 많이 발생했는가?'였다면 분석은 어떤 웹사이트가 더 많은 판매로 이어지는지 보여줘야 한다. 대답이 '이를 답할 충분한 정보가 없다'일 수도 있지만 이 역시 직접적인 대답이다.

- **빠르게 구현해야 한다.** 비즈니스 질문의 답변은 마감 기한이 있는 의사결정에 영향을 미친다. 분석 기간이 너무 오래 걸리면 분석 없이 결정이 이뤄진다. 한 달 안에 분석이 완료될 것이라는 게 일반적인 상식이다.

- **공유할 수 있어야 한다.** 분석을 의뢰한 사람뿐만 아니라 그 사람이 누구와도 분석을 공유하고 싶은지 공유해야 한다. 분석에서 R 및 파이썬 스크립트 내에서만 그래프를 사용할 수 있는 게 아니라 파워포인트에서도 사용할 수 있는 형식으로 분석이 이뤄져야 한다.

- **설명이 있어야 한다.** 분석을 살펴볼 사람이 누구인지 알 수 없다. 분석 자체로 이해할 수 있어야 한다. 그래프와 표에 명확한 설명이 있고 축에 라벨이 있어야 하며 분석에 관한 설명을 적고 가능한 다른 작업을 참조하지 않아야 한다.

- **다시 살펴볼 수 있어야 한다.** 대부분 질문은 차후 다시 받을 수 있다. 때론 이후 대답이 클러스터링을 다시 실행하는 것처럼 완전히 동일한 업무를 다시 한다는 것을 의미할 수도 있다. 아니면 유럽 고객의 데이터 입력을 아시아 고객으로 변경하는 등 다른 곳에서 동일한 접근 방식을 사용할 수도 있다.

다섯 가지 특징은 '좋은 분석은 데이터 과학자가 아닌 직원의 업무에 도움이 되어야 한다'는 개념이라고 할 수 있다.

10장의 나머지 부분은 분석 요청의 초반부터 보고서로 마무리되는 단계까지 시간순으로 구성한다. 모든 분석이 같은 단계를 따르는 것은 아니다(혹은 꼭 따라야 한다). 분석에 익숙하다면 몇 가지 단계를 건너뛰고 싶겠지만 이런 행동은 선임 데이터 과학자가 흔히 저지르는 실수이다.

다양한 데이터 과학자들의 분석

데이터 과학자는 역할에 따라 분석할 부분이 크게 달라진다.

- **의사결정 전문가:** 이런 유형의 데이터 과학자에게 분석은 업무의 핵심이다. 질문에 답하기 위해 데이터를 깊게 파고들어 비즈니스에 전달해야 한다. 분석은 이를 위한 핵심 수단이다.
- **머신러닝 엔지니어:** 모델을 만들고 배치하는 데 중점을 두지만 분석은 여전히 모델이 얼마나 잘 작동하는지 살펴보는 데 유용한 도구이다. 새로운 모델을 구축하는 가치나 시간이 지나면 어떻게 변하는지 보여주는 데 사용한다.
- **분석 전문가:** 비즈니스에 관한 지표와 KPI를 주로 살펴보는 분석 전문가는 대부분 많은 보고서를 작성한다. 가끔 엑셀, SQL, R 및 파이썬을 활용해 회사의 반복적인 데이터 흐름을 구성한다. 분석 전문가는 분석을 하지만 워낙 반복이 많아 다른 직무보다 업무가 유지될 것인지 고민할 필요가 있다.

10.1 요청

분석은 비즈니스 질문에 대답을 요청하는 것으로 시작한다. '12월에 유럽에서 위젯 판매가 저조한 이유를 조사할 수 있나요?' 또는 '소상공인 고객과 대기업 고객의 행동은 다른가요?'와 같은 질문을 하기 위해 다른 비즈니스부 직원 및 관리자가 찾아온다. 질문하는 직원의 기술적 전문 지식 수준에 따라 잘못된 요청('매출이 왜 저조하나요?') 및 정확한 요청('어느 속성이 평균 주문량을 낮추는 것과 상관관계가 있나요?')을 받을 수 있다.

비즈니스 질문을 중심으로 분석을 하지만 비즈니스 질문 자체로는 데이터 과학이 불가능하다. 데이터 과학 질문은 '이런 데이터 포인트를 어떻게 클러스터링하나요?' 또는 '매출 예측 방법에는 무엇이 있나요?'와 같다. 데이터 과학자는 비즈니스 질문을 데이터 과학 질문으로 바꾸고 데이터 과학 질문에 대답한 후 비즈니스 질문에 알맞은 답변으로 바꾸는 업무를 해야 한다. 까다로운 일이다. 데이터 과학 질문과 비즈니스 질문이 어떻게 관련 있는지 이해해야 한다. 미주한 문제의 유형과 관련된 경험, 여러 통계적 기법의 결과가 유용할지에 관한 이해가 필요하다. 데이터 과학 질의응답과 비즈니스 질문의 답변으로 이어지는 흐름은 14장에서 인터뷰를 해준 러네이 티테가 만들었다.

[그림 10-2]로 살펴보자. 비즈니스 질문은 다양한 고객을 향한 마케팅 방법을 알고자 하는 이

해관계자가 한다. 데이터 과학자는 해당 요청이 수학적인 측면에서 무엇을 의미하는지 알아내야 한다. 다음 예시에서 고객 데이터의 클러스터링 구성이 완료되면 데이터 과학자는 데이터 과학 대답(클러스터링된 데이터 포인트에서 세 개 그룹 등)을 한다. 마지막으로 데이터 과학자는 '신규 고객' 및 '소비가 많은 고객'처럼 기업이 이해할 수 있는 그룹 형태로 대답을 바꿔야 한다.

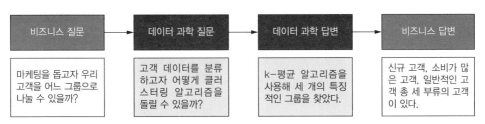

그림 10-2 러네이 티테가 고안한 비즈니스 질문에 데이터 과학으로 대답하는 과정

데이터 과학 질문을 해결하고자 데이터를 살펴보고 코드를 작성하기 전 비즈니스 질문을 가장 잘 이해하기 위한 기초 작업을 해야 한다. 맥락을 살펴보며 이해해야 가장 도움이 되는 사항을 전달할 수 있다. 누가 분석을 의뢰했으며 팀과의 관계는 어떤가? 분석을 요청한 동기는 무엇인가? 답변을 원하는 구체적인 질문이 있거나 문제에 관한 일반적인 생각이 있으며 데이터가 유용할 것이라고 생각하는가? 문제 해결에 필요한 자료가 있는가? 그렇지 않다면 데이터를 얻는데 무엇이 필요한가? 질문을 하는 것은 문제를 해결하는 방법을 이해하는 것은 물론 어디에 사용될 것인지 이해하는 데에도 도움이 된다. 많은 데이터 과학자는 이해관계자가 '그냥 궁금할 뿐'이었다는 것을 인식하는 데 몇 주가 걸렸다.

질문은 30분에서 한 시간 사이의 간단한 회의에서 요청한 사람, 업무에 관련 있는 사람과 함께 답변할 수 있다. 분석을 하는 여러분이 회의를 구성하지 못할 수 있지만 회의가 따로 없다면 회의를 하는 것도 좋다. 이전에 분석을 의뢰한 사람을 만나지 못했다면 회의에서 인사한다. 회의는 업무를 배울 수 있는 좋은 기회이다.

기본적으로 알아야 할 부분은 다음과 같다.

- **누가 분석을 의뢰했는가?** 위젯 제품 팀의 줄리아가 요청했다.
- **왜 분석을 의뢰했는가?** 이달 들어 위젯 판매량이 10% 줄었고 비즈니스 팀에서도 그 원인을 모르고 있다.
- **어느 부분을 의뢰했는가?** 데이터를 사용해 위젯 판매의 하락이 특정 나라에 집중되는지 데이터를 사용해 알고자 했다.

- **이로써 무슨 결정이 내려지는가?** 위젯 제품의 단종 여부가 결정된다.
- **필요한 데이터가 있는가?** 그렇다. 분석하고자 주문 데이터베이스에 우편번호로 정렬된 고객 데이터가 필요하다.

그럴듯하게 대답할 만한 데이터가 있는지 아는 것은 **매우** 중요하다. 몇 주 동안 분석하는 것은 싫은 일이다. 요청한 곳에 사용할 아무 자료도 없이 이해관계자에게 돌아가야 한다.

데이터가 없는 상황의 예로 다음과 같은 상황이 있다. 소매 유통 기업에서 이해관계자는 각 고객이 주문을 얼마나 많이 했는지 알고 싶지만 현금으로 지불해 주문을 누가 했는지 데이터에서 알 방법이 없다. 이런 상황에서는 요구 사항이 불가능하다는 것을 솔직하게 알려야 한다. 다른 사람은 여러분이 원했던 것과 충분히 유사한 데이터를 사용할 수 있는 대안을 제시하거나 그 대안이 효과가 없는 이유를 설명할 수도 있다. 가능하다면 언젠가 필요한 데이터를 얻을 수 있도록 계획을 세워야 한다. 예시에서는 로열티 프로그램으로 주문을 특정 고객과 연결할 수 있게 한다. 해당 프로그램을 구축하는 데 시간이 걸리더라도 데이터 문제를 해결할 수 있다.

누가, 어떤 요청을, 왜 하는지 등의 질문을 바탕으로 분석 계획을 작성하면 유리하다.

10.2 분석 계획

질문에 답하고자 일부 데이터를 자세히 살펴보는 것보다 더 재미있는 일은 데이터 과학자에게 없다. 데이터를 불러와 그룹화해보자. 모형에 피팅하고 결과를 그래프로 그려본다. 데이터를 요약하고 모델링할 수 있는 방법은 많다. 몇 주 동안 데이터 관련 업무를 하면서 보내고 비즈니스 질문에 도출할 해답이 아무것도 없다는 것을 발견할 수도 있다. 만약 관련 있는 일을 하지 않았다고 깨달으면 최악이다. 이는 경험이 적은 데이터 과학자에게 자주 발생하는 일이다.

한 가지 해결책은 지금까지의 결과를 살펴보고 관련 업무를 할 수 있도록 가이드를 만드는 것이다. 분석 계획은 다음과 같은 가이드라인이다. 데이터를 보기 전 데이터로 계획한 모든 아이디어를 적는다. 그 후 다음 분석이 진행되며 계획 중 어디까지 완료됐는지 추적한다. 계획한 사항을 모두 완료했으면 끝이다. 계획에서 벗어났는지 여부를 알 수 있을 뿐만 아니라 진행 사항을 추적하고 책임감을 가질 수 있다. 관리자와 미팅하면서 어떻게 진행되는지 이야기할 때 사용할 수도 있다.

분석 계획을 세울 때는 계획 기간 내 업무가 실행할 수 있기를 원한다. '지역별 매출의 선형 회귀분석하기'는 코드를 작성할 수 있지만 '매출이 왜 저조한지 알아내기'는 다른 업무의 결과물이다. 계획한 사항이 실행될 수 있다면 진전이 있는지 쉽게 알 수 있다. 다음에 무엇을 해야 할지 걱정할 필요 또한 없다.

분석 계획을 만들 때 다음과 같은 템플릿을 사용하는 것이 좋다.

- **상단**: 분석 제목, 본인의 인적 사항(다른 사람과 공유할 경우), 분석의 목적을 기재한다.
- **부문**: 각 부문은 일반적인 분석 주제여야 한다. 분석 작업은 (다른 부문의 내용과 달리) 독립적이어야 하고 각 부문의 실행은 다른 사람이 할 수 있어야 한다. 각 부문에는 업무 목록이 있어야 한다.
- **1단계 부문 목록**: 부문 목록의 첫 단계는 제시된 각 질문이어야 한다. 왜 이 업무를 하는지 다른 사람이 이해하는 데 도움이 된다. 모든 질문에 성공적으로 답했다면 주요 부문의 주제를 이해해야 한다.
- **2단계 부문 목록**: 업무를 하는 동안 확인할 수 있는 실제 업무가 있어야 한다. 모델을 실행할 수 있으며 업무가 완료됐는지 여부를 구체적으로 설명할 수 있게 자세히 구성한다.

[그림 10-3]은 고객이 북미 지역을 떠나는 이유를 알아보기 위한 분석 계획이다. 상단에는 데이터 전달 시 데이터 과학자의 직책, 목적, 연락처 등이 있다. 각 부문은 분석의 구성 요소(예: 북미 내에서 분석하거나 다른 지역과 비교)이다. 하위 부문은 질문(숫자)과 수행할 구체적 사항(문자)이다.

북아메리카 고객 이탈 분석

어거스트 맥나마라(*amcnamaa@company.com*), 2020년 5월

북미 대류 분석
1. 새로운 북미 고객을 알 수 있는 속성이 있는가?
   a. 지난 달 새로운 북미 고객의 회귀 모델을 찾는 고객 소비와 인구통계학적인 속성
   b. (a)에서 확장된 부분을 전년도의 각 월과 대비해 비교해본다.
2. 시간에 따라 습득률이 어떻게 변화하는가?
   a. 지역에 다른 습득률의 시계열 분석
   b. 국가/주에 따른 시계열 분석과 상관성 살펴보기

북미와 다른 지역 비교하기
1. 북미 지역 고객과 다른 지역 고객은 어떻게 유사한가?
   a. 모델 습득의 속성에 따른 지역별 일반화된 선형 모델
   b. 습득률을 색으로 명시한 지도를 통한 시각화 생성

그림 10-3 분석 계획 예시

분석 계획을 세우면 관리자나 요청을 한 이해관계자와 공유한다. 그다음 개선 사항을 제안하거나 업무를 승인받는다. 승인된 분석 계획은 각 업무상 합의를 기반으로 이뤄진다. 분석을 한 뒤이해관계자가 왜 이 방식으로 일을 했냐고 물어본다면 분석 계획과 기존 목표를 참고한다.

분석을 하다 보면 분석 계획에서 중요한 사항을 빠트렸거나 이전에 고려하지 못했던 새로운 아이디어가 떠오를 가능성이 높다. 걱정하지 말자. 계획을 수정하고 이해관계자에게 변동 사항이있다고 알린다. 시간적인 제약이 있어 기존 계획에서 덜 중요한 업무를 뺄 수도 있다. 다시 말하지만 분석 계획은 불가능한 양의 업무를 시도하는 것이 아닌 무엇을 빼야 할지 상의할 수 있기에 유용하다.

10.3 분석하기

분석 계획이 승인되면 분석을 바로 시작할 수 있다. 데이터를 조작하고 깔끔히 다룰 수 있도록데이터를 가져오는 것에서 업무가 시작된다. 그 후 데이터를 요약, 집계, 수정, 시각화 및 모델링해 데이터를 반복적으로 변환한다. 데이터가 준비되면 해당 업무를 다른 사람에게 전달한다.

다음 절에서는 분석하는 동안 업무에서 염두해야 할 몇 가지 사항을 간략히 다룬다. 여러분의언어로 분석을 수행할 코드도 알려준다.

10.3.1 데이터 불러오고 정제하기

분석 계획의 질문에 답변하기 전 데이터를 조작할 수 있는 장소와 저장할 형식을 정한다. 보통R이나 파이썬으로 불러올 수 있지만 SQL 및 다른 언어를 사용할 수도 있다. 대부분 예상했던것보다 많은 시간이 필요한 업무이다. 많은 어려움을 겪을 수 있으며 우려되는 부분이 여러 가지 있다.

- 특정 통합 개발 환경(IDE)에서 회사 데이터베이스를 연결할 때 문제
- 잘못된 데이터 유형(예: 문자열과 동일한 수치형) 문제
- 이상한 시간 포매팅('연-월-일'이 아닌 '연-일-월')
- 형식에 맞게 정리가 필요한 데이터(모든 주문자의 아이디가 'ID-'로 시작한다)
- 누락된 데이터 기록

심각한 것은 이 업무 중 그 어느 것도 비기술자가 생산적인 업무로 보지 않는다는 점이다. 어떻게 데이터베이스 드라이버를 실행했는지 이해관계자에게 보여줄 수 없다. 문자열 조작이 비즈니스 문제를 해결하는 데 도움이 된다는 것을 이해하지 못한다. 업무가 지루한 만큼 데이터 탐색을 빠르게 진행하고자 한다.

데이터를 가져오고 정리하는 작업을 할 때는 필요 없는 업무에 가능한 적은 시간을 투자하고 시간을 줄이는 데 노력을 기울여야 한다. 문자열로 저장된 날짜 열이 필요하지 않다면 문자열을 올바른 날짜 및 시간 형식으로 변경하는 데 낭비해서는 안 된다. 반면 해당 열이 필요하다면 분석을 하기 위한 정제된 데이터셋이 필요하기에 가능한 한 빠르게 일을 시작한다. 어떤 것이 유용할지는 알기 어렵다. 무언가에 많은 시간을 할애하는 본인을 발견한다면 정말로 필요한 일인지 스스로에게 물어봐야 한다.

데이터를 가져오고 정리할 때 데이터베이스 연결과 같은 문제를 마주한 자신을 볼 수 있다. 이런 상황에 처했다면 (1) 도움을 청하거나 (2) 문제를 완전히 피할 수 있는 방법을 찾거나 (3) 문제를 스스로 해결하려고 노력한다. 가능하다면 (1)이 좋다. 경험이 많을수록 빠르게 해결책을 찾을 수 있고 다른 사람이 한 부분을 보고 배울 수 있다. (2)도 좋다. 데이터베이스를 연결하지 않고 csv 파일을 사용하면 분석이 비즈니스 가치에 도움이 될 수 있다. (3)의 경우 계속 노력하고 노력해야 하는 것은 무슨 일이 있어도 피해야 한다. 며칠 동안 문제를 고심한다면 가치를 전달하지 못하는 것처럼 보일 수 있다. 극복하기 힘든 업무라면 관리자와 어떻게 할지 의논해야 한다. 계속 시도만 하지 말고 문제가 자연스럽게 해결되기를 바라야 한다.

데이터를 불러오고 형식에 맞게 잘 정리한 뒤 사용하려고 할 때 이상한 데이터를 찾을 수 있다. **이상한 데이터**는 추정치를 벗어난 데이터이다. 역사적으로 항공사의 비행 데이터를 보고 이륙하기 전 착륙한 항공편을 찾는다면 이상하다. 비행기는 이륙을 먼저 하는 것이 당연하다. 또 다른 이상한 예시는 가격이 하락하는 물건을 파는 소매점부터 한 공장이 다른 유사한 공장보다 1천 배나 많은 물건을 만들었음을 보여주는 제조 자료에 이르는 모든 사항이 될 수 있다. 이런 종류의 이상치는 현실 데이터에서 항상 나타난다. 직접 자료를 살펴보기 전에는 예측할 방법이 없다.

이상치가 있는 데이터가 있다면 무시해서는 안 된다. 가장 안 좋은 일은 데이터가 괜찮다고 여기고 몇 주간 분석 작업을 했으나 데이터가 괜찮지 않다는 것을 깨닫는 것이다. 이해관계자나 데이터에 책임 있는 누군가에게 알리고 이상한 부분을 알고 있는지 물어봐야 한다. 많은 경우 이미 이를 알고 있으며 무시하라고 한다. 항공사 데이터 예시를 보면 이륙하기 전 착륙한 항공

편의 관련 데이터는 제거하라고 한다.

이상치가 있다는 것이 알려지지 않아 분석이 어렵다는 사실이 밝혀지면 해당 부분을 수정하는 방법 등을 고안한다. 수익과 비용을 비교하는 분석에서 데이터의 절반이 비용을 누락했다면 기존 비용만으로 분석이 가능한지 아니면 수익만으로 분석이 가능한지 살펴봐야 한다. 이를테면 분석 속의 분석이다. 원래 분석이 가능한지 살펴보려고 작은 분석을 한다.

10.3.2 데이터를 탐색하고 모델링하기

데이터를 탐색하고 모델링하는 부분에서는 분석 계획서를 단계별로 살펴보고 업무를 진행한다. 다음 절의 각 부문에서 다루는 일반적인 프레임워크를 살펴본다.

일반적인 요약 및 변형 사용하기

대부분 분석 업무는 데이터를 요약하고 변환해 마무리한다. '한 달에 고객이 몇 명 있었는가?' 와 같은 질문은 고객 데이터를 모아 월 단위로 그룹화한 후 매월 고객 수를 세며 답할 수 있다. 통계적 방법이나 머신러닝 모델이 필요 없다. 매우 변형된 방법이다. 산술적 연산이 많이 필요하지 않으므로 실제로 데이터 과학이 아니라고 본다. 가끔 올바른 방법으로 변환을 하는 것은 매우 중요하다. 대부분 직원은 애초에 데이터에 접근할 수 없거나 효과적으로 변환을 할 능력이 부족하거나 제대로 할 수 없다. 이때 데이터에 따라 다른 백분위수 수준에서 값을 찾거나 표준편차를 계산하는 통계적 방법을 사용한다.

데이터 시각화 및 요약 표 작성하기

적절하게 변형한 후 시각화 및 요약 표를 만들어 데이터에서 어떤 일이 일어났는지 효과적으로 확인할 수 있다. 매월 고객 수가 있는 경우 막대그래프를 만들어 고객 수가 어떻게 변화하는지 볼 수 있다. 이 그래프는 데이터 프레임을 화면에 출력하는 것만으로 데이터 내 어떤 패턴이 있는지 쉽게 확인 가능하다. [그림 10-4]는 매월 전체 고객 수를 보여주는 시각화의 예시이다. 이 그래프를 보며 사람들은 고객 수가 다소 오른다는 것을 쉽게 알 수 있다.

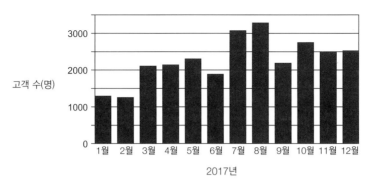

그림 10-4 요약 테이블 예시

여러분이 한 실제 시각화는 현 데이터에 크게 의지한다. 선 그래프, 상자 그래프 및 다른 많은 선택 사항이 있다. 이해하려는 내용에 따라 그래프 대신 요약 데이터 표를 만들 수도 있다. 이 책의 마지막 리소스 절에는 데이터에 적합한 종류의 그래프를 선택하는 데 도움을 주는 자료가 있으니 참고하길 바란다. 시각화를 만들 때 변형의 일부를 바꿀 수 있다는 점을 유의해야 한다. 여러 단계를 왔다 갔다 할 수 있다.

반복적인 시각화를 통해 데이터를 변환할 수 있다. 코드를 깔끔하게 유지하고자 필요 없는 코드를 삭제하려는 경향과 다시 필요할 경우를 대비해 모든 코드를 저장하려는 습관 사이에 균형이 있어야 한다. (1) 추가 변경을 한 후 이전 코드에 문제가 없고 (2) 어떤 결과가 '좋은 결과'인지 명확히 나타낼 수 있다면 가능한 한 깔끔하게 코드를 작성하는 것이 좋은 방법이다. 분석에서 작동되지 않는 코드 및 주석은 너무 많이 표시하지 말자. 코드를 유지하는 것이 매우 어려워진다. 깃 및 깃허브와 같은 버전 관리를 사용하면 더욱 좋다. 분석에 새로운 코드가 추가될 때마다 지속적으로 커밋을 해 일부분을 기록할 수 있으며 모든 객체를 제거하는 코드를 다시 되돌릴 수도 있다.

필요에 따른 모델 생성하기

데이터에서 괜찮은 모델링 아이디어로 패턴이 발견된다면 좋다. 내년 고객을 예측하고자 고객 수에 시계열 모델을 적용하는 부분이 정확할 수 있다. 모델을 작성할 때 결과를 출력하고 시각화해 모델이 얼마나 정확하고 유용한지 이해하고자 한다. 예측 결과를 실제 값과 비교하거나 정확도 점수 및 특징의 중요도와 같은 측정치를 표시하는 그래프를 만들 수도 있다.

잠재적으로 제품에 들어가는 등 분석 외에 사용될 수 있는 머신러닝 모델일 경우(11장 포함) 모델을 일반 분석 업무와 분리하는지 확인한다. 앞으로 모델만 사용하려면 일반적인 시각화 그래프를 만드는 코드를 쉽게 가져올 수 있어야 한다.

반복하기

분석 계획상 각 부분의 여러 과정이 완료되어야 한다. 단계를 거치는 동안 무엇을 분석해야 할지 새로운 생각을 가질 수 있고 합리적인 질문이라고 생각했던 부분이 이치에 맞지 않는다는 것을 깨달을 수 있다. 이때는 분석 계획을 조정하고 업무를 계속한다.

그 밖의 계획 단계에 연관되었을 가능성이 높아 한 지점에서 사용한 코드가 다른 지점에서 반복된다면 동일한 코드를 반복해서 실행할 수 있도록 분석 계획을 구성한다. 계획이 바뀌면 즉시 다른 사람에게도 공유한다. 여러분은 유지할 수 있는 코드를 개발하는 것이 목표이다. 복잡한 코드를 찾아보는 데 많은 시간을 들이지 않고 쉽게 수정할 수 있어야 한다.

10.3.3 탐색과 모델링에서 중요한 부분

데이터를 살펴보고 모델링하는 업무는 해결하려는 문제가 무엇인지에 따라 크게 다르다. 데이터를 클러스터링하는 데 사용하는 수학적 및 통계적 기법으로 예측하는 것과 결정을 최적화하고자 사용하는 기법은 상당히 다르다. 몇 가지 광범위한 가이드라인을 따르면 그럭저럭 괜찮은 분석에서 훌륭한 분석이 된다.

질문에 해당하는 답변에 집중하기

10.2절에서 살펴봤듯이 목표가 없으면 시간을 낭비하기 쉽다. 고객이 언제 다시 돌아올지 예측하고자 고객 주문을 분석하는 경우 신경망 모델을 확실하게 구성한 후 수 주 동안 하이퍼파라미터hyperparameter 튜닝을 할 수 있다. 저음부터 이해관계자가 모델의 실현 가능성을 물어본다면 하이퍼파라미터가 모델을 좀 더 효율적으로 만들도록 조절한다는 대답은 도움이 되지 않는다. 하이퍼파라미터 튜닝에 소요된 몇 주가 좀 더 관련 있는 부분에 사용될 수 있다.

분석 계획에 집중하며 기업에서 물어볼 질문에 답하는 것이 중요하다. 계속 스스로에게 '이 부분이 관련 있는가?'라고 묻자. 요약이나 표를 만들 때마다 고려해야 한다. 여러분이 하는 업무와 관련 있다고 끊임없이 생각하자. '이 줄거리(또는 표)는 유용하지 않다'고 생각한다면 업무를 조정해야 할지도 모른다. 첫째, 하던 업무를 멈추고 문제의 다른 접근법을 고려한다. 고객의 지출을 기준으로 고객을 그룹화하려면 클러스터링 대신 다른 방법을 시도한다. 아예 다른 방법을 활용하면 조금만 변경하는 것보다 성공할 가능성이 더 높다. 둘째, 관리자나 프로젝트 이해관계자와 대화한다. 현재 사용하는 데이터 문제를 해결하는 데는 효과적이지 않다.

분석하는 동안 관련 있는 결과물을 꾸준히 모아야 하며 (이론적으로) 분석 계획을 따라야 한다.

복잡한 방법 대신 간단한 방법 사용하기

복잡한 방법은 흥미롭다. 랜덤 포레스트를 사용할 수 있는데 선형 회귀분석을 사용하는 이유는 무엇일까? 신경망을 사용할 수 있는데 랜덤 포레스트를 사용하는 이유는 무엇일까? 이런 방법은 회귀분석 및 k-평균 클러스터링보다 더 효과적이며 흥미로운 부분이다. 비즈니스 질문을 데이터로 해결할 때 가능한 한 반드시 최선의 방법으로 전달해야 한다.

안타깝게도 복잡한 방법의 정확성에만 집중하는 바람에 보이지 않는 단점을 놓치기도 한다. 분석은 가능한 최선의 정확성이나 예측을 하는 것이 아닌 비즈니스 담당자가 이해할 수 있는 방식으로 질문에 대답하는 것이 목표이다. 여러분이 왜 결과를 얻었는지 설명해야 한다. 단순한 선형 회귀분석으로 각 특성이 결과에 얼마나 영향을 미쳤는지 그래프를 보여주는 것이 쉽다. 반면 다른 방법으로는 모델이 어떻게 결과를 도출시켰는지 설명하는 것이 매우 어려워 비즈니스 담당자가 이해하지 못할 수 있다. 복잡한 방법은 설정에 많은 시간이 소요되기도 한다. 신경망을 조정하고 운영하는 데 시간이 걸리는 반면 선형 회귀분석은 꽤 빠르다.

분석할 때 모델과 변환 및 집계에서 간단한 방법을 선택해도 좋다. 일정 비율의 특잇값을 제거하기보다는 로그 변환으로 평균 대신 중윗값을 취할 수 있다. 선형 회귀분석이 정확하려면 정확도를 다소 향상시키고자 신경망을 구축하는 데 시간을 낭비해서는 안 된다. 간단한 방법으로 다른 사람이 쉽게 이해할 수 있어야 이후 수정과 설명이 쉬워진다.

자세히 탐구할 그래프와 공유할 그래프 중 하나 고려하기

데이터 과학자가 데이터를 시각화하는 데에는 두 가지 이유가 있다. 자세한 탐구와 공유이다. 탐구하는 과정을 만들 때 데이터 과학자가 데이터에서 무슨 일이 일어나는지 이해하도록 하는 것이 중요하다. 데이터 과학자가 이해만 되면 복잡하고 라벨링이 잘 안 된 그래프도 괜찮다. 공유하는 과정을 구성할 때는 데이터를 잘 모르는 사람이 데이터 과학자가 만들려고 하는 특정 부분을 얻는 것이 목표이다. 간단명료해야 효과가 있다. 분석에는 많은 연구와 관련된 그림이 사용되지만 이를 공유하는 데 사용해서는 안 된다.

한 도시의 반려동물 이름에 관한 데이터를 예로 들어보자. 데이터 과학자는 반려동물 이름에서 시작 문자가 반려동물의 종(고양이 또는 개)과 관련 있는지 알고 싶다. 데이터를 불러와 시각화하고 각 글자의 이름에 해당되는 문자로 시작하는 고양이와 개를 구별한다(그림 10-5).

[그림 10-5]를 살펴보면 'T' 바에서 고양이가 개보다 더 많다. 데이터 과학자에게 의미 있는 발견이지만 이해관계자에게 보여주고 싶은 부분은 아니다. 과정이 복잡하고 얼핏 요점이 무엇인지 분명하지 않다.

[그림 10-6]은 동일한 데이터를 공유하기 좋은 형태로 표현했다. 고양이는 T로 시작하는 이름을 가질 확률이 12%인 반면 개는 5% 확률밖에 안 된다는 것을 분명히 볼 수 있다. 이 형태로 데이터가 공유된다.

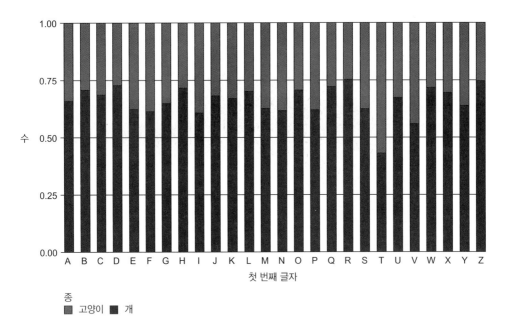

그림 10-5 정제되기 전 분석을 통한 시각화 예시

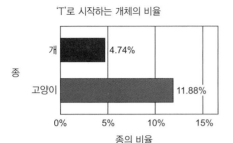

'T'로 시작하는 개체의 비율

그림 10-6 [그림 10-5]와 동일한 데이터로 문자 'T'의 중요도를 강조한 그래프

지속적으로 공유할 준비하기

분석 결과는 다른 형태로 바꿀 수 있다. 형태는 청중이 누구인지에 따라 다르다. 기업인에게 전달할 경우 슬라이드 덱slide deck 및 편집 가능한 문서를 활용한다. 파워포인트 및 워드(또는 구글 슬라이드 및 오피스)는 누구나 볼 수 있다(또는 처음 두 개의 마이크로소프트 오피스 제품군이 있으면). 많은 차트, 표 및 텍스트 설명도 가능하다. 기술자를 위한 분석이라면 주피터 노트북 및 R 마크다운을 출력한 HTML 파일을 줄 수 있다. 형식을 깔끔하게 할 작업이 적다. 슬라이드에 있는 여러 설정을 통일하는 데 시간을 쓸 필요가 없다. 금융인에게 많은 데이터 표를 넘겨야 한다면 엑셀이 좋다. 엑셀은 최종 사용자가 결과 수치로 해당 수치에 추가 계산을 해야 할 때 좋은 도구이다. 이후 다시 작업하는 과정을 피하고자 어떤 종류의 결과물을 제공할지 예상하는 부분은 분석 과정 초기에 결정한다.

분석 범위가 얼마나 큰가에 따라 이해관계자에게 주기적으로 확인해 결과물을 보여줘야 한다. 분석 작업에 혼자 몇 주를 할애해 일하는 상황을 막아준다. 결과를 보여줘야 할 때는 이해관계자가 여러분의 모든 작업이 무의미해지는 일(예: 고객의 판매는 살펴봤지만 반품을 고려하지 못했다)을 지적할 수도 있다. 이 같은 상황이 초기에 지적되면 많은 업무가 무의미해지는 부분을 피할 수 있다. 이해관계자는 안 좋은 상황을 피하는 것 외에도 집중할 수 있는 부분이나 시도하는 방법을 제안하기도 한다. 분석 시 이해관계자와 지속적으로 업무를 빠르게 개선할 수 있는 애자일 소프트웨어 개발 개념과 유사하다.

데이터 과학자는 이해관계자에게 계속 확인하는 과정을 소홀히 한다. 누군가가 확인한다는 것은 결과를 데이터 과학자가 아닌 사람에게 보여줘야 한다. 보여주는 것이 부끄럽지 않을 정도로 충분히 효과가 있어야 한다. 명확한 라벨링과 의미 있는 그래프, 최소한의 오류만 있는 코드, 그리고 현재 일어나는 업무에 대한 기본적인 과정 등이 모두 필요하다. '업무가 명확해질때까지 공유를 미루고 깔끔하게 하는 부분은 나중에 미루겠다'고 생각하기 쉽다. 안 된다. 결국 더 많은 일을 하게 된다. 코드를 공유할 수 있도록 주기적을 정리해야 더 좋은 제품이 된다.

한번에 실행하기

데이터를 불러오고 준비하는 데 스크립트 하나만 실행되도록 만들면 분석을 한번에 할 수 있다. 파이썬은 데이터를 자동으로 불러오고 오류 없이 분석을 진행하는 주피터 노트북이 있다는 의미이다. R은 데이터를 불러오고 분석해 HTML 파일, 워드 문서 및 파워포인트로 출력하는 R 코드가 있어야 한다.

분석 시 스크립트 외부에서 너무 많은 코드가 실행되지 않아야 한다. 전체 코드를 재실행할 때 오류 없이 다시 실행할 수 있는지 확인한다. 결과를 지속적으로 다른 사람과 공유할 수 있도록 준비하면 분석 종료 시 스크립트를 수정하는 시간을 줄일 수 있다.

10.4 꾸미기

이해관계자에 따라 코드 출력은 충분히 만족시키거나 최종 버전을 만들어야 할 수도 있다. 파워포인트 프레젠테이션처럼 세련된 최종 버전이 필요하다면 기업의 스타일 지침을 따르고 분석에서 했던 것 이상으로 최종 마무리 작업을 한다. 최종 문서의 과정을 작성하고 업무에 관여하지 않는 사람이 결론과 과정, 이유를 완벽히 이해할 수 있도록 하는 것이 가장 중요하다.

해당 과정을 보여주는 것이 좋은 문서의 첫 단계이다. 과정은 어떠한가? 문제와 제공할(또는 그렇지 않을) 해결책을 어떻게 설명하고 다음 단계를 논의할 것인가? 과정을 만드는 방법은 여러 가지가 있다. 한 가지 간단한 방법으로 결과물을 본 적 없는 사람에게 자신감을 가지고 설명할 방법을 생각해본다. 말할 내용을 생각하며 문서를 바탕으로 말하는 것을 연습한다. '내가 보여주는 부분을 청중이 이해할 수 있을까?', '이를 개선하고자 무엇을 할 수 있을까?'라는 질문을 반복한다.

본인이 가진 각 그래프를 공유할 이유를 설명하기 위해 문서에 글을 추가한다. 문외한 사람들이 이해할 수 있도록 노력한다. '내가 보여주는 부분이 비즈니스에 어떻게 유용한가?'라는 질문에 답해야 한다. 회사마다 글자 수의 기준은 다르다. 모든 내용을 상세하게 설명하길 원하거나 몇 마디로 간단히 하는 것을 선호하기도 한다. 이후 내용을 줄일 수 있어 지나치게 글이 많으면 실수할 수도 있다.

자료가 준비됐다면 이해관계자에게 보내기 전 작은 실수가 있는지 확인하고자 동료에게 검토를 부탁한다. 업무의 맥락을 잘 아는 팀원에게 좋은 자료인지 확인해보길 바란다. 기업에 따라 관리자는 여러분에게 함께 확인할 것을 요청하기도 한다.

10.4.1 최종 발표

관리자가 분석을 승인하면 직접 분석 내용을 전달하기 위해 이해관계자와 미팅을 잡는다. 무엇을 하고 배웠으며 조사하지 않았는지 설명하고 각 요소를 살펴본다. 분석에 많은 시간을 보냈으니 데이터 설명과 질문에 대한 답을 쉽게 할 수 있어야 한다.

이해관계자에 따라 발표 내내 질문이 많거나 한 사람만 계속 질문할 수 있다. 차분하고 호기심 많은 질문(예: Y 데이터셋 대신 X 데이터셋을 사용한 이유가 무엇인가)부터 비판적이며 우려 섞인 질문(예: 이 결과물은 다른 팀의 결과물과 일치하는가 코드에 오류가 있는가)까지 다양하다. 질문을 어떻게 다룰지는 본인이 알고 있는 것과 모르는 것을 솔직히 대답한다. 조사해봐야 한다고 답해도 괜찮다. '신경 쓸 부분이 많기에 X 데이터셋을 사용했다'처럼 본인의 생각을 말하거나, 모를 때는 '왜 다른 팀과 일치하지 않는지 잘 모르겠다. 살펴보겠다'라고 하면 된다. 대부분 미팅은 갈등 없는 차분한 분위기 속에서 진행된다.

분석이 아무리 훌륭해도 '글쎄, 다른 분석 방법은 어떨까요?'라는 질문을 받을 수 있다. 여러분이 분석에서 보지 못한 내용일 수도 있다. '분석에서 지난 달 데이터만 사용했다면 어땠을까요?'라고 할 수도 있다. 이는 데이터 과학의 특성으로 인한 자연스러운 일이다. 항상 무엇이 유용한지 데이터와 아이디어를 쪼개 더 많은 방법을 찾는다. 특히 분석이 결론에 이르지 못하면 흔히 볼 수 있다. 이 같은 경우 종종 이해관계자는 결론이 날 수도 있다는 희망을 가진다.

이 같은 요구에 정중하게 대처하는 것이 최선의 방법이다. 해당 요구는 때론 유용하지만 새로운 결론에 쉽게 도달하지 못하거나 해결하려고 노력하는 데 며칠을 허비할 수 있다. 데이터 과학자로서 어떤 부분이 가치 있을지에 관한 지식이 많아야 하며 유용하지 않다고 생각된다면 결론을 비판적으로 바라본다. 분석을 할 때 해결하려는 비즈니스 질문이 너무 추상적이어서 결정적인 답변을 못할 수 있다. 또한 분석 시 결과를 찾기 위해 다양한 방법을 시도하지 않았던 것처럼 언제 분석을 끝내야 할지도 알아야 한다.

10.4.2 업무 보류하기

최종 분석을 전달한 후 승인되면 다른 분석 업무에 곧바로 착수하라는 요청을 받는다. 그 전에 몇 가지 소홀히 하면 안 되는 부분이 있다. 이를 제대로 하면 앞으로의 업무가 훨씬 더 편해진다. 몇 달 혹은 몇 주 후 어느 시점에서는 좀 더 최신 데이터를 사용해 분석을 다시 할 수 있다. 업무를 문서화하는 데 시간을 투자한다면 반복적인 분석이 훨씬 더 쉬워진다. 그 과정은 다음과 같다.

- **전체적으로 분석을 다시 할 수 있는지 확인한다.** 지금까지 여러분의 분석을 한번에 해야 한다는 주제로 토론했다. 이 시점에서 여전히 분석이 가능한지 확인하고자 최종 점검한다.
- **코드에 주석을 단다.** 몇 년간 코드를 다시 보지 않을 수도 있다. 간단한 주석 코드를 사용하면 추후 기억을 더 듣는 데 도움이 된다.
- **리드미 파일을 추가한다.** 리드미 파일은 무엇을 위한 분석이며 왜 실행됐는지, 어떻게 실행하는지 설명하는 간단한 문서이다.
- **코드를 안전하게 보관한다.** 깃 및 깃허브를 사용한다면 안전하게 보관된다. 그렇지 않다면 다른 사람이 어떻게 코드에 접속할지 생각한다.
- **데이터가 안전하게 저장되었는지 확인한다.** 모든 데이터 파일이 클라우드 서비스(예: 공유 네트워크 저장소인 원드라이브 및 AWS S3)와 같이 랩톱 컴퓨터 외의 안전한 곳에 저장되었는지 확인한다. 데이터베이스에 저장된 데이터셋이 삭제되지 않도록 확인한다.
- **결과물을 첨부해 공유한다.** 분석을 공유하는 가장 일반적인 방법은 이메일에 첨부하는 것이지만 보관하는 데는 좋은 방법이 아니다. 다른 팀원 및 비즈니스의 다른 분야에 있는 사람이 액세스할 수 있는 곳에 둬야 한다.

과정이 완료되면 해당 분석은 정말 안전하다. 분석을 계속할수록 본인에게 가장 잘 맞는 기법을 찾을 수 있으며 구현하는 데 속도도 빨라진다.

10.5 힐러리 파커 인터뷰

힐러리 파커Hilary Parker는 온라인 기반 개인별 스타일링 서비스 기업인 스티치 픽스Stitch Fix에서 일한다. 고객에게 의류를 제안하는 머신러닝 모델을 만든다. 이전에는 엣시Etsy의 선임 데이터 분석가였다. 존스홉킨스 블룸버그 공중보건대학교에서 생물통계학 박사 학위를 취득했다.

Q 다른 사람이 분석을 도와주는 것에 대해 어떻게 생각하나요?

A 모든 분석은 '누가 무엇을 원하는가?'라는 질문을 이해하려는 노력에서 시작합니다. '이 업무는 제품 관리자가 결정을 내리려고 요청된 부분인가?', '실험의 분석을 받기 전까지는 할 수 없다고 생각하는가?', '전략적으로 계획을 추진하고 사람들이 몇 년에 걸쳐 수천 달러를 벌 수 있다고 보여줘야 하는가?' 등을 생각하죠. 맥락을 이해하려면 반드시 마주보며 분석의 최종 관계자와 상의해야 합니다.

발표할 때 가장 중요한 부분은 청중들이 어디에 있으며 목표가 무엇인지 이해하는 것입니다. '핵심을 이해하길 원하는가?', '가장 설득력 있는 부분은 어디인가?' 등입니다. 더 많은 정보를 원하는 것처럼 보인다면 많은 통계적 세부 사항을 제공합니다. 정보를 원하지 않는다면 양을 줄여 제공합니다.

Q 분석 과정이 어떻게 되나요?

A 분석을 구조화하는 것이 중요합니다. 대부분은 그래프를 빠르게 이해할 수 없습니다. 짧은 요약이 있어야 하며 복잡하면 안 됩니다. 또한 분석하려고 의식의 흐름대로 노트북을 만지지 않습니다. 기업에서 이와 같은 모습을 많이 봅니다. 컴퓨터의 주석이 텍스트처럼 보여 더 많은 주석을 추가합니다. '여기가 제가 시작했던 곳이며 여기서 끝을 맺었습니다'라고 전달하게 됩니다. 여러분은 '여기에 결론은 있는데 부록에서 제가 어디서 시작했는지 알 수 있습니다'라고 전달되길 원합니다. 사람들이 주석을 읽을 것이라는 생각을 하지만 빠르게 구현하기 가장 쉬운 부분은 가독성이 가장 높지 않습니다. 저는 과정의 한 부분인 최종 형식에 너무 집중했어요. 컴퓨터 내 전체 코드를 깔끔하게 바꾸지 않고 항상 깔끔하게 유지해야 합니다.

Q 최종 버전을 어떻게 마무리해야 하나요?

A 색 테마가 유용합니다. 많은 회사가 각자의 색 테마가 있습니다. 스티치 픽스는 브랜드에 알맞은 색 테마가 있죠. 색상 팔레트에서 색을 가져오는 ggplot2 템플릿이 있습니다. 이 같은 부분은 직원들을 친숙하게 만들어 효과적이죠. 구글 슬라이드를 활용한 발표에서도 동일한 색 테마를 활용합니다.

또한 너무 무리하면 안 됩니다. 스티치 픽스의 초기 프로젝트 중 하나는 플러스 사이즈를 비즈니스 라인으로 론칭하는 것이었습니다. 정확한 사이즈를 확보하고자 빠르게 분석해야 했죠. 저는 분석을 전달하는 작은 시스템을 구축하는 데 많은 시간을 보냈습니다. 무엇이 변화하는지 보여주고자 매시간 동적으로 업데이트되고 복제할 수 있는 웹사이트 개발에 집중했어요. 다만 함께 일했던 동료들은 열정이 없었습니다. 그래서 저는 동료와 함께 확인하는 대신 웹사이트를 만드는 부분에 혼자 몰두했습니다. 분석은 도가 지나치기 쉬워서 필요한 만큼 하되 너무 많이 해서는 안 됩니다.

Q 분석을 조정하려는 사람들은 어떻게 대처하나요?

A 저는 최근 디자인 실수에 관한 글을 많이 읽었습니다. 항상 디자인 맥락에서 일어납니다. 사람들은 의사소통을 잘하지 못하고 축소하며 추상적으로 생각하지 않아요. 디자인 세계에서 그 사람이 여러분에게 원하는 것을 말하지만 그대로 받아줄 수는 없어요. 스스로 그 문제를 다루게끔 도와줘야 합니다. 이런 부분이 디자이너가 필요한 이유입니다. 이해하기 쉬운 구성이 나올 때까지 문제를 종합적이고 체계적인 방면으로 생각해야 합니다.

데이터 과학자와 통계 전문가가 이런 방식입니다. 누군가 불편함을 표현하려고 어떤 특징을 요구할 것이며 그것이 불안을 표현하는 방법입니다. '이 같은 결정을 내리고 싶지 않다는 것인가?', '망설이게 만드는가?', '최종적으로 어떻게 될까?' 등 불안이 무엇인지 알아내야 합니다. 데이터 과학자로서 항상 소비자 중 한 명과 상호작용하게 됩니다. 말하는 내용을 정확히 하는 것이 아니라 '근본적인 원인이 무엇인가?', '분석이 적절한가?' 등 실제 말하려는 의도를 알아내야 합니다. 많은 일이 일어날 수 있어요. 시간이 끝날 때까지 반복하는 것보다 전체 상황에 새로운 시각을 갖는 것이 더 가치 있습니다.

10.6 마치며

- 분석은 결론을 강조하며 데이터 과학을 응용해 중요한 특징을 묶어 비즈니스 문제를 입증해 해결하는 것이다. 이는 데이터 과학자에게 매우 중요하다.
- 훌륭한 분석은 비즈니스 문제의 이해와 데이터가 해결할 수 있는지 알아야 한다.
- 분석을 할 때는 항상 최종 목표를 생각하며 명확한 시각화가 있는 간단한 방법을 사용해 업무 공유가 가능해야 한다.
- 분석 과정을 관리하는 것은 업무 목표가 유지되게끔 하고 명확한 목적을 달성하기 위해 중요하다.

CHAPTER 11

모델을 제품으로 배포하기

> **이 장의 주요 내용**
>
> ◆ 머신러닝 모델을 제품에 사용할 수 있도록 구성하기
>
> ◆ API를 정의하고 어떻게 도움을 주는지 이해하기
>
> ◆ 머신러닝 모델 배포하기

11장은 머신러닝 모델을 만들어 비즈니스에 사용할 수 있게 배포하는 사람, 즉 머신러닝 엔지니어를 다룬다. 여러분의 연구가 분석 및 보고서를 만드는 것이라면 놀랄 수도 있다. 놀라지 않아도 된다. 의사결정 전문가와 머신러닝 엔지니어의 차이는 생각보다 적으며 11장이 그 개념을 설명하는 데 도움이 된다.

데이터 과학 프로젝트는 질문에 데이터로 답하는 것이 아니라 머신러닝 모델을 활용하여 유용한 도구로 만드는 것이 핵심이다. 사람들이 어떤 제품을 함께 구매하는지 이해하고자 분석할 수 있지만 웹사이트에서 가장 좋은 제품을 추천하는 프로그램을 만드는 것과는 다르다. 머신러닝 모델을 웹사이트 및 콜센터 등 각 비즈니스에서 다른 형태로 사용할 수 있도록 만드는 업무는 복잡하다. 업무에는 데이터 과학자, 소프트웨어 엔지니어, 제품 관리자 등이 참여한다.

11장에서는 제품의 일부분인 모델 및 컴퓨터에서 작동할 수 있는 형태로 만드는 방법을 알아본다. 11장의 주제를 다루기 전에 두 가지 간단한 사항을 참고한다.

- 제품에 실행되는 코드를 개발하는 것은 상당히 기술적인 업무이다. 11장은 다른 장보다 기술을 많이 다룬다. 소프트웨어 개발과 관련된 개념에 익숙하지 않은 사람들이 쉽게 이해할 수 있도록 세부적인 기술보다는 개념과 아이디어에 초점을 맞춘다.

- 개념에 더 집중해 100% 사실이 아닌 설명이 있을 수 있다. 가독성을 돕고자 의도적으로 기술됐다. 이미 이런 주제를 잘 알고 설명의 예시를 떠올릴 수 있다면 그 생각이 맞다.

11.1 제품을 배포하는 것이란?

사람들이 '제품으로 배포한다'라고 말하는 것은 코드를 활용해 고객을 마주한 제품의 일부에 지속해서 실행할 수 있는 시스템에 넣는 것을 의미한다. '배포한다'는 다른 시스템으로 옮기는 것이고 '제품'은 일부 코드가 실행되는 부분을 의미한다. 코드 작동이 멈추면 고객이 피해를 입게 돼 최소한의 오류 및 이슈로 실행돼야 한다.

소프트웨어 개발자는 수십 년간 제품에 코드를 넣었지만 최근 데이터 과학자, 특히 머신러닝 엔지니어가 머신러닝 모델을 학습해 제품에 넣는 형태가 더욱 흔해졌다. 머신러닝 모델을 학습해 제품에 넣는 것은 분석의 일환이다. 모델 학습과 유사하지만 제품에 맞게 학습한 후에는 훨씬 더 많은 단계가 있다. 제품 모델을 구축하는 방법은 분석에서 출발한다. 첫째, 데이터를 이해하고 비즈니스에 관한 투자가 필요하다. 둘째, 제품으로 배포하는 것을 고려한다. 두 방법은 상당히 관련이 깊다.

제품으로 배포하는 것을 잘 이해하기 위해 간단한 예시를 살펴본다. 한 회사의 이해관계자가 너무 많은 고객이 유출된다고 생각해 데이터 과학자에게 고객 이탈 분석을 의뢰했다. 데이터 과학자는 분석의 일환으로 모델을 만들고 주요 지표 몇 가지를 결과에서 보여줬다. 비즈니스 이해관계자의 반응은 매우 긍정적이었다. 콜센터에서 일하는 고객 관리 직원이 어떤 고객이 이탈할지 안다면 떠나지 않도록 할인을 제공할 수 있다.

여기서 데이터 과학자는 모델을 제품에 넣어야 한다. 데이터 과학자의 컴퓨터에 있는 모델을 어떤 방법을 쓰든 고객을 모을 수 있도록 필요할 때마다 실행한다. 컴퓨터의 모델은 많은 고객을 살펴보는 데 몇 분의 시간이 걸린다. 제품에서는 이 모델을 한 고객을 대상으로 호출되어야 하며 다른 부서에서 고객 데이터를 가져와 평가할 때 해당 데이터를 사용해야 한다.

대부분 제품 내 머신러닝 모델은 실시간으로 동작해 예측 및 제공된 데이터를 기반으로 분류하는 부분과 유사하다. 고객이 어떤 영화를 좋아할지 예측하는 넷플릭스 영화 추천 모델, 사진을 찍고 얼굴을 찾아 누구인지 맞추는 페이스북의 얼굴 인식 모델, 글을 쓰며 다음 단어를 예측하는 구글의 지메일 자동 완성 모델 등이 대표적이다.

제품에 사용되는 모델은 몇 가지 단계를 거친다. 첫째, 모델은 코드가 실행됐을 때 발생할 수 있는 모든 시나리오를 처리하도록 개발되어야 오류를 줄인다. 분석 시 약간 문제 있는 데이터가 걸러져 분석 결과를 방해하지 않고 모델에 입력되어야 한다. 제품 모델에는 입력 데이터가 얼마나 이상한지 상관없이 코드가 실행되어야 한다. 이모티콘으로 입력 데이터를 무시할 수 있어 이모티콘을 실행할 때 자연어 처리 모델이 충돌하는 부분은 분석하기 좋다. 제품 모델의 경우 이모티콘이 나타날 때 코드가 깨지면 머신러닝 모델이 지원하는 제품도 깨질 수 있다. 이모티콘을 입력할 때마다 지메일 웹페이지가 다운되면 어떻게 될지 상상해보자. 제품 모델은 문제가 있는 경우를 자동으로 다루도록 만들어야 한다. 혹은 코드 문제는 모델에 입력되기 전 수정되어야 한다.

제품 모델도 유지 보수가 가능해야 한다. 제품에서 계속 사용돼 새로운 데이터로 학습하거나 자동으로 학습하는 방식으로 개발한다. 직원들이 더 이상 업무를 하지 않는지 아니면 갑자기 업무를 완전히 중단했는지 알 수 있도록 업무 평가를 할 수 있는 방법이 필요하다. 몇 년 동안 필요할 수 있어 다른 표준 모델에 따라 추후 업데이트될 수 있는 방식으로 개발한다. 거의 아는 사람이 없는 오래된 프로그래밍 언어로 개발된 모델을 분석하는 것은 문제가 생길 수 있고 제품 모델에 치명적이다. 제품에 머신러닝 모델을 만들고 구축하는 과정은 [그림 11-1]을 참고한다.

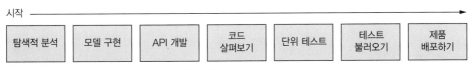

그림 11-1 제품에 머신러닝 모델을 구성하는 과정 예시

11장에서는 제품에 적합한 머신러닝 모델을 만드는 방법, 제품 구성 방법 및 추후 동작하는 방법을 다룬다.

다양한 직무의 데이터 과학자와 제품

제품 생산 시스템을 얼마나 생각해야 하는지는 데이터 과학자의 유형에 따라 크게 다르다.

- **머신러닝 엔지니어**: 대부분 데이터 과학자이다. 머신러닝 엔지니어의 역할에 익숙해질 때쯤에는 11장에서 살펴본 모든 내용에 익숙해져야 한다.

- **분석 전문가**: 보고가 복잡할수록 제품 시스템을 처리해야 할 수 있다. 분석 팀이 반복해서 일정한 보고서를 작성하면 보고 시스템을 만드는 것이 가장 좋다. 보고서가 자동으로 업데이트되면 다른 업무를 좀 더 자유롭게 할 수 있다. 특히 대시보드는 시스템이 자체적으로 업데이트되면 더욱 자유롭다.

- **의사결정 전문가**: 의사결정 전문가의 업무는 대부분 일시적이다. 제품 시스템을 만들 기회가 그리 많지 않다. 하지만 의사결정 전문가가 만든 모델을 구성하고자 머신러닝 엔지니어가 투입된다면 제품 시스템 이해에 좀 더 도움이 된다. 의사결정 전문가는 제품 시스템에 배치되기도 한다. 유지 관리해야 하는 shiny 및 dash와 같은 라이브러리로 비즈니스 관련 대화형 도구를 만들 수 있다.

11.2 제품 생산 시스템 만들기

머신러닝 모델을 기반으로 한 제품 시스템은 머신러닝 모델 분석 과정과 같은 과정으로 시작한다. 적절한 데이터를 찾고 특징을 선택하고 모델을 학습하며 비즈니스 승인을 거친다. 이 같은 단계가 끝나면 더 많은 업무가 이뤄진다.

1 모델은 다른 프로그램이 사용할 수 있는 형태로 변환돼야 한다. 일반적으로 모델이 웹사이트인 것처럼 기업의 다른 시스템에서 API로 접속할 수 있도록 개발한다.

2 모델에 많은 입력을 처리하는 코드를 추가한다. 예기치 못한 입력 데이터로 모델이 충돌하지 않으며 다운될 가능성이 적다. 이 단계에서 처리될 것으로 예상하는 모든 데이터를 올바르게 처리하는지 확인하고자 테스트 과정을 추가한다.

3 모델이 올바르게 동작하는지 확인하기 위해 테스트 환경에 배치한다. API는 작동하는지, 실시간으로 접속할 때 트래픽 처리가 가능한지 확인한다.

모든 단계가 완료되면 모델은 최종적으로 제품 환경에 배치된다.

11.2.1 데이터 수집하기

분석에 사용할 모델을 학습하고자 데이터를 수집할 때는 적절한 과거의 데이터셋을 찾는다. 제품 모델에도 필요하지만 모델이 실시간으로 구성 요소를 고려해 데이터셋이 충분하지 않은 경우가 많다. 고객의 이탈 여부를 실시간으로 예측하고자 기업 제품에서 모델이 필요한 초기 사례를 고려한다. 고객 이탈 모델을 분석에 사용한다면 몇 달 전 수집한 고객의 속성(구매 횟수, 첫 구매 연도 등)의 과거 데이터가 모델에 매우 적합하다. 제품 모델은 고객이 떠날지 여부를 실시간으로 예측해야 한다. 요청되는 시점에 모델이 고객의 속성을 알아내기 위해 코드를 작성해야 한다. 25,194번째 고객이 고객지원센터에 전화를 건다면 모델은 그 순간 해당 고객이 얼마나 많은 주문을 했는지 알아야 결정을 내릴 수 있다.

학습에서 과거 데이터를 사용하는 것과 모델을 실행할 때 실시간으로 데이터를 사용하는 것은 차이가 크다. 데이터 수집은 기술적인 이유로 데이터 과학자가 접근할 수 있는 데이터베이스 및 저장소에 데이터를 저장하기에 몇 시간 또는 며칠이 지연될 수 있다. 데이터를 실시간으로 사용할 수 있지만 과거 데이터가 저장되지 않는 상황이 발생할 수도 있다. 예를 들어 현재 고객이 국내에 있는지 여부를 알아볼 방법은 있지만 해외에 있는지에 관한 데이터는 저장되지 않는다.

제품 모델을 만들고자 데이터를 찾는다면 모델이 실행될 때 실시간으로 필요한 데이터를 고려해야 한다. 적합한 데이터가 최신 데이터인지, 데이터베이스 연결 및 다른 사용자가 설정할 방법으로 접근할 수 있는지 등 데이터셋 문제로 머신러닝 프로젝트를 실패하는 경우가 꽤 많다.

11.2.2 모델 구현하기

적절한 데이터셋이 있으면 머신러닝 모델을 구축할 수 있다. 해당 주제의 범위는 매우 넓다. 특성 엔지니어링에서 모델 학습 및 검증에 이르기까지 머신러닝 모델을 만드는 방법을 배우고 싶다면 다른 많은 책과 인터넷 자료를 찾아보는 것이 좋다. 제품 모델을 만들 때 몇 가지를 염두에 둬야 한다.

모델 성능에 주의하기

다른 시스템은 모델에 따라 어떤 데이터가 되었든 효과적으로 처리해야 해 모든 경우 모델이 작동하는 원리를 이해해야 한다. 예를 들어 고객이 다음에 구매할 제품을 예측하는 모델처럼 어떤 제품에 관심이 있는지 파악하는 분석의 일환으로 머신러닝 모델을 만들고 있다. 구현한 모델이 구매액의 99%를 정확히 예측했지만 1%의 확률로 고객이 니콜라스 케이지의 일회성 문신을 주문한다고 예측했다면 큰 성공이다. 대다수 고객을 이해해 기업이 정보에 기반한 마케팅 결정을 내리는 데 도움을 줄 수 있다. 해당 모델을 추천 제품을 보여주고자 기업 웹사이트에 배치한다면 1%의 확률은 고객(또는 적어도 니콜라스 케이지의 카리스마를 좋아하지 않는 고객)을 잃는 상황이 발생할 수도 있다. 이윤과 연관 있는 업무는 제품 시스템에서 정말 중요하지만 분석에서는 중요하지 않다.

간단한 모델 구현하기

일단 모델이 제품으로 실행돼 고객과 상호작용한다면 모델이 이상한 결과를 출력하고 그 이유를 이해하려는 상황에 부딪힐 수 있다. 해당 모델이 고객 이탈을 파악하는 모델이라면 알래스카의 모든 고객이 알 수 없는 이유로 이탈할 것이라고 예측할 수 있다. 또는 아웃도어 제품 웹사이트의 추천 모델이 카약 제품만 추천할 수도 있다. 무슨 일이 일어나는지, 모델을 어떤 형태로 바꿔야 하는지 알아내야 한다.

선형 회귀분석과 같은 단순 모형을 사용할 경우 예측에 필요한 계산을 추적하는 일은 굉장히 간단해야 한다. 앙상블ensemble 및 향상된 모델처럼 복잡한 방법을 사용하면 무슨 일이 일어나는지 이해하는 것이 훨씬 어려워진다. 문제를 해결하는 데 도움이 되는 복잡한 모델을 사용하는 것이 맞지만 정확성을 포기하더라도 가능한 한 간단한 모델을 사용하는 것이 좋다.

한 가지 재미있는 실제 예시로 넷플릭스가 있다. 넷플릭스의 한 팀이 영화 추천 결과를 10% 향상시키는 알고리즘을 만들 수 있는지 알아보고자 대회를 열었다. 2009년 당시 상금은 100만 달러였다. 그러나 기사(https://www.wired.com/2012/04/netflix-prize-costs)에서 말한 바와 같이 넷플릭스는 실제 우승한 알고리즘을 사용하지 않았다. 알고리즘은 여러 모델을 결합한 앙상블 방식이었다. 실행하고 디버깅하는 과정이 공학적으로 복잡해 이를 사용해 정확도를 높일만한 가치가 부족했다. 넷플릭스는 정확한 모델을 갖고자 많은 비용을 투자했지만 사용하지 않는 것을 보고 많은 기업은 정확성보다 더 중요한 부분을 깨닫게 됐다. 수많은 데이터 과학자와 엔지니어가 일하는 넷플릭스에서조차 고도로 복잡한 모델을 사용하지 않는다면 많은 기업에서 복잡한 모델을 사용하는 것은 어렵다고 판단했다.

11.2.3 API로 모델 제공하기

현재 대부분의 머신러닝 모델은 API로 제공된다. 머신러닝 모델 코드가 컴퓨터 시스템에서 실행될 수 있다. 다른 시스템의 데이터로 모델 실행이 필요할 때 연결할 수도 있다. 기업이 쇼핑 웹사이트를 운영하는 시스템이 있다. 여기에 고객이 구독을 취소할 것으로 예측할 때 할인 혜택을 제공하는 머신러닝 모델을 추가하고 싶다면 머신러닝 모델이 있는 두 번째 시스템을 설정해 웹사이트를 주기적으로 조회할 수 있다.

시스템의 한 부분을 작은 마이크로서비스로 분해하는 개념은 소프트웨어 공학에서는 흔한 일이다. 데이터 과학자에게 중요한 개념은 다른 시스템이 이를 사용할 수 있도록 모델만 운영하는 시스템을 구현하는 것이다.

최근 API는 웹서비스, 즉 REST API로 이뤄진다. REST API는 기본적으로 작은 웹사이트이지만 브라우저에서 렌더링하고자 HTML을 반환하며 보통 텍스트 포매팅으로 반환된다. 이 같은 요청은 웹 브라우저가 사용하는 프로토콜과 동일한 HTTP를 사용해 웹사이트 주소가 http:// 및 https://로 시작한다. 예를 들어 날씨 API를 설정해 *http://exampleweather.com/ seattle_temperature*로 가면 시애틀의 기온을 볼 수 있다. 머신러닝 모델 API는 특정 웹사이트를 방문해 예측한다. 머신러닝 모델은 고객 이탈 여부를 예측하는 사이트를 만들 수 있다. *http://internalcompany.com/predict?customer=1234*의 반환 값인 0과 1 사이의 숫자가 고객이 떠날 확률을 나타낸다.

API 설계는 어떤 URL이 데이터를 반환하고 어떤 형태의 요청을 사용할지 등의 결정을 내린다. 사용자가 설계를 이해할 수 있도록 만드는 것이 중요하다. 모델을 만들 때처럼 인터페이스를 통해 신중히 생각해야 한다.

머신러닝 모델을 API 웹서비스로 실행하는 것은 다음의 이유로 좋은 선택이다.

- 웹 API이므로 실시간 시스템 및 분석을 실행하는 다른 데이터 과학자 및 모든 직원이 사용할 수 있다. 웹사이트에서 사용하는 동일한 예측 모델을 의사결정 전문가가 분석하기 위해 질문할 수 있다.
- 웹사이트처럼 작동해 플랫폼에 상관없이 대부분 최신 기술을 모델과 연결할 수 있다. 모델이 R로 작성된 경우 Node.js로 작성된 웹사이트 및 파이썬을 사용하는 분석가가 이를 사용할 수 있다. 자체 웹사이트로 실행돼 알 수 없는 이유로 모델이 중단되어도 다른 제품에 문제가 생길 가능성은 적다. 만약 기업 쇼핑 웹사이트가 모델을 사용하다가 갑자기 연결이 되지 않아도 쇼핑 사이트는 계속 실행돼야 한다.

11.2.4 API 구현하기

API는 머신러닝 모델에 훌륭하지만 추가 개발이 필요하다. R과 파이썬은 각기 plumber와 Flask 패키지가 개발을 도와준다. 각 패키지로 R과 파이썬 코드를 실행하면 해당 스크립트가 사용자의 함수를 가져와 최종점에 출력한다. yourwebsite(*http://yourwebsite.com/ predict*)에서 머신러닝 모델이 R 및 파이썬 함수를 실행한 결과를 반환할 수 있도록 지정할 수 있다. 그 후 웹 브라우저에 들어가 코드를 호출할 수 있다. 이 코드를 노트북이나 데스크톱 컴퓨터에서 실행하고 싶다면 방화벽을 조정해 외부 트래픽을 허용하게 설정하면 다른 사용자가 API를 사용할 수 있다. 하지만 API 호스팅 프로그램(R, 파이썬)을 중지하는 순간 아무도 모델을 실행할 수 없다.

R과 파이썬 모두 API로 모델을 쉽게 제공할 수 있지만 API 요청에서 모델에 입력으로 전달해야 할 데이터가 무엇인지 설계해야 한다. 고객이 회사에 가입한 기간, 사용 금액, 고객 관리를 호출한 횟수를 기준으로 앞으로의 가능성을 예측하는 모델을 만든다고 가정해보자. 한 가지 가능한 API 설계로 URL에 있는 고객의 고유 ID로 요청하는 것이 있다. 1234라는 아이디로 고객을 조회하려면 *http://yourwebsite.com/presult?customer_id=1234*로 접속한다. 또 다른 API 설계로 사용자가 모든 고객 정보를 직접 조회한 후 전체 요청에 해당 정보를 포함하는 것이 있다. 1.7년간 있던 고객이 총 1,257달러를 소비하고 세 건의 연락처가 있다면 *http://yourwebsite.com/*의 요청에 {"1.7","message":1257,messages":3}에 해당하는 경우를 예측하도록 한다.

두 옵션 모두 API 설계가 필요하지만 하나는 고객의 상세 정보를 조회하는 모든 작업을 API가 해야 한다. 다른 하나는 API 사용자가 상세 정보를 조회한다. 일반적으로 이 같은 결정을 혼자 내리는 것은 좋지 않다. API를 사용할 사람들을 잘 살펴볼수록 만족도가 더 높아진다.

API를 설계한 후 API를 사용할 사람들과 이야기하며 API의 작동 방식을 확인해본다. 디자인 피드백을 받을 수 있다. API와 관련된 문서를 공유하는 것도 좋은 방법이다.

제프 앨런: R을 웹 API로 제공하는 패키지 plumber

저는 R스튜디오에서 일할 때 R의 plumber 패키지를 개발해 개발자들이 R에서 웹 API를 만들어 조직 전체에 머신러닝 모델을 적용할 수 있도록 했습니다.

plumber는 많은 엔지니어가 있는 자금을 투자한 회사에서 시작되지 않았습니다. 시작은 평범했습니다. 저는 2012년 생물통계 그룹의 연구소에서 일했습니다. 대부분 분석에 R을 사용했고 더 좋은 소프트웨어를 만들고자 저를 채용했죠. 세 명의 이해관계자가 있었습니다.

- R을 사용했으며 우리가 개발한 방법을 활용해 평가하는 생물통계 전문가
- '이 환자에게 가장 효과적인 약물은 무엇인가'와 같은 질문에 분석 결과가 필요한 비기술적 사용자
- 분석을 활용하고 싶지만 이전까지 관심이 없었던 기술을 사용하는 사람 및 R 코드를 실행할 자원이 없는 사람

첫 번째 이해관계자가 가장 쉬웠습니다. R은 다른 사람이 공유하고 사용할 수 있는 패키지에 여러분의 코드와 데이터를 묶는 훌륭한 시스템이 있습니다. 당시에는 두 번째 이해관계자가 조금 힘들었습니다. 최근에는 shiny가 두 번째 이해관계자의 문제에 가장 좋은 해결책이 되었습니다. R 사용자들은 R에서 계속 업무를 하면서 비기술적인 관계자가 사용할 수 있는 대화형 웹 애플리케이션을 구축할 수 있는 방법을 제공합니다.

가장 힘들었던 것은 세 번째 이해관계자였습니다. 일부 사용자는 이미 자바와 같은 다른 언어로 개발된 기존 애플리케이션이 있었는데 자신들의 서비스에 일부 R 함수를 호출하기를 원했죠. 다른 사람들은 단순하게 자동화된 파이프라인이 있었고 우리가 정의한 계산 중심의 R 함수를 활용하려고 했습니다. 정말로 원했던 것은 원격으로 접속해 내부적으로 모든 R 관련 처리를 한 후 결과를 보낼 수 있는 것이었습니다. 간단히 말하자면 R을 위한 원격 API를 원했습니다.

plumber가 패키지로 소개될 기회가 생긴 것은 몇 년이 흐른 뒤였습니다. 대부분 조직에는 R을 모르지만 데이터 과학자가 R로 개발한 분석으로 월급을 받는 사람이 있습니다. 많은 사람이 프로그래밍 방식으로 구조화된 인터페이스가 필요하죠. 웹 API는 훌륭한 해결책입니다. 다행히도 shiny 패키지의 개발자가 이미 R 패키지로 HTTP 요청을 처리하는 데 사용할 수 있는 성능 좋은 웹 서버와 관련된 어려운 문제를 이미 해결했었습니다. 나머지는 사용자들이 API의 구조와 동작을 정의할 수 있는 인터페이스를 개발하는 것이었죠.

저의 희망은 기술 관계자에게 plumber가 해결책이 되고 개발자가 앞서 언급한 다른 관계자처럼 효과적으로 R을 활용하는 것입니다. 수년간 plumber의 특징과 사용법 모두 성장하면서 R 사용자의 마음을 사로잡았다고 생각합니다. R은 API로 편리하게 인터페이스화할 수 있어 기존 IT 조직에서 더욱 친숙한 다른 프로그래밍 언어와 함께 자리를 잡았습니다. 저는 plumber를 사용해 기존에 할 수 없었던 업무를 해내는 것을 보는 것이 가장 뿌듯합니다.

11.2.5 문서화하기

API가 동작 중일 때는 문서를 작성하자. 초기에 문서 작성을 하면 API를 유지 관리하는 것이 쉽다. 코드의 첫 번째 줄을 개발하기 전부터 API 문서를 작성하는 것이 좋다. 이 경우 문서는 API를 생성하는 청사진이며 모델을 사용할 사람에게 API를 준비할 시간을 충분히 준다.

문서의 핵심은 API 요청에 관한 사양이다. 어떤 데이터가 어느 위치로 전송되며 어떤 데이터가 다시 전송되는지 예상되는가? 이 문서로 다른 사람이 API를 호출하고 무엇을 예상해야 하는지 알 수 있는 코드를 개발할 수 있다. 다음과 같은 많은 세부 정보가 있어야 한다.

- 종단점 URL(*http://www.companywebsite.com/example*)
- 요청 데이터에 필요한 사항
- 응답 데이터의 포매팅과 사항

이 문서는 모든 텍스트 형태의 문서에서 사용될 수 있다. 오픈 API 문서와 같은 표준 템플릿도 있다. 오픈 API 문서는 사용자 및 컴퓨터 시스템을 쉽게 이해할 수 있도록 API 사양을 작성하는 규약이다.

여러분은 API를 영구적으로 실행하는 개발자가 아니다. API가 시스템에서 실행되어야 하는 요구 사항 및 API를 다른 곳에 설치하는 방법을 문서화해야 할 수 있다. 해당 문서로 개발자는 코드를 직접 동작시키고 필요에 따라 변경한다.

마지막으로 모델이 있는 이유와 기본적인 방법에 관한 몇 가지 설명서가 필요하다. 제품이 더 이상 동작하지 않고 제품을 만든 이유가 누락됐을 때 유용하다.

11.2.6 테스트

고객이 사용하기 전 머신러닝 모델을 제품에 넣고 제대로 작동하는지 확인하는 것이 중요하다. 머신러닝 모델을 학습할 때 과정의 일부는 모델의 출력을 확인하고 정확도를 높이는 것이다. 모델의 작동 여부를 파악하는 데 도움은 되지만 충분하지는 않다. 오히려 모델의 입력을 오류 없이 처리할 수 있는지 확인해야 한다. 만약 제품에 들어가는 모델에 고객 ID를 입력하는 API가 있을 때 고객 ID가 없거나 음수이면 어떻게 될까? 아니면 숫자가 아닌 단어라면 어떻게 될까? 이 같은 경우 사용자가 예상치 못한 응답을 API가 반환한다면 좋지 못하다. 잘못된 입력으로 API가 중단될 경우 심각한 상황이 발생할 수도 있다. 사전에 알 수 있는 상황이 많으면 좋다.

여러 종류의 테스트가 있다. 제품에 적합한 머신러닝 모델에 특히 중요한 것은 단위 테스트이다. 시스템이 실제 동작하는지 확인하고자 코드를 각기 작은 구성 요소로 테스트하는 과정이다. 머신러닝 API는 API가 종단점의 다른 조건에서 예상대로 동작하는지 테스트한다. 해당 테스트에는 굉장히 큰 숫자, 음수 및 이상한 단어의 문자열을 입력할 수 있다. 각 시나리오는 테스트가 된다. 텍스트를 긍정 또는 부정으로 분류하는 머신러닝 모델 테스트는 '나는 너를 사랑한다고 입력하면 API 응답이 긍정적일 것으로 예상한다'가 될 수 있다. 또 다른 테스트는 27.5와 같은 숫자가 입력일 경우 코드가 충돌하기보다는 계산할 수 없는 결과를 반환할 수 있다.

API 종단점 테스트 외에도 코드 내에서 개별적으로 함수의 테스트가 가능하다. 100%의 커버리지coverage를 가지는 것을 목표로 API의 모든 코드가 제대로 작동되는지 테스트한다. 모델을 배치할 때마다 테스트를 확인하고 테스트가 잘못되면 문제를 해결한다.

물론 테스트할 시간이 없을 수 있다. 고객이 모델을 사용하기 전 중요한 문제를 알아차리는 유일한 방법임을 잊지 말아야 한다. 수익을 계산하는 것도 머신러닝 모델을 만드는 것보다 바쁜 업무일 수 있지만 매우 중요하고 무시되어서는 안 되는 작업이다.

11.2.7 API 배포하기

컴퓨터로 학습 모델을 노트북에서 실행할 수 있도록 코딩했다면 노트북에서 실행되는 API로 변환하는 부분은 어렵지 않다. 노트북을 끄거나 넷플릭스를 보는 등의 다른 일을 할 때가 있어 노트북에서 API를 계속 실행하는 것은 장기적으로 좋지 않다. API가 안정적인 형태로 계속 실행되려면 항상 서버에서 실행되어야 한다. 코드를 실행하고자 서버로 이동하는 과정이 배치이다. 항상 코드가 실행되도록 서버를 설정하는 것이 API를 만드는 것보다 힘든 업무이다.

> **서버**
>
> 서버라는 단어를 들으면 보통 이해하기 어려운 특수 컴퓨터처럼 느낄 수 있다. 실제로 서버는 노트북과 같은 평범한 컴퓨터일 뿐 화면 없이 운영된다. 서버를 켜서 로그인하는 대신 개발자들은 다른 컴퓨터에 원격으로 접속해 서버 내 코드를 실행한다. 서버는 노트북과 거의 동일한 운영체제(윈도우 또는 리눅스)로 동작된다. 서버에 원격으로 접속하는 경우 윈도우용 시작 메뉴 및 리눅스용 터미널이 친숙하다.
>
> 서버는 사람들이 실행 상태로 집이나 사무실보다 안전한 장소에 있다는 장점이 있다. 하지만 오래된 가정용 PC를 가져다 창고에 넣고 서버처럼 취급하지 못할 이유는 없다. 많은 소프트웨어 공학자들이 취미로 그 일을 한다.
>
> 사람들이 AWS, 마이크로소프트의 애저, 구글 클라우드 플랫폼(GCP) 등 클라우드 서버를 이용한다는 것은 아마존과 마이크로소프트, 구글에서 빌린 서버를 이용한다는 것이다. 서비스를 이용하며 대기업에 돈을 지불한다고 컴퓨터가 다르다는 의미는 아니다. 가격이 비싼 훌륭한 노트북이라고 생각할 수 있다.

API를 서버에 배포하는 방법은 두 가지 있다. API를 가상 시스템에서 실행하거나 컨테이너에 넣는 것이다.

가상 머신에 배치하기

기업용 서버enterprise server는 성능이 매우 좋으며 가격이 비싸다. 강력한 머신을 하나의 작업에 배치하는 것은 과잉으로 사용돼 비효율적이다. 서버는 동시에 많은 작업을 하는데 한 작업이 컴퓨터 동작을 망가트리고 관련 없는 작업과 충돌하는 문제가 발생하기도 한다. 시뮬레이션 컴퓨터인 가상 머신이 이런 문제를 해결할 수 있다. 거대하고 값비싼 컴퓨터는 동시에 다른 컴퓨터로 많은 시뮬레이션을 실행한다. 한 시뮬레이션이 고장나도 다른 시뮬레이션은 계속 동작한다. 가상 머신은 대부분 일반 컴퓨터와 동일하다. 로그인해 가상 머신을 찾지 않는다면 알 수 없다. AWS, 애저, GCP를 사용해 컴퓨터에 액세스할 때마다 가상 시스템에 연결할 경우 IT 부서에 서버를 제공하면 사내 가상 머신이 된다.

가상 머신은 시뮬레이션으로 유용하며 쉽게 키고 끌 수 있다. 이전 버전으로 돌아가거나 동시에 많은 복사본을 실행할 수 있도록 스냅샷도 제공한다. 다른 사람과 스냅샷을 공유하고 다른 사용자가 스냅샷을 실행할 수 있다. 모르는 상태에서 사용하면 가상 머신은 오래된 노트북처럼 동작할 수도 있으며 나쁘지는 않다.

가상 머신은 일반 컴퓨터이다. R 및 파이썬과 필요한 라이브러리를 설치한 후 코드를 복사해 실행하는 것이 시스템에 코드를 배포하는 가장 간단한 방법이다. 노트북에서 API를 실행하는 방법과 동일하다. API를 변경하려면 최신 버전의 코드를 가상 시스템에 복사한 후 코드를 실행한다. 다음 단계만 이뤄지면 시스템을 제품에 배치할 수 있다.

1 가상 머신을 실행한다.
2 머신러닝 모델 API에 필요한 프로그램 및 코드를 설치한다.
3 API를 실행한다.

제품 시스템이 얼마나 복잡한지 많이 이야기한다는 것을 생각해보면 굉장히 쉽고 간단하게 할 수 있어 놀랍다.

코드를 가상 머신에 복사해 붙이고 실행하는 간단한 방법은 수정할 때마다 코드를 수동으로 옮겨야 한다는 문제점이 있다. 어려운 과정이며 오류가 발생할 수도 있다. 코드를 옮기거나 가상 시스템에 있는 버전을 추적하는 것은 잊기 쉽다.

지속적인 통합^{continuous integration}(CI)은 코드가 저장소에 커밋될 때마다 자동으로 다시 컴파일하는 과정이다. CI 도구는 깃 저장소를 모니터링하고 변경 시기를 확인한 후 해당 정보를 기반으로 소프트웨어를 재구성할 수 있다. R이나 파이썬을 사용할 경우 다시 컴파일하지 않아도 되지만 빌드 프로세스를 다시 단위 테스트하는 등의 단계가 필요하다. **지속적인 배포**^{continuous deployment}(CD)는 지속적인 통합 도구를 출력해 제품 시스템에 자동으로 배포하는 형태이다. CI/CD는 두 접근법을 함께 사용하는 것을 의미한다.

CI/CD 도구는 저장소에서 변경 사항을 확인하고 일부 발견되면 빌드 프로세스(예: 단위 테스트)를 실행한 후 결과 코드를 가상 시스템으로 옮긴다. 데이터 과학자는 가상 머신 변경을 걱정하지 않아도 된다. CI/CD 도구가 해준다. CI/CD 도구를 직접 설정하는 것이 쉽지는 않지만 기업에 소프트웨어 개발 팀이 있다면 이미 도구가 준비돼 있어 사용할 수 있다.

가상 머신을 사용하면 동시에 여러 가상 머신을 실행할 수 있다는 장점이 있다. API에 트래픽이 많을 것이라고 예상되면 다음과 같이 한다. 가상 시스템의 복사본을 만들고 모든 트래픽을 동시에 실행하며 트래픽을 시스템에 임의로 할당한다. 각 가상 시스템의 활성 상태를 모니터링하고 필요에 따라 시스템에 추가 복사본을 실행하고 중단할 수도 있다. **오토스케일링**^{autoscaling} 기술이다. 대형 시스템에서는 효과적이지만 설정이 번거롭다. 상황에 따라 소프트웨어 개발자의 도움이 필요하다.

도커 컨테이너에 배치하기

가상 머신을 설정하고 실행하는 것은 상당히 번거롭다. 각 컴퓨터의 시뮬레이션이기에 일반 컴퓨터에서 설정하는 만큼 귀찮다. 프로그램을 설치하고 드라이버를 변경하며 컴퓨터를 제대로 구성해야 한다. 필요한 단계를 모두 문서화하는 것은 정말 어렵다. 다른 사람이 그 과정을 반복하면 실수하기도 쉽다. 또 다른 문제는 각기 다른 가상 머신이 컴퓨터 시뮬레이션이므로 일반 컴퓨터의 모든 내용을 담아야 해 많은 용량을 차지한다.

해결책으로 도커^{docker}가 있다. 도커 블로그(*https://www.docker.com/blog/containers-are-not-vms*)의 마이크 콜먼^{Mike Coleman}의 비유를 빌리면 가상 머신이 가득한 서버가 집에 가깝다면 도커 컨테이너는 한 건물에 여러 집이 있는 아파트와 같다. 각 집은 살기에 충분하지만 온수기 등 서비스 시설을 공유한다. 가상 머신에 비해 도커 컨테이너는 설정이 훨씬 쉽고 효율적으로 실행할 수 있다.

도커는 컴퓨터를 어떻게 설정할지 쉽게 지정하고 여러 컴퓨터 간에 공유된 규격으로 리소스를 공유할 수도 있다. 이를 바탕으로 가상 머신을 사용하는 것보다 제품 시스템의 개발과 유지 보수가 훨씬 쉬워진다. 도커가 소프트웨어 개발 세계를 사로잡은 이유이다.

도커를 이해하려면 다음 세 가지 개념을 이해하는 것이 중요하다.

- **도커 파일**docker file은 시뮬레이션 컴퓨터의 설정에 필요한 단계가 모두 담긴 텍스트 파일이다. 여기에는 '파이썬 3 설치', '저장된 모델 파일을 컴퓨터에 복사' 등이 있다. 대부분 단계는 리눅스 bash 명령어와 동일해 이 명령어에 익숙하다면 도커 파일 또한 친숙하다.
- **도커 이미지**docker image는 도커가 도커 파일의 단계를 따라 컴퓨터 상태의 스냅샷을 작성하고 저장한 결과물이다.
- **컨테이너**container는 도커가 이미지를 불러와 실행할 때 생성된다. 실행 중인 컨테이너는 이미지에 지정된 프로그램과 데이터를 사용해 일반적인 실제 컴퓨터와 연결돼 사용할 수 있다.

도커는 기존 배치 방식보다 장점이 많다. 도커를 사용해 머신러닝 모델을 제품에 배치하는 것은 조직 내 다른 사람이 도커 컨테이너를 사용하는 경우에 효과가 있다. 아마도 도커 컨테이너를 만들어 배치하고 계속 동작하는지 확인할 줄 아는 직원이 회사 내 있을 것이다. 그렇지 않다면 머신러닝 모델을 비표준적인 형태로 배치하는 것에 반발이 있을 수 있다.

도커 컨테이너는 가상 시스템보다 시작이 더 복잡하다. 코드를 배포한 적이 없다면 가상 시스템을 시작하는 것이 더 쉽다. 모델을 제품에 배치하는 데 도커를 사용할 수 없더라도 반복적인 분석에 도커를 사용하면 많은 장점이 있다. 도구 사용 경험은 직무상 당장 필요한 사항이 명확치 않더라도 가치가 있는 일이다.

11.2.8 테스트 불러오기

많은 시스템이 여러분의 모델을 사용하거나 한 시스템이 동시에 다량으로 여러분의 모델을 사용한다면 API가 과부하돼 고장 나지 않도록 해야 한다. API가 실행되는 시스템의 메모리가 부족하거나 시스템이 각 요청을 처리하는 데 너무 오래 걸리며 대기열이 길다는 등 오류가 발생할 수 있다.

문제가 발생하지 않게 하는 가장 쉬운 방법에는 과부하 테스트가 있다. 과부하 테스트는 동시에 많은 API를 요청하고 어떻게 동작하는지 확인한다. 기대보다 적어도 두 배 이상 많은 요청을 한다. API가 잘 처리한다면 괜찮지만 충돌한다면 코드를 좀 더 효율적으로 수정하거나 시스템을 확장하는 등 변경한다.

11.3 시스템 실행을 유지하기

API를 성공적으로 배포해 사용한 후에도 (절대) 충분하지 않다. 조직의 다른 사용자가 API 작동이 잘되는지 확인하는 작업을 계속한다. 일부 기업은 API가 항상 동작하도록 하는 데브옵스DevOps 팀이 있다. API가 정상적으로 동작하더라도 다른 이유로 변경하기도 한다. 지금부터 API의 유지 및 보수를 어떻게 해야 하는지 세 가지 중요 사항을 살펴본다.

11.3.1 시스템 모니터링

모델이 어떻게 되는지 지속적으로 모니터링하는 것이 좋다. 한 시간에 얼마나 많은 요청을 받는지, 모델 예측은 정확한지, 오류는 발생하지 않는지 등의 수치를 추적하는 가장 쉬운 방법은 API에 로깅 원격 측정 기능을 포함하는 것이다. 로깅은 모델에 오류가 발생할 때마다 내부 문제를 데이터로 기록한다. 원격 측정은 요청이나 특정 예측이 이뤄질 때마다 발생하는 이벤트를 기록하며 문제가 발생할 때 알람을 설정한다.

로깅은 이벤트가 발생할 때마다 파일에 API 정보를 기록하는 것처럼 간단하다. 그 후 로그를 확인하고 싶다면 도커 컨테이너나 가상 시스템을 입력한다. 원격 측정은 많은 시스템의 원격 측정이 한곳에 있도록 이벤트 정보를 서버 등으로 보낸다. 실시간으로 원격 측정을 보고 모니터링할 수 있도록 대시보드를 만들 수 있다.

경고 도구는 일이 잘못될 때 직원들이 알 수 있도록 해준다. 특정 이벤트셋이 발생할 때 전송되는 자동 메일 및 슬랙 메시지일 수 있다. 모델 API에 요청이 수신되는 시점에 원격 측정 이벤트가 있고 계속 요청이 발생되지 않으면 시스템이 트래픽을 수신하는 게 아니라 수신 알림으로 경고할 수 있는 이메일을 보낸다.

다양한 모니터링 시스템을 함께 사용하는 경우가 많다. 기업에서는 모든 기업 API를 동일한 방법으로 모니터링하도록 표준화를 시도한다. 이번 장의 대부분은 도구를 조직의 표준에 따라 더 많은 업무를 하도록 더 유용하게 사용할 것이다.

11.3.2 모델 재학습하기

머신러닝 모델이 제품으로 배치된 후 어느 순간부터 성능이 떨어지기 시작하는 경우가 종종 있다. 머신러닝 모델은 데이터를 학습하며 시간이 지날수록 데이터의 관련성이 낮아진다. 머신러닝 모델 예측은 새로운 지역의 고객이 해당 기업에 참여하면서 문제가 생길 수 있다. 모델이 충분히 학습되지 않으면 다시 학습해야 한다.

가장 간단한 해결책으로 처음 모델을 학습한 단계를 반복하되 새로운 버전의 데이터를 불러오는 방법이 있다. R, 파이썬의 데이터를 컴퓨터에 불러오고 코드를 다시 실행한 후 동일한 방식으로 모델을 제품에 배치하는 것을 의미한다. 한 번 해놓으면 다시 할 수 있어 좋다. 실제로 유명 대기업에서 중요한 머신러닝 제품 시스템을 처리하는 방식이다.

더욱 정교하게 하고자 한다면 표준 업무 일정을 만들 수 있다. 모델 가중치를 계속 주시하고 재학습할 시기를 결정하기 위해 직감을 사용한다. 대신 몇 주 또는 몇 개월마다 모델 가중치를 학습하는 표준 절차를 설정한다. 이 과정은 중요한 업무를 언제 할지 추측하는 단계를 없앤다.

표준 일정에 따라 재교육한다는 것은 프로세스를 자동화할 수 있다는 중요한 의미이기도 하다. 데이터를 불러오고 모델을 만든 후 어딘가에 저장하는 파이썬 및 R 코드가 있다면 자동으로 실행하는 시스템을 구성한다. 재학습 시스템은 이 업무를 하며 시간을 보낼 필요 없이 제품 자체를 활용할 수 있다. 새로 학습된 모델이 이전 모델과 같은 성능을 발휘하는지 그렇지 않다면 데이터 과학자에게 알려줘야 하는지 또한 시스템에서 살펴본다. 이 같은 잘 구성된 재학습 과정은 점점 보편화되고 있으며 AWS의 세이지메이커sagemaker와 같은 클라우드 도구가 지원한다.

자동으로 재학습하는 파이프라인은 정교하고 많이 보편화됐지만 결국 모델을 재학습하는 한 잘하고 있는 것이다. 데이터 과학자는 모델을 구성하고 제품에 배치하며 시간이 지날수록 모델이 점점 잘 작동하지 않아 곤란해진다. 모델의 성능을 지속적으로 모니터링하지 않고 수정하지 않는다면 도움보다는 업무에 피해를 준다. 잘 지켜보길 바란다.

11.3.3 변경하기

제품 모델로 비즈니스에 성공한다면 모델을 개선하는 수정도 해야 한다. API의 성능을 향상시키고자 더 많은 데이터셋을 가져오거나 머신러닝 방법을 변경하는 것이 좋다. 비즈니스 관련 사람에게 모델의 특징이나 이슈를 듣게 되는 경우도 있다.

10장의 분석을 살펴보면 이런 종류의 변화는 실제 문제로 이어진다. 아무리 업무가 흥미롭거나 누군가에게 중요한 것처럼 보여도 반드시 가치가 있는 것은 아니다. 84%에서 86%의 정확도로 모델을 얻는 데 3개월이 걸렸다면 다른 업무에 쏟을 수 있었던 3개월을 잃어버린 셈이다. 특정 이해관계자에게 중요한 특징은 실제 많은 고객에게는 영향을 미치지 않을 수도 있다. 훌륭한 머신러닝 모델은 많은 사람의 관심을 끈다. 머신러닝 구성을 도운 데이터 과학자로서 노력한 시간이 무의미해지지 않도록 해야 한다.

11.4 정리

11장에서는 많은 모델 배치의 개념을 다뤘다. 일부는 익숙하고 일부는 그렇지 않을 수 있다. 모든 주제가 여러분의 프로젝트와 관련 있는 것은 아닐지라도 훗날 필요할 경우를 대비해 이해하면 좋다. 책과 온라인 자료에서 더 많은 정보를 제공하며 특히 소프트웨어 엔지니어링과 많이 겹칠 수 있다. 데이터 과학 분야가 끊임없이 변화하면서 이런 주제들은 꾸준히 중요할 것이다. 충분히 배울 가치가 있다.

11.5 헤더 놀리스 인터뷰

헤더 놀리스Heather Nolis는 T모바일 인공지능 팀의 머신러닝 엔지니어이다. 일주일에 수백만 번 입력되는 R과 파이썬 모델을 제품에 배치한다. 컴퓨터 공학 석사 학위와 신경 과학 및 프랑스어 학사 학위가 있다.

Q. 팀에서 '머신러닝 엔지니어'는 무엇을 의미하나요?

A 데이터 과학자가 만드는 모델을 활용해 팀의 제품을 엔지니어링합니다. T모바일은 오랫동안 좋은 모델과 제품을 만들고자 소프트웨어 엔지니어링 부서에 보낼 분석에 데이터 과학자를 투입했어요. 업무가 비즈니스에 영향을 미칠 수 있다고 생각했습니다. 하지만 데이터 과학자와 엔지니어 사이에 높은 언어 장벽이 존재해 엔지니어가 해당 업무를 활용하는 것이 정말 어려웠죠. 제 목표는 도중에 분석하게 됐을 때나 주어진 모델의 중요한 사항을 모두 이해한 후 엔지니어에게 전달하는 것입니다.

Q 첫 번째 코드를 제품에 배치할 때 기분이 어떠했나요?

A 소프트웨어 개발자로서 시작한 첫 주였습니다. 제품에 배치돼 처음에는 왜 위험한지 이해할 수 없었죠. 컴퓨터로 코딩할 때는 50번 코드를 실행해도 괜찮았습니다. 하지만 제품의 코드에 버그가 있으면 기업에 큰 문제가 생기고 작동하지 않는 코드 때문에 직원들이 불편을 겪을 수 있죠. 그래서 끝났다고 생각했던 첫 번째 릴리스에서 출시되기 전 세 시간 동안 통합 테스트를 했던 기억이 있습니다.

Q 제품에 문제가 생긴다면 어떻게 되나요?

A 일찍이 SNS에서 가장 가까운 T모바일 매장을 추천하는 트위터 기반의 도구를 만들었습니다. 저는 팀이 전혀 지원하지 않는 Node.js를 사용했지만 '내가 해결해서 사람들에게 보여주면 더 훌륭한 누군가가 이를 다룰 수 있다'라고 생각했죠. 이 경험에서 저는 '자격을 갖춘 사람이 다룰 수 있다'는 것을 깨달았습니다. 제 코드는 제품에 배치됐어요.

제품은 출시됐고 Node.js를 사용했지만 훌륭한 코드는 아니었습니다. 효과가 있었고 안정적이었지만 제품 경험에 한계가 있어 제품에 배치할 자신이 부족했어요. 다른 직원들은 아직 지원하지 않는 언어라 긴장하기도 했죠. 그 후 두 달간 서비스가 문제를 일으킬 때마다 관리자에게 불려갔습니다. 위험을 무릅쓰고 새로운 플랫폼에 다른 언어로 작성했기에 도와줘야 했습니다. 직원들은 문제가 발생하면 그 원인은 저 때문이라고 생각했습니다.

두 달 내내 요청받으면서 제 문제라는 생각이 들기 시작했어요. 하지만 제품에 배치돼 문제를 일으킨 코드는 제 코드가 아니었습니다. 이를 꼭 기억해야 합니다. 프로젝트를 처음 제품에 배치할 때 모든 사항에서 문제를 일으킬 수 있습니다. 다만 다른 사람이 한 기능 역시 작동하지 않을 수 있죠. 반드시 여러분의 코드 때문이 아니라는 걸 꼭 기억하세요. 문제가 터졌을 때 무서워하지 않아도 됩니다.

프로젝트를 제품에 투입하는 것에 대해 이렇게 말하고 싶습니다. 물론 가장 훌륭한 도구로 가장 멋진 모델을 만들고 싶지만 원하는 제품을 만드는 데 항상 도움이 되는 것은 아닙니다. 많은 것을 희생해야만 계속해 작동될 수 있는 훌륭한 코드를 만들 수 있습니다. 머신러닝 엔지니어로서 이런 절충점을 잘 이해하고 제품을 만들어야 합니다.

Q 마지막으로 엔지니어와 협업하는 데이터 과학자에게 하고 싶은 조언이 있나요?

A 협업을 잘하는 두 가지 비결이 있습니다. 엔지니어의 언어를 이해하고 업무에 관심을 갖는 것입니다. 언어를 이해하려면 머신러닝 엔지니어에게 일반적인 문장처럼 들릴 수 있는 것을 생각해보세요. 데이터 과학자인 여러분이 집에 가면 당연히 크기가 크고 오래된 콘솔 모니터가 있었던 것처럼 말입니다. '내가 시간을 되돌렸나?'라고 머신러닝 엔지니어는 궁금할 것입니다. T모바일의 인공지능 팀에서 첫 데이터 과학자를 채용했을 때였습니다. 데이터 과학자에게 'R 모델을 API로 제품에 넣으면 안 되는가?'라고 물었어요. 'R을 웹 서버로 실행해야 하는가?'라고 데이터 과학자는 되물었죠. 웹 서버라는 단어를 듣고 '반가워요, 저는 1980년대에서 왔어요!'라고 말하는 것처럼 보여 잠시 뒤로 물러설 수밖에 없었습니다. 정확히 같은 뜻이었지만 웹 서버라는 말에 마음이 끌렸습니다.

엔지니어의 업무에 관심을 갖는 경우 결국 데이터 과학자는 정확한 모델을 만들 때 자신의 직무에 만족감을 느낍니다. 엔지니어인 저를 기분 좋게 만드는 것은 다른 사람이 다룰 수 있도록 제품으로 만드는 것입니다. 정말 중요하게 여기는 것은 코드뿐입니다. 엔지니어에게 찾아가 API를 설계했고 모든 입출력을 명시하는 문서를 만들었다고 말하며 엔지니어의 문제에 관심이 있다는 것을 보여주세요.

11.6 마치며

- 제품 배치는 모델을 계속 동작시키는 과정이다.
- 모델을 REST API와 결합하면 다른 시스템에서도 사용할 수 있다.
- API는 가상 머신을 배포하거나 도커 컨테이너로 배포할 수 있다.
- 기업이 시스템상 코드, 테스트 및 배포를 관리하는 방법을 자세히 살펴보길 바란다.

CHAPTER 12

이해관계자와 협업하기

> **이 장의 주요 내용**
> ◆ 여러 이해관계자와 협업하기
> ◆ 데이터 과학 외 여러 팀과 협업하기
> ◆ 프로젝트가 가장 잘 사용될 수 있게 귀 기울이기

데이터 과학자의 주 업무는 데이터에 관련된 것처럼 보이지만 대다수 업무는 사람을 중심으로 이뤄진다. 직원들이 가진 문제와 데이터를 어떻게 해결할 수 있는지 이야기하는 것을 듣는 데 몇 시간을 보낸다. 데이터 과학자는 분석에서 얻은 지식으로 머신러닝 모델을 신뢰할 수 있도록 연구를 제안해야 한다. 프로젝트가 지연되거나 데이터가 제공되지 않는 등의 문제가 발생하면 다음 단계가 어떤지 알아내기 위한 대화가 필요하다.

칼 웨그너Karl Weigers와 조이 베티Joy Betty는 **소프트웨어 요구 사항**software requirement에서 이해관계자를 '프로젝트에 적극적으로 참여하거나 프로젝트 결과에 영향을 받거나 그 결과에 영향을 미칠 수 있는 사람, 그룹, 또는 조직'으로 정의한다. 데이터 과학자는 이해관계자를 마케팅, 제품 개발 또는 다른 비즈니스 영역에서 일하는 비즈니스가로 정의할 수 있다. 데이터 과학으로 소프트웨어를 작동시키거나 데이터가 적절하게 수집됐는지 확인한다. 이해관계자가 고위 간부이거나 기업 전체인 경우도 있다. 이해관계자마다 행동과 니즈가 다르다. 12장에서는 데이터 과학 프로젝트 중 만나게 될 다양한 유형의 이해관계자가 무엇을 기대하는지 살펴본다. 그 후 데이터 과학 팀 외부 사람들과 의사소통하며 효과적으로 협력하는 방법은 무엇이며 어떻게 생각해야 할지 다룬다. 마지막으로 이해관계자와의 업무 우선순위를 정하는 과정을 살펴본다.

12.1 이해관계자의 유형

데이터 과학 프로젝트 중 마주칠 수 있는 이해관계자는 각자 배경과 동기가 다르다. 이해관계자는 누구나 될 수 있다. 프로젝트에 따라 다르지만 대부분 이해관계자는 비즈니스, 엔지니어, 리더십, 관리자 총 네 가지 범주 중 하나에 속한다(그림 12-1).

그림 12-1 이해관계자의 유형

12.1.1 비즈니스 이해관계자

비즈니스 이해관계자business stakeholder는 마케팅, 고객 및 제품 관리 부서에서 비즈니스 결정을 감독하는 사람이다. 더 나은 결정을 내리고자 분석을 의뢰하거나 효율을 높이고자 머신러닝 모델을 요청한다. 비즈니스 이해관계자는 다양한 배경을 가졌다. 고객 관리 부서의 관리자는 지방 대학교에서 학위를 받고 에이전시에서 시작해 승진했고 마케팅 담당자는 MBA 학위를 가졌으며 광고 대행사에서 왔을 수도 있다. 다양한 경로에서 온 것은 각 사람과 협업할 때 다른 관점을 가져다준다.

일반적으로 비즈니스 이해관계자는 기술적인 경험이 거의 없다. 엑셀은 잘하지만 몇 가지를 제외한 분석적 전문 지식은 전무하다. R이나 파이썬, 다른 머신러닝 모델의 장점이 무엇인지 모른다. 지난 10년간 뉴스를 봤다면 비즈니스 이해관계자는 결정을 내리는 데 데이터 가치와 데이터 과학의 중요성을 익히 들었을 것이다. 비즈니스 이해관계자는 결정을 내리거나 머신러닝 도구를 출시하는 데 필요한 중요 정보를 데이터 과학자에게 제공해야 한다. 기술적인 전문 지식이 없다면 데이터 과학자가 말하는 내용을 그대로 믿어야 한다.

가끔 데이터 과학 프로젝트에 크게 관여하기도 한다. 프로젝트 시작과 목표 세우는 것을 도울 수 있다. 프로젝트 기간 중 중간 결과를 피드백할 수도 있다. 최종 분석이 전달되거나 모델이 배치되는 시기는 프로젝트의 마지막 부분이다. 기업이 데이터 과학 업무에서 가치를 얻는 데 비즈니스 이해관계자는 필수이기에 끊임없이 관여한다.

분석, 대시보드, 머신러닝 모델과 같이 비즈니스에 필요한 부분을 고객에게 전달하는 것이 데이터 과학자의 업무이다. 이해관계자 때문에 일을 해야 할 뿐만 아니라 이해를 도와야 한다. 복잡한 통계가 있는 표를 주고 설명이 없다면 비즈니스 이해관계자는 이해하지 못할 뿐만 아니라 사용하는 것도 어렵다. 신뢰할 수 있는 비즈니스 파트너가 되려면 고객이 데이터를 사용할 수 있도록 지원한다. 조직 내에서 더 많은 데이터 과학이 진행될 수 있는 방법 또한 제시한다.

비즈니스 이해관계자에게 가장 어려운 상황은 데이터 과학자가 분석을 했으나 이해관계자가 '음, 그럴 리가 없다'고 답하는 등 데이터 과학 결과가 받아들여지지 않을 때이다. 데이터 과학 업무의 사실과 전제가 문제되면 이해관계자는 데이터 과학을 배제시킬 수 있다. 무엇을 어떻게 했는지 이해할 수 있도록 돕는 것이 최선의 방법이다. 대개 이해가 부족해 믿지 못하는 것이다. 어떻게 업무가 이뤄졌는지 상의해 분석에 변화를 줘야 한다.

12.1.2 엔지니어 이해관계자

엔지니어 이해관계자engineering stakeholder는 엔지니어링 팀에 속해 기업에서 제공한 코드(또는 잠재적인 물리적 제품)의 유지 관리를 담당한다. 해당 제품이 머신러닝 알고리즘 및 데이터 과학 분석이 필요할 때 이해관계자의 위치로 바뀐다. 문화적 측면에서 보면 데이터 과학자와 많이 유사해 다른 유형의 이해관계자보다 협업이 쉽다. 엔지니어 이해관계자는 데이터 과학자처럼 학교, 부트캠프, 온라인 수업에서 얻은 기술 경험이 있다.

엔지니어들은 광범위한 기술 경험이 있지만 데이터 과학과 관련된 경험은 거의 없다. 소프트웨어 엔지니어는 코드를 개발하지만 대개 특정 데이터베이스를 질의하는 API를 만드는 등 구체적인 업무를 염두에 두고 코드를 작성한다. 소프트웨어 개발자는 데이터 과학자가 가진 탐구적 요소가 없어 데이터를 이해하고 통찰력을 얻고자 몇 주를 보낸다는 것을 이해하지 못한다.

엔지니어는 엔지니어링 프로젝트의 일환으로 머신러닝 모델이 필요할 때 데이터 과학자와 협업한다. 이 같은 협업은 엔지니어 업무에 필요한 제품용 API로 변환하는 머신러닝 모델로 가장 자주 이뤄진다(11장 참고). 엔지니어는 데이터 과학자와 머신러닝 엔지니어의 도움을 받아 입출력이 분명하고 신뢰할 수 있으며 생산에 문제없는 제품을 만든다. 엔지니어에게 이런 상황을 전달하는 것이 데이터 과학자가 할 일이다. 엔지니어처럼 생각하고 요구에 가장 적합한 제품이 무엇인지 이해하려고 노력해야 한다.

현재 엔지니어가 만드는 도구를 작동시키는 데 도움이 되는 분석 또한 데이터 과학자가 도와준다. 데이터 과학자는 우선순위를 정한 후 엔지니어링 시스템의 버그를 진단한다. 웹사이트처럼 고객 대면 제품의 성능을 평가하는 데 도움이 되는 데이터를 주로 본다. 엔지니어는 올바른 결정을 내리는 데 데이터 과학자가 필요해 비즈니스 이해관계자에 더 가까워진다.

데이터 과학 업무의 불확실성으로 엔지니어 이해관계자와 어려움을 겪기도 한다. 일반적으로 소프트웨어 제품을 개발할 때 API나 프로세스 설계에 착수한다. 설계와 관련된 업무 및 필요한 작업의 요구 사항이 명확해야 한다. 반면 데이터 과학에서는 제품을 만드는 것을 기대하지 않는다. 어떤 데이터가 모델에 중요할지 알 수 없어 어떤 데이터가 필요한지 확실하지 않다. 모델과 성능에 따라 출력이 달라지는 경우도 많아 출력 또한 어떻게 될지 명확하지 않다. 기업의 기대치를 충족할만큼 정확한 모델이 없다는 것을 알기에 아이디어의 실현 가능성조차 확실하지 않다.

초기에는 데이터 과학 프로젝트가 얼만큼 진행되는지 알 수 없어 엔지니어는 얼마나 적은 데이터 과학자가 성공하는지 잘 모른다. 데이터 과학자로서 변화되는 상황에 엔지니어가 많이 놀라지 않도록 과정을 전달하는 데 각별히 주의해야 한다. 처음부터 데이터 과학 프로세스가 무엇이며 어떻게 다른지 자주 소통해야 한다. 엔지니어에게 데이터 과학의 애매모호함을 알려주면 덜 놀랄 것이다.

12.1.3 기업 리더십

기업 임원은 비즈니스 이해관계자(또는 기술 팀을 이끄는 경우 엔지니어)와 경력이 비슷하지만 영향력은 훨씬 더 크다. 이사, 부사장, 거래처의 최고책임자는 조직을 이끄는 데 데이터가 필요하다. 데이터 과학자는 경영진이 업무를 하는 데 필요한 통찰력을 제공하기 위해 데이터를 검토한다. 머신러닝이 중요한 요소인 대규모 프로젝트에 관여하는 경우 데이터 과학자가 책임자가 되기도 한다.

임원은 매우 바쁘며 세부 사항까지 이해할 시간이 없다. 임원과 시간을 보내는 것은 매우 어렵다. 만약 시간이 허락된다면 고위급 임원은 요점을 파악해 그 의미를 즉시 이해하려고 한다. 매우 바쁘기에 누군가 말하는 내용이 적을수록 결정을 내리는 데 더 집중할 수 있다.

기업 리더는 중요한 결정을 내려야 하거나 회사 내부를 더 잘 이해하고 싶을 때 데이터가 필요하기에 데이터 과학자와 함께 일한다. 비즈니스 이해관계자나 다른 직원과 업무를 하면 관리자에게 보고하기도 한다. 분석과 보고서는 윗선으로 갈수록 계속 다듬어진다. 임원이 구체적인 분석이나 업무를 의뢰할 수도 있다. 데이터 과학자는 결과를 처음 보는 사람도 바로 이해할 수 있도록 만들어야 한다.

임원과 결과를 공유하기 전 조직의 규모와 문화에 따라 해야 할 일이 많을 수도 있다. 어떤 조직은 팀원이 비즈니스 목표와 신념에 부합하는지 확인하고자 결과를 검토한다. 좀 더 느긋하거나 작은 조직에서는 데이터 과학자가 리더의 지시 사항을 직접 만들기도 한다. 회사와 상관없이 항상 깔끔하고 오류가 없어야 한다.

명확하지 않거나 불완전한 업무가 제시될 때는 문제가 일어날 가능성이 높다. 각 임원이 요구한 사항을 이해할 수 없다고 업무가 분명해지기를 기다려서는 안 된다. 데이터 과학자가 질문에 대답하지 못한다면 신뢰를 잃는다. 임원과 협업이 잘 이루어지지 않고 배려하지 않으면 심각한 문제가 될 수 있다.

경영진이 결과에 만족하거나 가치가 있다고 판단하면 데이터 과학자에게 큰 도움이 된다. 신뢰할 수 있는 파트너가 되어 데이터 과학 팀은 조직에서 더 많은 장소와 더 많은 이유로 데이터와 머신러닝을 사용할 수 있게 된다.

12.1.4 관리자

프로젝트에 따라 관리자가 이해관계자가 되기도 한다. 관리자가 업무를 할당하고 지속적으로 확인하며 제안한다면 프로젝트의 이해관계자다. 관리자는 (1) 여러분의 업무를 성공시키려고 한다. (2) 소속된 팀에 할당된 프로젝트가 잘되기를 바란다. (3) 프로젝트는 팀 관리자의 큰 목표와 일치하기도 해 성공하길 바란다.

관리자는 프로젝트를 지도하고 조언한다. 어려움을 겪을 때 관리자에게 이야기할 수 있어야 하며 최상의 방향을 찾을 수 있도록 도와야 한다. 관리자는 여러분의 업무를 최대한 활용해 업무를 알려주고 기존 과정과 통합될 수 있도록 여러분의 업무를 개선하는 방향을 고려하며 최대한 돕는다.

관리자 또한 이해관계자이다. 업무를 할 때 여러분의 도움을 받는다. 보고서, 모델 및 분석은 관리자와 공유할 수 있는 한 최선을 다해야 한다. 여러분이 도움을 받을 수 있는 사람과 업무를 해야 하는 사람 모두의 직무를 관리자가 수행한다.

이중적인 직무를 수행하는 관리자는 이후 다룰 12장 내용과 관련 있다. 관리자가 있으면 취약점이 더 많이 보인다는 것이 가장 큰 차이점이다. 관리자에게 '분석을 끝내려고 정말 애쓰고 있어요' 같은 말을 하는 것은 좋지만 해당 정보를 경영진에게 알릴 수는 없다. 다른 이해관계자는 순수한 업무상 고객인 반면 관리자는 더 인간적으로 대하고 조언도 할 수 있다.

협업하는 다른 사람과 마찬가지로 관리자를 대해야 한다. 명확하게 업데이트하고 지속적으로 의사소통하며 다른 사람 앞에 내놓을 만한 업무를 해야 한다. 여러분이 어려움을 겪고 있다면 관리자에게 도움을 요청하길 바란다. 여러분을 돕고 싶어 하며 이해하려고 노력할 것이다.

12.2 이해관계자와 협업하기

데이터 과학 프로젝트 중 이해관계자와 효과적으로 소통하기 위해서는 다음 네 가지 핵심 원칙을 알아야 한다.

- 이해관계자의 목표 이해하기
- 끊임없이 소통하기
- 일관되게 유지하기
- 관계 형성하기

각 원칙을 자세히 알아보자.

12.2.1 이해관계자의 목표 이해하기

모든 사람에게는 이루고자 하는 목표가 있다. 목표는 사람의 직업과 포부, 일과 사생활의 균형 등 개인적인 특성과 관련 있다. 수석 엔지니어는 승진하고자 현재 프로젝트를 완료하는 데 집중할 수 있다. 혹은 고위직 임원이 수석 엔지니어가 곧 그만둘 것임을 알고 마음대로 하지 못하게 할 수도 있다. 목표는 사람들이 회사에서 하는 업무와 다른 사람의 행동에 어떻게 반응하는지에 영향을 미친다. 예상보다 시간이 오래 걸리는 프로젝트는 홍보 위주의 엔지니어에게는 별로이지만 아무것도 하고 싶지 않은 임원에게는 좋다.

데이터 과학자로서 이해관계자와 협업할 때 이해관계자의 목표를 이해하는 것이 중요하다. 동일한 분석이 이해관계자의 관점에 따라 잘 전달되거나 그렇지 않을 수 있다. 기업 웹사이트에서 이해관계자가 관리하고 판매하는 특정 제품의 성능을 분석했다. 분석 결과 해당 제품이 남미에서 잘 팔리지 않는다고 가정해보자. 이해관계자가 본인의 아이디어인 제품을 기업에 훌륭하게 보이고 싶어 한다면 해당 분석은 부정적으로 받아들여진다. 이해관계자가 전체적인 상품 포트폴리오의 성능을 잘 유지하려는 목표가 있다면 어떤 상품 포트폴리오를 구성해야 할지 숙지하는 것이 좋다.

이해관계자와 협업할 때는 최대한 빨리 목표와 동기를 이해해야 한다. 빨리 이해할수록 불필요한 사항을 전달하는 수고를 덜 수 있다. 동기를 알아내는 몇 가지 방법이 있다.

- **직접 질문한다.** 이해관계자에게 '무엇이 중요한가요?'라고 물어보면 자신을 드러낼 수 있는 문을 효과적으로 연 것이다. 공공연히 말하는 내용이 전부는 아니지만 본질적인 내용을 담는 경우가 많다. 일반적으로 첫 소개 회의에서 묻는다.
- **여러 사람에게 질문한다.** 동료들이 이전에 이해관계자와 함께 일한 적이 있는지 확인한다. 팀의 누군가에게 '이해관계자에 대해 알려주세요. 어떤 거래를 했나요?'와 같은 질문을 하면 궁금증을 해결해줄 것이다. 험담은 피하자. 동료가 말한 내용을 그대로 받아들이지 말고 소문을 내서도 안 된다.
- **이해관계자의 행동으로 동기를 유추한다.** 이해관계자의 행동을 보면 동기가 무엇인지 꽤 명확하게 드러나기도 한다. 관리하는 제품 중 하나가 잘 반영되지 않는 이유를 분석해달라고 하면 해당 제품이 매우 중요하다는 신호이다. 상호작용으로 배워야 하는 방법으로 쉽게 실수할 수 있는 단점이 있지만 실수에서 배우기도 한다.

이런 업무에 참여하려면 이해관계자의 감정을 알 수 있어야 한다. 분석의 다른 결과나 모델이 늦어지면 어떻게 반응할 것인가? 그 결과를 미리 생각해볼 수 있다면 신중히 의사소통에 임할 수 있다.

이해관계자의 동기를 이해한다고 반드시 그렇게 해야 하는 것은 아니다. 목표를 이해하면 어떻게 반응할지 예측할 수 있지만 여러분의 목표가 이해관계자의 목표와 일치하지 않거나 목표를 무시해야 할 수도 있다. 여러분의 목표가 최고의 데이터 과학자가 되는 것이라면 분석에서 어떤 제품이 잘 안 되는지 보여줘야 하며 발견된 사항을 숨기지 않는 것이 가장 좋다. 이해관계자의 요구에 대한 지식은 여러분을 돕는다.

이해관계자가 이해하기 힘든 사항을 전해야 할 때는 먼저 도움을 청한다. 관리자나 팀의 고위직이 도울 수 있는가? 누군가 전달하는 것을 도와줄 수 있다면 정치적인 결과나 문제를 찾을 수 있다. 후배가 기업의 정치와 더 큰 그림을 그릴 수 있는 전문가가 될 것을 기대하지는 않는다.

혼자 헤쳐나가야 한다면 함께 논의할 수 있도록 구성하는 것이 가장 좋다. 어떻게 하면 이해관계자와 같은 편이 될 수 있는지 생각해보자. 압박하는 것이 아니라 이해관계자의 입장에서 상황을 보려고 노력하며 현재 문제를 풀 수 있는 방안을 찾고 있다고 설득할 수 있다. 이때 대화는 기술적이기보다는 훨씬 전통적인 비즈니스 협상과 토론에 가깝다. 양쪽 모두 서로의 이해를 공유할 수 있다.

핵심성과지표

핵심성과지표key performance indicator (KPI)와 OKRobjective key result은 한 팀이나 조직이 비즈니스 가치를 이끌기에 중점적으로 평가하는 지표이다. 온라인 소매 팀에서 목표하는 숫자로 매달 주문량에 집중할 수 있다. KPI는 팀의 목표를 명확히 정량화해 데이터 과학자에게 유용하다. 팀의 KPI를 알 수 있다면 어떤 부분이 KPI에 영향을 미치는지 분석과 업무를 해당 과정에 넣을 수 있다. 분석이나 방법이 KPI와 관련이 없다면 관심없을 수도 있다.

모든 팀이 KPI를 가진 것은 아니다. 때론 끊임없이 변화하거나 잘못 정의되기도 하지만 KPI가 제공되는 상황이 있는 경우 무시하지 않는 것이 좋다. 이해관계자의 목표를 빨리 이해하는 것이 가장 쉬운 방법이다.

12.2.2 끊임없이 소통하기

데이터 과학자는 너무 많은 의사소통을 하거나 충분히 의사소통을 하지 않는다고 걱정하기 쉽다. 하루에 세 번 이메일을 보내는 것이 너무 많이 보내는 것은 아닌지 고민이 돼 '보내기'를 누를 때 온갖 생각이 교차할 수 있다. 반면 한동안 이해관계자와 이야기하지 않았으니 무슨 생각을 하는지 궁금하다고 생각할 수 있다. 최악의 경우 이해관계자를 내편으로 만들 수 없고 이해관계자가 프로젝트 진행 상황을 전혀 알지 못하게 될 수도 있다.

충분히 의사소통하지 못한다는 것은 데이터 과학자에게 항상 있는 일이다. 이해관계자는 의사소통을 하며 앞으로 나아간다. 이메일, 회의, 통화는 이해관계자가 프로젝트 진행 상황을 이해할 수 있는 유일한 방법이다. 충분한 의사소통이 없으면 루프에서 벗어났다고 믿거나 무슨 일이었는지 이해되지 않는다고 걱정할 수 있다. 데이터 과학자는 이해관계자와 대화를 할 때 기대와 현실이 얼마나 다른지 당황할 수도 있다.

데이터 과학자는 이해관계자에게 다음과 같이 몇 가지 사항을 전달해야 한다.

- 데이터 과학자는 프로젝트가 예상 기간에 들어맞는지 이해관계자를 계속 살펴봐야 한다. 프로젝트를 시작할 때 데이터를 찾아 정리하는 데 한 달이 걸리고 모델을 만드는 데 한 달이 더 걸릴 것 같다면 타임라인을 확인하며 계획과 맞는지 이해관계자와 소통한다. 변화와 지연을 공유하는 시스템이다. 이해관계자는 프로젝트가 끝날 것으로 예상했지만 데이터 과학자가 몇 주 또는 몇 달간 더 해야 할 수도 있다. 정보를 공유하지 않으면 안 좋은 시나리오로 이어진다. 이 상황을 알게 되면 이해관계자는 당연히 감정이 상한다.
- 데이터 과학자는 프로젝트 중 발견한 결과 및 난이도 있는 사항 등 프로젝트가 어떻게 진행되는지 전달해야 한다. 고착된 문제는 데이터베이스에 접근해 이해관계자의 도움을 받아 잠재적으로 해결할 수 있다. 분석이 잘 진행된 분석을 공유하면 이해관계자가 프로젝트 범위를 개선하는 데 도움이 된다. 프로젝트가 제대로 진행되지 않아도 전달해야 한다(13장에서는 프로젝트를 실패할 때를 알아본다).
- 프로젝트 진행 방식과 별개로 데이터 과학자는 비즈니스에 정보를 제공하고 미래를 예측하며 이해관계자와의 관계를 지속적으로 바꿔 나간다. 데이터 과학자는 지금까지 이룬 사항으로 프로젝트를 어떻게 변화시켜야 하는지 의견이 있어야 한다. 데이터 과학자가 분석에서 완전히 새로운 사항을 발견한다면 그 발견을 어떻게 해야 할지 기업에 권고 사항을 만든다.

일정한 관계를 만드는 데에는 프로젝트를 기본적인 동작 형태로 만드는 것이 가장 좋은 방법이다. 데이터 과학자와 이해관계자의 관계는 잦은 만남이 가장 중요하다. 매주 또는 격주로 미팅을 해 필요한 의사소통을 한다. 강제적 성격을 띨 수도 있다. 달력에 일정을 기입해 각 미팅에서 논의할 사항을 만들어 공유하게끔 강조한다. 각 미팅에서는 타임라인을 업데이트하며 잘 진행되는지 또는 그렇지 않은지 메모, 공유할 업무의 일부 및 다음 단계를 준비한다.

데이터 과학자는 이해관계자에게 직접 이메일을 보내는 습관을 들여야 한다. 데이터 과학자가 되고 싶거나 후배로서 기업 내 관리자에게 질문하는 것이 매우 좋지 않다고 생각할 수 있다. 그러나 대부분 이해관계자는 여러분의 업무가 더 나아질 것이라고 기대되면 질문에 성실히 답한다. 선배의 역할이다. 이해관계자의 직책이 너무 높아 이메일 내용을 굉장히 정중하게 써야 한다는 부담이 있을 수 있다. 혹은 업무를 전혀 모른다고 생각할까봐 걱정할 수 있다. 이때는 먼저 관리자와 이메일을 주고받아 보자. 관리자의 역할이다. 프로젝트에 따라서는 이해관계자와 일주일에 한 번 정도 이메일을 주고받아야 한다.

프로젝트 상황이 갑자기 변하고(아마 없다고 생각했던 데이터셋) 이해관계자의 의견이 필요하다면 통화를 하거나 즉시 미팅을 잡는 것이 좋다. 즉각적인 미팅은 입력이 즉시 필요할 때 매우 유용하다. 달력에 적기 전 스스로에게 '이 문제와 관련해 이해관계자의 의견이 실제로 필요한가?'라고 물어본다. 변화가 있지만 다음에 무엇을 해야 할지 알고 있다면 다른 사람의 시간을 빼앗을 필요가 없다. 입력이 필요하다면 미팅을 잡길 바란다. 후배 데이터 과학자가 흔히 저지르는 실수 중 하나는 스스로가 아닌 다른 사람이 미팅을 한다는 가정이다. 프로젝트에 더 적극적으로 임하면 프로젝트는 더 잘 진행된다. 이 상황은 이런 행동을 해야 하는 고위직 역할에 대해 배울 수 있는 기회가 된다.

의사소통 방법은 이해관계자 유형에 따라 달라져야 한다. 일반적으로 비즈니스 이해관계자는 방향과 협업을 제공하는 회의에 만족한다. 실제 데이터를 제공하거나 기술을 도울 수 있는 사람이 아니다. 엔지니어는 기술적인 해답을 가졌지만 프로젝트나 업무의 방향을 결정할 때 여러분만큼 불확실하다. 임원은 매우 바쁘다. 대부분 넓은 목표를 설정하고 결론만 확인하고자 프로젝트 말미에만 참여하는 경우가 많다.

12.2.3 일관되게 유지하기

식당을 상상해보자. 파히타[1]를 주문했다. 지금까지 먹어본 파히타 중 가장 맛있었다. 한 달 뒤 다시 파히타를 주문했지만 고기의 양념이 부족해 싱거웠다. 세 번째로 가서 파히타를 시켰다. 맛은 있었지만 예상보다 파히타가 나오는 시간이 오래 걸렸다. 이곳은 여러분이 다시 가서 먹고 싶은 식당일까?

기업은 일관된 제품을 제공한다. 데이터 과학자인 여러분은 조직 내 작은 기업이다. 이해관계자는 여러분의 고객이다. 잘 관리하지 않으면 도움을 요청하지 않는다. 관계를 일관되게 유지하고 싶다면 업무를 표준화해야 한다.

분석과 보고서의 경우 일관된 프레임워크를 만들어 이해관계자에게 공유한다. 가능한 분석부

---

1 옮긴이_ 파히타는 채 썬 고기나 야채를 토르티아에 싸서 새콤한 크림을 얹어 먹는 멕시코 요리이다.

터 전반적인 사항을 동일하게 유지할 수 있다면 이해관계자는 해당 결과에 집중할 수 있다. 표준화를 할 때 고려해야 할 몇 가지 사항이 있다.

- **분석을 구조화하는 방법**: 가능한 한 분석 형식을 갖추려고 노력하자. 동일한 유형의 목표와 데이터로 시작하고 유사한 결론이 나온 후 다음 단계로 이어져야 한다. 데이터를 읽고 생각하는 과정을 이해관계자에게 알려주는 방법이다.
- **분석을 전달하는 방법**: 반드시 유지할 필요는 없지만 분석에 하나의 파일 형식이 있으면 더 순조롭게 업무가 진행된다. 파워포인트, PDF, HTML 등이 있다. 매번 동일한 위치에 저장되어야 한다. 분석과 관련된 드롭박스, 네트워크 폴더 및 기타 공유 도구를 이용할 수도 있다. 해당 도구를 이해관계자가 사용할 수 있는지 확인한다. 깃허브 저장소는 사용하지 못할 수 있지만 버전 관리로 직접 구현할 수도 있다.
- **분석 스타일**: 사소할 수도 있으나 시각적 요소의 일관성이 크게 향상될 수 있다. 가능한 한 동일한 색상과 템플릿을 사용한다(기업을 나타내는 색상이라면 더욱 좋다).

대시보드를 제공할 때는 분석의 일관적인 규칙이 적용된다. 대시보드 간 스타일과 형식을 일관성 있게 유지하고 모든 대시보드를 공유할 수 있는 위치에 저장해 사람들이 대시보드에 접속할 수 있는 방법을 알려준다.

API 및 머신러닝 결과물은 제품 설계에 일관성이 있어야 한다. 데이터 과학 팀의 API 및 모델 포트폴리오가 많아지면 API가 어떻게 작동하는지 추적하기 매우 어려울 수 있다. API는 일관성이 높을수록 사용하기 쉽다. 일관성 있는 규칙은 다음과 같다.

- **입력의 일관성**: 모델과 API가 데이터를 가져오는 방법은 동일한 형식이어야 한다. 모두 동일한 매개변수를 가진 JSON 객체가 있을 수 있다.
- **출력의 일관성**: 출력을 구조화하는 방법은 입력을 구조화하는 방식과 팀에서 생성된 API가 어떻게 동작하는지 이해해야 한다. 모델이 JSON을 입력으로 할 경우 JSON 출력으로 반환해야 한다.
- **인증의 일관성**: 모델과 API는 보안을 이유로 특정 형태로 인증해야 할 수도 있다. 어떤 방법이든 가능한 한 많은 API에 걸쳐 일관성 있어야 한다. 특정 API 때문에 인증 자격을 잃을 수 있다.

이해관계자를 돕는 것 외에도 모든 사항의 일관성을 유지하면 유용하다. 데이터 과학의 모든 부분을 표준화할수록 신경 써야 할 사항이 적어진다. 흥미로운 부분에 더 집중할 수도 있다. 데이터 과학 팀이 더 많이 표준화할수록 다른 직원 간 업무 처리 또한 더 쉬워진다. 표준화는 누구에게나 좋다.

12.3 업무 우선순위 정하기

조직을 지원하는 데이터 과학자는 어떤 업무를 처리해야 할지 결정해야 할 경우가 많다. 일부 팀에는 데이터 과학자가 해야 할 업무를 결정하는 프로젝트 관리자가 있지만 다음 업무로 무엇을 해야 할지는 알려줘야 한다. 업무는 주제와 범위에 따라 크게 다를 수 있으며 여러 이해관계자가 있을 수 있다. 업무는 크게 세 가지로 분류할 수 있다.

- **이해관계자가 직접 주는 빠른 업무**: '시간에 따른 매출 그래프 작성'과 같이 간단한 요청인 경우가 많다. 매우 급하거나 많은 시간이 걸리지 않아 거절하기 어렵다. 하지만 더 중요한 업무를 방해하거나 요청이 많으면 생산적인 업무가 점점 더 어려워질 수 있다.

- **장기 프로젝트**: 데이터 과학자 업무의 핵심인 프로젝트이다. 대시보드를 만들고 장기적으로 분석하며 제품에 투입할 모델을 만드는 업무 모두 여기에 포함된다. 매우 중요하지만 프로젝트가 끝날 때까지 몇 주 또는 몇 달이 걸린다. 이 사실을 고려한다면 급한 업무는 아니다.
- **장기적인 이익이 있다고 생각하는 아이디어**: 데이터 과학의 특성을 고려하면 고객이 언제 지원을 요청할지 예측하는 머신러닝 모델을 만드는 것처럼 기술적인 업무이다. 함수를 만들거나 일반적인 문제를 더 빠르게 해결하는 라이브러리와 같이 생산성을 높이는 업무도 포함된다. 수동적으로 프로세스를 실행하는 데 매주 몇 시간이 걸리는 경우 업무를 자동화해 비즈니스에 직접적인 도움보다는 간접적으로 더 많은 업무를 할 수 있도록 한다. 아무도 부탁하지 않았지만 중요한 업무이다.

특히 여러 사람이 업무를 요청했을 때 가장 중요한 업무와 뒤로 미룰 수 있는 업무가 무엇인지 파악하기 어려울 수 있다. 동시에 이해관계자에게 매우 중요한 업무는 전체적인 비즈니스 관점에서는 중요하지 않을 수도 있다. 데이터 과학자는 이해관계자의 요청을 거절하기 힘들다. 대부분 이해관계자는 비즈니스의 방향을 주도한다. 이 모든 것은 여러분이 하는 일에 대한 결정이 비즈니스에 큰 영향을 미칠 수 있는 환경을 조성한다. 할 수 있는 일에 제약이 걸리기도 한다.

많은 데이터 과학자가 어려워하는 부분이다. 이해관계자가 요청할 때 기쁘게 받아들이고 싶고 실망시키고 싶지 않은 것은 당연하다. 흥미로운 요청일 수도 있다. 하지만 모든 요청을 받아들이면 오래 일하기 어려워진다. 이해관계자는 끊임없이 답을 원한다. 데이터를 사용해 한 가지 질문에 답변하면 새로운 질문으로 이어지곤 한다. 이해관계자의 요청은 업무의 양을 줄이는 대신 추가 업무가 생길 가능성이 크다.

가능한 업무가 무엇인지 알기 위해 다음 두 질문을 자세히 살펴보는 것이 좋다.

- **해당 업무가 영향을 미치는가?** 해당 업무의 분석 결과를 알아보는 것이 기업에 중요한 영향을 미치는가? 어떤 결과가 결정을 바꾸는가? 해당 머신러닝 모델이 이익을 증가시키는가?
- **해당 업무는 새로운 업무인가?** 기존 프로세스를 반복해 적용하는가? 아니면 다른 방법을 시도할 것인가?

두 질문에 대한 답은 네 가지 유형의 조합을 만들 수 있다.

- 혁신적이고 효과적인 업무
- 혁신적이지는 않지만 효과적인 업무
- 혁신적이지만 효과가 없는 업무
- 혁신적이지 않고 효과도 없는 업무

각 조합을 자세히 살펴보자.

12.3.1 혁신적이고 효과적인 업무

비즈니스를 변화시키는 혁신적인 업무는 대부분 데이터 과학자가 커리어를 쌓는 데 도움이 되는 업무이다. 이전에 데이터 과학자가 손대지 않았던 데이터를 수집한 후 최신 머신러닝 모델로 애플리케이션을 최적화해 수백만 달러를 절약하는 프로젝트를 예로 들 수 있다. 최고의 성과로 『하버드 비즈니스 리뷰』나 『와이어드』 같은 잡지에 실릴 수 있다.

아쉽게도 여기에 속하는 기업 프로젝트는 많지 않다. 이 같은 프로젝트가 있으려면 다음처럼 여러 가지 업무를 해야 한다.

- 데이터 과학 방법이 유용하도록 충분한 데이터가 있어야 한다.
- 모델을 얻을 수 있는 데이터에 흥미로운 부분이 있어야 한다.
- 비즈니스 부분은 이익에 영향을 미칠 수 있을 만큼 충분히 크거나 중요해야 한다(이 프로젝트는 사무실의 화이트보드 마커 재고를 최적화하는 것과는 다르다)
- 문제가 복잡하거나 독특해 이전에 시도해보지 않았다.

모두 해당하는 기업은 매우 적다.

혁신적이고 효과적인 프로젝트는 이해관계자와 데이터 과학자의 흥미를 불러일으킨다. 이해관계자는 프로젝트의 분명한 가치를 볼 수 있어 좋다. 데이터 과학자는 새로운 데이터를 새로운 방법으로 시도하고 그 결과를 보고 싶어 한다. 여러분이 이 같은 프로젝트를 찾을 수 있다면 프로젝트가 커지도록 할 수 있는 모든 것을 시도해야 한다. 다만 커리어와 상관없이 요구 사항이 너무 많아 매우 드물며 성공 가능성도 희박하다.

12.3.2 혁신적이지는 않지만 효과적인 업무

혁신적이지는 않지만 팀이 제품을 출시하도록 설득하는 데이터 분석과 같은 비즈니스에 변화를 준다. 모든 사람이 의심하는 부분을 증명하는 것과 같다. 특별히 혁신적이지는 않지만 도움이 된다. 엔지니어링 분야에서는 이미 한 부서에서 담당하는 모델을 다른 부서에 재배치하는 것일 수 있다. 여기에 속하는 또 다른 유형의 업무는 많은 시간이 걸리는 업무를 효율적으로 만드는 것이다. 혁신적이지는 않지만 비즈니스를 발전시킨다.

결과가 대단하지는 않지만 비즈니스에 도움이 된다는 것은 중요하다. 이해관계자에게 데이터 과학 연구의 가치를 알려주는 것은 투자 유치 면에서 매우 중요하다. 이에 동의한다면 다음 프로젝트가 예산을 초과하거나 성공하지 못해도 계속해 여러분을 신뢰할 것이다. 가능한 여기에 해당하는 프로젝트를 맡자.

데이터 과학자의 업무는 기업에 가치를 주는 것이지 가장 매력적인 업무를 하는 것이 아니다. 가치 있지만 흥미롭지 않은 업무를 견디는 것은 데이터 과학자의 중요한 기술 중 하나이다. 업무가 흥미롭지 않고 아무것도 배울 수 없다면 다른 업무를 찾아야 한다. 일의 우선순위를 정할 때 직무 만족도를 고려하는 것이 가장 좋다. 물론 유일하게 고려할 사항은 아니다.

12.3.3 혁신적이지만 효과가 없는 업무

혁신적이지만 사용 가능성이 낮은 새로운 데이터 과학 알고리즘과 방법을 연구하는 등의 업무는 비즈니스에 유용하지 않다. 기존과 많이 벗어난 프로젝트일 수 있다. 기업은 다른 그룹과 상호작용하지 않고 결국 사용되지 않을 업무에 매달리는 것이다. 데이터 과학 팀은 많은 시간을 여기에 소비하고 수백만 달러의 비용을 들였지만 보여줄 것이 없다. 그러나 여기에 속하는 프로젝트는 데이터 과학자의 관심을 끈다.

데이터 과학 팀 내에서 시작하는 해당 업무는 비즈니스에 유용한 부분보다 방법론적으로 흥미로운 부분에 초점을 맞추는 경향이 있다. 데이터 과학자는 새로운 이론 기법을 설명하는 논문을 읽고 팀원을 설득해 자신의 데이터에 해당 기술을 사용해야 한다고 주장할 수 있다. 6개월 후 논문에 제시된 것만큼 좋지 않으며 기업의 누구도 알고리즘이 제공하는 결과가 필요하지 않다는 것을 깨닫는다. 설상가상으로 데이터 과학자는 새로운 논문을 보고 이 과정을 반복한다.

이해관계자는 이런 프로젝트를 잘 알지 못한다. 팀의 데이터 과학자 중 일부가 정말 어렵게 들리는 무언가를 연구하느라 매우 바쁘게 보이지만 아무도 이해관계자에게 설명하지 않는다. 데이터 과학자는 프로젝트를 완성하면 사람들이 프로젝트를 사용할 수 있을 것이라고 생각하기 쉽다. 실제로 프로젝트를 바로 사용할 수 없다면 이해관계자 역시 사용할 수 없다. 이 같은 프로젝트에 몰두하지 않길 바란다. 비즈니스에 기여하지 못하며 여러분의 존재에 의문을 제기할 수 있다.

12.3.4 혁신적이지 않고 효과도 없는 업무

안타깝게도 데이터 과학자의 많은 업무는 혁신적이지 않으며 효과적이지도 않다. 가장 일반적인 예로는 자주 업데이트해야 하는 보고서이다. 자동화되지 않았으며 만드는 데 오랜 시간이 걸리지만 보고서를 올릴 때마다 읽지 않는 사람은 없다. 많은 시간과 노력이 필요하다. 누구도 이 업무가 더 이상 필요하지 않다고 말하기를 꺼려한다. 비즈니스는 시간이 흐를수록 필요한 보고서가 많다. 보고서를 모두 만드는 데 걸리는 시간은 결국 데이터 과학 팀을 압박한다. 보고서는 혁신적이지 않거나 효과적이지 않을 가능성이 높다.

그 외 여러 작은 일회성 요청이 이 범주에 속한다. 데이터 및 차트를 좋아하는 임원은 데이터 과학 팀에 '주별 유럽 판매 그래프 작성' 또는 '지난 12주간 주문량이 가장 많이 감소한 제품을 찾아달라'처럼 같은 요청을 반복할 수 있다. 특별히 어려운 부분은 없어도 많은 노력이 필요하며 비즈니스에 큰 가치를 제공하지 못한다.

이런 상황은 쉽게 답을 내릴 수 없어 어렵다. 시간이 많이 걸리는 보고서 및 프로세스를 자동화할 수는 있지만 이 또한 자체적으로 많은 시간이 소요되며 사용 중인 기술에 따라 제한적으로 개선해야 한다. 고위 관계자가 반복해 요청하는 경우 데이터 과학 팀의 입지를 위태롭게 하지 않고는 거절하기 어렵다.

상황이 이렇지만 데이터 과학자로서 시간을 잘 활용할 수 있도록 지원하는 것은 여러분의 책임이다. 많은 업무가 진행 중인 경우 관리자 및 이해관계자와 대화해 시간적 가치가 없는 업무라는 것을 분명히 알려야 한다. 이미 특별히 유용하지 않다는 사실을 알지만 과정은 개선되어야 한다며 방법을 계속 논의하면 사람들은 현 상황을 받아들이려 하지 않는다. 할 수 있는 최선의 방법은 개선책을 먼저 만든 다음 보여주려고 노력하는 것이다.

12.4 정리

이해관계자와의 협업은 프로젝트 과정 내내 겪어야 하는 일이다. 이해관계자의 요구와 필요한 이유는 무엇인지 이해해야 한다. 프로젝트는 이해관계자의 요청으로 시작되지만 요청 사항은 프로젝트 기간 중 변경될 가능성이 높다. 변경 사항을 준수하는 것은 사용자의 책임이다. 이해관계자가 필요한 부분과 프로젝트를 더 많이 일치시킬수록 프로젝트의 실패 가능성은 줄어든다. 13장에서는 이해관계자와의 의사소통이 중단되는 경우처럼 데이터 과학 프로젝트를 실패할 경우 어떻게 되는지 알아본다.

샘 바로스(에어비앤비 데이터 과학자): 요청을 대화로 바꾸기

이해관계자와 협업하는 데 한 가지 중요한 기술은 요청을 대화로 전환하는 것입니다. 가끔 동료가 특정 업무를 부탁하기도 합니다. 요청을 받았을 때 바로 거절하지 말고 부탁하는 이유와 관련해 대화를 시작해보세요. 요청 사항에서 해결하고 싶은 비즈니스 요구 사항은 무엇이며 의도한 결과를 얻기 위해 더 좋은 방법이 있는지 이야기합니다. 요청 뒤에 숨겨진 동기를 이해하면 더 의미 있는 업무를 할 수 있습니다.

이 전략은 이해관계를 기반해 협상하는 것입니다. 협상에서 관계자는 단순히 즉각적인 요구가 아닌 근본적인 이익을 해결하는 데 초점을 맞춥니다. 이때 즉각적인 요구는 사용자가 받는 요청입니다. 기본적인 관심사는 이런 요청에 관한 비즈니스 동기와 데이터 과학 팀의 목표가 될 수 있습니다.

12.5 사드 스노든 아킨툰드 인터뷰

사드 스노든 아킨툰드Sade Snowden-Akintunde는 엣시에서 일한다. 여러 국가 소비자의 구매 경험을 개선하고자 실험 설계 및 분석을 전문으로 한다. A/B 테스트 및 실험, 신뢰할 수 있는 데이터 구현, 데이터 인프라 확장 등이 전문 분야이다.

Q 이해관계자를 관리하는 것이 왜 중요한가요?

A 이해관계자 관리는 데이터 과학의 가장 중요한 부분 중 하나지만 중요도가 떨어지는 경향이 있죠. 이해관계자에게 개념을 전달할 수 없다면 여러분이 아무리 똑똑해도 아무 소용없습니다. 대부분 기업은 여러분과 같은 수준의 기술력을 가지지 못한 사람이 운영합니다. 여러분은 이해관계자가 능력이 있다고 느낄 수 있게 해줘야 하며 필요하다면 자신을 옹호할 수 있는 방식으로 소통해야 합니다.

Q 이해관계자 관리는 어떻게 배웠나요?

A 시행착오를 겪었어요. 효과 있는 상황과 효과 없는 상황을 모두 겪어보며 주의를 기울였죠. 일찍부터 소통하는 것과 여러분이 말하는 내용을 확실히 이해하도록 반복하는 것이 굉장히 중요합니다. 데이터 과학 커리어 초기에 제가 이야기한 것에 이해관계자가 동의한 적이 있습니다. 그래서 제가 무슨 의미로 말을 하는지 정확히 이해했을 것이라 생각했죠. 하지만 이해관계자는 제 이야기를 이해하지 못했습니다.

Q 이해관계자와 어려움을 겪었던 적이 있나요?

A 커리어 초기에 실험 디자이너로서 제 입장을 옹호하는 것이 두려웠습니다. 말도 안 되는 실험을 시켜도 아무 말도 하지 못했습니다. 실험을 완료한 후 분석을 하려고 하는데 실험 설계 때문에 결과 해석이 어려웠습니다. 처음부터 이해관계자와 함께 업무를 가장 잘 분석할 수 있는 방법과 적절히 디자인된 실험으로 얻을 수 있는 사항을 논의해야 했습니다. 이때 최선을 다하려면 처음부터 말해야 한다는 것을 배웠습니다.

Q 신입 데이터 과학자가 자주 오해하는 부분은 무엇인가요?

A 신입 데이터 과학자는 다른 사람이 본인의 직업 가치를 알아서 높게 생각할 것이라 여깁니다. 특히 학벌이 높은 데이터 과학자가 하는 흔한 생각이죠. 데이터 과학자는 모든 것에 매우 철저하고 과학적인 방법을 따르는 것에 몰두합니다. 학계에서는 중요할지 몰라도 단순히 열심히 일하는 것이 반드시 여러분의 연구 가치를 높이는 것은 아닙니다. 사람들이 여러분 결과의 가치를 인식하게끔 소통해야 합니다.

Q 항상 데이터 과학의 기술적인 부분을 설명하려고 하나요?

A 이해관계자가 얼마나 참여하는지에 따라 달려 있습니다. 저는 기술적인 일에 관여하고 싶어 하지 않는 프로젝트 관리자와 함께 일한 적이 있습니다. '이건 지금 당장은 안 됩니다'라고 말하면 보이는 그대로 받아들였습니다. 프로젝트 관리자와 협업하며 모든 세부 사항을 알려주고자 했습니다. 이때 느낀 것은 프로젝트 관리자는 당황할 때가 있다는 점입니다. 어떤 이는 여러분이 정기적으로 무슨 일이 있었는지 말해주기를 원합니다. 이해하지 못해도 반복해 알고 싶어 합니다. 그래서 저는 이해관계자에게 단순히 반복해 알려줬습니다.

Q 후배 또는 꿈이 있는 데이터 과학자에게 해주고 싶은 마지막 조언은 무엇인가요?

A 많은 사람은 데이터 과학 같은 기술적인 직업을 가져야 한다고 생각합니다. 논리적인 요소에만 집중할 수 있고 인간적인 요소에는 대응하지 않아도 된다고 생각하죠. 전혀 그렇지 않습니다. 데이터 과학 분야의 커리어를 고려한다면 의사소통과 일을 잘하는 성격인지 잘 생각해야 합니다. '저는 이 모델을 만드는 방법을 배우고 싶고 A/B 테스트를 배우고 싶으며 다양한 기술적 내용을 배우고 싶습니다'라고 말하기는 정말 쉽습니다. 멋진 일이긴 하지만 남들과 잘 소통하는 기술이 여러분의 커리어를 더 발전시킬 것입니다.

12.6 마치며

- 이해관계자는 다양한 형태로 요구한다.
- 이해관계자가 지속적으로 기업에 의지할 수 있도록 이해관계자와 관계를 구축한다.
- 지속적으로 의사소통하며 이해관계자가 프로젝트 일정에 따라 어려움이 없게끔 한다.

도서

- 『Beautiful Evidence』(Graphics Press, 2006)

  에드워드 터프티Eduard Tufte는 데이터 시각 분야의 전설이다. 줄거리와 표를 바탕으로 사고하는 방법을 상세하게 설명하는 여러 저서가 있다. 세트로 책을 구매하거나 간단하게 일상 중 가볍게 읽는 책 한 권을 고를 수도 있다. 단 주의 사항이 있다. 에드워드의 설명은 때론 학문적이다. 제안하는 모든 내용을 이해하기란 거의 불가능하며 시각화 외 여러분 업무의 다른 부분에 시간을 할애하는 것 또한 거의 불가능하다.

- 『데이터 시각화 교과서』(책만, 2020)

  에드워드 터프티가 시각화를 바탕으로 사고하는 방법을 학문적 개요로 제공했다면 클라우스 윌케Claus O. Wilke는 실용적인 적용 방법을 알려준다. 이 책은 일반적으로 시각화를 생각하는 방법을 설명한다. 상자 그래프는 언제 사용하는 게 좋은지, 원형 그래프는 사람들이 말하는 것만큼 좋지 않은지 등의 질문에 대한 답을 찾을 수 있다.

- 『바바라 민토, 논리의 기술』(더난, 2019)

  의사소통을 잘하는 방법은 무엇인지 다루는 책으로 알려져 있다. 바바라 민토Barbara Minto는 보고서 및 프레젠테이션을 구성해 청중의 호응을 받을 수 있는 방법을 제시한다. 만드는 순서뿐만 아니라 의미 있는 방법으로 콘텐츠에 주목하는 방법 등의 중요한 지침을 제공한다. 바바라는 유명 컨설팅 회사인 맥킨지앤드컴퍼니의 컨설턴트였다. 이 책은 컨설턴트가 알려주는 교훈이 많다.

- 『The Design of Web APIs』(Manning, 2019)

  이 책을 통해 실용적인 디자인이 되도록 API 설계 방법을 배울 수 있다. 먼저 API가 무엇이며 어떻게 구성되는지 설명한 후 API의 설계 및 모범 사례를 살펴본다. 오픈 API 설명서와 같은 주제를 다루며 API를 공유 가능하게 작성할 수 있다.

- 『아마존 웹 서비스 인 액션』(한빛미디어, 2017), 『애저 인 액션』(프리렉, 2011), 『구글 클라우드 플랫폼 인 액션』(제이펍, 2019)

  이 책들은 각각 아마존 웹 서비스, 마이크로소프트의 애저, 구글 클라우드 플랫폼을 사용하는 방법을 다룬다. 머신러닝 모델을 구축하는 방법을 배우면 모델을 실행할 위치가 필요하다. 그때 세 가지 클라우드를 주로 이용한다. 가장 유용할 플랫폼을 선택한 후 적절한 책을 읽어보며 기본적인 사항을 배울 수 있다.

- 『우주인들이 인간관계로 스트레스받을 때 우주정거장에서 가장 많이 읽은 대화책』(21세기북스, 2018)

  의사소통은 항상 까다롭다. 주제에 논란이 있거나 사람들이 관심이 많을 때는 더욱 어렵다. 이 책은 사람들이 주로 기피하는 대화를 나누는 것에 대해 다룬다. 협업하는 사람에게 만족스러운 결과를 제공해야 하는 데이터 과학자에게 훌륭한 기술을 설명한다.

- 『Yes를 이끌어내는 협상법』(장락, 2014)

  데이터 과학자가 되려면 팀을 설득해 데이터에 접속할 수 있도록 하는 것부터 경영진에게 결과에 관심을 갖도록 만드는 것까지 많은 협상을 해야 한다. 지금 이 순간에 성공적으로 설득하고 협상할 수 있는 능력은 다른 기술보다 성공하는 데 더 중요하다. 이해관계자와 협상하고 원하는 결과를 얻는 방법을 배우는 데 유용한 자료가 많다.

- 『소프트웨어 요구사항 3』(위키북스, 2017)

  비즈니스 관점에서 이해할 수 있는 방식으로 프로젝트에 필요한 사항을 정의하는 것은 어렵다. 이 책은 프로젝트를 하며 요구 사항을 만들고 이를 관리하는 방법을 설명한다. 요구 사항을 수집하는 것은 데이터 과학에서 가장 매력적인 부분은 아니지만 프로젝트의 실행을 좌우할 수 있다.

블로그

- 'R in Production(R 시리즈)', by Jacqueline Nolis and Heather Nolis, *http://mng.bz/YrAA*

  세 부분으로 구성된 블로그 연재에서는 plumber 패키지로 R에서 API를 생성해 도커 컨테이너로 배포한 후 엔터프라이즈급으로 만드는 방법을 다룬다. 제공된 오픈 소스 R 도커 컨테이너는 T모바일에서 사용한다.

- 'Advice for new and junior data scientists(신입 데이터 과학자를 위한 조언)', by Robert Chang, *http://mng.bz/zlyX*

  인터뷰 대상자인 로버트 창이 에어비엔비의 선임 데이터 과학자가 되고자 배운 여섯 가지 핵심 원칙이 나와 있다. 이 개념들을 혼자서 습득하려면 몇 년이 걸릴 수 있으니 지름길을 알아보자.

- 'Data science foundations: know your data. really, really, know it(데이터 과학 기초: 데이터를 파악하세요. 정말 정말 그것을 알 때까지)', by Randy Au, *http://mng.bz/07Pl*

  2장의 인터뷰에 응한 랜디 우는 모든 새로운 데이터 담당자에게 다음과 같이 조언한다. 'Know your data, where it comes from, what's in it, what it means. It all starts from there(데이터의 출처, 내용, 의미를 알고 있어야 한다. 모든 것이 여기서부터 시작된다)' 블로그에는 데이터 레이아웃부터 수집 및 결정할 수 있는 방법에 이르기까지 데이터를 파악하는 방법을 설명한다.

- 'How to work with stakeholders as a data scientist(데이터 과학자로서 이해관계자와 협력하는 방법)', by Sam Barrows, *http://mng.bz/KEPZ*

  12장에서는 '요청을 대화로 바꾸기'라는 주제를 잠시 다뤘다. 이해관계자와 생산적으로 일하고자 샘 바로스가 일곱 가지 팁 중 첫 번째 팁을 공유했다. 나머지 여섯 가지 팁도 읽어보면 좋다.

IV

데이터 과학자로 성장하기

이 책의 마지막 4부는 데이터 과학에 익숙해진 다음 살펴봐야 하는 부분이다. 지금부터 살펴볼 내용은 중요하다. 4부의 주제는 모든 데이터 과학자에게 영향을 미치지만 자주 언급되지 않는다. 안정적인 데이터 과학 직무에서 일한다면 이를 해냈다고 생각하기 쉽다. 하지만 여러분은 앞으로 배울 것이 무궁무진하다. 4부에서는 신입 데이터 과학자에서 수석 데이터 과학자로 넘어가는 데 도움이 되는 자료를 제공한다.

13장에서는 실패한 데이터 과학 프로젝트를 다루는 방법을 설명한다. 베테랑 데이터 과학자에게 매우 중요하다. 커리어가 성장하면서 여러분은 실패를 겪을 수밖에 없다. 14장은 블로그 게시물 작성부터 회의 참석까지 데이터 과학 커뮤니티에 참여하는 부분을 다뤄본다. 데이터 과학의 필수적인 사항은 아니지만 커뮤니티 참여는 네트워크를 구축하고 미래의 일자리를 구하는 데 큰 도움이 된다. 15장에서는 데이터 과학 직무를 떠나 까다로운 업무를 자신의 커리어에 가장 적합한 형태로 다루는 방법을 살펴본다. 마지막 장인 16장은 관리자나 기술 전문가가 되는 것처럼 수석 데이터 과학자 이후의 대표적인 커리어를 설명한다.

Part IV

데이터 과학자로 성장하기

CHAPTER 13

데이터 과학 프로젝트를 실패할 때

이 장의 주요 내용

◆ 데이터 과학 프로젝트를 실패하는 이유

◆ 데이터 과학 프로젝트를 실패했을 때 해야 하는 것

◆ 실패했을 때 부정적인 감정 조절하기

대부분 데이터 과학 프로젝트는 위험성이 높고 모험적이다. 어느 누구도 예측하지 못한 것을 예측하고 최적화하지 못한 것을 최적화하며 이전에 보지 못한 데이터를 이해해야 한다. 여러분은 무엇이 되었든 그 프로젝트를 하는 첫 번째 사람이며 프로젝트는 항상 실험적이다. 데이터 과학자는 끊임없이 새로운 일을 하므로 여러분이 바라던 업무를 할 수 없다는 것을 알게 된다. 성공하지 못한 아이디어들과 씨름해야 한다. 실패는 가슴 아프고 슬픈 일이다. 데이터 과학을 그만두고 이 분야를 완전히 떠나고 싶어질 것이다.

기업에서 웹사이트의 제품을 추천하는 머신러닝 모델을 구축한다고 가정해보자. 업무는 데이터 과학 팀이 경영진에게 좋은 아이디어의 프로젝트를 이야기하는 미팅에서 시작된다. 팀은 고객과 거래 정보를 활용하면 고객이 다음에 사고 싶어 하는 것이 무엇인지 예측할 수 있다고 생각한다. 임원은 아이디어를 받아들여 해당 프로젝트에 기대를 건다. 많은 기업이 이 같은 모델이 있어 간단해 보이고 모두 프로젝트가 성공할 것이라고 생각한다.

일을 시작하면 현실이 보이기 시작한다. 기업이 최근 시스템을 바꿔 지난 몇 달 동안의 데이터만 사용할 수 있다는 것을 알게 될 수도 있다. 혹은 실험에서 추천 엔진을 본 사람보다 그렇지 않은 사람의 구매 횟수가 더 높다는 결과가 나올 수도 있다. 문제가 쌓이고 쌓여 결국 팀은 실망감을 감추지 못한 채 프로젝트를 포기한다.

이번 장에서는 목표를 충족하지 못한 프로젝트를 **실패**로 정의한다. 분석에서는 이해관계자가 비즈니스 질문에 답변하는 데 도움이 안 되면 프로젝트를 실패하는 경우가 생긴다. 제품 시스템에서는 제품이 배포되지 않았거나 배포됐을 때 제대로 작동하지 않는 문제가 발생하기도 한다. 이처럼 프로젝트는 여러 이유로 실패한다.

데이터 과학자는 프로젝트의 실패를 이야기하지 않는 경향이 있어 이러한 실패를 맞닥뜨리는 경우가 매우 자주 발생한다. 프로젝트를 실패하면 '내가 더 나은 데이터 과학자였다면 이런 일은 일어나지 않았을 것이다'라고 생각할 수도 있다. 자신의 능력에서 부족한 부분을 이야기하는 것을 좋아하는 사람은 없다.

데이터 과학의 핵심은 연구와 개발이다. 데이터 과학자는 이전에 한 번도 분석되지 않은 데이터를 매일매일 모아 있을 수도 있고 없을 수도 있는 추세를 찾아낸다. 의미가 없을 수도 있는 데이터에 머신러닝 모델을 개발하기도 한다. 새로운 경향과 의미가 어떤 분야에서도 발견되지 않아 항상 성공하기란 불가능하다. 하지만 소프트웨어 엔지니어링과 같은 분야에서 업무를 마치는 것은 가능하다(계획된 시간보다 더 많은 기간과 리소스가 소모될 수 있다).

데이터 과학 프로젝트가 어떻게 실패하는지 그리고 실패할 때 무엇을 해야 하는지 이해하는 것은 중요하다. 실패한 프로젝트를 잘 이해할수록 실패 확률을 줄일 수 있다. 효과가 있었던 부분은 무엇이었는지 살펴보면 프로젝트의 성공 유무를 판단하는 통찰력이 생긴다. 실패한 프로젝트를 수정하면 조직 내에서 유용하게 활용할 수도 있다.

이번 장에서는 데이터 과학 프로젝트를 실패하는 이유, 프로젝트 리스크를 생각하는 방법, 그리고 여러분이 느낄 수 있는 감정을 어떻게 다뤄야 하는지 총 세 가지 주제를 살펴본다.

13.1 데이터 과학 프로젝트를 실패하는 이유

데이터 과학 프로젝트는 수많은 이유로 실패한다. 예산, 기술, 완료까지 예상보다 오래 걸리는 업무 등 실패 원인은 다양하다. 실패 유형은 몇 가지로 나눌 수 있다.

13.1.1 원하던 데이터가 아닌 경우

프로젝트를 시작하기 전 모든 원본 데이터를 조사하는 것은 불가능하다. 따라서 기업이 가진 정보에서 활용할 수 있는 정보를 기반으로 가정하지만 프로젝트가 시작되면 가정 중 많은 사항이 사실이 아님을 알게 된다. 데이터가 존재하지 않거나 필요한 형식으로 저장되지 않았거나 액세스할 수 있는 위치에 저장되지 않은 경우가 있다. 고객 연령이 고객 충성도 프로그램에 어떤 영향을 미쳤는지 분석하려고 할 때 프로그램에 참여하는 고객의 연령을 묻는 질문은 전혀 하지 않았을 수 있다. 이는 프로젝트의 실패로 이어진다.

실패 예시: 로열티 프로그램 상태 분석

대형 레스토랑 체인점의 마케팅 팀 이사는 기업의 로열티 프로그램에서 고객 등급이 높으면 고객의 지출이 달라지는지 파악하기 위해 실버, 골드, 플래티넘으로 등급을 나눴다. 담당자는 플래티넘 등급이 된 고객이 실버 등급일 때와 동일한 형태로 소비가 이뤄졌는지 알고 싶었다.

데이터 과학 팀은 요청을 받아들이고 조사에 임했다. 상당히 간단한 업무였지만 기업은 이전에 로열티 데이터로 업무를 한 적이 없었다. 팀은 오래된 로열티 프로그램 데이터베이스에서 과거 고객의 등급은 무엇이었는지 추적이 불가능하다는 사실에 충격을 받았다. 현재 플래티넘 등급인 고객이 실버 또는 골드였던 시기를 알 수 없었다. 분석이 불가능했다.

데이터 과학 팀은 시스템을 조정할 것을 권했지만, 로열티 프로그램 데이터베이스 구조를 변경하려면 수백만 달러가 필요했다. 기업은 이에 관한 요구가 거의 없었다는 이유로 변경하지 않았고 결국 아이디어는 폐기됐다.

무언가를 하려면 데이터가 필요해 이 같은 유형의 문제가 가장 먼저 발생한다. 일반적인 대응은 내부 협상이다. 협상에서 데이터의 잘못된 부분을 고치려고 한다. '우리가 원하던 10년 치의 데이터는 없지만 1년의 데이터로도 모델에 충분할 것입니다'라고 말하고 좋은 결과를 희망한다. 효과적인 접근일 수도 있으나 제시한 해결책이 프로젝트를 실현시키기에 항상 적합하지는 않다.

프로젝트를 시작할 때 데이터 액세스 권한 및 데이터(프로젝트 업무가 시작되기 전까지 데이터에 액세스할 수 없는 컨설팅 업무의 문제)를 항상 파악할 수는 없다. 데이터는 존재하지만 데이터를 쓸모없게 만드는 심각한 결함이 있거나 데이터베이스 테이블의 고객 ID가 손상된 경우도 있다. 데이터셋에 문제가 발생할 수 있는 상황은 매우 다양해 프로젝트 시작 전에 전체 데이터셋을 확인하는 것이 매우 어렵다. 데이터 과학 프로젝트가 시작 단계를 간신히 넘기는 이유이다.

데이터 액세스 및 탐색 속도가 빨라지면 부적절한 데이터의 리스크를 더 빨리 완화할 수 있다. 오류를 방지하기 위해 프로젝트를 시작하기 전 데이터 샘플을 살펴본다. 실현이 불가능한 경우의 차선책은 데이터가 부족할 가능성을 염두에 두고 프로젝트 일정을 세우는 것이다. 초기에 프로젝트의 타당성과 재평가를 '진행/불가' 단계로 판단하면 데이터가 잘못될 수 있다는 것에 이해관계자가 놀라는 상황을 줄일 수 있다.

데이터는 괜찮으나 양이 부족하다면 선택의 폭이 좁아진다. 예를 들어 대체할 다른 데이터의 원본을 찾는다. 어떤 제품을 구입했는지에 관한 데이터는 없을 수도 있지만 어떤 제품을 제조했는지 안다면 대신 사용하면 된다. 문제는 대개 이 같은 대체 데이터셋이 기존과 달라 분석에서 말썽을 일으킬 수 있다는 점이다.

가능한 대체 데이터를 찾을 수 없다면 더 나은 데이터 수집을 시작하고자 별도의 프로젝트를 시작해야만 한다. 웹사이트와 앱에 계측 및 원격 측정을 추가한다. 데이터를 버리는 대신 데이터베이스를 만들어 데이터를 저장하고 기타 업무를 수행하면 팀이 향후 더 나은 데이터를 수집해 업무를 하는 데 도움이 될 수 있다.

13.1.2 데이터가 의미 없을 때

도박꾼이 주사위 게임에서 이기고자 데이터 과학자를 고용해 통계를 사용한다고 가정해보자. 도박꾼은 정육면체 주사위를 1만 번 굴려 결과를 기록한 후 다음 주사위를 예측할 수 있는 모델을 만들기 위해 데이터 과학자에게 돈을 지불한다. 데이터 과학자는 방대한 양의 데이터를 받았지만 각 면을 1/6 확률(크기가 동일하다고 가정한다)이라고 하는 것 외에는 다음에 어떤 숫자가 나올지 예측할 수 없다. 아무리 데이터가 많아도 해당 데이터 내에는 주사위가 다음에 어떤 방향으로 굴러가는지에 대한 신호가 없어 그 데이터의 방대한 양은 데이터 과학자에게 아무 의미가 없다.

데이터에 의미가 없는 경우는 매우 흔한 일이다. 예를 들어 전자 상거래 웹사이트를 실행 중이며 브라우저, 장치 및 운영체제를 기반으로 제품을 주문할 고객을 예측하는 모델을 만들고자 한다. 프로젝트 시작 전 주사위 데이터와 마찬가지로 고객이 주문을 할지 또는 데이터에 의미가 없는지 여부를 예측하기 위해 데이터 포인트를 실제로 사용할 수 있는지는 알 수 없다. 예측하기 위해 머신러닝 모델을 만드는 것은 데이터가 의미 있는지 확인하는 테스트이다. 사실 의미가 없을 수도 있다. 의미가 **없는** 것보다 의미가 **있는** 것이 더 놀라운 일이다.

실패 예시: 판매 데이터를 활용한 웹사이트 버그 탐지

한 전자 상거래 기업이 있다. 웹사이트에 버그가 있어 계속 오류가 생기고 있다. 설상가상으로 데브옵스나 소프트웨어 엔지니어링 팀이 오류를 항상 감지하지 못한다. 한 번은 마케팅 팀에서 일일 수익이 너무 낮다는 오류를 감지한 적이 있다. 데브옵스나 엔지니어링 팀 대신 마케팅 팀에서 버그를 발견한다면 안 좋은 상황이다.

데이터 과학 팀은 판매 데이터에 통계적 품질 관리 기술을 사용해 수익이 너무 낮아 사이트에 버그가 생기면 알림을 받을 수 있도록 한다. 버그가 발견된 날짜와 과거 수익 데이터가 있다. 매출로 버그를 예측하는 것은 간단해 보이지만 매일 수익이 변할 수 있는 경우의 수는 버그를 발견할 수 없게 만든다. 요일, 해당 연도, 마케팅, 글로벌 이벤트 또는 기타 여러 가지 이유로 수익이 낮을 수 있다. 마케팅 팀은 버그를 볼 수 있었지만 데이터에는 버그에 관한 신호가 없어 그 사실을 일반화할 수 없었다.

데이터에 의미가 없으면 프로젝트는 종료될 수 있다. 데이터에서 찾은 관계에 기반해 예측을 시도하는 프로젝트가 구축된다. 관계가 없으면 예측하지 못한다. 분석에서 새롭고 흥미로운 것이 없거나 머신러닝 모델이 무작위 결과보다 더 나은 결과를 얻지 못할 수도 있다.

데이터의 잡음에서 의미를 찾을 수 없는 경우에 시도해볼 만한 방법이 몇 가지 있다.

- **문제를 재구성한다.** 문제를 재구성해 다른 의미가 있는지 확인한다. 여러 글이 있고 사용자와 가장 관련 있는 문서를 예측한다고 가정해보자. 이를 분류 문제로 간주해 어떤 글이 문서 집합에서 가장 관련 있는지 분류할 수 있다.
- **데이터 소스를 변경한다.** 데이터에서 아무 의미를 찾을 수 없다면 데이터 소스를 바꿔본다. 좋은 데이터가 없었던 이전의 실패 지점과 마찬가지로 문제에 새로운 데이터 소스를 추가하면 예기치 않은 의미가 만들어지는 경우가 있다. 다만 일반적으로 유용한 데이터셋으로 프로젝트를 시작해 해당 전략으로 비용을 절감하긴 어렵다.

이 같은 상황에 처한 데이터 과학자는 보통 더 좋은 모델을 사용해 의미를 찾는다. 로지스틱 회귀분석이 의미 있는 예측을 할 수 없을 때는 랜덤 포레스트 모델을 사용한다. 랜덤 포레스트 모델이 동작하지 않는다면 신경망을 시도한다. 각 방법은 시간이 많이 걸리고 복잡하다. 더 정확한 예측을 하는 데는 유용하지만 무에서 유를 창조할 수는 없다.

가장 간단한 방법이 어떤 의미도 감지할 수 없다면 더 복잡한 방법 역시 도출할 수 없다. 프로젝트의 실현 가능성을 검증하고자 간단한 모델링 방법부터 시작한 후 복잡한 모델링으로 가는 것이 아니라 더 복잡하고 시간이 많이 소요되는 모델링 방법부터 시작하는 것이 가장 좋다. 몇 달 동안 계속 복잡해지는 모델을 제작하는 데 시간을 낭비하지 말자. 다음 모델이 프로젝트를 살릴 수 있는 모델이기를 바란다.

13.1.3 고객이 원하지 않은 경우

모델이나 분석이 아무리 정확하더라도 이해관계자에게 가치를 전달하는 것이 가장 중요하다. 데이터 과학자는 믿을 수 없을 정도로 흥미로운 결과를 분석에서 얻을 수 있지만 요청한 비즈니스 담당자는 그렇지 않을 수 있다. 머신러닝 모델은 매우 정확한 예측을 하지만 해당 모델을 배포하고 사용하지 않으면 큰 가치를 주지 못한다. 즉 많은 데이터 과학 프로젝트는 프로젝트가 완료된 후에도 실패한다.

데이터 과학 분석, 모델 또는 대시보드가 하나의 제품이다. 제품을 디자인하고 만드는 것은 많은 사람이 수백 년간 해온 관행적인 방법이다. 그러나 매년 수십억 달러가 원하지 않는 제품을 만드는 데 사용된다. 뉴코크new coke부터 구글 글래스google glass까지 고객이 원하지 않은 제품이 많다. 일반 상품도 마찬가지다. 마이크로소프트와 노키아nokia가 윈도우 스마트폰을 만드는 데 많은 노력을 기울였지만 고객은 윈도우 스마트폰을 구매하지 않았다. 이처럼 데이터 과학자는 고객이 사용하지 않는 제품을 만들 수도 있다.

> **실패 예시: 판매 및 마케팅 캠페인 가치 예측**
>
> 마케팅 광고의 ROI(투자 대비 수익)를 예측하고자 머신러닝 모델을 만드는 프로젝트가 시작됐다. 데이터 과학 팀은 마케팅 및 영업 팀이 전체 가치를 예측한 엑셀 시트를 만드는 데 많은 어려움이 있다는 것을 확인한 후 모델을 구축하기로 결정했다. 고객 수준에 맞춰 머신러닝 및 모델을 사용해 캠페인의 ROI를 더욱 정확하게 예측한 파이썬 기반 모델을 만들었다.
>
> 이후 데이터 과학 팀은 마케팅 및 영업 팀의 ROI 예측으로 엑셀 시트를 만든 유일한 이유가 회계 팀에 승인받기 위한 것이라는 사실을 알게 됐다. 회계 팀은 엑셀 이외의 도구로 일하는 것은 어렵다고 새로운 모델을 거부했다. 파이썬은 너무 높은 장벽이었다. 고객의 요구를 고려하지 않은 도구는 결국 사용하지 못하게 됐다. 새로운 모델이 필요했던 것은 가장 정확한 예측을 위한 것이 아니었다. 해당 캠페인이 재정적으로 실현 가능하다는 확신을 회계 팀에 주기 위함이었다.

고객이 좋아할 만한 제품을 만들 때 고객과 대화하고 업무하는 데 많은 시간을 들이는 것이 일반적인 지침이다. 고객의 요구나 문제를 더 많이 이해할수록 원하는 제품을 더 많이 만들 수 있다. 시장조사와 사용자 경험 연구 분야는 시장 연구에서 고객을 이해하는 방법이 다르다. 시장 조사에서는 조사와 그룹에, 사용자 경험 연구에서는 경험, 페르소나, 검증에 집중한다. 많은 분야에서 각자의 방법을 고안해냈고 수년간 사용해왔다.

사람들이 좋은 생각을 했지만 데이터 과학 분야는 특히 고객의 요구를 이해하지 못해 실패하는 경우가 많다. 데이터 과학자는 테이블과 그래프를 보는 것이 사람들과 대화하는 것보다 훨씬 편하다. 많은 데이터 과학 프로젝트는 데이터 과학자가 고객 및 이해관계자와 대화하며 고객의 실제 문제를 파악하지 못해 실패했다. 대신 흥미로운 모델을 만들고 데이터를 탐구했다. 이 같은 이유로 12장에서 이해관계자를 어떻게 관리할지 설명했다. 12장을 읽으며 이해관계자가 어떻게 생각하는지 더 잘 이해하길 바란다. 12장을 건너뛰었다면 다시 돌아가 살펴보길 바란다.

제품 개발이 어려운 상황에 처했다면 고객과 이야기하는 것이 할 수 있는 최선의 방법이다. 고객과 대화하는 것은 결코 늦지 않았다. 비즈니스 이해관계자이든 기업의 고객이든 의사소통과 이해가 도움이 된다. 제품이 유용하지 않다면 왜 유용하지 않은지 말할 수 있는가? 제품에 새로운 기능을 추가해 문제를 해결할 수 있는가? 다른 데이터셋에 결합해 분석을 변경하거나 출력 형식, 실행 속도를 조정해 머신러닝 모델을 개선할 수 있다. 사람들과 대화하기 전에는 전혀 알 수 없는 부분이다.

의사소통은 소프트웨어 개발에 많이 사용되는 최소 기능 제품^{minimally viable product}(MVP)의 개념에도 영향을 미친다. 제품을 더 빨리 동작시키고 시장에 출시할수록 작동 여부에 대한 피드백을 더 빠르게 받고 해당 피드백을 반영할 수 있다. 데이터 과학에서는 모델이 더 빨리 동작하거나 분석할 수 있도록 고객 및 이해관계자에게 모델을 더 빨리 보여주고 피드백 받을 수 있다. 그러나 모델 구현에서 몇 달을 반복하면 이런 피드백은 불가능하다.

업무의 설계 및 구축 프로세스 전반에 걸쳐 고객을 더 잘 이해할수록 고객이 원하는 제품을 만들 수 있다. 만약 고객이 원하지 않아 실패한다면 해결책을 찾고자 대화를 하는 것이 최선책이다.

13.2 리스크 관리

어떤 프로젝트는 다른 프로젝트보다 위험할 수 있다. 팀이 이전에 업무한 데이터를 가져와 표준 대시보드를 만드는 것은 성공할 가능성이 높다. 기업에서 새로운 데이터셋을 찾아 실시간으로 실행할 머신러닝 모델을 만들고 쾌적한 사용자 인터페이스로 고객에게 표시하는 것은 더 위험한 프로젝트이다. 데이터 과학자는 언제든지 리스크 정도를 제어할 수 있어야 한다.

리스크에 관한 한 가지 중요한 고려 사항은 동시에 얼마나 많은 프로젝트를 수행하는가이다. 리스크가 큰 프로젝트를 진행하다가 실패했을 경우 해당 오류 처리가 상당히 어려울 수 있다. 여러 프로젝트에서 동시에 업무를 할 수 있는 경우에는 리스크를 완화할 수 있다. 프로젝트 중 하나가 실패하면 다른 프로젝트에 다시 집중해야 한다. 한 프로젝트가 성공 가능성이 적은 매우 복잡한 머신러닝 모델이라면 간단한 대시보드와 보고 업무를 동시에 할 수 있다. 머신러닝 프로젝트를 실패하더라도 이해관계자는 보고서에 만족할 가능성이 높다.

여러 프로젝트를 진행하는 것은 효율적인 관점에서도 도움이 된다. 데이터 과학 프로젝트에는 이해관계자가 응답할 때까지 기다리는 것에서 모델이 적합해질 때까지 기다리는 것까지 많은 시작과 중단이 있다. 프로젝트에 어려움을 겪고 있다면 잠시 다른 프로젝트를 진행하는 것이 좋다. 정신적으로도 도움이 된다. 생각이 막혔을 때 주의를 딴 데로 돌리는 것은 머리를 맑게 해준다.

리스크를 줄이는 또 다른 방법은 조기 중단 지점을 프로젝트에 적용하는 것이다. 실패할 것 같은 프로젝트는 성공하지 못하면 중단될 것이라는 생각으로 설계해야 한다. 데이터가 존재하는지 불분명한 프로젝트에서 한 달 간 검색해도 좋은 데이터를 찾을 수 없다면 해당 데이터를 실행 불가능한 것으로 간주하고 폐기할 수 있도록 범위를 조정한다. 프로젝트가 잘되지 않을 것이란 예측을 일찍 할 수 있으면 프로젝트를 끝내는 것이 수월하고 비용도 적게 든다.

프로젝트가 조기에 종료되는 것은 데이터 과학이 연구 개발이라는 사실을 의미한다. 데이터 과학은 미지수로 가득해 탐구 활동을 통해 많은 것을 배울 수 있다. 아이디어에서 그칠 수도 있다는 가능성을 염두에 두고 계획하는 것이 좋다.

프로젝트 포트폴리오의 리스크를 최소화하는 것은 의미 있는 일이지만 리스크가 완전히 없어지지는 않는다. 데이터 과학은 모든 리스크를 감수해야 한다. 흥미로운 프로젝트의 대부분에는 많은 불확실성과 알려지지 않은 사항이 있다. 알려지지 않은 위험한 문제는 이전에 새로운 데이터셋을 사용한 적이 없거나 기업의 어느 누구도 특정 방법론을 사용한 적이 없거나 이해관계자가 이전에 데이터 과학을 사용한 적이 없어 발생한다. 기업의 데이터 과학 분야는 새로움을 시도하는 사람들이 기여했다. 데이터 과학자로서 실패 가능성이 있는 프로젝트를 피하려고만 한다면 큰 성공도 오지 않는다.

충분한 리스크를 감수하지 않은 데이터 과학 팀은 결국 실패한다. 데이터 과학 팀이 몇 가지 새로운 프로젝트 아이디어와 보고서를 만들어 성공한 후에 이전 업무를 업데이트하며 정체된다고 가정해보자. 기업에 결과물을 제공한다는 부분에서는 실패하지 않을 수 있지만 해당 팀은 데이터 과학의 새로운 잠재적 영역을 놓치고 만다.

13.3 프로젝트를 실패했을 때 해야 할 것

데이터 과학 프로젝트를 실패했다고 데이터 과학 프로젝트에 투자한 시간이 모두 무의미해지는 것은 아니다. 앞서 프로젝트를 전환할 수 있는 몇 가지 잠재적인 방법을 간략히 설명했다. 프로젝트가 성공할 수 있는 방법이 전혀 없어도 남은 부분을 최대한 활용하고자 취할 수 있는 단계는 여전히 있다. 이번 절에서는 프로젝트를 실패할 때 감정을 다스리는 몇 가지 방법을 살펴본다.

13.3.1 실패한 프로젝트에서 할 수 있는 일

프로젝트는 실패했을지 모르지만 지식과 기술 면에서 얻을 수 있는 것은 여전히 많다. 다음 사항들이 여러분에게 많은 도움이 될 것이다.

서류에서 교훈 배우기

가장 먼저 실패한 프로젝트에서 무엇을 배울 수 있는지 평가한다. 자신과 팀에게 물어봐야 할 몇 가지 중요한 질문은 다음과 같다.

- **왜 실패했는가?** 한 걸음 뒤로 물러서서 더 큰 그림을 보기 전까지 프로젝트 실패 이유를 이해할 수 없는 경우가 있다. 프로젝트에 관련한 모든 사람과 이야기를 나누면 무엇이 잘못됐는지 파악하는 데 도움이 된다. 엣시는 실패를 해도 팀원이 다른 사람을 탓하지 않고 문제를 확인할 수 있도록 회의를 열었다. 사람의 실수가 아닌

팀 업무 방식의 문제로 생각하면 더 많은 해결책을 찾을 수 있다. 자신들에게 불이익이 없다면 무슨 일이 있었는지 좀 더 솔직하게 말할 것이다.

- **실패를 막고자 어떻게 할 수 있었을까?** 문제의 원인이 된 요인을 이해하면 앞으로 일어날 수 있는 유사한 상황을 피할 수 있다. 만약 프로젝트에 필요한 데이터가 충분하지 않았다면 시간을 더 투자해 데이터를 조사하면 실패를 막을 수 있다. 이 같은 교훈은 팀이 성장하고 성숙해지는 데 도움이 된다.

- **데이터와 문제에서 무엇을 배웠는가?** 해당 프로젝트를 실패해도 훗날 가치 있는 부분을 배우게 된다. 데이터에는 의미가 없을 수도 있지만 그 밖의 새로운 데이터셋을 살펴봐야 한다. 이제 다른 프로젝트에 더욱 쉽게 참여할 수 있다. 프로젝트에서 얻을 수 있는 사항을 브레인스토밍하고 대체할 프로젝트의 아이디어를 도출하는 데 도움이 된다.

팀에서 이 같은 질문을 하며 미팅을 한 후 결과를 공유할 위치에 저장한다. 실패한 프로젝트에서 훨씬 더 많은 가치를 얻을 수 있다.

프로젝트 변경 고려하기

프로젝트를 실패했을 경우 실패한 프로젝트를 최대한 활용하길 바란다. 매출의 이상 징후를 감지하는 도구를 만들려고 했지만 실패했다면 동일한 모델을 적절한 예측 도구로 사용할 수 있다. 기업의 성공적인 아이디어는 실패작에서 나온 경우가 많다.

제품을 바꾸려면 이해관계자 및 고객과 많은 대화가 필요하다. 제품 설계 프로세스의 처음 단계로 돌아가 업무에 적절한 방법을 모색한다. 이해관계자 및 고객과 대화하면 고객의 문제를 이해하는 것은 물론 새로운 업무에 유용한지 확인할 수 있다.

프로젝트 종료하기(중단과 실행)

프로젝트를 변경할 수 없는 경우 가장 좋은 방법은 종료하는 것이다. 프로젝트를 완전히 중단해 새롭고 더 유망한 업무로 넘어간다. 데이터 과학자가 언젠가 성공할 것이라는 희망으로 프로젝트를 계속 진행하는 것은 매우 쉽다(수천 개의 알고리즘이 존재하고 결국 하나의 알고리즘이 동작한다). 그러나 업무에서 무언가를 얻지 못하면 결국 불필요한 노력을 하는 것일 뿐이다. 업무 시간이 끝날 때까지 일하는 것 또한 즐겁지 않다. 프로젝트를 중단하는 것은 당연히 어렵다. 더 이상 노력할 필요가 없다는 것을 인정한다면 결국 성과를 거두게 될 것이다.

이해관계자와 대화하기

데이터 과학자는 데이터 과학 프로젝트를 하는 동안 이해관계자와 의사소통을 해야 한다(12장 참고). 만약 프로젝트를 실패했다면 더 많은 의사소통이 필요하다. 이해관계자에게 리스크와 문제점을 숨겨 실망시키지 않는 것이 편할 수는 있지만 나중에 프로젝트를 실패했다는 것을 알고 놀라는 상황에 부딪힌다면 커리어에 문제가 된다. 문제가 발생했거나 더 이상 진전이 없다는 사실을 알려줘야 이해관계자의 신뢰를 얻는다. 이해관계자에게 프로젝트 상태를 이해하는 데 도움을 준 후 함께 다음 단계를 결정한다.

이해관계자와 문제를 어떻게 소통할지 잘 모르겠다면 관리자에게 도움을 청한다. 메시지 보내는 방법을 브레인스토밍하거나 잠재적으로 메시지를 보내는 데 앞장설 수 있다. 다른 직원이나 조직에서는 문제점을 스프레드시트에서 녹색, 노랑, 빨강으로 표시하는 것부터 커피를 마시며 대화하는 것까지 다양한 방식으로 메시지를 전달한다. 무엇이 가장 효과적일지 관리자나 팀원은 잘 안다.

프로젝트를 실패했다고 말할 때 불안한 것은 당연하다. 자신을 마음이 약하고 감정적이라고 생각할 수 있다. 실패 소식을 나쁘게 받아들이는 경우도 있지만 대부분 문제를 해결하고 다음 단계를 결정하고자 협업에 최선을 다한다. 프로젝트 실패를 알리고 나면 고통이 아니라 안도감을 느낄 수 있을 것이다.

13.3.2 부정적인 감정 다루기

프로젝트와 기업은 잠시 잊자. 자신의 행복만 생각해자. 프로젝트 실패를 경험하면 매우 힘들고 최악의 감정을 느낀다. 실패한 프로젝트는 정말 무의미했거나 프로젝트가 끝난 한참 후에도 여러분을 괴롭힐 수 있다. 실패에 대한 반응과 실패 경험을 신중히 생각하면 장기적인 성공을 준비할 수 있다.

실패한 프로젝트의 마지막에 나오는 자연스러운 말은 '내가 더 훌륭한 데이터 과학자였다면 이 프로젝트는 실패하지 않았을 것이다'이다. 잘못된 생각이다. 대부분 데이터 과학 프로젝트는 데이터 과학이 본질적으로 작동하지 않는 것을 시도하는 데 기초해 실패한다. 훌륭한 데이터 과학자는 성공하지 못할 프로젝트에 참여하거나 심지어 주도하기도 한다. 실패한 프로젝트와 데이터 과학의 결함에 대한 책임을 자신에게 돌려 전체 프로젝트의 무게를 떠맡는다. 앞서 설명한 것처럼 데이터 과학 프로젝트를 실패하는 이유는 여러 가지이다. 데이터 과학자의 역량 문제인 경우는 매우 드물다.

실패와 실패가 약점이 되지 않는다는 사실을 받아들인다면 실패 경험에서 더 많은 것을 배울 수 있다. 본인의 기술에 자신감을 갖고 무엇이 실패하게 만들었는지 생각하자. 마음 아픈 과정이 아니다. 성공하기 위해서는 많은 시간과 인내, 연습이 필요하다. 자신감을 가지기 위해 고군분투하는 과정이다.

중요한 것은 프로젝트 실패는 기술에 대한 변명이 아니라는 점이다. 통제할 수 없는 요인으로 프로젝트를 실패했다는 것을 깨달으면 슬픔에서 벗어날 수 있다. 이를 더욱 가까이 둘수록 실패를 받아들이기 쉽다.

데이터 과학 분야를 희망하거나 아직 경험이 적은 데이터 과학자는 전문 데이터 과학자를 건물의 설계자라고 생각해보자. 초보 건축가는 간단한 집을 설계하고 경험이 많은 건축가는 고층 건물을 짓는다. 만약 건물이 붕괴된다면 경험이 많은 건축가라도 실패한 경력으로 남는다. 데이터 과학자도 마찬가지이다. 데이터 과학자는 점점 더 복잡한 모델을 만들지만 한 모델이 실패하면 커리어에 문제가 된다. 13장을 읽은 후 **이것이 전문 데이터 과학자가 만든 정확한 모델이 아님을 깨닫기를 바란다.**

데이터 과학자는 보물 사냥꾼과 같다(그림 13-1). 보물 사냥꾼은 운이 좋으면 보석을 찾을 수 있다. 초보 보물 사냥꾼은 일반적인 보물을 찾지만 경험이 많은 보물 사냥꾼은 엄청난 보물을 발견한다. 데이터 과학은 보물 찾기에 훨씬 더 가깝다. 성공적인 모델을 찾아야 하며 모델과 분석이 효과를 발휘하기도 한다. 선임 데이터 과학자가 더 복잡하거나 까다로운 프로젝트를 할 수는 있지만 모두 계속해 실패하고 있으며 업무의 일부에 지나지 않는다.

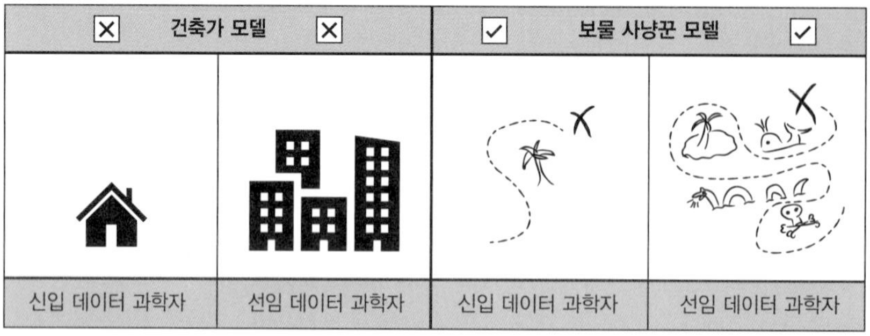

☒ 건축가 모델 ☒		✓ 보물 사냥꾼 모델 ✓	
신입 데이터 과학자	선임 데이터 과학자	신입 데이터 과학자	선임 데이터 과학자

그림 13-1 데이터 과학자 비유하기: 건축가와 보물 사냥꾼

13.4 미셸 케임 인터뷰

미셸 케임Michelle Keim은 플러랄사이트pluralsight에서 데이터 과학 및 머신러닝 팀을 이끈다. 기술을 보편화하는 사명을 띠고 있다. 보잉boeing, T모바일, 브리짓포인트 에듀케이션bridgepoint education 등 다양한 기업에서 데이터 과학 팀을 성장시키고 이끌었다. 미셸은 데이터 과학 프로젝트를 실패하는 이유와 이를 다루는 방법을 깊이 이해하고 있다.

Q 커리어에서 실패한 경험이 있나요?

A 고객을 유지하는 모델을 만드는 프로젝트를 이끈 적이 있습니다. 적절한 이해관계자 모두와 이야기를 나눴고 비즈니스 요구, 팀의 업무 방식, 모델이 필요한 이유를 이해했다고 생각했죠. 원하는 모델을 만들었지만 곧 이에 관심이 없다는 것을 알게 됐습니다. 제품을 실제로 사용할 수 있는 고객 관리 직원과 함께하지 않은 것이 문제였습니다. 단순히 대표와만 이야기한 것입니다. 고객의 이탈 여부 확률을 제공했지만 관리 직원들은 어떻게 해야 할지 몰랐습니다. 고객이 떠날 위험이 있을 때 어떻게 해야 할지 알아야 했습니다. 우리가 다룬 문제와는 매우 달랐죠. 여기서 배운 가장 큰 교훈은 복잡한 숲속에 들어가 문제의 활용 사례를 이해해야 한다는 점입니다. 제품을 사용할 사람이 겪는 문제는 과연 무엇일까요?

Q 프로젝트를 시작하기 전 좋지 않은 신호가 있었나요?

A 이는 부분적으로 경험에서 얻는 본능이라고 생각합니다. 잘못된 사항을 더 많이 보고 실패에서 더 많은 것을 배울 기회를 가질수록 안 좋은 신호를 더 빨리 알아차릴 수 있습니다. 사이클을 짧게 유지해 더 빨리 신호를 볼 수 있도록 하는 것이 핵심입니다. 그리고 피드백을 빠르게 받아야 합니다.

데이터 과학자는 각자 연구에 집중해 주의 사항을 잊는 경향이 있습니다. 하루를 마치고 어디에 가고 싶은지 이해하는 것뿐만 아니라 성공이 어떻게 보이는지도 다양한 관점에서 이해해야 합니다. 업무 내용을 피드백받고 필요한 경우 다시 돌이킬 수 있습니다. 체크포인트는 무언가를 놓치거나 오해했을 때 이를 깨닫고 뒤로 물러서는 것이 아니라 어떤 것을 놓쳤는지 또는 오해했는지 빠르게 알려주는 것입니다.

Q 기업마다 실패를 다루는 방법이 어떻게 다른가요?

A 기업 문화와 밀접한 관련이 있습니다. 구직 활동을 할 때 학습 문화 및 지속적인 피드백이 있는지 알아보라는 조언을 하고 싶네요. 면접 중 면접관에게 '여러분은 무엇을 배우고 있나요?', '어떻게 그런 기회가 생겼나요?', '이 역할을 맡게 된다면 어떻게 피드백을 받을까요?', '찾아봐야 하는 사항인가요 아니면 형식이 갖춰져 있나요?' 등을 질문할 수 있습니다. 질문에 어떻게 대답해야 하는지 보는 것은 매우 의미 있는 일입니다.

이미 일하고 있다면 기업 문화는 어떠한지 스스로 질문하고 답할 수 있습니다. '프로젝트가 끝난 후 잠시 멈추고 되돌아볼 기회가 있나요?', '프로젝트가 끝난 후에 부족했던 부분을 다시 살펴보나요?', '관리자가 실패에 관해 열린 마음으로 의사소통을 하나요?' 등입니다. 강압적인 문화가 아니라도 두려움은 느낄 수 있습니다. 프로젝트 수행보다 더 이기적인 행동을 목격하고 이는 여러분에게 안 좋은 영향을 줍니다.

Q 진행 중인 프로젝트의 실패 여부를 어떻게 알 수 있나요?

A 처음부터 성공이 무엇인지 정의하지 않았다면 실패가 무엇인지 알 수 없습니다. 달성하고자 하는 목표는 무엇이며 성공을 향한 체크포인트는 어떻게 생겼나요? 이를 모른다면 프로젝트가 잘 진행되는지 아닌지 시험해봐야 합니다. 성공을 위한 준비를 하려면 이해관계자와 협력해 질문의 명확한 답을 얻어야 합니다. 해당 프로젝트를 수행하는 이유와 해결하려는 문제가 무엇인지 알아야 합니다. 그렇지 않다면 프로젝트 내부의 가치를 알 수 없고 접근 방식이 올바른지 알 수 없습니다. 데이터 과학자는 전문 지식을 활용해 문제를 파악하고 성공 지표를 정의하는 데 도움을 줘야 합니다.

Q 실패의 두려움을 어떻게 극복했나요?

A 실패해보세요. 모든 것이 완벽하다면 아무것도 배울 수 없습니다. 여러분은 어떻게 성장하고 싶나요? 실패를 통해 배우게 되는 많은 경험을 대체할 수 있는 것은 없습니다. 실패는 고통스럽습니다. '그렇다면 어떻게 해야 하지?'라고 물을지도 모릅니다. 스스로 되돌아보고 이로부터 배우고 다음 목표로 바꾼 후 여러분이 얻는 회복력은 눈덩이처럼 불어나 자신감을 갖게 될 것입니다. 여러분이 실패해보면 다음 프로젝트를 더 쉽게 만들 수 있습니다. 그리고 피드백을 자주 받으면 실패하기 전에 발견할 수 있습니다. 아무도 완벽을 기대하지 않아요. 모르는 것을 솔직하게 질문하고 피드백을 받으며 계속 배워나가야 합니다.

13.5 마치며

- 데이터 과학 프로젝트는 일반적으로 데이터나 의미가 부족하거나 고객에게 맞지 않아 실패한다.

- 프로젝트를 실패한 후 다시 돌아가거나 종료한 이유를 보고서로 작성하고 고려해야 한다.

- 프로젝트 실패는 데이터 과학자의 자질 때문이 아니다.

- 데이터 과학자는 프로젝트 실패에 전적으로 책임이 있지 않다.

CHAPTER 14

데이터 과학 커뮤니티 참여하기

> **이 장의 주요 내용**
>
> ◆ 프로젝트 및 블로그 게시물 포트폴리오 관리하기
>
> ◆ 콘퍼런스 찾아보고 참여하기
>
> ◆ 콘퍼런스 및 밋업에서 훌륭한 데이터 과학 강연 참여하기
>
> ◆ 오픈 소스에 기여하기

데이터 과학 분야에서 일을 잘하는 것이 커리어를 발전시키는 유일한 방법처럼 느껴질 수 있다. 하지만 데이터 과학 커뮤니티에 참여하면 기술을 향상시킬 수 있는 방법을 많이 볼 수 있다. 강연 및 오픈 소스에 기여하는 등의 활동을 하며 밖에서 시간을 보내는 것은 커리어에 매우 도움이 된다.

14장에서는 포트폴리오 구성, 콘퍼런스 및 강연 참석, 오픈 소스에 기여하는 등 커리어를 향상시키는 네 가지 활동을 알아본다. 네 가지 모두 할 수 있는 시간과 에너지를 가진 사람은 드물다. 업무 외의 시간을 들여야 한다. 14장 전체에 걸쳐 게시물을 작성하고 블로그 게시물을 하나의 강연으로 바꾸며 첫 번째 오픈 소스에 기여하는 등 효과적인 커리어 향상 방법을 조언한다.

| 블로그 게시물 | 콘퍼런스 | 강연하기 | 오픈 소스에 |
| 작성하기 | 참석하기 | | 기여하기 |

그림 14-1 커뮤니티에 참여하는 네 가지 방법

이 같은 활동이 도움이 되고 매우 보람 있을 수 있지만 데이터 과학 커리어를 쌓는 데 반드시 필요한 것은 아니다. 대기업의 고위급 데이터 과학자를 포함한 많은 데이터 과학자는 하지 않는다. 다만 필자 모두의 커리어에는 굉장히 많은 도움이 됐다. 대중적인 업무는 여러분이 투자한 시간을 두 배로 되돌려 받을 수 있는 분야이다.

큰 데이터 과학 커뮤니티에 가입하면 네 가지 주요한 장점이 있다(그림 14-1).

- **기술 배우기**: 커뮤니티에 참여하면 평소에 잘 모르던 새로운 기술을 배울 수 있다. 오픈 소스 프로젝트를 만드는 것은 다른 사람이 기술 프로젝트를 사용하고 협업할 수 있도록 코드를 작성해 기술을 가장 직접적으로 개발하는 활동이다. 모든 활동에는 이점이 있다. 블로그는 자신의 부족한 부분을 깨닫고 다른 사람들에게 피드백을 받을 수 있어서 좋다. 강연을 하는 것은 프레젠테이션 기술을 연마하는 데 도움이 되며 이해관계자에게 자금 지원을 지원하거나 프로젝트를 도와야 한다고 설득하는 데 도움이 된다. 콘퍼런스에서 적절한 연설을 듣고 프로젝트의 문제점을 해결해 업무 시간을 절약할 수 있다.
- **인맥 늘리기**: 커뮤니티는 여러분의 어려움을 이해하는 동료를 찾는 좋은 방법이다. 회사 동료는 특정 분야의 전문 지식에서는 도움이 되지 않는다. 그러나 커뮤니티 구성원으로서 조언을 받는 등 도움을 받을 수 있으며 여러 회사의 데이터 과학 분야에서 일하는 것은 어떤 것인지 배울 수 있다.
- **기회 얻기**: 커뮤니티에 더 많이 참여할수록 프로젝트를 돕거나 대화를 나누거나 혹은 팟캐스트 강연을 요청받는다. 심지어 업무적으로 여러분을 찾거나 콘퍼런스에서 만나 다음 업무를 요청받을 수도 있다. 긍정적인 피드백 과정이다. 대화는 더 많은 대화로 이어지고 프로젝트는 더 많은 프로젝트로 이어진다. 이 같은 기회는 유익하고 흥미로우며 재미있다.
- **돌려주기**: 직접적인 이득은 덜하지만 커뮤니티에는 필수적이다. 멘토에게 어떻게 도움을 보답할지 물어보면 많은 사람이 '다른 사람을 돕고 멘토가 되세요'라고 대답한다. 커뮤니티의 일원이 되는 것은 데이터 과학 업무를 훨씬 더 만족스럽게 만든다. 다른 사람을 돕는 일은 월급 이상의 가치가 있다.

14.1 포트폴리오 관리하기

지금 직업이 있다고 여러분의 훌륭한 습관을 잊어서는 안 된다. 4장에서 블로그 게시물을 작성하고 포트폴리오 구축 방법을 배웠다. 고용되었다고 해도 이를 계속 유지하고 확대해야 한다. 블로그나 추가 프로젝트에 부담을 느끼지 않아도 된다. 14장에서는 동일한 노력으로 새로운 주제와 업무를 다시 활용하는 방법을 설명한다.

14.1.1 더 많은 블로그 게시물

데이터 과학자로서 '300억 개의 행 테이블에서 SQL 쿼리를 최적화하려면 어떻게 해야 할까?', '마케팅 담당자와 효과적으로 협업하는 방법은 무엇일까?', '수백 개의 테이블을 탐색하고자 필요한 전략은 무엇일까?' 등 새로운 것을 많이 배우고 있기를 바란다.

다른 데이터 과학자가 있는 기업에 있다면 코드를 읽거나 여러 프로그래밍에서 배울 수 있다. 이때 메모를 하는 것이 좋다. 새로 얻은 많은 정보는 시간이 지나면 여러분의 머릿속에서 사라진다. 메모한 내용을 다같이 볼 수 있도록(이 경우 인터넷으로) 공유하자. 인터넷에서는 낯선 사람만 이익을 얻지 않는다. 블로그 게시물을 쓰는 것은 배움을 정리하고 자신의 것으로 만드는 좋은 방법이다. 수년 후에 여러분이 작성했던 게시물을 언급하는 자신을 발견할 수도 있다.

4장의 조언을 따랐다면 이미 몇 개의 게시물을 블로그에 올렸을 것이다. 아직 시작하지 않았지만 관심이 있다면 4장으로 돌아가 해당 과정을 따르자. 데이터 과학 분야에서 첫 직무를 찾았을 때 효과적인 블로그 게시물을 만들었던 전략이 현장에서도 그대로 활용된다. 이전 회사에서 한 프로젝트(일반 프로그래밍, 통계 및 인사 관리 기술)를 공유하는지 확인해야 한다는 점이 유일하게 바뀐 것이다. 기밀 정보나 독점 정보를 공유하면 안 되며 직원의 개인 블로그(커뮤니케이션 부서에서 올리는 게시물과 같은)에 대한 기업의 규칙을 준수한다.

개인 블로그를 원하지 않는다면 회사에 기술 블로그가 있는지 확인한다. 과거 게시물이 기술 중심이었다 하더라도 데이터 과학 게시물을 작성할 수 있다. 승인을 받는 데 시간이 걸리겠지만 이 과정의 보너스는 근무 시간에 본인의 생각을 쓸 수 있다는 점이다. 공개 블로그가 없어도 내부 문서와 교육이 있어야 한다. 여러 사람에게 질문하거나 과거의 지침을 살펴보며 배워야 한다면 미래의 신입 사원을 위한 명확한 지침 및 리소스를 만들거나 업데이트해야 한다. 독자적인 내부 도구나 데이터 설명이 아닌 외부 사람에게 유용한 주제인 경우 나중에 블로그 게시물 및 대화로 전환할 수 있다.

14.1.2 더 많은 프로젝트

데이터 과학 프로젝트(4장에서 살펴봤다)는 사용자가 데이터셋을 선택하거나 만들고 분석해 질문에 답하는 프로젝트이다. 트위터 API를 사용해 데이터 과학 콘퍼런스 관련 트윗을 하는 사용자의 인맥을 분석할 수도 있다. 경우에 따라 프로젝트는 분석 대상이 되지 않아도 된다. 사용자가 설정한 데이터베이스의 총계를 추적하며 서로 '점수'를 줄 수 있도록 슬랙봇을 구축해 기술 능력을 보여주는 것도 가능하다.

프로젝트는 블로그 게시물보다 훨씬 어려울 수 있다. 산업 종류에 따라 기업은 여러분의 결과를 폭넓은 문서로 작성하게 하거나 권할 수도 있다. 그렇지 않더라도 비즈니스 이해관계자를 다루는 방법 및 고용 시장에서 경험한 사항을 체계적인 비기술적 게시물로 작성할 수 있어야 한다. 다만 데이터를 공개적으로 공유하는 기업은 극소수에 불과하다. 여러분의 놀라운 분석 코드를 공유해도 데이터나 결과를 공유할 수 없어 말이 안 되는 게시물이 될 수도 있다. 분석 내용을 공유하려면 철저하게 시간을 지켜 사이드 프로젝트로 수행해야 한다.

가끔 사이드 프로젝트를 하는 것이 좋다. 이직하고자 할 때 기업에서 수행한 데이터 분석을 예로 들어 달라고 요청할 수 있다. 몇 년간 근무했다면 부트캠프에 있거나 MOOC에 등록된 상태에서 수행한 프로젝트를 보여주고 싶지는 않을 것이다. 데이터 과학자로서 일한 동안 여러분의 기술이 발전한 모습을 보여주고 싶을 것이다. 주제를 찾고 좋은 분석을 하는 기본 원칙은 4장에서 설명했다.

한 가지 좋은 소식은 프로젝트는 많은 시간이 필요하지 않다는 점이다. 4장에서 인터뷰한 데이비드 로빈슨은 주간 요약을 바탕으로 전에는 본 적 없는 데이터셋을 분석했다(*https://github.com/rfordatascience/tidytuesday*). 아무런 준비 없이 한 분석은 한 시간 정도 걸렸으며 코드를 깃허브에 올린 후 분석 프로젝트의 예시를 제공했다. 꽤 숙련된 데이터 과학자는 빨리 분석해야 하지만 누구나 결과를 공유하는 데 집중할 수 있도록 분석 시간을 제한할 수 있다(아무에게도 보여주지 않는 프로젝트에 14시간을 보내면 안 된다).

14.2 콘퍼런스 참석하기

커뮤니티의 일원이 되면 집에서 나와야 한다. 대부분 유사한 산업 및 분야에 종사하고 싶은 사람들이 모여 업무를 주제로 이야기하는 회의에 가는 것을 의미한다.

콘퍼런스는 보통 전국 및 전세계에서 열리는 연례 행사이다. 데이터 과학 분야에는 많은 콘퍼런스가 있다. 스트라타strata, R스튜디오 콘퍼런스rstudio:conf, 파이데이타PyData, ERL 및 오픈 데이터 사이언스 콘퍼런스open data science conference와 같이 소수의 대규모 콘퍼런스가 있다. 이 중 대다

수는 여러 지역에 지부가 있다. W/S/C콘퍼런스write/speak/code confernce, 파이콘PyCon, 그레이스 호퍼grace hopper 및 사이파이SciPy와 같은 데이터 과학과 중복되는 일반 기술 콘퍼런스 또한 관심이 있을 수 있다.

콘퍼런스는 보통 이틀에서 나흘 정도 진행된다. 아침 일찍부터 저녁까지 프로그래밍하며 이후에는 모임을 갖는다. 단일 트랙(한 번에 하나의 연설만 진행) 또는 다중 트랙일 수 있지만 모두 여러 명의 발표자가 있다. 입장료는 매우 비싸다. 하루에 300~700달러 사이다. 일부 콘퍼런스에서는 반나절에서 이틀간 미리 워크숍을 개최하며 하루에 750달러 정도 추가 비용을 받는다.

입장권을 구매할 때 기준 가격보다 저렴하게 구매하는 방법이 많다. 여러분이 소외 계층 그룹의 구성원이라면 R-레이디R-Ladies나 파이레이디PyLadies와 같은 그룹의 구성원에게 제공되는 장학금 및 할인 코드를 찾아보길 바란다. 비영리 단체나 학계에서 일한다면 콘퍼런스 티켓을 할인받을 수 있다. 대부분 콘퍼런스는 사전 구매 시 할인 혜택을 받을 수 있다. 비용을 줄이는 또 다른 방법은 강연을 하는 것이다. 강연을 하게 되면 무료 티켓을 받을 수 있다. 강연을 하면 비용을 줄일 수 있다. 콘퍼런스 무료 티켓이 제공된다. 마지막으로 일부 콘퍼런스는 항공권 비용, 교통비, 숙박비를 포함한 부대 비용을 충당하는 장학금이 있다.

비싼 가격에도 콘퍼런스 참석에 시간과 돈(또는 고용주의 돈)을 써야 하는 이유는 무엇일까? 특히 콘퍼런스가 녹화되고 온라인에 올려진다면 말이다. 14장 초반에 설명한 주요 장점 중 하나인 인맥으로 돌아가보자. 최고의 인맥은 여러분을 도와주는 커뮤니티 사람이다. 지원하는 기업의 직원을 소개해주는 사람처럼 매우 명백한 방식이거나 대다수가 여성인 기술자의 방에 있는 느낌일 수 있다.

장기적으로 봤을 때 인맥은 여러분에게 큰 도움이 된다. 지금 당장 도움이 필요 없다면 오픈 소스 프로젝트를 위한 새로운 일자리 및 파트너를 찾기 전 이 같은 토대를 마련하는 것이 좋다.

드레스 코드 처음 참석하는 사람들이 공통적으로 하는 질문은 무엇을 입을지이다. 일반적인 콘퍼런스는 평상복 차림이다. 특정 콘퍼런스의 경우 트위터나 콘퍼런스 웹사이트에서 사진을 찾을 수 있다. 명심해야 할 점은 발표자는 청중보다 더 갖춰 입는다는 점이다. 발표자가 비즈니스 정장을 입었다고 청중도 그렇게 입을 필요는 없다. 결정하기 힘들다면 캐주얼 드레스나 폴로 셔츠와 짙은 청바지처럼 중간 정도로 입는 것이 좋다. 정장 혹은 티셔츠와 반바지를 입어야 하는 경우는 드물다. 평소 옷차림을 입으면 튀어보일 가능성은 거의 없다.

콘퍼런스 선택지는 굉장히 많다. 참석할만한 콘퍼런스는 무엇일까? 콘퍼런스는 다음과 같이 몇 가지 기준을 고려한다.

- **학계**: useR!, NeurIPS, JSM과 같은 일부 콘퍼런스는 학계 및 연구가 많은 업계에서 많이 참석한다. 모든 사람이 대학원생 및 교수인 콘퍼런스도 있다. 여러분이 산업에서 종사한다면 많은 강연이 자신과 상관없다고 생각할 수 있다. 업계 종사자가 발표해도 프레젠테이션은 전자 상거래 대기업에 있을 때만 유용한 최첨단 머신러닝 알고리즘에 관한 것일지도 모른다.
- **규모**: 콘퍼런스 규모는 150명에서 수만 명까지 다양하다. 200명에서 1,500명 사이의 소규모에서 중간 규모의 콘퍼런스로 시작하는 것이 좋다. 규모가 작으면 두려워하지 않고 도전할 수 있다. 사람을 더 많이 마주쳐 더 강하게 연결될 수도 있다.
- **기업 채용**: 회사를 찾고자 대규모 콘퍼런스에 참여하는 것도 가능하다. 어떤 콘퍼런스에서든 채용 담당자를 만날 수 있다. 일부 대규모 콘퍼런스에는 고용주가 비용을 지불해 부스를 설치하고 잠재력 있는 미래의 직원과 대화를 나누는 취업 박람회도 열린다.
- **강연 수준**: 대부분 콘퍼런스는 현장에서 일하거나 공부하는 사람을 위한 것이다. 예를 들어 R스튜디오 콘퍼런스는 R을 위한 통합 개발 환경(IDE)을 개발하는 기업에서 운영하는 콘퍼런스다. 강연은 일반 지식의 중간 정도를 목표로 하지만 예상되는 구체적인 지식의 수준은 다르다. R스튜디오 콘퍼런스에서는 시계열 패키지를 소개하는 강연을 할 수도 있다. 강연을 이해하려면 R에 대한 기본 지식을 조금 갖춰야 하지만, 발표자는 청중이 시계열 업무 경험은 많지 않을 것이라 예상한다. 온라인 실험에 관한 콘퍼런스 강연은 정성적 연구와 정량적 방법을 어떻게 보완할 수 있는지 소개할 수도 있다.
- **다양성과 포괄성**: 안타깝게도 모든 주최자가 모두에게 환영받는 콘퍼런스가 되는 것에 관심이 없다. 45명의 발표자가 모두 남자라면 참석자도 비슷할 것이라고 추측할 수 있다. 연설자 라인업 외 행동 강령이 있는지 웹사이트를 살펴보자. 휠체어로 출입할 수 있는지 등 특정 숙소가 필요하다면 콘퍼런스 웹사이트에 표기된 이메일 주소로 문의한다.
- **전문성**: 데이터 과학에 많은 전문성이 있는 것처럼 콘퍼런스도 마찬가지이다. 특정 언어 및 분야를 찾는 경우 적합한 콘퍼런스가 있다.

관심 있는 콘퍼런스 유형을 결정하면 콘퍼런스에 참석하기 전 리뷰를 찾아본다. 개인적으로 방문한 지인이 없다면 트위터나 링크드인에 물어본다. 콘퍼런스 일정이 잡히지 않았다면 전년도 일정을 참고한다. 강연 영상이 있다면 참석할 가치가 있는지 확인해본다. 안타깝게도 일부 콘퍼런스는 훌륭한 발표자가 많지 않다.

콘퍼런스 참석은 여러분의 커리어와 고용주에게 도움이 된다. 콘퍼런스에서 회사를 대표해 업무를 더 잘하는 데 도움이 될 사항을 배운다. 결과적으로 여러분이 다니는 기업이 전체 또는 부분적으로 콘퍼런스 비용을 지불하도록 설득할 수 있다. 어떤 회사는 공식적인 콘퍼런스 및 세미나 예산이 있다. 목적에 맞게 책정된 비용이라는 점에서는 좋지만 예산을 초과한다면 예외로

하기 어렵다.

대부분 콘퍼런스는 주중에 부분적으로만 열려 하루나 이틀은 업무를 쉬어야 한다. 휴가 때 이런 일이 일어나길 바라지는 않을 것이다. 관리자에게 일상 업무보다 콘퍼런스에서 하루를 보내는 것이 더 가치 있다고 말해야 한다. 일부 기업에서는 직원이 콘퍼런스에 며칠 동안 참석할 수 있는지 공식화할 수도 있다. 기술 회사에서는 적어도 한 번 콘퍼런스에 참석하는 것이 일반적이며 다른 업계에서는 이런 시스템을 갖추지 못한 경우가 많다.

관리자에게 콘퍼런스 내용을 설명해야 할 경우 다음과 같은 몇 가지 장점을 중점적을 설명한다.

- **채용**: 데이터 과학자를 모집하는 데는 수천 또는 수만 달러가 필요하다. 가장 큰 문제는 좋은 지원자를 구할 수 있느냐이다. 구글, 아마존처럼 기술 대기업 및 인기 스타트업은 문을 두드리는 훌륭한 지원자가 많을지 몰라도 대부분은 그렇지 않다. 콘퍼런스에서 사람들을 만나면 기업을 알리게 된다. 이 홍보는 14.3절에서 자세히 다룬다.
- **지식**: 콘퍼런스가 끝난 후 관리자는 이전에 할 수 없었던 무언가를 할 수 있는지 궁금할 것이다. 블로그 게시물을 작성하거나 프레젠테이션으로 해당 지식을 팀과 공유하면 좋다. 콘퍼런스 일정을 살펴보고 문제 해결에 즉시 적용할 수 있는 사항을 관리자에게 보고하는 것부터 시작해보자. 콘퍼런스는 복도에서도 이뤄진다는 것을 명심하자. 발표장 밖에서 이뤄지는 비공식적인 대화가 많다. 직면한 문제의 해결책을 가진 누군가를 그곳에서 찾을 수 있다. 5분에서 10분 정도면 충분하다.

대도시나 그 근처에 거주한다면 이동 경비나 숙박비가 들지 않도록 주변에서 열리는 콘퍼런스를 찾아보길 바란다. 기업에 비용을 요청할 때는 콘퍼런스에서 배운 것이 비즈니스 성공 및 효과를 실현하는 데 어떻게 도움이 되는지 보여주자.

14.2.1 사회적인 불안에 대처하기

엔지니어와 과학자는 사회적으로 내성적인 사람이지만 대부분 사람은 어느 시점에서 사회적인 불안과 씨름하기 마련이다. 자신감 있는 사람조차도 낯선 사람으로 가득 찬 방에 들어가면 불편하다. 너무 긴장해 콘퍼런스에 참석하고도 구석진 곳에 숨어 계속 스마트폰만 보고 있다면 어떻게 해야 할까?

다행히도 콘퍼런스 참석은 이야깃거리가 있다는 장점이 있다. 가장 확실한 방법은 질문하는 것이다. 사람들은 자신을 주제로 이야기하는 것을 좋아한다. 왜 강연에 참석했는지, 얼마나 오랫동안 특정 언어로 프로그래밍했는지, 이전에 참석한 적이 있는지 등을 물어본다. 다른 사람도 여러분처럼 어색함을 느낀다. 대화하기 좋은 시간은 자리에 있을 때, 즉 연설하기 몇 분 전이다. 다른 사람 옆에 앉아 대화를 시작해보자. 대화하는 것에 두려움이 있다면 강연이 곧 시작될 테니 몇 분간만 대화를 나누면 된다는 점을 알아두자.

많은 사람이 있는 공간에 있을 때 팩맨(구멍이 있는 원) 모양으로 서 있는 사람들을 찾아보자. 사람들 사이에 서고 더 많은 사람이 참여할 수 있게 틈이 나오도록 움직이려고 노력해보자. 도착하자마자 자기소개를 할 필요는 없다. 특히 그룹이 클 경우 대화가 중단되기를 기다리거나 소개 없이 대화에 참여할 수도 있다.

8장에서 가면 증후군을 이야기했다. 여러분은 너무 지나친 이야기를 하게 될지도 모른다. 여러분을 사기꾼처럼 느끼게 해서는 안 된다. 시간을 들일 가치가 없다는 듯이 대하거나 용어를 모른다거나 무시할만한 말을 한다면 선택은 상대방에게 달렸다. 몇몇 콘퍼런스에서는 환영한다. 많이 사람이 돕는 것을 좋아하고 새로워지는 것이 어땠는지 기억한다. 즐겁지 않은 콘퍼런스에 참석한다면 이 경험이 다른 콘퍼런스 참석에 방해가 되지 않도록 해야 한다.

콘퍼런스 중 개인 시간을 갖는 것은 매우 정상적인 일이다. 낯선 사람과 며칠간 교제하는 것은 지칠 수 있다. 강연에 참석하든 네트워킹 회의에 참석하든 콘퍼런스에 참석하는 매 순간 생산적인 것을 해야 한다고 느끼는 것은 흔히 저지르는 실수이다. 여러분은 절대 그렇게 하지 말자. 한 세션 동안 강연에 참석하는 대신 혼자서 산책하는 것을 잘못된 것이라고 생각하지 말자. 재충전하는 시간을 가진다면 콘퍼런스에서 더 많은 것을 얻을 수 있다.

14.3 강연하기

강연은 여러분이 성장할 수 있는 많은 기회를 준다. 더 많은 강연과 콘퍼런스에 참여할 수 있는 지렛대를 제공하기도 한다. 여러분이 해야 할 것은 기술과 인맥을 향상시키고자 콘퍼런스에 갈 충분한 시간을 가지는 것이지만 강연을 한다는 것은 기업을 대표할 수 있는 좋은 방법이다. 강연을 하려면 기업 전문가, 화려한 웅변가 또는 사교적인 사람이 필요해 보일 수도 있다. 하지만 꼭 그렇지 않다.강연은 내향적인 사람을 위한 훌륭한 전략이다. 강연이 끝나면 사람들이 여러분에게 다가와 칭찬을 하거나 후속 질문을 하거나 아니면 자기소개를 한다. 강연을 화제로 삼는 것은 콘퍼런스 주제를 이야기 나눈다는 장점이 더 향상된 형태이다.

이 절은 그 자체만으로 하나의 책이 될 수 있을 정도이다. 실제로 13~16장의 참고 자료 부분에서 대중 강연에 관한 책을 추천한다. 좋은 강연을 할 수 있는 기준은 생각하는 것보다 낮다. TED 강연을 하거나 대규모 콘퍼런스를 언급하는 것이 아니다. 그 사람들은 경험이 풍부하며 스피킹 코치를 고용했을 것이다. 좋은 강연을 하고 싶다면 사람들을 즐겁게 하는 것과 동기 부여에 집중해야 한다. 여러분이 말할 때 사람들이 관심을 보이지 않는다면 강연하는 게 매우 두려워질 것이다. 몇십 분에서 한 시간 동안 이루어진 강연에서 적게 배울 수도 있다. 하지만 여러분이 청중의 더 배우고 싶은 욕구를 부채질하거나 시작할 도구를 갖추게 해 많은 가치를 전할 수 있다.

14.3.1 기회 얻기

강연은 어떻게 하면 할 수 있을까? 시작하기 가장 좋은 장소는 제안 요청$^{calls\ for\ proposal}$(CFP)이 있는 콘퍼런스이다. 강연 내용을 **개요**로 정리해 짧게 요약한 후 제출할 수 있으며 콘퍼런스 주최자는 제출된 개요를 보고 발표자를 선택한다. 일부 콘퍼런스는 블라인드 리뷰로 해 발표자 등 아무것도 모른 채 개요만 보고 고르며 또 다른 콘퍼런스는 발표자인 여러분에 대해 더 많이 알고 싶어 한다.

콘퍼런스 강연을 찾을 때는 참석할 콘퍼런스를 찾는 기준과 유사한 기준을 적용한다. 1만 명의 사람들과 함께 콘퍼런스에 있는 것이 힘들다면 그곳에서 강연하는 것이 어려울 것이다. 강연은 콘퍼런스 참석 비용을 줄이는 좋은 방법이다. 다른 강연을 듣고 싶어 하는 사람에게 그 혜택을 주는 것은 어떠한가? 온라인 또는 밋업에서 만난 사람이 추천하는 콘퍼런스가 무엇인지 반드시 물어보자. 매우 작은 콘퍼런스는 쉽게 사라진다.

좋은 개요의 첫 번째 부분에는 해당 콘퍼런스에 무엇이 필요한지 주의 깊게 살펴본 점을 작성한다. 최대 500단어의 개요를 작성한다고 해도 주최에서 150단어만 요구하면 채택될 수 없다. 데이터 엔지니어링에 관한 강연을 통계 콘퍼런스에 제출하는 경우에도 마찬가지이다.

좋은 개요의 첫 문장은 읽는 사람이 더 알고 싶게끔 '끌어당기는' 힘이 있다. 그 후 여러분이 해결하고자 하는 문제를 설명하고 청중은 무엇을 배울 수 있는지 설명한다. 다음은 재클린 강연의 한 일부다.

딥러닝은 복잡하고 어려워 보이지만 사실 그렇지 않습니다. 케라스와 같은 패키지 덕분에 몇 줄의 코드로 시작할 수 있습니다. 일단 기본 개념을 이해한다면 인공지능이 만들어내는 유머러스한 콘텐츠를 만들고자 딥러닝을 사용할 수 있죠. 이 강연에서 제가 딥러닝을 어떻게 사용해 셔퍼, 퉁킨 파이크, 잭 오딘스와 같이 이상한 반려동물 이름을 짓는 모델을 만드는지 보여주면서 딥러닝을 소개하겠습니다. 선형 회귀분석을 하는 방법을 이해하면 재미있는 딥러닝 프로젝트를 만드는 방법을 이해할 수 있습니다.

개요를 작성할 때 3개월, 6개월 또는 1년 전에 나는 누구였는지부터 생각하는 것이 가장 좋은 방법이다. 그때 알았다면 좋았을 것이라고 생각한 게 무엇인가? 모든 사람이 이미 알고 있다고 생각하기 쉽지만 깃 및 깃허브를 사용하는 방법이나 웹 스크래핑하는 방법처럼 기본이라고 생각되는 항목을 많은 사람이 모르고 혜택을 받는다. 많은 청중에게 흥미롭다면 하위 분야에 들어갈 수도 있다. 대화형 맵을 만드는 방법, 빠른 데이터 분석에 맞춘 패키지 사용 방법 또는 일반화된 선형 모델이 무엇인지 설명할 수 있다. 해당 분야의 전문가가 될 필요는 없다. 무언가를 막 배운 사람이 최고의 선생님이다. 오래전에 배운 사람은 어떻게 노력해야 하며 잘못된 개념에는 무엇이 있는지 시간이 지나 기억하지 못한다.

콘퍼런스를 시작하는 또 다른 좋은 방법은 지역 밋업에서 강연하는 것이다. 짧은(대개 5분) 콘퍼런스 토크 이벤트를 주최하는지 확인한다. 하루 저녁에 5명에서 12명의 발표자가 있어 준비하는 데 훨씬 덜 부담스럽다. 발표를 처음 하는 사람들이 환영할만한 방법이다. 지역 밋업에 성실히 참석한다면 주최자에게 짧은 강연 행사를 추천하자.

가브리엘라 지케이로스: R-레이디의 시작

2012년 브라질에서 샌프란시스코로 이사왔을 때 제가 찾은 리소스 개수에 놀랐습니다. 저는 밋업을 찾아서 몇 달간 매일 밤 밋업에 갔습니다. 무료로 배우고 먹는 것은 특히 돈이 많지 않은 학생에게 완벽한 것이었죠. 하지만 대부분 밋업은 다양한 청중이 없었습니다. 저 같은 사람을 보지 못했고 환영받는다는 느낌도 받지 못해 결국 교류를 많이 못했어요.

사회로 돌아온 저는 저만의 밋업을 시작할 때라고 생각했습니다. R에는 자신 있지만 R 모임을 만들고 싶지는 않았습니다. 저와 참석자가 편안함을 느끼고 환영받으며 청중 속에서 자신을 볼 수 있는 그룹을 만들고 싶었죠. 이것이 R-레이디가 탄생하게 된 이유입니다. 2012년 10월 R을 소개하는 첫 행사를 개최했고(*http://bit.ly/rladies-first*) 여덟 명이 참석했습니다.

다소 실망했지만 공간을 만들고 프로그래밍 언어를 외국어로 가르칠 수 있을 만큼 자신감이 생겨 행복했습니다.

저는 4년간 R-레이디에 있는 유일한 사람이었습니다. 조직화하고 주최하고 가르치고 광고하고 웹사이트를 운영하며 장소와 스폰서를 찾았습니다. 회의나 행사에 가면 그룹을 주제로만 이야기했습니다. 소셜 미디어에서 활발하게 활동했고 가능한 한 많은 인맥을 만들려고 시도했죠. 안타깝게도 대부분 고용주는 제 일을 후원하지 않으려고 했어요. R-레이디는 사이드 프로젝트로 밤과 주말에만 주로 했죠.

R-레이디를 이끌며 수많은 사람을 만날 기회가 생겼습니다. 그중 몇몇은 현실에서 만나기 힘든 분이었어요. 그리고 해당 행사에서 교육을 담당하면서 사람 앞에서 말하는 것이 더 편해졌습니다. 자신만의 커뮤니티를 시작하고 싶다면 다음과 같이 몇 가지를 제안합니다.

- **목표와 미션을 정의하세요.** 커뮤니티의 목표는 무엇이며 무엇을 달성하고 싶은지, 만드는 이유와 커뮤니티의 미션은 무엇이며 청중은 누구인지 자신에게 질문하세요. 미래의 회원이 관심을 가져야 하는 이유와 참여해야 하는 이유를 이해해볼 수 있게 됩니다. 또한 R-레이디처럼 여성 및 성소수자와 같은 특정 하위 집단에 초점을 맞추고 싶은지 또는 주제에 관심 있는 모든 사람에게 연락하고 싶은지 같은 결정에 영향을 미칠 수 있습니다.
- **소셜 채널, 웹사이트, 이메일을 만드세요.** 트위터 계정, 페이스북 페이지, 링크드인 그룹, 인스타그램 프로필 및 기타 사용자 기반 소셜 채널을 설정합니다. 사람들이 쉽게 연락하고 많은 그룹 정보를 찾을 수 있도록 웹사이트와 메일을 사용합니다.
- **로고를 만드세요.** 로고가 있으면 브랜드와 커뮤니티에 관한 인식이 높아집니다. 어떤 사람은 더 나은 시각적 기억력이 있어 로고를 기억할 것입니다. 로고를 사용해 노트북 스티커를 만들 수도 있습니다. 노트북 스티커는 자신, 신념, 그리고 여러분이 속한 커뮤니티를 표현하는 방법으로 대성공일 것입니다.
- **구성을 생각하세요.** 주로 강연이나 워크숍을 진행할 예정인지, 대면으로 할지, 온라인으로 실시간으로 할지, 커피를 마시며 대화를 나눌 것인지 등을 생각합니다. 커뮤니티가 청중에게 힘을 실어주고 싶은 기술 커뮤니티라면 워크숍이 좋습니다. 능동적인 학습은 무언가를 배우기 가장 좋은 방법입니다.
- **플랫폼(예: *meetup.com* 또는 *eventbrite.com*)을 사용하세요.** 다른 사용자가 쉽게 이벤트를 찾고 등록할 수 있습니다. 밋업 또는 이벤트브라이트와 같은 웹사이트는 사람들이 주제를 찾고자 할 때 트래픽을 유동적으로 조정하며 예상 방문자 수를 추적하는 데 도움을 줍니다.

커뮤니티를 구성하는 것은 시간과 노력이 필요합니다. 여러분의 주말을 반납하면서까지 일을 해야 할지도 모릅니다. 열정을 가지고 여러분의 일이라고 책임감을 가지세요. 분명히 가치 있는 일입니다. 성공 스토리를 들으며 여러분의 커뮤니티가 전 세계의 커뮤니티를 어떻게 변화시키는지 보는 것은 매우 보람 있고 큰 기쁨으로 다가올 것입니다. 여러분은 세상을 더 좋게 바꾸고자 무언가를 하고 있다고 느낄 수 있습니다. 행운을 빕니다.

마지막으로 블로그를 통해 사람들을 불러올 수 있다. 발표자를 초대한 콘퍼런스의 경우 주최자 중 한 명이 콘퍼런스의 주제와 완벽하게 일치하는 블로그 게시물을 읽는다면 같은 주제로 강연을 할 수 있는지 알아보기 위해 연락한다. 이런 일이 없더라도 블로그 게시물은 여러분이 언급할만한 이전 대화가 없을 때 효과적으로 대화할 수 있다는 것을 콘퍼런스 주최자에게 보여주는 좋은 방법이다.

첫 번째 데이터 과학 업무와 마찬가지로 첫 번째 말하기도 가장 어렵다. 이후 여러분은 눈덩이 효과를 경험하게 될 것이다. 특히 여러분의 강연이 녹화된 경우 사람들이 여러분에게 연락할 수 있다. 일부 제안은 이전 강연의 녹화본을 요청하기도 한다.

14.3.2 준비하기

강연 일정이 있다면 준비하는 데 많은 시간을 들여야 한다. 공개적으로 강의를 해본 적이 없다면 얼마나 많은 시간이 걸리는지 과소평가하기 쉽다. 모든 슬라이드에 여러분의 생각이 적힌 다섯 개의 글머리 기호를 작성하고 행사 당일에 부연 설명을 할 수 있다. 이는 청중에게 무례하며 여러분이 최선을 다하지 않았음을 보여준다. 성공적인 강연이 될 수 없다.

단순히 슬라이드를 읽는 것이 아니라 자연스럽게 강연하고자 연습해야 한다. 여러분을 냉정하게 비판해줄 사람을 찾아 피드백을 받아보자. 기술적인 강연이 아닌 한 검토하는 사람이 해당 주제의 배경지식을 갖고 있을 필요는 없다. 추임새를 얼마나 사용할 것인지, 팔의 움직임은 어떻게 할지 등 강연을 더 좋게 만드는 일반적인 행동에 대한 피드백을 받을 수 있다.

강연 후 질의응답 시간이 있다면 강연 시간이 늘어난다. 얼마나 오랫동안 준비해야 하는지 계산하기 위해 5분 간의 질문을 감안하는 것이 좋지만 강연 시간을 먼저 정해놓자. 사람들 앞에서 강연을 하다 보면 긴장해서 말이 빨라질 수도 있으니 조심해야 한다. 핵심을 너무 빠르게 말해서 시간이 남는 경우를 대비해 PPT의 마지막에 슬라이드를 추가하는 것도 괜찮다. 발표 시간이 몇 분 정도만 남는 건 괜찮다. 다음 강연까지 휴식 시간이 좀 더 생기는 것이다. 최악의 경우는 강연이 너무 길어서 발표 중간에 끊어야 하거나 다음 발표자의 시간을 방해하는 것이다.

강연 내용은 이전에 열렸던 강연을 다시 사용하는 것을 추천한다. 특히 콘퍼런스가 다른 도시에서 개최되거나 여러 형태의 콘퍼런스(참석자가 동시에 진행되는 다른 강연에 참석할 수 있도록 선택 가능한 곳)가 개최될 경우 청중이 중복될 가능성은 거의 없다. 모든 사람이 강연 녹화

영상을 봤다면 좋겠지만 대부분 그렇지 않다.

강연 당일 지지자를 모아야 한다. 데이터 과학 분야의 친구 및 동료로 제한할 필요는 없다. 가족, 파트너 및 건물에 있는 친한 사람을 초대해보자. 행사가 유료라면 주최자가 가족 및 파트너를 참석할 수 있게 해주는지 확인한다. 에밀리의 할아버지는 몇 가지 콘퍼런스에 무료로 참석했다. 적어도 청중 중 일부는 여러분에게 다가갈 것이다.

14.4 오픈 소스에 기여하기

커뮤니티의 일원이 되는 것은 좋지만 다른 사람과 모이는 것이 싫다면 오픈 소스가 해결책이 될 수 있다. 오픈 소스에 참여하면 같은 열정을 지닌 사람들과 아이디어를 공유하고 공동체 의식을 높일 수 있다. 오픈 소스로 프로젝트를 만들면 사람들이 생각하지 못했던 새로운 방향으로 추천하게 돼 많은 관심을 받는다. 완전히 새로운 프로젝트를 만들고자 다른 사용자의 업무를 확장할 수도 있다.

R과 파이썬은 지원하는 사람이 많아 계속해 확장하고 다듬어지며 성장한다. 이 같은 자원봉사자가 되는 방법을 설명하겠다. 개발을 후원하는 조직에 재정적으로 기여할 수도 있다. R과 파이썬은 자유롭게 사용할 수 있지만 유지 보수와 개발이 자유롭지는 않다. R 파운데이션R foundation, 파이썬 소프트웨어 파운데이션python software foundation 및 넘포커스NumFOCUS는 언어의 지속적인 개발을 지원하기 위해 기부할 수 있는 기관(후자 두 개는 미국 자선 단체에 등록되었다)이다.

14.4.1 다른 사람의 프로젝트에 기여하기

오픈 소스 프로젝트로 뛰어드는 것은 다른 사람의 옷장을 엿보는 것과 같다. 다른 사람의 공간이기에 침입자처럼 느껴진다. 이것이 오픈 소스의 목적이다. 이 느낌을 극복해야 한다. 오픈 소스 프로젝트를 규모가 큰 저녁 행사와 같다고 상상해보자. 아직 메인 코스 요리를 책임지고 싶지 않다. 대신 식탁을 차리거나 모든 사람에게 물이 있는지 확인하거나 행사가 끝난 후 설거지를 도울 수 있다. 여러분이 존경할 수 있으며 열정적이라면 오픈 소스 창시자와 유지 관리하는 대부분 사람은 여러분의 도움을 환영한다.

문서가 기여를 시작하기에 가장 좋은 방법이다. 원하는 패키지 설명이 얼마나 구체적인지 확인해보자. 불완전하거나 불분명하거나 오해의 소지가 있을 수 있다. 심지어 오타도 깃허브를 통해 풀 리퀘스트pull request(PR)해야 한다. 패키지와 라이브러리를 만드는 사람은 더 많은 결과물을 그 위에 작성한다. 시간을 절약해준다. 최근 이런 도구를 사용하는 방법을 배운 사람으로서 새로운 사용자에게 동기를 부여하고 가르치는 방법에 더 좋은 관점을 갖게 된다.

코드를 작성할 때 바로 뛰어들지 말고 내용을 다시 작성하거나 새로운 함수를 제출해보자. 대규모 프로젝트라면 기여하는 방법 및 규칙 가이드를 살펴봐야 한다. 그렇지 않은 경우 저장소를 보고 흐름을 파악한다. 저장소를 살펴보면 프로젝트가 장기간 운영되는지 휴면 상태로 유지되는지 여부도 표시된다. 코드에 기여하기로 결정했다면 추가 및 변경할 내용을 공유하는 문제로 시작해보자. 많은 업무를 수행하기 전 유지 및 관리하는 사람들에게 피드백을 받을 수 있다.

오픈 소스로 일하는 것은 여러분의 기술력을 키우는 가장 좋은 방법 중 하나이다. 특히 회사에서 많은 사람과 협업하지 않는다면 더욱 그렇다. 깃허브 저장소에는 브랜치branche, 정보 커밋 메시지informative commit message, 태깅tagging을 사용하지 않을 수 있지만 괜찮다. 수백 가지의 이슈와 수십 명의 사람이 동시에 작업하는 프로젝트에 들어간다면 추가 업무에 의미가 더해지기 시작한다. 이 같은 업무 유형은 스타일 가이드 내에서 작업하거나 충분한 성능을 제공하지 못해 함수를 추가하지 않는 제약 조건이 추가될 수 있다. 궁극적으로 오픈 소스를 유지 보수하는 사람들은 여러분이 프로젝트를 직접 만들기 전까지 최종 의사결정자가 된다. 실망스러울 수 있지만 업무에 직접 적용할 수 있는 많은 모범 사례를 배울 수 있다.

레시마 샤이크: 해커톤

오픈 소스에 기여하는 것은 수수께끼 같고 힘들 수 있습니다. 해커톤hackathon 오픈 소스 스프린트sprint는 초보자를 환영하는 좋은 행사입니다. 스프린트는 참가자가 파이썬 또는 R 라이브러리 중 깃허브 저장소에 제출했으나 해결되지 않은 문제를 작업하는 하루 또는 이틀 간의 행사입니다. 설명서, 버그 수정, 테스트, 기능 요청 등의 문제가 있습니다.

오픈 소스 스프린트의 장점은 다음과 같습니다.

- 대부분 오픈 소스 기여자는 자원이며 커뮤니티 참여가 필수이기에 환영받습니다.
- 엔지니어링 및 코딩 기술을 배우는 자발적인 행사입니다.

- 오픈 소스에 기여하는 부분은 데이터 과학 기술을 향상시키고 포트폴리오를 만들기에 훌륭한 기회입니다.
- 다른 데이터 과학자 및 숙련된 기여자와 귀중한 네트워킹 기회를 가질 수 있습니다.

잘 구성된 스프린트는 사람들의 시간을 효과적으로 활용할 수 있습니다. 준비 과정은 초보 기여자가 무언가를 성취한 후 스프린트를 떠날 수 있도록 보장합니다. 리소스 및 준비 작업에 필요한 중앙 저장소를 찾습니다. 여기에는 기여 문서, R 또는 파이썬 설치 지침, 이벤트 전 등록할 수 있는 도구(예: 깃허브 계정 또는 메시지 플랫폼) 및 스프린트 참가자를 위한 특별 공개 문제 목록이 포함될 수 있습니다. 스프린트를 조직하는 사람은 자원입니다. 목록 중 일부가 부족하다고 생각되면 도움을 주길 바랍니다. 오픈 소스 스프린트를 구성하는 것도 오픈 소스의 한 부분이 됩니다.

오픈 소스 스프린트의 목표는 열린 문제를 해결하는 PR을 제출하는 것입니다. PR 제출은 과정 중간중간에 이뤄지며 합치는 데 몇 주 걸립니다. 후속 조치를 위해 스프린트 이후에는 시간이 5~10시간 주어지며 병합 상태에 대한 PR을 확인합니다. 병합 상태는 깃허브 저장소에서 아름다운 보라색 아이콘으로 표시됩니다.

직접 스프린트를 준비하는 데 관심이 있다면 제 블로그(*https://reshamas.github.io/how-to-organize-a-scikit-learn-sprint*)에 자세한 가이드가 있으니 참고하길 바랍니다.

14.4.2 자신만의 패키지 및 라이브러리 만들기

프로젝트 간 기능을 복사거나 동료에게 메시지를 보내는 함수를 만든다면 패키지나 라이브러리로 만들 수 있어야 한다. 패키지를 사용하면 함수를 한곳에 저장해 쉽게 공유할 수 있으며 코드 테스트와 같은 모범 사례를 적용할 수도 있다. 많은 기업이 플롯 색상을 기업의 대표 색상으로 변경하거나 데이터에 액세스하거나 일반적인 문제를 해결하는 함수를 내부 패키지로 보유했다. 만약 다른 사람도 같은 문제에 직면할 수 있다고 판단되면 다운로드해 사용할 수 있도록 깃허브에서 패키지를 공유한다.

사람들이 사용하기 전 모든 코드가 제대로 동작되는지 확인해야 한다. 모든 코드가 잘 동작됐다고 다른 사람이 사용할 때 문제가 없는 것은 아니다. 코드는 잘 구성됐지만 동작 방법을 잘 모른다면 아직 다른 사람이 코드를 사용하면 안 된다. 패키지를 더욱 광범위하게 활용하려면 세분화하거나 일반적인 사례에 맞춰 조정하는 고급 프로그래밍이 필요하다. 신뢰할 수 있는 사람에게 본인의 코드를 확인해줄 것을 부탁한다. 사용자는 내부를 잘 들여다보지 않는다. 페라리인 줄 알고 설치했으나 골프 카트 같은 패키지라면 화가 날 수밖에 없다.

코드를 테스트하고 검토한 후에도 다른 사람이 코드를 이해할 수 있도록 하려면 계속 작업해야 한다. 소셜 미디어나 블로그로 알릴 수 있지만 더디게 진행될 수 있다. 하룻밤 사이에 스타가 되기를 기대하지 말자. 하루 아침에 성공하는 것보다 적은 수의 사용자가 빠르게 코드의 내부 오류를 살펴보는 것이 좋다. 채택되려면 시간이 걸리겠지만 좋은 일을 퍼뜨리려고 하는 것조차 좋은 일이다. 물론 성공 보상도 어렵다. 사람들이 여러분의 프로젝트에 도움받기 시작하면 개발을 멈추는 것이 매우 어렵다. 버그 보고서와 함수 요청이 들어오고 이전 버전의 함수 사용 부분을 변경할지 여부를 심각하게 고려하게 된다.

오픈 소스의 단점 오픈 소스 커뮤니티에 문제가 있는 경우가 있다. 인종, 성별, 민족으로 차별 받거나 괴롭힘을 당하거나 무시당하는 등 부정적인 경험을 한 사람들이 있다. 다행히도 많은 커뮤니티가 이 사실을 알고 좀 더 포괄적인 환경을 만들고자 적극적으로 노력한다. 파이썬 창시자인 귀도 반 로섬Guido van Rossum은 여성과 사람 수가 적은 소수 커뮤니티에게만 멘토링을 하겠다고 약속했다(*http://mng.bz/9wPo*). 일부 프로젝트 작성자는 '초보자에게 적합beginner-friendly' 또는 '첫걸음first-time'이라는 태그를 붙여 새로운 사람들이 오픈 소스에 기여하게끔 장려한다. 항상 정신적, 정서적 건강을 우선시해야 하지만 소수 그룹의 사람을 포함해 많은 사람은 오픈 소스에서 긍정적인 경험을 했다. 나쁜 경험을 피할 수 있다.

14.5 번아웃을 인지하고 극복하기

WHO에서는 번아웃을 '잘 관리되지 않은 만성적인 회사 스트레스로 인해 굳어진 증후군'이라고 정의한다. 이어서 '에너지 고갈 및 탈진 증세', '회사와의 정신적 거리감 및 직업과 관련된 부정적 및 냉소적 감정 증대', '전문적인 생산성 감소' 등 세 가지 증상을 나열했다(*https://www.who.int/mental_health/evidence/burn-out/en*). 여기서는 업무에서 오는 스트레스가 아닌 사이드 프로젝트의 추가 업무에서 오는 스트레스에 초점을 맞춘다.

필자 모두 이 책을 쓰는 것은 일과 상관없이 별개로 한 일이다. 동료가 집에 가서 데이터 과학에 관련한 그 무엇도 하지 않을 때 질투심을 느끼기도 한다. 그때마다 우리가 왜 책을 쓰기로 했는지, 여전히 목표를 향해 일하는지 생각했다. 금전적인 문제로 책을 쓴 것은 결코 아니다(컨설팅 관련 글의 수익성이 훨씬 높다). 데이터 과학자가 되고 싶은 사람과 후배 데이터 과학자를 돕기 위해 쓴 것이다. 이것은 우리에게 동기 부여가 됐다. 특히 한 장 한 장 발표하면서 긍정적인 효과를 본 것이 도움이 됐다.

지쳤다고 느낀다면 스트레스를 줄일 수 있는 방법이 있을지 생각해보자. 일단 무언가를 만들고 난 후에는 활동적일 필요가 없다. 블로그를 계속 사용하는 경우 가끔 새로운 게시물을 쓰고 싶겠지만 처음처럼 자주 쓸 필요는 없다. 블로그 방문자는 '아, 6개월에 한 번씩 글을 올리네요'보다 '와, 여섯 개 게시물 모두 정말 저에게 도움이 됐어요'라고 말한다.

다양한 업무로 바쁘게 일하는 것이 행복하다는 오늘날의 문화 속에서 생산적이지 않은 것은 시간 낭비라고 느낄 수 있다. 하지만 필자는 그렇게 생각하지 않는다. 우리는 시간에 대한 정의를 재설정할 필요가 있다. 체육관에 가는 것이나 친구와 노는 것처럼 목적을 위한 것도 좋지만 텔레비전을 보거나 다른 방법으로 쉬는 것도 괜찮다. 데이터 과학이나 돈 버는 일과는 전혀 상관없는 취미 생활을 위해 시간을 만들고 모든 삶이 일 중심으로 돌아가지 않게 해야 한다.

다른 사람을 따라잡으려고 하면 스트레스가 많이 쌓인다. 흔히들 소셜 미디어는 나의 좋은 모습만 올린다고 한다. 여러분의 모든 커리어와 비교해서는 안 된다. 누군가가 패키지나 블로그 게시물이 많다고 그 사람을 따라잡으려고 애쓰지 않아도 된다. 어떤 사람에게는 패키지를 만들거나 강연을 하거나 블로그 게시물을 쓰는 것이 업무의 전부이거나 책임일 수 있다. 여러분의 커리어에 도움이 되도록 오랫동안 그 일을 할 수 있을 만큼 충분히 지속 가능한 일을 하는지 확인해야 한다.

14.6 러네이 티테 인터뷰

러네이 티테Renee Teate는 트위터에서 5만 명 이상의 팔로워에게 '데이터 과학 러네이'로 알려졌다. 팟캐스트, 블로그(*http://www.becomingadatascientist.com*), 온라인 데이터 과학 학습소(*http://www.datasciguide.com*)를 운영 중이다. 정기적으로 강연을 하고 콘퍼런스도 주최한다.

Q 소셜 미디어의 장점은 무엇인가요?

A 트위터는 많은 면에서 저에게 도움을 줬습니다. 팟캐스트에 나오는 모든 게스트는 트위터를 통해 만났어요. 트위터에서 흥미로운 내용을 올린 사람들을 발견했고 트위터에 올렸다면 이야기하는 것도 가능하다고 생각했죠. 목록을 만들어 한 번에 많은 메시지를 직접 보냈는데 그중 절반은 관심이 있을 것이고 일정을 잡을 수 있을 것이라고 예상했어요. 예상처럼 모두 그렇다고 말해줬습니다.

저는 정기적으로 트위터를 통해 콘퍼런스와 밋업의 강연 요청을 받습니다. 콘텐츠를 발표할 때 청중이 해당 콘텐츠를 좋아한다는 것을 알고 참여를 유도합니다. 멋진 사람을 많이 만났어요. 네트워킹 외에도 트위터에서도 배울 수 있습니다. 트위터를 어떻게 사용하면 배울 수 있는지에 대한 블로그 게시물을 일찍부터 작성했어요. 특정 업종에 종사하는 사람을 따라다니며 관련 기사를 읽었고 전문 용어를 배웠습니다. 누군가 모르는 것을 말한다면 해당 부분을 찾아보고 무엇인지 알아냈습니다. 주제에 관한 튜토리얼이나 논문 링크가 있어 또한 학습에 큰 도움이 됐어요.

Q 커뮤니티에 참여할 시간이 없다고 말하는 이에게 하고 싶은 말은 무엇인가요?

A 특히 아이나 다른 친척을 돌보는 것과 같이 회사 밖에서도 무언가의 책임이 있는 사람들을 이해합니다. 저는 석사 과정을 밟으며 정규직으로 있을 때 다른 업무를 하지 않았습니다. 이런 경우는 온라인 커뮤니티를 찾는 것이 좋습니다. 대기실에 있는 것처럼 시간이 있을 때마다 트위터를 읽고 응답하거나 나중에 읽을 흥미로운 기사를 즐겨찾기 할 수 있어요. 1년에 한 번만 이벤트에 참가할 수 있다면 데이터 과학 및 특정 산업과 관련된 콘퍼런스에 참여해보세요. 나중에 링크드인이나 다른 소셜 미디어에서 만나는 사람들을 계속 따라갈 수 있습니다. 결국 서로 학습과 리소스를 공유할 수 있는 소규모 그룹이 될 수 있습니다.

Q 콘텐츠가 적어도 도움이 되나요?

A 그렇습니다. 블로그에 글을 올리면 다른 사람들이 무언가를 이해하는 데 도움을 줘 해당 주제를 깊이 이해하는 데 도움이 됩니다. 저는 수년간 적은 블로그 게시물 중 오래된 게시물 일부를 참조했습니다. 블로그를 할 때 읽는 사람이 매우 일반적으로 적용할 수 있는 유익한 형태로 만들려고 노력했습니다. 그래서 시대에 발맞춰 여러 번 다시 말하는 것이 가능했습니다. 팟캐스트 방송은 지난 1년 반 동안 두 편만 녹화했어요. 생활이 바빠졌고 헬리오 캠퍼스에서 일

을 시작해 팟캐스트는 우선순위에서 밀려났습니다. 다른 일에 전념하고 나면 다시 되돌아오는 것이 정말 어렵습니다. 아직 일하지만 더 많은 에피소드를 만들 계획입니다. 휴식을 길게 갖는 것에 죄책감을 느끼지 않아요. 일하며 생긴 에피소드는 여전히 많은 사람에게 도움이 된다는 것을 알게 됐죠.

Q 처음 블로그 게시물을 작성하거나 강연할 때 걱정이 됐나요?

A 처음에는 사람들이 제 이름을 찾으면 저와 연관시킬 수 있기에 무언가를 공개하는 것을 걱정했습니다. 그래서 이 부분에 대해 신경을 곤두 세우고 있었습니다. 하지만 가치 있는 블로그 게시물이 항상 기술적으로 가장 진보하고 완벽한 것은 아니라는 것을 깨달았습니다. 이전에 들었던 부분과 약간 다른 방식으로 설명하는 블로그를 읽었고 갑자기 자료가 클릭되었죠. 여러분이 공개하는 게시물은 항상 누군가에게 도움을 줄 것입니다.

저는 부정적인 사람들에게 너무 많이 신경 쓰지 않는 방법을 배웠습니다. 무슨 일이 있어도 반대할 사람들입니다. 수년간 데이터 과학을 연구한 사람에게도 부정적인 의견을 말하는 것을 봤습니다. 분석에 접근하는 방법은 여러 가지입니다. 특정 방법이 다른 방법보다 나을 수는 있지만 여러분의 방법이 좋은 방법이 아니라는 것을 의미하지 않죠. 때로는 여러분에 대해 부정적으로 이야기하는 사람들의 말은 듣지 말아야 합니다.

14.7 마치며

- 데이터 과학 커뮤니티에 참여하는 방법으로 블로그 및 데이터 과학 포트폴리오 구축, 콘퍼런스 참석, 강연, 오픈 소스 기여 등을 추천한다.
- 성공적인 커리어를 쌓고자 커뮤니티 활동을 할 필요는 없다. 여러분에게 알맞은 활동을 선택하고 다른 사람들과 보조를 맞춰야 하는 것에 걱정하지 말자.

품위 있게 퇴사하기

한 회사에서 40년을 보내고 소중한 물건과 연금을 받으며 은퇴하는 시대는 끝났다. 여러분의 커리어에서 적어도 몇 번 회사를 옮기는 것은 평범한 일이다. 기술 분야에서는 2년마다 회사를 옮기기도 한다. 회사를 그만두는 이유는 여러 가지이다. 보상, 책임, 더 많은 배움, 또는 단순히 새로운 것을 찾기 위한 것일 수 있다. 여러분이 새로운 직업에 관심이 있다고 결정하는 것은 첫 단계이지만 실제로 행동으로 옮기는 것 사이에는 극복해야 할 추가 장애물이 있다.

여러분이 알고 있는 것을 새로운 직무에 적용하는 것은 항상 불확실하다. 면접에서 많이 조사하거나 질문을 하든 일을 시작하기 전에는 실제로 어떤 것인지 알 수 없다. 급여, 기업 규모, 데이터 팀의 구조 등 중요한 사항은 이해할 수 있지만 일하기 전까지는 일상적 느낌이 어떠할지 알 수 없다. 게다가 현재 회사가 완전히 형편없지는 않을 것이다(그렇다면 9장으로 돌아가 업무가 마음에 안 들거나 환경에 문제가 있을 경우 어떻게 해야 하는지 살펴보는 것이 좋다). 현재 회사는 동료가 마음에 들고 어디서 도움을 받을지 알고 데이터를 쉽게 탐색할 수 있다. 더 좋을 수도 있는 사항에 대해 생각할 수도 있다. 새로운 회사가 더 낫거나 더 안 좋은 업무가 없다고 확신하는가? 이직할 회사를 구하는 데 시간과 위험을 감수할 만한 가치가 있는가?

계속되는 의심은 퇴사를 결심한 후에도 구직 활동을 더디게 만든다. 대부분 이런 불확실성이 높은 상태일 것이다. 두 번째 데이터 과학 회사는 어떻게 접근해야 할까? 원하는 제안을 받는다면 관리자에게 어떻게 말해야 할까? 프로젝트를 진행했던 모든 동료와 개별적으로 만나 퇴사한다고 말해야 하는가? 중요한 자리를 제안받는다면 받아들여야 하는가? 퇴사 통보를 한 후 몇 주의 시간 동안 회사에서 무엇을 해야 할까? 단순히 편한 회사를 찾는다고 마음이 바뀌는 것을 막을 수 없다는 사실을 안다면 두 번째, 세 번째 혹은 네 번째 회사를 찾는 데 문제가 되지 않는다.

새로운 일자리를 찾을 때 스스로에게 많은 질문을 던져야 한다. 불확실성시 높아질수록 구직자들은 더 힘들어진다. 하지만 걱정하지 말자. 이런 사람들을 위해 15장을 준비했다.

15장에서는 퇴사 결정, 구직 시작, 통지 등 세 부분으로 나눠 알아본다. 여기서 설명하는 사항은 모든 직무에 적용되지만 데이터 과학에 적용되는 더 독특한 사항도 살펴본다. 데이터 과학 회사를 옮기는 것은 흔한 일이며 대개 보람 있는 일이기도 한다. 많은 사람이 1~3년마다 회사를 옮긴다. 데이터 과학의 새로운 분야를 시도하고 급여와 다른 혜택을 크게 늘어날 수 있다. 15장에서는 이직을 최대한 쉽고 스트레스 없이 할 수 있도록 도와준다.

15.1 퇴사 결정하기

대부분 100% 확실히 언제 퇴사하는지 알 수 없다. 무엇을 해야 하는지 알려주는 마법의 공도 최종적인 결정을 내리는 데 도움을 주지 못한다. 8장에서 여러 제안 사이에서 결정을 내릴 때 도움이 되는 두 가지 좋은 선택을 살펴봤다. 같은 형태의 추론이 여기에서도 가능하다. 결국 여러분이 가진 정보로 할 수 있는 최선을 다할 수 있을 뿐이다. 완전히 돌이킬 수 없는 결정은 거의 없다. 100년 계약에 서명한 것이 아니기 때문에 회사는 언제든지 옮길 수 있다.

15.1.1 학습 진행 상황 확인하기

새 회사는 언제 구해야 할까? 가장 중요한 조언은 여러분이 항상 배우고 있는지 확인하라는 것이다. 한 직무에 오래 머물면 학습 속도가 느려지는 것이 당연하다. 처음 몇 달 동안은 소방 호스로 물을 마셔야 할 수 있다. 아무것도 **배우지 않는 것**이 거의 불가능하다. 최소한 회사의 데이터를 배우고 동료의 기술을 습득하며 비즈니스 이해관계자와 협업한다. 하지만 1, 2년 후에도 같은 일을 계속한다면 정체될 가능성이 크다.

일상 업무에 익숙할수록 기술과 관련 없는 능력의 개선 방법을 찾고자 무엇을 할 수 있는지 알아보게 된다. 팀(또는 인턴 이상)을 맡아 관리할 능력을 발휘할 수 있는지 확인해본다. 기업에서 필요한 업무가 제한적일 수 있지만 경험이 쌓이면서 포트폴리오를 확장할 수 있는 시간을 더 많이 확보할 수 있다. 데이터 엔지니어링 팀과 협력해 엔지니어에게만 의지하지 않고 직접 파이프라인을 구축하는 방법도 배울 수 있다. 다만 이런 식으로 자신을 몰아붙이는 것은 모두를 위한 것이 아니다. 때론 새로운 도전을 하고자 외부에서 동기부여를 받아야 한다. 틀에 박혀 벗어날 수 없다면 외부의 영향으로 변화해야 하는 시간일지도 모른다.

항상 많은 것을 배울 수 있다는 데이터 과학의 흥미로운 점은 업무를 더 어렵게 만들기도 한다. 여러분이 성장하지 않는다면 다음 직무를 찾는 것은 더 어려워진다. 선임 데이터 과학자는 신입 데이터 과학자와 폭과 깊이 등 모든 측면에서 다른 기술을 가졌다. 경험이 쌓일수록 더 많은 것을 알게 된다.

15.1.2 관리자와 중요한 길 확인하기

퇴사하기 전 관리자에게 여러분의 요구 사항을 모두 말하는 데 최선을 다했는지 확인해보자. 해결할 수 없을 것이라 생각했던 문제가 실제로는 해결책이 있을 수 있다. 자동화할 수는 없지만 더 이상 도전할 수 없는 원격 업무로 어려움을 겪을 수 있다. 관리자는 해당 업무를 할 수 있는 인턴을 고용할 수 있다고 말할지도 모른다. 인턴은 업무를 어느 정도 익히며 멘토링 경험을 쌓게 된다. 또는 데이터 과학 팀이 대부분 분석 업무를 해 제품용 머신러닝을 시작하고 싶을 수 있다. 몇 달간 엔지니어링 팀과 함께 '부트캠프'를 하거나 분석 지식을 습득하면서 엔지니어링의 기본 사항을 배울 수도 있다.

스스로에게 물어봐야 할 또 다른 질문은 여러분의 목표가 관리자의 목표와 얼마나 일치하느냐이다. 캘리포니아 대학교 샌디에고 캠퍼스의 인지과학 조교수인 필립 구오^{Philip Guo}는 블로그에 '여러분은 누구의 중요한 길을 가고 있나요?'라고 썼다. 필립은 관리자(또는 멘토)의 중요한 길을 아는 것이 얼마나 중요한지 이야기하며 관리자와 일치하는지 이야기했다. 중요한 길은 '특정 순간에 관리자의 커리어 향상 및 성취에 중요한 업무 과정'을 의미한다. 관리자의 성공은 여러분과 관련 있다. 관리자는 시간과 에너지가 제한되었다. 중요한 길이 일치한다면 관리는 관리 업무에 더욱 집중할 수 있다.

관리자의 목표와 얼마나 잘 맞는지 알아보기 전 본인의 업무 목표가 무엇인지 알아야 한다. 5년 혹은 10년 계획을 말하는 것이 아니다. 새롭고 빠르게 발전하는 분야인 데이터 과학 분야에서는 먼 미래에 어떤 기회가 있을지 알 수 없다. 하지만 다음 몇 년을 어떻게 보내고 싶은가? 첫 번째 구직 기간 동안 이 질문을 많이 생각해보길 바란다. 상황이 바뀌었을 수도 있다. 대규모 데이터 과학 팀에 참여하고 싶었지만 이제는 다양한 유형의 프로젝트를 할 수 있기를 바랄 수도 있다. 가족과 많은 시간을 보내고자 많은 업무를 해야 하는 스타트업보다는 9시에 출근하고 5시에 퇴근하는 곳을 찾을 수도 있다.

새로운 직업을 찾을 때 고려해야 할 몇 가지 주요 사항은 다음과 같다.

- 현재 직무에서 끊임없이 배우고 있는가?
- 관리자와 문제를 논의하며 일상적인 경험을 개선하고자 노력했는가?
- 관리자가 여러분의 요구와 승진에 초점을 맞추고 있는가?
- 다음 회사에서 하고 싶은 일과 원하지 않는 일을 생각해본 적이 있는가?

이직할 회사가 정해지지 않은 상태에서 퇴사하는 경우

회사를 옮길 때 중간에 쉬는 기간이 생길 수 있다. 대부분 새로운 고용자는 가능한 한 빨리 여러분이 시작하기를 원한다. 현재 회사를 퇴사하고 새 회사에서 시작하는 것 사이에 보통 1~2주의 시간이 있다. 더 많은 휴가는 받지 못한다. 3개월간의 아시아 배낭여행을 꿈꿨다면 다음 회사를 정하지 않은 채 퇴사해야 한다.

이직할 회사를 구하지 않고 퇴사하는 것은 위험하다. 소득 없이 불확실한 시간 동안 여러분의 적금을 깨야 해 재정적으로 위험할 수 있다. 가족 구성원이 단기 대출을 받거나 배우자의 수입으로 꾸려나가야 할까? 회사를 다니며 새로운 회사를 구하는 것이 더 쉽다. 이유 중 하나는 고용주의 실업자에 대한 편견이다. 또 다른 하나는 협상 지위가 약하다는 점이다. 새로운 고용주가 제안하는 것은 여러분이 제공하는 것보다 더 많고 더 높은 보상을 요청하기 어렵다. 다른 이유는 여러분이 몇 달간 휴식을 취했다면 기술을 계속 사용하지 못해 녹슬었을 수도 있다는 점이다.

휴가를 내고 싶다면 훌륭한 데이터 과학 네트워크를 갖는 것이 큰 도움이 된다. 업무에 익숙하면서 채용 담당지와 상담할 수 있는 사람들이다. 면접 전 일정 기간 동안 자신의 기술력을 보증할 계획을 세워야 한다. 현재 회사가 나쁘지 않은 근무 환경이고 여러분이 관심을 보이는 직업으로 옮기기 전 긴 휴가 계획이 없다면 이직할 곳을 정하지 않고 퇴사하는 것은 추천하지 않는다.

15.2 첫 회사를 구할 때와의 차이

데이터 과학 분야 회사를 찾는 기본적인 사항은 첫 회사를 찾을 때와 같다. 데이터 과학 분야에서 업무를 한 경험은 다음과 같이 중요한 이점이 있다.

- 더 많은 채용 담당자를 만날 수 있다. 링크드인 프로필에 이직 생각이 있음을 보여준다(링크드인은 고용주가 못 보게 설정할 수 있어 걱정하지 않아도 된다).

- 여러분은 좋아하는 직무와 그렇지 않은 직무를 경험했다. 전문 분야를 알아가기에 충분한 시기이다. 데이터 엔지니어링 업무를 많이 했지만 즐기지 못했다면 데이터 엔지니어가 있는 더 큰 기업에서 업무를 할 수 있다.

- 첫 번째 면접 과정으로 가는 것이 더 쉬워진다. 많은 고용주는 같은 직무를 가진 사람이 있는지(또는 이전에 유사한 부분이 있는지) 살펴본다.

- 데이터 과학 분야의 네트워크가 활발한 것이 가장 이상적이다(그렇지 않다면 14장으로 돌아간다).

- 아직 회사에 다니고 있다면 링크드인이나 트위터에 새로운 회사를 찾고 있다는 게시물을 올리는 게 불편할 수 있다. 조용히 신뢰할 수 있는 사람에게만 구직 중이라고 알리자. 여러분을 본인이 다니는 회사에 추천하거나 아는 사람과 연결해줄 수도 있다.

현재 회사에 만족하더라도 구직을 두려워하지 말자. 변화를 피하고 싶은 여러 가지 이유가 있다. 다른 사람이 가진 기술이 없어 걱정할 수 있다. 이는 단순히 가면 증후군일 뿐이다. 기술 면접을 통과하지 못한다고 실패자나 '가짜' 데이터 과학자가 되는 것은 아니다. 좋지 않은 면접 질문은 능력을 정확하게 판단하지 못한다. 데이터 과학은 매우 광범위해 이전에 업무해본 적이 없는 영역을 질문할 수도 있다. 회사 동료와의 관계나 새로운 회사가 현재 살고 있는 집과 멀리 떨어질 가능성을 걱정할 수도 있다.

걱정거리가 무엇이든 커리어를 향상시킬 수 있는 지원 프로세스에 마음을 열지 않으면 본인에게 해가 될 뿐이다.

15.2.1 하고 싶은 것 정하기

구직의 첫 단계는 현재 회사에서 즐거운 내용을 나열하는 것이다. 『디자인 유어 라이프』(와이즈베리, 2017)에서는 '즐겁게 잘 사는 삶'을 만드는 방법으로 일주일간 여러분이 얼마나 업무를 즐길 것인지 생각하고 실제로 얼마나 많은 일을 했는지 모든 활동을 메모하라고 한다. 매일 몇 시간씩 회의하는 것을 싫어하는가? 아니면 회의가 여러분의 하루를 정해주기에 좋아하는가? 분산 데이터 과학 팀에 속한 경우 데이터 과학 관리자에게 보고하겠는가? 이 리스트를 사용해 검색해볼 수 있다. 자신과 같은 것을 중요시하거나 원하는 구조를 가진 회사를 찾길 바란다. 지금 여러분을 힘들게 하는 문제와 다시 마주칠 회사에 지원하고 싶지는 않을 것이다.

검색할 때 제목에서 막힐 수 있다. 데이터 과학자는 데이터 분석가, 연구 과학자, 머신러닝 엔지니어 및 제품 분석가를 포함해 다양한 직무가 있다. 데이터 분석가는 가장 일반적인 직함이며 하위 직무이다. 데이터 과학자라면 수석 데이터 분석가 직함을 받아들여야 하는가? 데이터 분석가라면 새로운 직함에서 데이터 과학 직함으로 바꾸고자 노력해야 하는가?

학습은 검색할 시 여전히 중요한 요소이다. 새로운 직무에서 무엇을 하고 싶은가? 5년 단위로 생각해보자. 장기적으로는 무엇이 여러분을 성공으로 이끌 것인가? 선임 데이터 분석가로 입사한 후 데이터 과학자 직무로 바꿀 수 있는가? 작은 기술 회사에서 일하면서 웹 데이터로 업무하는 방법을 배우며 기술 대기업으로 이직할 수 있는가?

선택할 때는 시장가치를 살펴봐야 한다. 데이터 과학자는 데이터 분석가보다 더 높은 직함으로 간주되며 선임 데이터 분석가는 데이터 과학자보다 더 적게 번다. 다음 직무를 생각할 때는 여러 가지를 고려해 균형을 잘 잡아야 한다.

15.2.2 면접

면접을 볼 때 '퇴사한 이유는 무엇인가요?'라는 질문에 답해야 한다. 현재 회사를 학교나 부트캠프에서 구한 것이 아니라면 이 질문을 하지 않았을 것이다.

도전하기 위해 퇴사했다는 대답이 좋다. 또 다른 좋은 방법은 해당 질문을 '왜 우리를 도와 일하고 싶은가요?'라는 질문이라고 생각하는 것이다. 대답이 부정적(이전 관리자는 파이 그래프로 실험 결과를 보여주길 고집했습니다)이기보다는 긍정적(여러분의 머신러닝 팀이 뛰어다니는 것을 들었고 배우고 싶습니다)이어야 한다. 좀 더 구체적으로는 새로운 고용주에게 맞춰 답한다. '제가 함께 일할 수 있는 선임 데이터 과학자가 있는 팀을 찾고 있습니다'라고 말하고 싶지 않을 것이다. 어떤 상황에서도 현재 회사를 부정적으로 말하는 것은 피해야 한다. 어떤 고용주는 현재 회사에서 아무리 형편없는 대우를 받더라도 부정적으로 말하는 것을 자격이 없다고 판단한다.

퇴사한다고 해도 그곳에서 한 업무는 자랑스럽게 여겨도 된다. 반드시 여러분이 작업한 프로젝트나 배운 기술을 주제로 이야기해야 한다. 특정 기밀 유지 계약에 얽매일 가능성이 높아 구현한 권장 알고리즘의 매개 변수를 문자 그대로 표시하거나 말할 수는 없지만 일반적인 방식으로 기여한 것에 대해 이야기한다. '저는 파이썬으로 챗봇을 만들어 고객 서비스 담당자가 각 고객과 업무하는 평균 시간을 5분 단축하고 고객 만족도를 20% 높였습니다'라고 구체적으로 말할 수 있다. '총 매출을 2천만 달러에서 2,300만 달러로 끌어올린 A/B 테스트를 했습니다'처럼 재무 정보를 공개해서는 안 된다.

클라우드 업체, SQL 또는 핵심 프로그래밍 언어 등 다양한 기술을 사용하는 직무를 살펴볼 수도 있다. 이 경우 데이터 과학으로 옮길 수 있는 기술 측면에서 업무를 경험한 것과 유사한 방법을 사용한다. R로 일한 기업에서 파이썬을 사용한다고 가정해보자. 여러분은 '저는 온라인 강의로 시작한 파이썬 구문을 빠르게 익히는 데 시간이 조금 걸릴 것입니다. 하지만 R로 4년간 프로그래밍하면서 웹 애플리케이션을 개발하고 패키지를 구축했으며 다량의 데이터셋을 분석했습니다. 이 모든 경험이 저를 빠르게 파이썬 프로그래머로 만들어줄 것입니다'라고 말할 수 있다.

앞서 가면 증후군을 언급했다. 면접을 준비할 때 정말 조심해야 한다. 대학 졸업 후 첫 회사를 찾거나 데이터 과학 분야에서 새로운 직업으로 옮기면 '아직 배우지 못했어요'라고 말하기 쉽다. 무언가를 모른다는 사실이 부끄러울 수 있다. 면접에서 잘 알지 못하는 것이 있다면 인정하는 것을 두려워하지 말자. 여러분은 사용할 기회를 찾지 못했거나 이를 더 배우고 싶다고 말할 수 있다. 머신러닝 알고리즘을 질문받았다면 통계 모델링, SQL, 데이터 정리 및 이해관계자와 함께 업무했다고 가정하자. 데이터가 머신러닝 엔지니어가 머신러닝을 수행할 수 있는 정도의 규모이기 때문이다. 모든 것을 아는 사람은 없다. 지금까지 데이터 과학자로서 꽤 잘해왔길 바란다. 믿음을 가져야 한다. 여러분이 한 업무를 보여주자. 만약 특정 주제를 공부한 적이 있다면 최근에 이 지식을 사용하지 않았더라도 더 빠르게 속도를 낼 수 있다. 항상 배우려는 의지를 보여주는 것이 자신을 포장해 면접을 통과하려고 하는 것보다 좋다.

15.3 현재 회사에서 새로운 직무 찾기

데이터 과학자가 되기 위한 과정에 부트캠프가 포함되었다면 실직 상태에서 구직 활동을 하고 있었을 것이다. 학교에 있다면 면접 때문에 휴학해야 할 수 있으며 이력서나 커버레터(6장)를 준비하는 데 시간을 투자해야 한다. 정규직으로 일하고 있다면 이직하기 위해 휴가가 필요하다고 관리자에게 말할 수는 없다. 그렇다면 회사를 다니면서 어떻게 준비해야 할까?

이력서 및 커버레터 업데이트, 업무 조사, 지원서 보내기, 집에 가져갈 수 있는 과제 등 언제든지 할 수 있는 업무를 해야 한다. 이러한 일을 다른 사람이 보지 않아야 하며 현재 회사에서 계속 업무를 잘 해내야 한다. 면접은 대부분 정상 근무 시간에 한다. 전화로 면접을 하는 경우 전화 부스, 회의실 및 다른 곳에서 전화를 받는 것이 좋다.

대면 면접도 있다. 한두 시간 걸린다. 회사 근처라면 병원 예약이 있다고 둘러대자. 시간이 더 오래 걸리고 재택근무를 할 수 있는 곳이라면 하루 중 일부만 업무를 하고(또는 좀 더 늦게 업무할 수도 있지만) 면접하는 동안 전화를 받지 않거나 응답하지 않아야 한다. 하루 일과가 끝날 때까지 면접 일정을 잡고 오전에 업무를 볼 수도 있다.

도시에 살고 있다면 면접 일정을 잡는 것이 더욱 쉽다. 이사할 생각이 있다면 대부분 기업은 평일에 면접을 볼 수 있도록 한다. 하루 종일 쉬는 것은 어려워 대부분 지원자는 그날 아프다고 말한다. 다만 최종 면접이 많다면 이 방법은 어렵다.

전략적으로 지원하는 것을 추천하는 이유 중 하나이다. 일주일에 열두 번의 전화 면접과 두 번의 대면 면접이 있다면 사람들이 눈치채지 못하게 면접에 참여하는 것이 어렵다. 업무 실적에도 부정적인 영향을 끼친다. 먼저 지원하는 단계와 최초 통화 후 진행 단계 등 두 단계를 선택해야 한다. 신생 기업이라면 직무 설명이 훌륭하더라도 다른 신생 기업에는 지원하지 않길 바란다. 초기 전화 면접에서 예상보다 업무가 더 많은 데이터 엔지니어링이라는 것을 알았다면 면접관이 계속하기를 원하더라도 과정을 중단해도 된다.

너무 많은 면접은 하고 싶지 않을 것이다. 경력이 풍부한 데이터 과학자는 많은 관심을 받는다. 새로운 일자리를 찾는다고 알리면 채용 담당자와 관리자가 관심을 보인다. 사람들이 여러분을 좋아하는 건 정말 기분 좋은 일이다. 이 느낌을 즐기는 것은 좋지만 잘 맞지 않는 것을 이미 알고 있는 기업과 면접을 보며 시간을 낭비하지 말자.

구직 활동을 하면 현재 업무가 뒤로 밀리기 쉽다. 다음 단계로 넘어가는 것이 괜찮다고 느끼고 싶어 종종 자신의 업무에서 마음에 들지 않는 점을 생각할 수 있다. 이는 동기를 약하게 만든다. 계속 좋은 일을 하려고 노력하자. 언젠가 관리자의 추천이 필요할 수도 있으며 기업은 여전히 여러분에게 투자하고 있다.

회사를 구하는 동안 다른 쪽 상황이 더 좋아 보이지 않다는 것을 알게 될 수도 있다. 현재 직무보다 더 하고 싶은 일을 찾지 못하거나 훨씬 적은 급여와 혜택이 좋지 않거나 현재 누리는 융통성이 없을 수 있다. 구직 활동을 안 해도 좋다. 현재 회사에 다시금 고마움을 느끼게 된다면 시간을 낭비한 것이 아니다. 머무르길 결정했다면 15.1.2절의 조언으로 돌아가자. 현재 회사에서 할 수 있는 모든 문제를 해결하려고 노력했는지 확인해보자.

대학원에 진학하기

데이터 과학 분야에서 정규직으로 일하면서 저녁과 주말에 학교에 가거나 학위를 받은 후 더 공식적인 학업을 하고자 학교로 돌아가고 싶을 수도 있다. 이 같은 문제가 고민된다면 3장으로 돌아가 좋은 프로그램을 찾는 방법을 살펴보자.

이미 데이터 과학 분야에서 일한다는 점을 감안할 때 시간과 돈을 투자할 가치가 있는지 신중히 생각해봐야 한다. 학교로 돌아가는 몇 가지 이유에는 연구를 많이 하는 직무로 옮기는 데 박사 학위가 필요하거나 기업에서 석사 학위가 필요하다고 요구했을 수 있다. 특정 기술(알고리즘에 관한 심층적인 지식)이 부족할 때는 무료 온라인 과정은 적합하지 않다.

학교로 돌아가 풀타임으로 배우고 싶다고 결정한다면 다른 회사로 떠나는 것보다 학업에 더 매진할 수 있다. 더 큰 기업에서 일한다면 정규직으로 계속 일하면서 시간을 쪼개 공부한다. 혹은 풀타임으로 학위를 취득한 후에 돌아오는 것을 회사에 동의를 구하면 등록금 일부를 내줄 수도 있다. 그렇지 않더라도 관리자는 훌륭한 추천서를 써 줄 수 있다. 좋은 경영자는 학교가 여러분에게 업무와 완전히 다른 무언가를 제공하며 그 선택을 도와줘야 한다는 것을 안다.

15.4 조언

회사를 그만두기로 결심하고 이직할 회사의 제안을 수락했다면 관리자에게 알려야 한다. 급한 상황이 아니라면 적어도 2주 전에는 통보해야 한다. 가능성은 적지만 통보하는 즉시 관리자가 오늘이 마지막 출근이라고 말할 가능성도 있다. 이런 가능성을 염두에 두고 업무용 컴퓨터에 본인의 개인 정보를 백업해 전달했는지 확인한다.

퇴사 사실을 아는 첫 번째 사람은 관리자여야 한다. 관리자와 미팅('나의 마지막 2주 공지'가 아닌 '커리어 회의'라고 한다)을 잡거나 함께 있을 경우 직접 통보를 한다. 그렇지 않다면 전화나 화상으로 알려준다. 이메일로는 알리지 말자. 관리자가 여러분을 도와준 것과 회사에서 가졌던 기회에 감사를 표하며 대화를 시작한다. 이직 과정에서 여러분이 할 수 있는 모든 것을 할 것이라고 확신시켜야 한다. 코드를 언급하거나 업무를 맡을 누군가에게 제안하는 등 몇 가지 아이디어를 말할 수 있으며 관리자와 협업한다. 관리자에게 여러분이 그만둔다고 말하는 상황이 긴장되는 것은 당연하다. 하지만 이직은 커리어에서 흔히 겪는 부분이라는 것을 기억하자.

15.4.1 대안 고려하기

새로운 직원을 고용하는 것은 비용이 많이 들고 위험하다. 관리자가 대안을 제시해 퇴사하지 않게끔 설득할 수 있다. 급여 인상, 추가 스톡옵션, 일회성 보너스, 신속한 검토 및 인센티브를 줄 권한을 가진 관리자와 만나라고 권할 수도 있다.

현 회사에서 대안을 받아들여야 할지는 의견이 분분하다. 여러분이 퇴사할 것이라는 것을 알게 됐다. 많은 책임을 넘겨받는 것이 꺼려질 수 있다. 이 상황은 관리자와의 관계에 부담이 된다. 떠나는 큰 이유를 설명하라고 요구할 수도 있다. 해결책으로 제시하는 것은 금전적인 것일 수도 있고 아니면 다른 팀과 함께 일하도록 하는 것일 수도 있다.

관리자와 열린 마음으로 대화하는 것이 중요하다는 것을 알기를 바란다. 관리자와 대화했지만 여전히 새로운 회사로 옮기고 싶다면 아무리 제안해도 마음이 바뀌지는 않을 것이다. 최후의 수단으로 이직을 결정하고 싶지 않고 이직 전에 퇴사 결정을 내려야 한다고 생각하지만 불만이 커지기 전에 의사소통을 하는 것이 중요하다. 그렇게 했다면 마지막 순간에 일어나는 변화가 전반적인 업무 환경을 개선시킬 가능성은 없다는 것을 알아야 한다.

관리자는 여러분이 팀에 얼마나 소중한 존재인지, 여러분이 퇴사하면 팀원이 얼마나 어려움을 겪게 될지 강조할 것이다. 죄책감을 느끼게 한다. 특히 관리자나 팀이 잘 대해줬다면 더욱 그렇다. 퇴사하는 것은 배신하는 것이 아니라는 것을 기억하자. 회사는 회사이다. 가족이 아니다. 항상 존중하고 맡은 일에 최선을 다해야 하지만 현 회사에서 무한정 일할 필요는 없다. 단순히 퇴사하는 것이지 죽는 것이 아니다. 동료와 친해졌다면 사회에서 계속 볼 수 있으며 언젠가 함께 일할 수도 있다.

15.4.2 팀에게 말하기

다른 팀원에게 어떻게 알리고 싶은지는 관리자에게 물어보자. 이직 계획을 세우는 동안 퇴사할 것이라고 말할 때 팀과 정보를 공유할 수 있도록 며칠 기다려 달라고 요청할 수도 있다. 모든 직원이 정기적으로 모이는 팀 미팅에서 말하고 싶은지 아니면 일대일로 사람들을 만나고 싶은지 물어본다. 팀 규모를 고려하는 것이 좋다. 수년간 변함없이 다섯 명의 팀원과 꾸준히 일했다면 개별적으로 말하고 싶을지도 모른다. 반면 20명의 데이터 과학자 팀에 속해 12명의 이해관계자와 함께 일했다면 모든 사람과 만나는 것은 어려울 것이다.

관리자와 대화한 후 미팅을 잡는다. 관리자에게 말하기 전 다른 사람과 만남을 갖는 것은 피해야 한다. 동료가 갑자기 만나고 싶어 하는 이유를 궁금해하며 그만두기 때문이냐고 물어본다면 어색해진다. 관리자가 알기 전이니 거짓말을 하거나 사실대로 말하거나 둘 중 하나이다.

다른 사람들이 이직 사유에 대해 물을 때 새로운 기회와 현재 회사에 가지는 감사함에 초첨을 맞춰 긍정적으로 대답하는 게 좋다. 동료와 친구가 됐더라도 부정적인 영향을 끼치지 않도록 경계해야 한다. 여러분이 돌아오기를 원할 수도 있다. 퇴사하며 해당 직무에 안 좋은 이미지를 끼친 사람으로 기억되지 않도록 한다. 관리자와 매우 가까운 관계라도 현 직무의 부정적인 측면을 너무 많이 말하면 안 된다. 우정에 문제가 생길 수 있고 불필요한 말이다. 정중하고 아름답게 퇴사해야 한다. 다시 만나거나 나중에 관리자나 동료의 추천이 필요할 수 있다. 과거의 동료와 좋은 관계를 유지하는 것은 업무상 매우 가치 있는 일이다.

작별 인사를 할 때는 이메일, 링크드인, 트위터 등 떠난 후에도 연락할 수 있는 방법을 알려주길 바란다. 동료들이 계속 연락을 취하는 것은 좋은 일이며 자신의 인맥을 확인하는 좋은 방법이다.

퇴사 전 체크리스트

퇴사하기 전 몇 가지 살펴볼 항목이 있다.

- 나중에 필요할 수 있는 인사 관련(예: 스톡옵션에 관한 정보) 사람들의 연락처
- 업무용 컴퓨터에만 있는 개인 사진 및 암호, 파일
- 혜택 및 주식 보상 포털 로그인 정보
- 근로계약서, 제안서, 해지 계약서 사본
- 남은 휴가가 있을 경우 휴가 비용 지불 관련 정보
- 바로 새 회사를 구하지 않을 경우 의료보험을 계속 사용할 수 있는지 여부
- 건강보험 또는 피부양자 관리를 위한 예금계좌가 있다면 마지막 날(퇴사하는 날 또는 해당 월의 마지막 날) 옮길 수 있다. 필수 자금이 아니라 사용하지 않으면 없어진다.

15.4.3 좀 더 쉽게 이직하기

좋은 분위기로 퇴사한다면 이직을 좀 더 쉽게 할 수 있다. 후임자를 찾지 못할 수도 있지만 팀이 직무를 채우는 동안(채용한 경우) 성공하기 위한 팀을 구성할 수 있다. 관리자에게 본인의 책임, 마무리할 수 있는 책임, 인계해야 할 책임(및 이를 인수하는 사람에게 하는 제안) 등 새 직원이 제역할을 할 때까지 필요한 인수인계 문서를 작성한다. 해당 프로젝트를 인수하는 사람에게 알리는 것 외에도 외부 파트너나 고객에게 새 직원을 소개하거나 더 이상 프로젝트를 처리하지 않을 것임을 알려야 할 수도 있다.

문제가 있는 부분은 깔끔하게 처리한다. 다른 사용자에게 유용할 수 있지만 컴퓨터에만 저장된 업무가 있는 경우 깃에 추가하거나 다른 사람과 구글 문서로 공유한다. 여러분이 오래 있지 않을 것이라는 사실을 사람들이 알기에 몇 주간 일이 별로 없을 것이다. 이전에 궁지에 몰리게 만들었던 프로세스를 문서화하는 등 업무에 도움이 되는 시간을 보낼 수 있다. 그 외 할 수 있는 업무는 다음과 같다.

- **튜토리얼을 추가한다.** 금융 데이터 구성 방법이나 A/B 테스트 모범 사례와 같은 특정 주제와 관련해 알려줬는가? 본인의 존재를 대체할 방법은 없지만 프레젠테이션, 내부 게시물 및 문서를 작성해 앞으로 남겨질 공백을 메울 수 있다.
- **파일을 구성한다.** 깃허브에 모든 것을 추가해도 random_sttuff, misc_analyses와 같은 이름의 파일이 100개 있다면 아무에게도 도움이 되지 않는다. 일부 파일을 다른 폴더에 덮을 수도 있지만 파일을 쉽게 탐색할 수 있도록 만들고 필요하다면 설명을 추가한다.
- **분석에 주석으로 설명을 추가한다.** 효과적인 분석은 주석 코드를 연결해 결과를 작성한다. 여러분이 몇 가지 발견을 끝낼 시간이 없고 누군가가 해당 업무를 계속하는 것이 가치 있다고 생각한다면 여러분의 의견을 구체화한다. 모든 코드를 설명할 필요는 없지만 데이터의 일부 놀라운 부분(및 코드 작성 방식), 이미 시도한 내용 및 분석 방법 등을 선택한 이유를 설명하는 것이 도움이 된다.

여러분이 할 수 있는 가장 안 좋은 일은 회사에서 특정 업무를 할 줄 아는 유일한 사람이라는 것을 잊고 인수인계를 하지 않은 채 떠나는 것이다. 그렇게 되면 퇴사한 후에 해당 업무 방법을 묻는 수많은 전화와 이메일을 받게 된다. 특정 시스템에 관한 유일한 암호를 가지고 있다는 사실을 잊으면 퇴사 후에도 문제가 생긴다. 일부 고용주는 '잘 가세요. 행운을 빕니다'라고 말하는 법을 모른다. 여러분이 하고 있는 프로젝트를 묻기 위해 전화할 수도 있다. 더 이상 그곳에서 일하지 않는다는 것을 알아차릴 때까지 설명서를 참고하도록 하는 것이 가장 좋다. 후속 조치를 취하지 않더라도 큰 혼란을 남겨둔다면 여러분이 구축한 네트워크에서 많은 가치를 찾을 수 없게 된다.

퇴사에 관한 불확실성이 스트레스를 줄 수 있지만 지극히 정상적인 반응이며 좀 더 부드럽게 만드는 방법이 있다는 것을 알기를 바란다. 여러 번 이야기했듯이 정해진 답은 없다. 일자리를 찾기 시작했다고 꼭 떠나야 하는 것은 아니다. 현 회사를 그만둬도 몇 년 후에 다시 돌아올 수 있다. 퇴사 과정 내내 해야 할 가장 중요한 일은 목표에 가장 잘 맞는 방법에 집중하는 것이다.

15.5 어맨다 카사리 인터뷰

어맨다 카사리Amanda Casari는 구글 클라우드의 DRdevelopers relations 팀의 엔지니어링 관리자이다. 이전에 SAP 컨커SAP Concur에서 주요 제품을 관리했으며 데이터 과학자였다. 미 해군에서 5년간 복무했으며 전기공학 학위가 있다.

Q 새로운 회사를 찾아야 될 때는 어떻게 아나요?

A 사람들에게 각자 어떤 일을 하고 싶은지, 해당 직무와 잘 맞는지, 제품, 팀, 회사가 어디에 위치하는지 알아야 한다고 조언하고 싶습니다. 저는 변화가 심한 시기에 이직했습니다. 아이디어화 단계에서 프로젝트를 시작하는 것을 즐기지만 제품으로 마감하는 것도 좋았습니다. 대부분 시간을 한 자리 수 증가를 위한 모델을 최적화하거나 하이퍼파라미터 튜닝을 하는 데 보냈던 데이터 과학 업무는 그다지 효과적이지 않았죠. 또한 팀 화합의 과정을 생각합니다. 이미 끈끈한 유대감과 문화를 가진 팀에 참여하고 싶은가요? 아니면 평범하게 형성된 팀에 참여하고 싶은가요? 전반적으로 내 역할은 제품이 수명 주기에 있고 팀이 형성되어 있는 곳과 문화를 준수하는 기업에서 직무가 나에게 적합한지 아니면 좀 더 도전적인 것을 찾아야 하는지 여부 모두 영향을 미칩니다.

Q 구직을 시작하거나 남아 있기로 결정한 적이 있나요?

A 항상 그렇죠. 다른 직무를 보며 현 회사에서 실제로 하는 일을 파악합니다. 누군가 그런 기회를 주기를 기다리는 것이 아니라 밖에 나가 기회를 찾아야 합니다. 현재 직무를 관리자와 상의해야 한다는 제 철학과 일치합니다. 저는 제가 관리하는 엔지니어와 공개적이고 솔직한 대화를 나누려고 합니다. 엔지니어들은 어떤 기회를 찾고 있는지 알려줍니다. 그 후 현재 팀 내에 있는지 아니면 우리 팀 밖에서 프로젝트의 20%를 이뤄낼 수 있는지 알아냅니다. 이 같은 방식

으로 실제로 엔지니어가 하고 싶은 일인지 아닌지 살펴볼 수 있습니다.

Q 똑같은 회사에 오래 근무하는 사람을 본 적이 있나요?

A 있었습니다. 영웅 콤플렉스에 빠진 사람을 본 적이 있어요. 다른 누구도 본인의 일을 할 수 없다고 말하는 것 같았습니다. 실제로 아무도 그 사람들처럼 업무를 하지 않습니다. 다만 다른 사람이 그 업무를 할 수 없다는 것을 의미하지는 않아요. 팀이 지금까지 해왔던 모든 문제와 세세한 결정을 기억하기에 팀에 남는 것은 매우 안 좋을 수 있습니다. '우리는 2년 전 그 아이디어를 시도했지만 효과가 없었으니 시도해서는 안 됩니다'라고 지적할 수 있어요. 이는 과거에 내린 결론일 뿐 현재 가능한 사항에 초점을 맞추지 않아 팀의 발전을 방해합니다.

경영에 상당히 진저리를 치며 불평만 하고 많은 시간을 보내는 사람들도 봤어요. 상황이 어떻게 돌아가는지 갖가지 소문에 귀를 기울였습니다. 회사에 부정적인 영향을 끼칩니다. 불만을 가지고 팀원에게 부정적인 기운을 전파시키는 사람을 원하지 않아요.

마지막으로 현 직무에서 더 이상 도전하지 않고 그저 부탁한 것만 하는 사람들을 본 적이 있어요. 신입일 때는 괜찮을 수 있지만 경험이 많은 사람과 리더십을 가진 사람은 그 이상의 것을 기대합니다. 저는 경험이 많은 사람이 더 큰 영향과 변화를 경험하는 모습을 보고 싶습니다. 문제를 발견하면 일회성 해결책이 아닌 확장 가능하고 반복할 수 있는 방식으로 문제를 해결하는 방법을 고려해야 합니다.

Q 취직 후 회사를 빨리 옮겨도 괜찮나요?

A 구직 중인 사람에게 1년 미만의 경력이 있는지 질문할 수 있습니다. 채용 담당자로서 사람들의 경력 사항을 살펴보며 이해하고자 하는 것은 몇 달 안에 퇴사할 것인지 생각하는 것과 같습니다. 누군가를 고용하고 함께하는 것은 그 과정이 길며 비용이 많이 듭니다. 다른 업계에서는 2~3년을 최소로 보지만 기술적으로는 긴 시간이라고 생각합니다. 2~3년은 기술의 변화가 있는 다양한 프로젝트입니다. 이때 퇴사하는 것은 괜찮습니다. 1년 이상 걸리는 건 다 그렇죠. 정신 건강을 위해 1년 이상 일찍 퇴사해야 한다면 그것도 괜찮습니다. 정신을 위태롭게 만드는 일은 할 가치가 없습니다.

Q 데이터 과학자를 꿈꾸는 이들에게 마지막으로 하고 싶은 말은 무엇인가요?

A 커뮤니티와 도움을 줄 수 있는 사람을 찾아야 합니다. 제게는 강연할 기회를 갖을 수 있도록 저를 추천해주거나 취업 제의를 해준 친구가 있습니다. 세부 사항을 이야기할 수 있는 경험이 있는 사람과 함께한다는 것은 매우 소중한 일입니다. 제 가치를 이해하고 새로운 위치로 걸어가는 것에 자신감을 갖게 도와줍니다. 커뮤니티는 속할 수 있는 곳은 많지만 소속감을 느끼지 못하는 곳이 있을 수 있습니다. 언어 문제이거나 커뮤니티 내 모든 사람 문제이거나 그룹의 관심사 문제일 수 있어요. 불편함을 느끼는 곳에 머물 필요는 없습니다. 편안하다고 느끼는 공간을 찾을 수 없다면 그런 그룹에 있는 사람을 찾아 여러분을 도울 수 있는지 물어보길 바랍니다.

15.6 마치며

- 이직을 결정할 때 아직 배우고 있는지, 관리자와 맡은 업무를 변경할 수 있는지에 대해 상의한 적이 있는지, 관리자의 업무 목표와 본인의 업무 목표가 일치하는지, 본인이 다음 직무로 찾고 있는 것을 생각했는지 이 네 가지 질문을 스스로에게 던져봐야 한다.

- 성공적인 첫 데이터 과학 직무를 찾아볼 때(2부 참고) 많은 원칙이 여전히 적용된다. 두 번째 직업에는 마음에 드는 것과 좋아하지 않는 것도 첫 업무에 반영해야 한다. 기밀을 제외한 긍정적인 방식으로 경험을 공유하고 풀타임 직무를 대상으로 면접을 보는 방법을 찾아야 한다.

- 관리자에게 2주 전에 통보를 한 후 애매한 부분을 마무리한다. 현재 머릿속에 있는 사항을 기록하고 도움이 되는 코드를 공유해 팀원이 최대한 쉽게 인수인계받을 수 있도록 해야 한다.

CHAPTER 16

한 단계 올라가기

> **이 장의 주요 내용**
> ◆ 선임 데이터 과학자를 넘어선 다양한 커리어
> ◆ 마주칠 업무 과정의 기회와 위험

이 책의 마지막 파트인 4부에서 실패에 대처하는 방법과 커뮤니티에 참여하고 회사를 옮기는 등 경력을 구체화하는 방법을 다뤘다. 경력이 많을수록 해당 경력이 어디로 향할지 알고 싶을 것이다. 데이터 과학자가 앞으로 나아갈 때 어떤 선택을 할지는 명확하지 않다. 관리자가 되는 것도 하나의 가능성이지만 유일한 방법은 아니다.

16장에서는 데이터 과학자의 세 가지 공통적인 진로, 즉 경영 분야로 옮기고 기술 리더로 전환하며 독립적인 컨설턴트가 되는 것의 장단점을 다룬다.

대부분 커리어의 성장을 생각하면 경영과 관련이 있다. **관리자**^manager는 고용과 홍보, 전략 수립, 커리어 멘토링을 포함해 팀을 이끈다. **주요 데이터 과학자**^principal data scientist는 자기 분야의 달인이며 기업은 어려운 기술 문제를 해결하고자 데이터 과학자에게 의지한다. **독립 컨설턴트**^independent consultant는 생계 유지가 가능한 보수로 프리랜서로 일할 수 있을 만큼 충분한 기술과 인맥을 갖춘 데이터 과학자이다. [그림 16-1]은 16장에서 살펴볼 커리어를 잘 요약했다.

관리자	기술 리더	독립적인 컨설턴트
• 전략 구성하기	• 기술적 결정	• 독립적인 회사
• 팀 이끌기	• 팀 멘토링	• 데이터 과학 업무 홍보
• 문제점 해결하기	• 문제 해결	• 데이터 과학 프로젝트 진행
+잠재적인 성장	+재미있는 업무	+자유로움
−데이터 과학 업무 없음	−도와주는 사람이 없음	−직업 안정성 없음

그림 16-1 16장에서 다루는 커리어

커리어를 쌓아가며 세 가지 길 중 하나를 택하는 것에 집중해 살펴본다. 명확한 목표가 있다면 원하는 것을 성취할 가능성이 높다. 원하는 기회에 더 가까이 다가갈수록 결국 여러분이 원하는 것이 아니었다는 것을 더 많이 깨닫는다. 다행히 관리자가 된 후 생각했던 것과는 달라 업계에서 컨설팅으로 그리고 다시 업계로 돌아가는 것은 드문 일이 아니다. 여러분이 내린 결정을 번복하기는 어려울 수도 있지만 실수에서 배우는 것은 빠르게 성장하는 방법이다.

> **본인의 수준 파악하기**
>
> (앞서 설명한 것처럼) 데이터 과학자로 성장하면서는 소중한 기술을 습득한다. 여러분의 기술과 전문적인 성숙도가 높아지면 어느 시점부터 더 이상 신입 데이터 과학자처럼 일하지 않는다. 언제 이런 변화가 일어나는지 정확히 알기는 어려워 승진이나 새로운 직무로 이동하는 시기를 결정하기 어려워진다. 각 회사에서는 자체적인 수준과 기대가 있다. 동일한 직무가 두 회사에서 매우 다른 의미를 가질 수 있다. 회사 내에 수준이 정확히 어떻게 다른지 설명하는 스킬 매트릭스가 있을 수 있지만 각자 다르게 해석할 수 있어 모호하다. 데이터 과학자의 수준에 맞는 다양한 기대치를 개괄적으로 알아보자.
>
> - **신입 데이터 과학자**: 데이터 과학 프로젝트를 수행할 수 있다. 해당 프로젝트가 무엇인지 명확한 방향을 제시한다. 신규 고객을 구매 속성별로 분류하고자 클러스터링 알고리즘을 사용하려고 한다면 신입 데이터 과학자는 관리자의 지도를 받아 해당 업무를 할 수 있어야 한다. 코드의 버그나 데이터 시스템이 연결되지 않는 등 기술적 문제가 발생할 경우 해결하고자 다른 팀 구성원과 상의할 수도 있다.
> - **선임 데이터 과학자**: 데이터 과학 프로젝트를 할 수 있으며 다른 어떤 프로젝트가 필요한지 파악한다. (앞서 설명한) 클러스터링을 통해 예제 분할을 수행할 수 있을 뿐만 아니라 동일한 알고리즘이 기존 고객에게도 사용될 수 있다는 사실 등을 실현할 수 있다. 기술적인 문제를 해결하는 데 능숙하고 다른 사람의 문제에 투입된다.
> - **선임 데이터 과학자 이상의 사람**: 선임 데이터 과학자보다 더 높은 수준에서의 역할은 다른 사람을 돕는 것이 더 중요해진다. 항상 다른 사람을 조언하고 전략을 만들며 더 큰 그림을 보면서 선임 데이터 과학자를 넘어선다.

16.1 관리자의 길

데이터 과학자가 점점 더 많은 경력을 쌓게 되면 경영 쪽으로 가는 것이 흔한 선택이다. 모든 사람은 보고할 사람이 있다. 하지만 관리자의 일상 업무는 여전히 수수께끼이다.

관리자는 목표를 성공적으로 수행하고자 팀을 책임지는 사람이다. 다음의 다섯 가지 기본 업무는 일반적인 데이터 과학 관리자의 업무이다. 항상 일치하는 것은 아니다.

- **팀의 업무를 결정한다.** 대규모 프로젝트를 수행할 대상을 결정하는 것과 같이 전략적 수준일 수 있다. 제품에 어떤 기능이 포함되어야 하는지 결정하는 것처럼 더욱 전술적인 수준에서 수행될 수도 있다.
- **팀에 누가 있어야 할지 결정한다.** 인사 및 기타 담당자의 승인을 받아 누구를 고용하고 누구를 해고할지 선택한다. 면접 과정을 조율하고 심사숙고해 결정한다.
- **팀원을 멘토링한다.** 팀 구성원 모두 각자 과제를 해결해야 한다. 관리자는 이런 과제를 해결할 수 있도록 도와준다. 정기적으로 각 팀원을 체크하고 해당 팀원이 문제를 해결할 수 있도록 조언해주고 권장 사항을 알려준다.
- **팀의 문제를 해결한다.** 팀이 하고 있는 업무에 문제가 있는 경우(예: 다른 팀에서 필요한 데이터를 액세스하지 못하는 경우) 팀의 문제를 해결할 수 있도록 해결책을 찾는 것이 관리자의 일이다.
- **프로젝트를 관리한다.** 팀 내에서 진행되는 업무를 지속적으로 관찰하고 업무가 예정대로 진행되게끔 해야 한다. 많은 팀이 각 업무에 특별히 할당된 프로젝트 관리자를 두지만 관리자는 여전히 업무 감독을 해야 한다.

기본적인 업무와 함께 광범위한 일을 다루게 되면 많은 책임이 뒤따른다. 팀 안팎에서 감독하며 사람들과 지속적으로 의사소통해야 한다. 팀 구성원이 어떻게 하고 있는지, 프로젝트가 어떻게 진행되는지, 눈앞에 무엇이 있는지 알아야 한다. 업무의 양도 양이지만 하나라도 잘하지 못하면 팀 전체가 흔들린다.

관리자의 기본 업무는 기술과 관련 없다. 머신러닝 모델을 만들거나 회사의 의사결정에 도움이 되는 분석을 하지 않는다. 이 같은 업무를 할 시간이 없다. 설사 하더라도 관리자에게 보고하는 데이터 과학자가 그 업무를 수행하는 것이 좋다. 관리자가 되려면 먼저 사람들이 데이터 과학자를 선택하는 이유, 즉 흥미로운 문제를 해결하고자 데이터를 사용하려는 욕심은 포기해야 한다. 대신 해당 업무를 하는 다른 직원을 지원해야 한다.

16.1.1 관리자의 장점

관리자가 되면 장점이 많다. 첫째, 다른 사람이 불필요한 일을 할 때 관리자인 여러분이 개입하면 문제없이 업무가 진행될 수 있다. 특정 머신러닝 모델이 회사에 도움이 된다고 생각되면 팀을 지정해 모델을 만들 수 있고 안 좋다고 생각되면 팀이 모델을 만들지 않게 할 수 있다. 팀의 방향을 정하고 팀이 성공하는 것을 보는 것은 굉장히 만족도가 높은 일이다. 모든 통제 권한을 가지고 있지는 않지만 더 높은 직급의 사람에게 무언가를 해야 한다고 요구하거나 팀원이 강력히 무언가를 하려고 추천한다면 이에 관해 발언할 수 있다.

관리자로 승진하면 독립적인 기여자로서 초기 급여가 인상된다. 고위 관리자, 이사 및 부사장 등 더 높은 직급으로 갈 가능성도 있다. 각 직무는 회사 전체에 걸쳐 더 높은 급여와 더 폭넓은 리더십을 가진다. 고객 연구나 소프트웨어 개발과 같은 단순한 데이터 과학이 아닌 더 많은 분야를 감독하는 수준까지 도달할 수 있다. 데이터 과학에서 완전히 탈피해 다른 분야를 선도하게 된다.

다른 사람을 가르치고 돕는 것을 좋아한다면 관리자를 추천한다. 팀 동료와 협업하고 경험한 것을 가르치며 팀원의 힘든 부분을 돕는 것이 대부분 업무이다. 훌륭한 관리자는 비즈니스 치료사와 같다. 한 시간 동안 한 사람과 함께 문제를 해결할 수 있도록 돕는다.

마지막으로 관리자는 굉장한 영향력을 가진다. 신제품을 만들 것인지 아니면 새로운 나라로 확장할 것인지 최종적인 결정을 내리면 정말 업무가 재미있어진다. 회사에서 승진할수록 더 많은 영향력을 발휘할 수 있다. 여러분이 이 길을 따라간다면 언젠가 회사를 경영하게 될 수도 있다.

16.1.2 관리자의 단점

관리자의 가장 큰 단점은 데이터 과학 업무를 할 시간이 없다는 것이다. 여러분의 업무는 데이터 과학 이야기, 데이터 과학자 멘토링, 데이터 과학 전략에 관한 생각으로 채워진다. 다만 스스로 데이터 과학을 하지는 않는다. 하루는 팀 전략 결정에서 시작해 주주에게 부탁하기, 자금지원, 실적이 저조한 직원을 개선시키고자 가르치는 일대일 미팅에 이르기까지 30분간의 회의로 채워진다.

데이터 과학을 업무로 하지 않는 데에는 두 가지 단점이 있다.

- 데이터 관련 업무를 좋아해 데이터 과학자가 됐으나 오랜 시간 배워온 직무를 포기하게 된다.
- 데이터 과학 업무를 하지 않으면 시간이 지나면서 최신 정보를 습득하는 감이 떨어진다. 관리를 좋아하지 않고 개인적인 기여자로 되돌아가고 싶다면 데이터 과학 기술이 부족해진 모습을 발견하게 된다.

또 다른 단점은 여전히 여러분 위에 경영진이 있다는 점이다. 경영진이 무시한 팀 전략 중 좋은 아이디어가 있을 수 있다. 그 후 동의하지 않아도 경영진이 설정한대로 팀을 이끌어야 한다. 팀원들이 이익을 내기 위해 동의하지 않는 업무에 긍정적인 태도를 유지하는 것은 큰 좌절감을 줄수 있다. 부하 직원에게 여러분의 좌절감을 보인다면 팀원의 직무 만족도를 떨어트릴 수 있다.

관리자가 되는 것은 더 많은 걱정거리를 준다. 여러분의 성과는 물론 팀의 성과도 걱정해야 한다. 팀원의 직업 만족도를 걱정해야 하고 높은 직급에서 정치적으로 무슨 일이 일어나는지도, 이 팀이 자금을 지원받을 수 있을지, 그리고 너무 느리게 진행되는 프로젝트가 취소되지는 않을지 걱정해야 한다. 이 같은 걱정은 여러분이 통제할 수 없어 많은 스트레스가 된다. 업무를 집으로 가져가지 않는 데 어려움이 있다면 관리자는 적합하지 않다.

마지막으로 사람을 관리하는 것은 데이터 과학자가 되는 것과는 완전히 다른 기술이 필요하다. 관리자로 전환한다면 새로운 기술을 배우고 초보자로 돌아가야 한다. 일을 잘하는 것에서 초보자가 되는 것은 스트레스와 함께 비참할 수 있다. 결국은 요령을 터득하겠지만 훌륭한 관리자가 되는 과정은 길다.

16.1.3 관리자가 되는 방법

만약 여러분이 독립적인 기여자이고 관리자가 되고 싶다면 리더십 기술을 개발하고 연습할 기회를 찾아야 한다. 더 많은 선배 및 후배와 함께 잘 일하고 더 큰 그림을 그리며 프로젝트를 위한 시간표를 관리하는 것을 포함한다.

안타까운 점은 리더십 기술을 배울 수 있는 강좌가 단 한 개도 없다는 점이다. 성장할 수 있는 현재 업무 내에서 상황을 찾는 것이 여러분이 할 수 있는 최선의 방법이다. 팀 내에서 새로운 소프트웨어 스택을 설정하거나 신모델의 출력을 조정하는 등 소규모 계획이 있을 수 있다. 이 같은 상황은 팀원을 이끌고 결정을 내린다는 점에서 중요하다. 처음에는 굉장히 자연스럽지 못하다고 느낄 수도 있지만 자연스러운 일이며 이후 이런 느낌은 사라진다. 경영과 비즈니스에 관한 도서도 어느 정도 도움이 될 수는 있지만 배운 것을 사용할 기회가 있을 때만 도움이 된다.

관리자가 될 수 있는 능력이 갖춰졌다고 생각된다면 이제 맞는 역할을 찾아야 한다.

회사 내에서 승진 기회 얻기

관리자가 되는 가장 간단하고 쉬운 방법은 회사 내에서 승진하는 것이다. 관리자 직무를 맡기려고 한 사람들은 현재 회사에서 여러분의 기술이 성장하는 것을 지켜본 사람들이다. 이 과정은 회사에서 새로운 관리자가 필요하다고 생각해야 한다. 즉 현재 관리자를 해고시키거나 승진하거나 관리자 직무를 관련 팀에서 뽑아야 한다. 회사에 따라 일어나지 않기도 한다.

새로운 팀을 직접 성장시키기

직접 팀을 성장시키는 감독이 될 수도 있다. 현재 회사에서 더 많은 팀이 필요한 프로젝트를 시작하거나 새로운 회사의 첫 번째 데이터 과학자가 된 후 그 회사에서 팀을 성장시킬 수 있다. 매우 만족스러운 길이다. 직접 팀을 성장시키면 누가 그 팀에 속했으며 어떻게 적용하는지 잘 이해할 수 있다. 이때 여러분은 업무를 적시에 적재적소에 배치하고 팀의 인프라를 신속히 확장시킬 수 있는 강력한 리더가 되어야 한다. 이런 접근법을 취하는 사람은 팀의 첫 번째 독립적 기여자 역할을 하며 다른 사람을 위한 코치가 돼 직원들의 멘토라고 불린다. 안타깝게도 이 방법은 이전에 언급했던 방법보다 훨씬 더 드물고 어렵다.

새로운 회사에 관리자 직무로 이직하기

마지막으로 다른 회사에서 공고 중인 관리자 직무로 이직하는 방법이 있다. 이전에 관리자를 역임하지 않고도 관리자 능력을 입증할 수 있는지 여부에 따라 성공할 수도 못할 수도 있다. 커버레터와 면접 시 주도한 모든 프로젝트와 독립적인 기여자로서의 멘토링을 주제로 이야기해야 한다. 여러분의 이력서는 많은 관심을 받을 수 있어야 한다. 기업은 우수한 데이터 과학 관련 관리자를 간절히 원한다. 이력서가 좋다면 연락이 올 것이다.

롭 스탐(T모바일의 인공지능 팀 관리자): 관리란 무엇인가?

풀타임으로 이끈 첫 경험에서 관리자가 되는 것을 많이 배웠습니다. 전에는 제품 관리자로 일했습니다. 제품의 개발 방향(사람이 아닌)을 안내하는 역할을 했죠. 그 후 새 직무인 선임 관리자로서 몇 가지 다른 제품 관리자를 감독하고 업무를 할 수 있도록 도와야 했습니다. 아주 비참하게 실패했죠. 선임 관리자가 돼 팀을 잘 이끌고 싶었지만 제품 관리 직무도 그만둘 수 없었습니다. 팀이 아무런 도움 없이 업무를 하게끔 내버려두지 않고 계속 도우려고 했습니다.

이 일을 시작한지 4개월 만에 제품 관리자 중 한 명이 사무실로 들어와 그만두겠다고 말했습니다. 이유는 저의 행동 때문이었습니다.

이때 크게 깨달았습니다. 두 영역의 관리자를 할 수 없고 계속해 독립적인 기여자가 될 수 없다는 것을 말이죠. 관리자는 팀이 의사결정을 내릴 수 있도록 해야 한다고 지적받아서 뇌리에 박혔습니다.

이 경험을 바탕으로 많은 것을 배우고 성장했습니다. 더 큰 팀과 더 큰 프로젝트를 이끌기 시작했습니다. 관리자가 되는 것은 매우 보람 있는 일입니다. 우리 팀이 최고의 팀이 되도록 도우며 결과를 볼 때 커다란 만족감을 느낍니다. T모바일의 한 특별한 프로젝트는 인공지능 팀의 단순한 아이디어에서 시작해 대규모 팀의 자금 조달을 돕는 것이었습니다. 제품을 디자인하거나 코드를 개발하지 않는 동안 팀이 곤경에 처하거나 물적 및 인적 자원이 필요할 때 돕게 됐습니다. 이 또한 나름대로 보람이 있는 일입니다.

16.2 수석 데이터 과학자의 길

수석 데이터 과학자(회사에 따라 직원, 과장, 데이터 과학자, 기술 리더 등의 직함)는 데이터 과학 분야의 전문가가 되어 다른 기술 업무를 돕는 조직의 일원이다. 관리자가 되려면 데이터 과학을 적게 다뤄야 하지만 데이터 과학자가 되려면 점점 더 많은 사항을 할 수 있어야 한다. 혼자서 데이터 과학 업무를 하는 대신(물론 여러분이 더 많은 업무를 하겠지만) 다른 데이터 과학자의 업무를 돕는다.

신입 데이터 과학자로 시작해 선임 데이터 과학자로 승진한 후에도 직무를 넘어 계속 성장한다. 데이터 과학 분야에서 성장하며 문제를 이해하고 해결하면서 경험은 풍부해지고 성숙해진다. 많은 것을 알게 돼 다른 사람들이 어려움을 겪을 때 빠르게 도와줄 수 있다. 회사 전체 직원이 문제를 어떻게 처리해야 하고 효과가 있는지 (또는 그렇지 않은지) 등 방법을 제안할 수 있다.

수석 데이터 과학자의 업무는 다음과 같이 여러 책임이 뒤따른다.

- **데이터 과학 전략에 영향을 미친다.** 수석 데이터 과학자는 데이터 과학 문제를 해결하기 위한 계획을 세워야 한다. 모델이 실현 가능한가? 신경망을 사용해야 하는가? 관리자는 아이디어와 비즈니스 계획을 담당한다. 수석 데이터 과학자는 아이디어와 비즈니스 계획을 어떻게 수행해야 하는지에 대한 책임이 있다.
- **신입 데이터 과학자를 멘토링한다.** 수석 데이터 과학자는 경험이 많다. 더 많은 후배 데이터 과학자와 본인이 알고 있는 것을 공유한다. 후배의 성장은 수석 데이터 과학자의 연구만큼 중요하다.

- **어려운 문제의 해결책을 찾는다.** 데이터 과학 팀이 어려운 기술 문제 때문에 어려움을 겪는다면 수석 데이터 과학자는 해결책을 고안하거나 해결할 수 없다고 말해야 한다.

관리자와 비교했을 때 수석 데이터 과학자는 여전히 많은 데이터 과학 업무를 한다. 데이터 과학자라는 직무에 만족하는 사람에게 아주 좋다. 데이터 과학을 생각할 수 있는 모든 것이 있다. 콘퍼런스에 참여하고 커뮤니티의 일원이 되며 더 많은 기술과 방법을 배우고 싶다면 수석 데이터 과학자가 적격이다. 수석 데이터 과학자가 팀에 얼마나 중요한 역할을 할 수 있을지 잘 알며 책임감과 필요에 따라 새로운 분야에서 빠르게 성장할 수 있는 충분한 데이터 과학 경험이 있는 사람이 수석 데이터 과학자에 적합하다.

수석 데이터 과학자의 업무는 데이터 과학과 관련 있지만 단순 분석 및 머신러닝 모델 생성과 같은 개별적인 업무는 거의 하지 않는다. 이런 업무는 많은 시간이 걸리며 집중해야 한다. 수석 데이터 과학자는 많은 프로젝트와 영역에 걸쳐 업무를 분담한다. 데이터 과학 프로젝트는 신입 및 선임 데이터 과학자가 한다. 수석 데이터 과학자는 이를 조정하고 감독한다.

승진 요청하기

더 높은 단계에 오를 준비가 됐다고 느끼는 때가 오겠지만 아직 승진하지 못했을 수 있다. 좌절감을 느낄 수 있지만 절망적인 상황은 아니다. 여러분이 할 수 있는 가장 좋은 방법은 자신을 어필하는 것이다. 더 높은 직급으로 올라가는 데 관심이 있으며 관리자와의 협업을 통해 계획을 수립할 수 있도록 알린다. 관리자가 좋은 사람이라면 만족할 것이다. 다음 직무를 얻고자 변화할 준비가 되었음을 분명히 해 어떻게 해당 업무를 할 수 있을지 대화를 시작한다. 다음 성과 검토 일정 등 특정 날짜에 목표를 추진해보자. '회사에서 기술 프레젠테이션을 3회 수행' 또는 '전체적인 머신러닝 API를 직접 만들어 구축'과 같이 구체적인 목표를 정한다. 타임라인에 명확한 목표를 설정해 목표에 진전이 있는지 여부를 지속적으로 논의할 수 있어야 한다.

준비가 안 된 이유를 관리자가 피드백해준다면 주의 깊게 들어야 한다. 부정적인 의견을 듣는 것은 받아들이기 어렵지만 관리자는 여러분이 미처 생각하지 못한 관점을 가졌다. 여러분이 준비되었다며 돕고 싶다고 말한다면 무엇을 했는지 그리고 왜 새로운 업무를 할 수 있는지 가능한 한 많은 문서를 보여주자. 해당 문서는 관리자가 직원의 직무를 이동시키는 데 도움이 된다.

어떤 업무를 하든 승진할 수 없을 것 같다면 다른 회사로 이직해야 한다는 신호일 수도 있다. 사람들은 특정 직무의 누군가를 보는 것에 너무 익숙해 그 사람을 새로운 직무에 투입하지 않으려는 경향이 있다. 새로운 회사로 가면 여러분이 할 수 있는 일에 관한 기대가 없으며 더 많은 기회를 줄 수 있는 사람들과 일할 수 있다.

16.2.1 수석 데이터 과학자의 장점

수석 데이터 과학자는 가장 흥미로운 문제를 겪는다. 팀이 이전에 시도하지 않았던 완전히 새로운 데이터 과학 접근 방식에 관한 아이디어가 있다면 처음 시도하는 과정에 참여하게 된다. 복잡한 기술 스택을 통합해야 하는 경우에 직면하곤 한다. 프로젝트가 시작됐지만 팀이 모델을 사용할 수 없다면 여러분도 그 프로젝트에 참여한다. 활동의 중심에 있는 것에 매우 만족스럽게 생각할 수 있다. 기술적인 면이 흥미롭고 자신이 여전히 능력이 있다는 것을 증명했다고 느낄 수 있다. 팀은 간단한 데이터 과학 프로젝트는 제한된 시간 동안 수행하며 가치가 없다는 것을 깨닫게 된다. 대부분 데이터 과학자보다 이런 업무를 더 적게 해야 한다는 의미이다.

여러분의 관리자는 기술을 따라잡는 것이 얼마나 중요한지 이해한다. 콘퍼런스에 참석할 수 있는 자금과 새로운 기술을 활용할 시간이 생긴다. 관리자에 따라 회사를 홍보하기 위해 콘퍼런스 발표를 해야 할 수도 있지만 흥미로운 문제를 연구해왔기에 공유할 가치가 있는 업무를 했을 것이다. 관리자에게 새 클라우드 서비스를 사용할 비용과 같은 리소스를 요청하면 대부분 받아들여진다. 관리자는 시간과 예산을 효과적으로 사용하며 낭비하지 않는다고 신뢰한다. 모든 데이터 과학자가 할 수 있는 것은 아니다.

데이터 과학을 주제로 항상 이야기할 수 있다. 신입 데이터 과학자를 멘토링해 다양한 접근 방식을 알려주고 아이디어를 다듬으며 접근 방식에 문제가 있는 부분을 지적하는 것이 가능하다. 데이터 과학을 좋아하는 사람에게는 꽤 흥미로운 직무이다.

데이터 과학 계획을 세우는 것은 매우 의미 있다. 사용할 모델 유형, 데이터 구조화 방법, 프로젝트 범위 지정 방법을 결정하는 사람이 되어 원하는 방식으로 프로젝트를 이끌 수 있다. 데이터 과학 분야의 전문가이기에 프로젝트가 성공할 가능성이 더 높다. 경험이 적은 데이터 과학자는 다른 사람이 중요한 결정을 내리지 않고는 데이터 과학 접근 방식을 고안하고 실행하며 결과를 직접 확인하기 힘들다.

16.2.2 수석 데이터 과학자의 단점

수석 데이터 과학자가 되는 데 가장 큰 문제는 곤경에 처했을 때 도움을 요청할 사람이 없다는 것이다. 신입 데이터 과학자는 보통 멘토나 선배에게 질문을 던지거나 구글에 검색해 문제의 답을 찾는다. 팀 내 데이터 과학자가 수석 데이터 과학인 여러분보다 더 나이가 많지는 않을 것이다. 여러분이 직면할 문제는 매우 특이하거나 독특해서 아무도 직면한 적이 없다. 구글 검색도 답을 주지 못한다. 수석 데이터 과학자는 도움이 필요 없는 환경에서 업무해야 하며 이는 많은 데이터 과학자에게 큰 부담으로 다가온다.

가장 흥미로운 데이터 과학 문제에 관여하더라도 가장 성가신 문제에 직면할 수 있다. 데이터셋을 수년간 수정하지 않고 아무도 모르는 서버에 잘못된 형식의 CSV 파일로 저장된 경우 데이터 사용 방법을 알아봐야 한다. 흥미롭지 않은 일이다. 다른 누구도 먼저 살펴볼 수 없는 지뢰밭이다. 여러분은 이와 같은 많은 문제에 직면하게 되고 다른 사람에게 해결책을 물어볼 수 없다.

여러분의 지식은 매우 방대해 도움이 필요한 사람이 많아 바쁠 것이다. 지금보다 더 많은 업무를 하게 될 수도 있다. 흥미로운 프로젝트에 참여할 시간이 없어 팀원을 그냥 둬야 하기도 한다. 해야 할 것보다 더 많은 시간을 일해야 하며 이것도 충분하다고 느껴지지 않는다. 너무 많은 직원이 여러분에게 의지한다. 노트북 없이 일주일에 40시간만 일하거나 일주일간 휴가를 보내는 것은 더욱 어렵다. 멋지고 편안한 직업을 원한다면 수석 데이터 과학자는 해당하지 않는다.

16.2.3 수석 데이터 과학자가 되는 방법

데이터 과학자로 일하면서 계속 경력을 쌓아가면 자연스럽게 수석 데이터 과학자가 된다. 선임 데이터 과학자가 자연스럽게 진급하며 얻는 역할이며 해당 직무의 확장된 형태이다. 많은 선임 데이터 과학자가 다음 단계로 승진하고자 고군분투한다. 수석 데이터 과학자는 독립적이며 효율적으로 일하고 다른 사람을 이끌 수 있는 데이터 과학자가 되어야 한다. 그 후 여러분의 능력과 기여에 관심을 기울이고 자신이 팀의 중요한 역할을 한다는 것이 잘 알려지도록 도와줄 회사 사람을 찾아야 한다. 자격 요건을 갖추면 더 높은 직무로 승진하는 것이 빨라진다.

데이터 과학자로서 독립적으로 업무를 진행하려면 외부 지침 없이 전체 프로젝트를 처리할 수 있어야 한다. 관리자가 '다음 소매점을 어디에 두어야 하는지 분석하기'와 같은 과제를 준다면 다른 사람의 도움 없이 해내야 한다. 독립적으로 업무할 수 있는 능력은 데이터 과학자 경험이 쌓여가며 어느 정도 자연스럽게 이뤄진다. 빠른 성장을 원한다면 언제 업무 진행이 더딘지, 어떻게 해야 하는지 관심을 갖고 면밀히 분석해보자. 도움을 요청한다면 혼자 할 수 없었던 것에 과연 어떤 도움이 될까? 문제를 스스로 해결할 수 있는 시간이 많으면 많을수록 더 많이 성장할 수 있다.

경험을 쌓을수록 주변의 데이터 과학자에게도 관심을 기울여야 한다. 문제는 무엇이고 어떤 도움을 줄 수 있는지 살펴본다. 선임 데이터 과학자라면 과거에 해결했던 문제를 후배 데이터 과학자가 다루고 있는 모습을 볼 수 있다. 기술 멘토링을 통해 더 많은 기회를 찾을수록 다른 사람을 더 잘 도울 수 있다. 수석 데이터 과학자가 되는 데 많은 도움이 된다.

마지막으로 새로운 아이디어가 있을 때 접근 방식을 만들 수 있는 상황을 찾아보길 바란다. 회사에서 소매점의 위치를 찾으려면 위치를 최적화하는 기술을 생각할 수 있다. 여러분의 아이디어는 효과가 있을 수 있고 없을 수도 있다. 효과가 있다면 굉장해 보일 것이고 그렇지 않다면 아이디어 구성을 더 배워야 한다. 다른 데이터 과학자에게 의지해 접근 방식을 제안하기는 쉽지만 이런 기술 없이는 데이터 과학자가 되기 어렵다.

16.3 독립 컨설턴트의 길

관리자로 진급하고 여러분만의 회사를 갖는 것은 꿈 같은 일이다. 데이터 과학 분야에서는 독립 컨설턴트가 되는 것을 의미한다. 기업에서 새로운 데이터 과학 프로젝트를 진행할 때 특별한 기술이 필요하면 외부 컨설턴트를 고용한다. 독립 컨설턴트는 회사를 운영하고 모든 수익을 가지기에 돈 많은 중역에게 돈을 잃을 일은 없다. 여러분을 훌륭한 데이터 과학자라고 믿고 고용한다. 이제 전문 지식에 가치를 둬야 한다.

독립 컨설턴트로서 여러분 자체가 회사가 되어야 한다. 다음과 같이 많은 사항을 혼자서 해야 하는 것을 의미한다.

- **비즈니스 마케팅을 한다.** 다른 사람이 여러분을 모르면 신규 고객을 얻을 수 없다. 콘퍼런스에 참석하거나 오랜 동료와 미팅을 하거나 블로그 게시물과 같은 홍보물을 만든다.
- **홍보한다.** 데이터 과학 프로젝트에 관심이 있는 회사를 발견하면 해당 회사의 사람을 만나 업무 제안을 해야 한다. 제안에 관심을 갖지 않으면 업무를 할 수 없다.
- **프로젝트를 수행한다.** 여러분이 고용된 데이터 과학 연구이다. 잘못된 데이터 등 발생할 수 있는 상황을 파악하고 대처하는 프로젝트 관리도 포함한다.

- **결과를 전달한다.** 모델을 작성하거나 분석을 한 경우 고객에게 수행한 업무를 제시하고 이에 관한 정보를 줄 수 있어야 한다. 만족스러워한다면 후속 프로젝트를 맡게 될 것이고 만족스럽지 않는다면 고객을 잃는다.
- **비즈니스를 관리한다.** 기업은 세금을 납부하고 법률 문서를 작성하며 계좌와 현금을 관리하는 등 소소한 업무도 해야 한다.

컨설턴트로서 효과가 있으려면 데이터 과학자의 업무보다 훨씬 더 많은 업무를 할 수 있어야 한다.

어떤 고객을 확보하느냐에 따라 데이터 과학뿐만 아니라 다른 업무가 필요할 수도 있다. 해당 업무는 일정한 흐름이 있다. 고객 회사에서 한 프로젝트만 진행하고 막바지에 다다르면 다른 회사의 다른 프로젝트 계약을 체결한다. 업무는 예측할 수 없는 속도로 진행된다. 한 달 안에 세 회사가 여러분을 찾아오고 다음 달에는 아무도 찾아오지 않을 수 있다.

고객을 찾는 것은 헌신과 강한 유대감이 필요하다. 독립적인 컨설턴트가 되는 데 가장 어렵게 느껴지는 부분이다. 대부분 고객은 이전 동료 및 고객의 추천을 통해 확보한다. 컨설턴트를 더 많이 알고 업무를 보증할 수 있는 사람이 많을수록 더 많은 업무 요청이 온다. 컨설턴트로서 성공하려면 컨설턴트를 고용할 권한이 있는 사람이 컨설턴트의 전문 지식을 알아야 한다. 기업 및 업종에 따른 인맥이 다양할수록 업무는 다른 시기에 이루어질 가능성이 높다. 강력한 유대감을 구축하려면 컨설턴트가 커리어 초기에 직업을 바꿨거나 더 큰 회사에서 컨설턴트로 일하면서 이전에 많은 다른 회사와 협업한 적이 있어야 한다.

독립 컨설턴트로 성공한다면 더 많은 직원을 고용하고 비즈니스를 성장시킬 수 있다. 여러분 한 명에서 시작해 다섯 명의 팀으로, 100명의 조직으로 성장할 수 있다. 조직의 CEO이자 창업자로서 여러분이 원하는 문화로, 원하는 방향으로 이끌게 된다. 다른 컨설턴트가 가져오는 돈을 조금씩 가져가면 여러분은 부유해진다. 매우 드문 결과이나 독립 컨설턴트는 16장에서 다루는 모든 경로 중 수입이 가장 클 것이다.

16.3.1 독립 컨설턴트의 장점

독립 컨설턴트로서 여러분 자신의 관리자가 될 수 있다. 가능한 데이터 과학 프로젝트를 할 것인지, 어떤 접근 방식을 취할지, 그리고 결과를 제시할 방법을 선택할 수 있다. 다른 사람에게 의지할 필요는 없다. 매우 자유롭다. 비용을 절감하고 요금을 높게 책정하고 고객을 꾸준히 유지할 수 있다면 수익은 매우 높아진다. 회사에서 일하는 것보다 더 많은 돈을 벌 수 있다. 집에서 일하거나 하루 쉬고 싶다면 누구와 논쟁할 필요 없이 그렇게 할 수 있다.

여러분이 만든 것의 소유권도 있다. 문제를 해결할 수 있는 흥미로운 방법을 특허로 내거나 회사의 상품으로 판매할 수 있다. 아무도 여러분의 작업을 빼앗을 수 없다. 반면 회사에서 일한다면 회사는 여러분의 아이디어를 지적재산으로 취할 수 있다. 여러분이 유용한 제품의 포트폴리오를 구성할 수 있다면 포트폴리오는 여러분을 수년간 지탱시켜줄 것이다.

컨설팅은 재미있는 업무이다. 전국을 돌아다니며 아이디어를 돕고 여러분의 회사 이름으로 모든 것을 하는 스릴이 있다. 많은 사람이 여러분과 시간을 갖고자 돈을 지불하려고 하는 걸 믿을 수 없다. 고객이 좋아하는 솔루션을 제공하고 직접 업무를 수행했다는 사실을 알게 돼 기분이 좋아지기도 한다.

16.3.2 독립 컨설턴트의 단점

독립 컨설턴트의 단점은 굉장히 많다.

- **단독 컨설팅은 큰 스트레스이다.** 돈을 받을 수 있는지 여부는 전적으로 회사 사정에 달렸다. 가끔 회사 예산과 같이 통제할 수 없는 요인이 있다. 반대로 자신이 감당할 수 있는 것보다 더 많은 업무를 할 수도 있으며 어떤 프로젝트를 놓아야 할지 알아야 한다. 데이터에 완전히 액세스하기 전에 컨설팅 프로젝트를 따내어 프로젝트의 실현 가능 여부를 확인해야 한다. 그렇지 않으면 어떻게 해야 할지 결정해야 한다. 컨설턴트가 된 후 밤에 깨어 있는 이유는 다양하다.

- **독립적인 컨설팅으로 파산할 수 있다.** 정규직 독립 컨설턴트가 되어 기회를 찾을 수 없다면 큰 손해를 본다. 컨설팅 계약을 맺어도 대기업은 일을 시작하고 90일이나 120일이 지난 후 돈을 내는 경우가 많다. 이 같은 큰 변동을 현금으로 메꿀 수 없다면 컨설턴트가 되기 어렵다.

- **의지할 사람이 아무도 없다.** 혼자서 컨설턴트로 일하면 사람들은 해결할 수 없는 문제를 가지고 여러분을 부른다. 아이디어를 낼 사람이 없다. 혼자이다. 분석을 수행하거나 모델을 작동시키는 데 문제가 있으면 직접 해결책을 찾아야 하며 해결책을 찾지 못하면 고객에게 실패했다고 말해야 한다.

- **데이터 과학이 많지 않은 업무이다.** 마케팅, 판매 협상, 계약 작성 및 회계 관리에 소비하는 시간은 데이터 과학에 소비하는 시간과 비교하면 크게 느껴진다. 훌륭한 데이터 과학자로는 충분하지 않다. 컨설팅 회사가 살아남으려면 모든 업무가 필요하다.

16.3.3 독립 컨설턴트가 되는 방법

독립 컨설턴트가 되려면 훌륭한 데이터 과학 기술은 물론 업무에서 독립적으로 문제를 해결하는 실적이 필요하다. 여러 회사에서 일하거나 (더 좋은) 대형 컨설팅 회사에서 일하며 여러분의 능력을 아는 인맥도 필요하다.

여가 시간에 프리랜서 데이터 과학 업무를 수행하며 필요한 부분을 테스트할 수 있다. 웹사이트와 링크드인에 게시한 후 다른 사용자에게 도움을 받을 수 있다는 것을 알린다. 고객을 확보했다면 저녁에 프리랜서 업무를 하면서 컨설팅을 더 많이 배울 수 있다. 저녁에 일할 힘이 없다면 컨설턴트는 맞지 않다. 프리랜서 고객을 확보할 수 없다면 네트워크가 충분히 크지 않다는 신호이니 먼저 이 부분에 집중해야 한다.

프리랜서 업무가 너무 많아서 정규직으로 계속 근무하기가 어렵다면 풀타임 독립 컨설턴트로 전환하기에 좋은 시기이다. 이 시점에 컨설팅에 집중하고 주요 고객을 찾는다면 회사를 그만두고 컨설턴트로 전환할 수 있다.

> **데이터 과학 떠나기**
>
> 마지막 방법 중 하나는 데이터 과학 분야를 완전히 떠나는 것이다. 더 이상 데이터 과학 업무가 흥미롭게 느껴지지 않고 비윤리적인 목적으로 데이터 과학을 사용해야 할 처지에 놓였을지도 모른다. 데이터 과학이 모든 사람에게 적합한 분야가 아닌 이유는 다양하다. 애석하지도 않을 것이다.
>
> 떠나는 방법은 다음에 갈 분야가 무엇이냐에 따라 크게 달라 떠나는 방법을 설명하기란 어렵다. 데이터 과학 이력서는 소프트웨어 개발이나 엔지니어링과 같은 관련 분야에서 쉽게 볼 수 있다. 다른 분야로 전환하는 것은 더 어려울 수 있다. 하지만 이전 직무를 데이터 과학처럼 들리게 할 수 있는 것(6장)과 같이 데이터 과학 직무도 최대한 다른 분야처럼 들리게 할 수 있다.
>
> 데이터 과학 분야를 떠난다면 훗날 돌아가고 싶은 자신을 발견할 수도 있다. 떠난 후에는 소규모 프로젝트를 주기적으로 수행하거나 현장을 따라가려고 노력하는 한 돌아올 준비가 됐을 때 놓쳤던 부분을 따라잡는 것이 가능하다. 이 경우 훨씬 더 풍부한 배경지식을 가지고 책을 다시 시작하는 것과 같다.
>
> 현재 데이터 과학은 높은 인기를 자랑하며 화제성을 지녔지만 이 때문에 머무를 필요는 없다. 여러분의 행복이 가장 중요하다. 여러분에게 맞는 진로를 찾길 바란다.

16.4 커리어 맵 정하기

16장에서는 데이터 과학으로 성장할 수 있는 세 가지 방법을 제시했다. 다른 여러 가지 선택 사항도 있다. 모든 선택은 압도적일 수 있다. 대부분 그 길에 진입하기 전 시도해볼 수 없다. 어떤 진로가 적합한지 알 수 있을까?

알 수 없다. 올바른 선택도 없다. 어떤 선택이 옳은지 알 수 없다. 여러분이 함께 일하는 회사, 주변의 사람, 그 시점의 개인적인 관심사에 달려 있다. 자신에게 가장 잘 맞는 선택을 하면 된다. 놓친 기회를 걱정할 필요는 없다.

책에서 자주 언급한 교훈이다. 데이터 과학 기술을 배울 수 있는 올바른 방법이나 함께 일할 올바른 유형의 회사가 없는 것처럼 경력의 중요한 부분을 살펴볼 수 있는 최선의 방법은 없다. 여러분의 지식만으로도 가장 좋은 일을 할 수 있다. 16장에서 좀 더 쉽게 직업을 선택할 수 있는 방법을 배우길 바란다.

16.5 앤절라 바사 인터뷰

앤절라 바사Angela Bassa는 아이로봇iRobot의 이사이다. 전반적으로 조직의 데이터 엔지니어링, 데이터 과학 및 머신러닝 업무를 감독한다. 이전에 컨설턴트, 수석 관리자 및 분석 이사로 일했으며 수학 학사 학위를 가졌다.

Q 관리자로서의 일상 생활은 어떠한가요?

A 조직이 복잡한 정도에 따라 달라지며 보통 규모에 비례합니다. 직원이 세 명 있다면 이들을 연결하는 세 개의 연결선이 있는 것입니다. 일곱 명이 있다면 모든 사람을 서로 연결하고자 기하급수적으로 더 많은 연결이 필요합니다. 그 밖에 제품의 목표 및 일정을 조정해야 한다면 많은 회의가 필요합니다. 하루 중 3분의 1을 전략적인 협력으로 보냅니다. 올바른 이유를 가지고 확실한 방식으로 일하는지 확인해야 합니다. 나머지 3분의 1은 우리 팀과 함께 일하면서 시간을 보냅니다. 의견을 조사해 상황이나 피드백을 줍니다. 마지막으로는 행정 부분입니다. 예산이 밀렸는지, 모든 사람이 등록할 수 있는 교육 및 자기계발 관련 예산이 있는지, 정말 흥미로운 여성 콘퍼런스가 예정되었고 팀에 많은 자리가 있다면 해당 콘퍼런스를 후원하는지 확인

해야 합니다.

Q. 독립적인 기여자는 무엇을 조심해야 하나요?

A 관리자가 되려면 많은 성찰, 자아 인식, 열린 마음이 필요합니다. 관리자가 될 가능성이 가장 높은 지점을 찾는 것은 큰 전환(직업적으로나 개인적으로나)을 하고자 한 회사에 있는 것과 많은 관련이 있죠. 관리는 다른 직무입니다. 다른 기술과 다른 위험을 감수해야 합니다. 독립적인 기여자일 때 일을 망친다면 자신의 운명을 책임져야 합니다. 관리자가 된 여러분은 다른 사람의 건강이나 집세를 내는 데 책임감을 가져야 합니다. 저는 누구나 관리자가 될 수 있다고 생각합니다. 관리자가 되는 것에 스스로 걱정하고 고민한다면 훌륭한 후보자가 될 수 있어요.

Q. 결국은 독립적인 기여자가 아닌 직무로 전환해야 하나요?

A 데이터 과학자는 굉장히 새로운 영역입니다. 데이터 과학 분야에 종사하고자 하는 사람은 여전히 많습니다. 우리 중 많은 사람이 야심으로 가득 찼고 새로운 커리어를 쌓고 있죠. 회계와 같은 다른 길을 보면 성공하거나 실패하지 않습니다. 아주 오랜 시간 동안 일하면 고위급 회계사가 됩니다. 여러분이 알고 있는 보상 성장이나 성장이 한계에 도달할 수도 있죠. 이것이 여러분의 목표를 충족시킨다면 지금 회사에 머무르는 것에 만족해도 문제가 없다고 생각해요. 데이터 과학 분야에는 재능이 있는 전문가가 많습니다. 간절하고 열정적인 사람을 찾는다면 누구를 데려올지 결정할 때 성격이 어떤지 볼 가능성이 있어요.

Q. 기술 리더가 되고 싶지만 아직 준비가 되지 않은 사람에게 어떤 조언을 해줄 수 있나요?

A 머릿속에만 두지 않고 솔직하고 공개적으로 논의할 수 있는 사람을 찾아야 합니다. 구체적인 피드백을 받으면 더 잘해야 하는 것을 이해하는 데 도움을 받을 수 있습니다. 이미 기술적으로 핵심 역할을 성공한 사람이 있다는 것은 여러분이 무엇을 얻고 이해해야 하는지 파악하는 데 도움이 됩니다. 해당 직무에서 성공하는 데도 도움이 됩니다. 본인의 기술을 되돌아보는 것은 흥미로운 일입니다. 성장하기 위해서는 많은 소통과 협력이 필요하다는 것을 인정해야 합니다. 전문가라면 스스로 모든 것을 할 수 있어야 한다고 잘못 생각합니다. 성장하고 싶다면 다른 사람들을 찾아 의견을 겸허히 들어야 합니다.

Q 경험은 적지만 꿈이 있는 데이터 과학자에게 마지막으로 할 조언은 무엇인가요?

A 첫 번째 조언은 겸손입니다. 데이터 과학이 가장 '섹시한' 직업으로 꼽히곤 해 왕이나 여왕이라는 소리를 많이 듣습니다. 우리가 걸을 때 모든 고용주가 장미꽃을 뿌려야 한다고 생각합니다. 제품이 성공하려면 많은 사람이 필요합니다. 데이터 과학이 각광받는다고 제품이 더 좋아지거나 특별해지는 것은 아니라는 사실을 기억하세요.

두 번째 조언은 친절입니다. 데이터 과학은 매우 광범위하며 많은 것을 의미해 본인에게 엄격해지기 쉽습니다. 분석에는 뛰어나지만 머신러닝 엔지니어링에는 소질이 없다면 여러분은 '진짜' 데이터 과학자가 아니라는 의미일 수 있습니다. 하지만 여러분이 빛날 방법은 너무나도 많아요.

16.6 마치며

- 관리자는 다른 사람을 돕는 것을 좋아하며 데이터 과학은 포기하려는 사람에게 좋은 길이다. 회사에서 높은 직급에 오를 수도 있다.
- 수석 데이터 과학자는 기술적 측면에서 주도권을 잡으며 타인에 대한 책임이 있다. 다른 사람을 돕는 동시에 기술력도 유지할 수 있는 좋은 직무이다.
- 독립적인 컨설턴트는 스트레스를 많이 받고 안정적이지 않지만 잠재적으로 보람 있는 일이다. 지속적으로 업무 요청을 받으려면 유대감이 깊은 인맥이 필요하다.

도서

- 『도널드 노먼의 디자인과 인간 심리』(학지사, 2016)

  디자인 분야에서 대표적인 책이다. 아이디어를 소개하고 어떤 종류의 업무에서도 디자인을 생각하는 방법을 다룬다. 사용자를 이해하고 디자인이 사용자의 업무에 어떤 영향을 미치는지 이해하는 것은 제품의 성공에서 매우 중요하다. 이 책을 읽는다면 이해관계자의 요구를 더 잘 이해하고 고객이 원하는 것을 파악해 데이터 과학 프로젝트의 실패 확률을 줄일 수 있다.

- 『나를 사랑하기로 했습니다』(이너북스, 2020)

  13장의 사람들이 실패했을 때 정신적으로 본인을 통제하는 방법에 공감한다면 이 책을 읽어보길 바란다. 저자의 자기비판과 함께 본인에게 친절하기 위한 저자의 여정에 깊이 파고든다. 많은 데이터 과학자가 계속 겪어야 하는 과정이다. 이 책은 훌륭한 지침서가 되어준다.

- 『Demystifying Public Speaking』(A Book Apart, 2016)

  라라 호건Lara Hogan은 사람들의 말하기에 조언을 주고자 이 책을 집필한 공학적 리더십의 인기 있는 연설가이다. 짧게 쓰인 매력적인 책으로 주제를 고르고 발표하는 것부터 정신적인 부분까지 모든 사항을 적절하게 다룬다.

- 『해들리 위컴의 R 패키지』(제이펍, 2019)

  R 패키지를 만드는 방법, 본인만의 업무 흐름을 개선할 수 있는 좋은 방법, 커뮤니티에 참가하는 방법을 자세히 설명한다. 책의 내용은 이곳(*https://r-pkgs.org*)에서 살펴볼 수 있다.

- 『Resilient Management』(A Book Apart, 2019)

  새로운 관리자를 위한 훌륭한 짧은 가이드 도서이다. 팀원을 알아가는 과정과 멘토링하고 기대치 설정 및 과제 해결을 위한 조언과 템플릿이 있다. 관리자가 될 계획이 없더라도 프로젝트를 이끌기 시작했거나 팀 동료와 의사소통하는 데 어려움을 겪을 때 매우 도움이 될 것이다.

- 『개발 7년차, 매니저 1일차』(한빛미디어, 2020)

  데이터 과학자에서 기술 책임자 또는 관리자로 전환할 것을 고려하는 이를 위한 책이다. 렌트더런웨이Rent the Runway의 전 CTO인 카미유 푸르니에Camille Fournier가 썼으며 관리자의 업무는 무엇이며 이렇게 독립적인 기여자가 된다는 사고방식에서 벗어나는지 보여준다. 이 책은 여러분이 이해하는 데 몇 년이 걸릴지도 모르는 생각을 이해하는 데 도움을 준다.

- 『사업의 철학』(라이팅하우스, 2015)

  데이터 과학과는 전혀 상관없지만 독립 컨설턴트로 일하거나 다른 방식으로 비즈니스를 시작하길 고려하는 사람에게 좋은 자료이다. 비즈니스 운영에 따라 업무 사고의 틀이 어떻게 변화해야 하는지 설명한다. 업무를 끝내는 것에 초점을 맞춘 사람에서 비즈니스를 지속적으로 운영하고자 모든 업무를 시스템화해야 하는 사람으로 바뀌어야 한다.

- 『하이 아웃풋 매니지먼트』(청림출판, 2018)

  비즈니스를 잘 운영하려면 엄청난 양의 전략적 사고가 필요하다. 이 책은 아침 식사를 제공하는 것 같이 이해하기 쉬운 사례로 개념을 설명한다. 비즈니스 관리를 더 알고 싶은 사람에게 유용할 것이다. 1983년에 집필됐지만 계속 개정됐으며 아직까지 많은 사람이 찾는 책이다.

블로그

- 'Making peace with personal branding(개인 브랜딩으로 평화 만들기)', by Rachel Thomas, *https://www.fast.ai/2017/12/18/personal-brand*

  레이첼 토마스Rachel Thomas는 데이터 과학 분야와 소셜 미디어에서 자신을 브랜딩하는 일을 훌륭히 해내고 있다. 이 블로그 게시물은 자신에게 편안함을 느끼면서 어떻게 해야 하는지 알려준다.

- 라라 호건의 블로그, *https://larahogan.me/blog*

  앞서 라라 호건의 책을 추천했다. 그의 블로그에는 유용한 기술을 비롯해 훌륭한 조언이 많이 있다. 관리자에 집중된 게시글이 많지만 관리자가 여러분을 지원하지 않을 경우 어떻게 해야 할지, 피드백을 어떻게 할 것인지, '왜 리더십이 없을까?'라고 생각될 때 감정을 다루는 것 등 누구에게나 있어날 수 있는 일에 대한 조언의 글이 많다.

- 'The art of slide design(슬라이드 디자인의 예술)', by Melinda Seckington, *https://missgeeky.com/2017/08/04/the-art-of-slide-design*

  5부작 시리즈로 효과적인 슬라이드를 만드는 강좌이다. 멜린다 세킹턴Melinda Seckington은 프레젠테이션의 원칙(표시 극대화, 문제점 최소화, 중요한 정보 표시, 일관성 유지)을 공유하며 많은 예시와 반증을 통해 설명한다.

- 'overcoming social anxiety to attend user groups,(사용자 그룹에 참석하기 위한 사회적 불안 극복하기)', by Steph Locke, *https://itsalocke.com/blog/overcoming-social-anxiety-to-attend-user-groups*

  사회적인 불안으로 모임이나 콘퍼런스에 참석하지 못한다면 스테프 로크Steph Locke의 게시물을 읽어보길 바란다. '나를 아무도 모를 것이다' 또는 '어떻게 사람들에게 말을 걸까?'와 같은 일반적인 관심사에 대해 짧고 실용적인 조언을 한다.

- 'How to ask for a promotion(승진을 요청하는 방법)', by Rebecca Knight, *https://hbr.org/2018/01/how-to-ask-for-a-promotion*

  리더십 코치 두 명이 승진을 요청하는 방법에 관한 팁을 공유한다. '씨앗부터 심어라', '자세히 알아보아라'와 같은 각 팁은 구체적인 예시를 활용해 설명한다.

에필로그

지금까지 정말 많은 내용을 다뤘다. 데이터 과학 정의와 어떤 기술이 필요한지부터 시작해 데이터 과학의 준비 및 확보 방법을 살펴본 다음 현장에서 성장하고 나아가는 방법을 논의했다. 16장에 걸쳐 다양한 유형의 회사를 이해하는 것부터 제품 모델을 기반한 단위 테스트를 만드는 것, 관리자가 되는 것까지 살펴봤다.

전체적으로 몇 가지 추세가 있다. 이는 데이터 과학자가 되는 과정의 모든 지점에 각기 다른 형태로 적용된다. 다음 세 가지 조언을 명심하며 커리어를 계속 쌓아가자.

- **데이터 과학자는 의사소통을 할 수 있어야 한다.** 이 책에서 인터뷰한 사람들은 본인의 성공은 결과를 효과적으로 전달하는 데서 나온 것이라 계속 언급했다. 효과적인 의사소통은 임원을 위한 보고서 작성, 모델에 관한 엔지니어링 팀과의 협업 또는 데이터 과학자가 아닌 사람들을 이해시키는 일 등 일자리를 찾고 해당 분야에서 협업하는 과정에서 의사소통을 잘하면 여러분에게 도움이 된다.
- **데이터 과학자는 상황에 앞서 주도적이어야 한다.** 데이터 과학자가 완벽하게 구성된 문제와 이를 해결할 수 있는 도구를 제공받는 것은 매우 드문 일이다. 대신 능동적으로 데이터를 찾고 모델에 관한 새로운 아이디어를 구상하며 실험해야 한다. 포트폴리오를 만드는 것처럼 사전에 미리 업무할 수 있는 것 또한 취업에 도움이 된다. 진취적으로 문제의 해결책을 찾을수록 더욱 좋다.
- **데이터 과학자는 커뮤니티가 필요하다.** 다른 사람의 도움 없이는 어떤 직업에서도 성공할 수 없다. 특히 새롭고 빠르게 변화하는 분야의 한 사람으로서 데이터 과학자는 유대감 있는 전문적 관계를 발전시켜야 도움이 된다. 여러 가지 형태의 관계가 있다. 2년 후 국제 콘퍼런스의 키노트로 이어지는 미팅에 발표자로 초청되거나 멘토는 이력서를 피드백해주고 본인의 회사에 여러분을 추천할 수도 있다. 관리자는 이해관계자와의 격차를 해소하고 개인적으로 성장하고자 다른 분야를 확장할 수 있다. 또는 단순하게 보자면 동료들은 회사에서 힘든 하루를 보낸 여러분을 위로하고 기운을 북돋아줄 수 있다. 커리어상 직면하게 될 많은 도전을 해결하려면 관계 형성에 시간을 투자하는 것은 중요하다.

이 책을 읽는 내내 즐거웠기를 바란다. 우리는 즐겁게 집필했다. 많은 경험을 책에 담으려고 노력했다. 퇴고하는 과정에서 더 나은 생각을 전달하기 위해 계속 읽고 쓰기를 반복했다. 여러분의 데이터 과학 커리어에 행운이 가득하길 빈다!

면접 질문

면접을 준비할 때 면접이 어떠할지 미리 생각해보면 많은 도움이 된다. 질문에 편안하게 대답하고 빠르게 진행되는 면접에 적합한 방식으로 생각하는 것은 취업을 하고 아닌 것의 차이를 의미한다. 여러분이 직접 생각하고 이해할 수 있도록 면접 질문을 예시로 들었다. 질문들은 7장의 내용과 함께봐야 한다. 질문은 면접 과정을 전체적인 시각으로 보는 방법을 설명한다.

부록에 있는 질문들은 다음 다섯 가지로 분류할 수 있다.

- 코딩과 소프트웨어 개발
- SQL과 데이터베이스
- 통계와 머신러닝
- 인성
- 사고력이 필요한 질문

매우 광범위한 주제이다. 질문할 수 있는 수천 개를 모두 공부할 수는 없다. 한 회사는 이진트리를 뒤집는 질문을 하고 또 다른 회사는 파이썬이나 인성 질문만 할 수 있다. 대면 면접 전에 어떤 유형의 질문을 예상하는지 물어보는 것이 좋다. 물론 정확한 질문을 알려주지는 않겠지만 채용 담당자는 여러분이 준비할 수 있도록 일반적인 의견을 줄 수 있다. 예를 들어 '첫 면접에서는 화이트보드로 몇 가지 SQL 질문에 대답할 것입니다. 그 후 두 번의 인성 면접을 연속으로 합니다. 한 번은 엔지니어와 나머지는 데이터 과학자와 면접을 봅니다. 마지막으로 머신러닝 엔지니어 중 한 분이 이전의 데이터 과학 프로젝트에 관해 질문할 것입니다'라고 할 수 있다.

부록에 실린 질문만 받을 가능성은 매우 낮다. 각 질문에 관한 답을 설명해줄 뿐만 아니라 (우리가 설명하는 내용과 화이트보드에 작성하는 모든 코드든) 효과적인 답이 될 수 있다고 생각하는 메모도 함께 수록했다. 모든 대답은 이 책의 필자들과 유사한 경험을 가진 가상의 데이터 과학자로 상정해 1인칭 관점에서 이뤄졌다. 일부 질문은 이전 회사에서의 경험을 바탕으로 작성했으며 본인만의 예시를 들어야 한다.

질문 중 일부는 많은 면접에서 나왔던 것을 바탕으로 했으며 일부는 동료 데이터 과학자의 도움을 받았다. 이 부록의 가치를 더해준 모든 분께 감사의 말을 올린다.

A.1 코딩과 소프트웨어 개발

A.1.1 FizzBuzz

숫자 1에서 100까지 출력하는 프로그램을 작성하세요. 이때 3의 배수는 숫자 대신 Fizz를, 5의 배수는 Buzz로 출력하세요. 3과 5의 배수인 경우 FizzBuzz를 출력하세요.

예시 답안

의사코드로 나타내면 다음과 같습니다.

```
for (i in 1 to 100) {
    if (i mod 15) {
        print("FizzBuzz")
    } else if (i mod 5) {
        print("Buzz")
    } else if (i mod 3) {
        print("Fizz")
    } else {
```

```
        print(i)
    }
  }
```

프로그램은 숫자 1에서 100까지 차례대로 출력합니다. 각 반복[iteration]에 숫자를 15로 나눌 수 있는지 확인하고 15로 나누어떨어지면 Fizzbuzz를 출력합니다. 그렇지 않은 경우 숫자를 5로 나눌 수 있는지 확인하고 5로 나누어떨어지면 Buzz를 출력합니다. 이것도 해당되지 않는다면 3으로 나눌 수 있는지 확인하고 3으로 나누어떨어지면 Fizz를 출력합니다. 해당 숫자가 모두 해당되지 않으면 숫자를 그대로 출력합니다.

노트

소프트웨어 개발에서 매우 유명한 면접 질문이다. 제프 애트우드[Jeff Atwood]가 개발했다(*https://blog.codinghorror.com/why-cant-programmers-program*). 데이터 과학 면접에 흔히 나오는 질문이다. 두 가지 중요한 업무는 숫자 세트(예: for 반복문 사용)를 반복하는 방법과 각 숫자에 출력해야 하는 항목을 확인하는 것이다. 지원자가 일반적으로 저지르는 실수는 15로 나눌 수 있는지 확인하기 전에 3이나 5로 나눌 수 있는지 확인하는 것이다. 15로 나눌 수 있는 숫자는 모두 3이나 5로 나눌 수 있다. 따라서 3이나 5로 나눌 수 있는지 먼저 확인한다면 Fizz나 Buzz가 출력되어야 할 때 FizzBuzz가 출력된다.

답은 간단하지만 개선할 수 있는 방법이 있다. R 및 파이썬과 같은 일부 언어는 R의 purr 및 파이썬의 list를 사용해 보기 좋은 함수형 프로그래밍을 할 수 있다. 입력할 때 확인할 배수의 목록과 해당 배수에 출력할 단어를 가져와 리스트를 출력하는 일반화된 함수를 만들 수 있다. 면접 진행 상황에 따라 답을 개선하는 방법은 FizzBuzz Enterprise Edition(*https://github.com/Enterprise-QualityCoding/FizzBuzzEnterpriseEdition*)과 FizzBuzz TensorFlow machine learning model(*https://joelgrus.com/2016/05/23/fizz-buzz-in-tensorflow*)를 참고하길 바란다.

A.1.2 소수 판별

숫자가 주어졌을 때 해당 숫자가 소수이면 True, 그렇지 않으면 False를 출력하는 함수를 작성하세요. 이때 숫자가 소수인지 확인하는 기본 함수는 제공되지 않는다고 가정합니다.

예시 답안

문제의 답을 의사코드로 나타내면 다음과 같습니다.

```
is_prime = function(n){
    for (i in 2 to n / 2) {
        if ((n mod i) == 0) {
            return FALSE
        }
    }
    return TRUE
}
```

소수prime number는 1과 자기 자신을 제외한 어떠한 숫자로도 나눌 수 없는 숫자입니다. 프로그램은 주어진 숫자를 2부터 해당 숫자의 절반까지 모든 숫자를 반복해 나눌 수 있는지 여부를 확인합니다. 이 경우 함수는 False를 반환하고 중지합니다. for 반복문을 멈추지 않고 모두 통과할 경우 함수는 True를 반환합니다.

노트

FizzBuzz와 마찬가지로 지원자가 for 반복문과 함수를 작성할 수 있는지 확인하는 문제이다. 조건이 충족될 때 반복을 중지하는 방법을 알아야 for 반복문이 완료될 경우 마지막에 True를 반환할 수 있다. 입력된 숫자가 해당 숫자의 절반보다 작은 모든 숫자로 나눌 수 있는지 확인하지 않아도 되는 작은 트릭을 추가할 수 있다. 제곱근보다 작은 숫자까지만 확인하면 된다. 문제의 핵심은 단순히 함수를 구현할 수 있는지 여부를 확인하는 것이다.

A.1.3 깃으로 업무하기

깃을 사용해 프로젝트를 협업했던 경험에 관해 이야기해주시겠습니까?

알렉스 헤이즈Alex Hayes

예시 답안

이전 회사에서 처음부터 깃을 활용해 오후 해커톤에서 두 명의 동료와 함께 R 패키지를 만들었습니다. 한 시간 동안 한 대의 컴퓨터로 프로그래밍을 하고 난 후 업무 분배를 할 목록을 만들었습니다. 각자 다른 분기를 만들어 업무했고 이를 쉽게 다시 합칠 수 있었습니다. 깃을 사용하면 다른 사람의 결과를 실수로 덮어 쓰지 않을 수 있습니다. 초기에 자주 진행하면서 함수를 구현하는 이전 방법이 더 낫다고 판단하면 언제든지 돌아갈 수 있다는 것을 알았습니다. 깃허브를 사용하면 이후 회사 내의 모든 사람이 패키지를 다운로드하고 바로 사용할 수 있습니다.

첫 해커톤 이후 저는 패키지 관리자로 있으면서 깃 기능을 분기처럼 계속 사용해 완전히 테스트될 때까지 기능을 병합하지 않고 프로토타입으로 확인해보고 있습니다.

노트

프로젝트에서 깃을 사용한 적이 없다면 개인 프로젝트에서 깃을 사용했다고 대신 말할 수 있다. 질문의 핵심은 깃의 사용 여부이다. 혼자서라도 다른 기능(브랜치 및 포킹 등)을 사용했다고 설명할 수 있다. 브랜치를 더 많이 사용하거나 일관된 커밋 메시지 구조를 하는 등 다른 사람과 협업할 때 관행을 조정하는 방법을 말할 수도 있다.

깃을 사용해본 적이 없다면 면접에서 솔직하게 말하길 바란다. 하지만 면접을 하기 전 배우려고 노력하길 바란다.

A.1.4 기술 결정

완전히 백지 상태에서 기술 스택은 어떻게 선택하나요?

헤더 놀리스Heather Nolis

예시 답안

프로젝트에 따라 결정합니다. 기술 스택에 관한 제 결정은 주로 제가 구현하기에 가장 간단한 부분과 다른 사람과 협업하기 가장 쉬운 부분 사이의 균형을 맞추는 것에 달려 있습니다. 어떻게 기술 스택을 선택했는지와 이로부터 무엇을 배웠는지에 관한 두 가지 경험이 있습니다. 커리어 초기에 한 프로젝트에서 완전히 처음부터 신제품을 개발해야 했습니다. 저는 팀 유일의 데이터 과학자였기에 저에게 가장 익숙했던 .NET 스택과 F#을 사용해 업무용 제품을 출시했습니다. F# 언어는 흔하지 않다는 단점이 있어 새로운 데이터 과학자를 구할 때 F#에 대한 지식을 지닌 사람을 찾기란 보통 쉬운 일이 아니었습니다. 그때 .NET과 F#을 사용하는 것은 올바른 결정이 아니었다는 것을 깨달았습니다. 최근에 마이크로서비스를 다루는 엔지니어링 팀으로 머신러닝 API를 만드는 프로젝트를 맡게 되었습니다. 이전에 도커 컨테이너를 사용한 적이 없었지만 팀이 유지 관리하기에 가장 쉬울 것이라 판단해 도커 컨테이너로 REST API를 만들었습니다. 그 결과, 프로젝트를 통해 도커와 컨테이너를 많이 배웠고 제가 만든 업무도 잘 통합할 수 있었습니다.

노트

T모바일에서 면접을 진행할 때 헤더 놀리스는 지원자들이 프로젝트를 선택하고 그들이 내린 결정, 다른 사람의 결정, 지금 알고 있는 내용을 다른 업무에 어떻게 적용할 것인지 대답하길 원한다. 면접관이 직접 물어보지 않을 수도 있지만 모두 물어볼 수도 있다.

어떤 대답을 하든 이전에 했던 업무(추가 프로젝트 또는 업무 과정에 포함됐던 부분)에서 내려야 했던 결정을 많이 언급하게 된다. 질문의 핵심은 프로젝트에 적합한 올바른 기술을 선택하고자 얼마나 많은 생각을 했는지 확인하는 것이다. 문제점으로 끝난 기술 스택을 선택하는 것은 문제에서 배울 수 있기에 괜찮다. 무언가를 통해 배운 것이 처음부터 모든 부분을 올바르게 바로잡는 것보다 훨씬 더 좋다. 여러분이 변화할 수 있다는 것을 보여준다.

A.1.5 자주 사용하는 패키지/라이브러리

자주 사용하는 R 패키지 및 파이썬 라이브러리는 무엇이며 선택한 이유는 무엇인가요?

예시 답안

하나의 패키지는 아니지만 R의 깔끔한 부분을 구성하는 패키지는 정말 마음에 듭니다. 패키지는 데이터 읽기부터 정리, 변환, 시각화 및 모델링에 이르기까지 모든 사항을 제공합니다.

특히 dplyr 패키지 덕분에 로컬 테이블 및 원격 테이블로 업무하든 코드를 SQL로 변환하는 것과 동일한 코드를 사용할 수 있어 특히 이 패키지를 좋아합니다. 최종 작업에서 dbplyr을 사용하면 모든 데이터가 아마존 레드시프트^{Amazon Redshift}에 저장됩니다. 액세스하기 위해 SQL 쿼리가 필요했지만 전체 작업 과정이 R스튜디오^{RStudio}에 남아 있었습니다. dbplyr을 사용해 요약 및 필터링한 후 더 복잡한 업무나 시각화가 필요하면 데이터를 로컬에서 가져왔습니다. 개인적으로 해들리 위컴^{Hadley Wickham}의 철학을 정말 좋아합니다. 코딩의 병목현상은 실행 시간 때문이 아닌 개발자의 잘못된 생각으로 발생합니다. 이때 팀원과의 협업을 통해 원활히 동작하는 도구를 만들어 여러분의 생각을 코드로 빠르게 옮길 수 있어야 합니다.

노트

면접관은 구체적인 답을 원하지는 않는다. 오히려 두 언어 중 어느 언어로든 자주 사용하는 패키지를 충분히 프로그래밍할 수 있는지, 이 패키지를 사용하는 방법과 이유를 설명할 수 있는지 알고 싶어 한다. 질문의 답은 면접관이 어떤 종류의 일을 하는지 알게 해준다. 특히 유용한 패키지라면 해당 패키지가 무엇을 하는지 설명하는 것을 잊으면 안 된다. 다른 패키지가 업무에 더 많이 사용되는 경우 해당 패키지를 선택하는 이유를 설명해야 한다. 어떤 대안이 있는지 여러분의 폭넓은 인식을 보여줘야 한다. 마지막으로 면접관에게 깊은 인상을 주고자 딥러닝 라이브러리와 같은 가장 '우수한' 라이브러리를 골라야 하는 것은 아닌가 걱정하지 않아도 된다. 이 질문은 대답하기 가장 쉽고 (잠재적으로) 가장 재미있는 질문 중 하나이다. 너무 깊이 생각하지 않길 바란다.

A.1.6 R과 주피터 노트북

R 파일 또는 주피터 노트북이란 무엇인가요? R 또는 파이썬 스크립트에 R 마크다운 파일 또는 주피터 노트북을 사용하는 이유는 무엇인가요? 스크립트는 언제 사용하는 게 좋은가요?

예시 답안

R과 R 마크다운의 경우를 답하겠습니다. 기본적인 아이디어는 파이썬과 주피터 노트북과 동일합니다. R 마크다운 파일은 코드 사이에 텍스트와 서식을 넣을 수 있는 R 코드 작성법입니다. 어떤 의미에서 분석 기법 및 아이디어, 코드의 결과를 합칠 수 있습니다. R 마크다운 파일을 사용하면 기존 R 코드보다 구현하기 쉬운 분석을 수행할 수 있으며 분석 내용에 관해 별도로 설명을 추가할 수 있습니다. R 마크다운은 출력 파일을 변환할 때 HTML 출력, 워드 문서 및 PDF를 이해관계자에게 전달할 수 있게 명확히 바꿀 수 있습니다.

R 마크다운 파일은 분석을 구현하는 데 있어 유용하지만 다른 위치로 배포하거나 코드 재사용에는 유용하지 않습니다. 다른 여러 장소(예: 파일에서 데이터를 불러오는 공간)에서 사용할 함수가 있다고 가정해보면 모든 함수를 생성하고 스크립트를 개별적인 분석과 별도로 유지하는 R 스크립트를 작성하는 것이 좋습니다. R을 plumber 패키지와 함께 사용해 웹 API를 생성하려는 경우 R 마크다운 파일을 생성하지 않아도 됩니다.

노트

분석을 구현한 경험이 있는지 확인하려는 질문이다. R 또는 파이썬을 사용하는 많은 사람이 스크립트를 특별한 방법으로 작성하고 다른 사람과 결과를 어떻게 공유할지는 생각하지 않는다. R 마크다운과 주피터 노트북의 핵심을 이해한다는 것을 보여줘 코드를 더욱 유용하게 만드는 방법에 대해 고민한다는 것을 알려준다. R 마크다운 파일이나 주피터 노트북을 사용하지 않는다면 반드시 한 번 정도 사용해보길 바란다.

R과 파이썬 모두 잘 아는 것은 걱정하지 않아도 된다. 둘 다 알아도 좋다.

A.1.7 언제 함수나 패키지/라이브러리를 작성해야 하는가?

언제 코드를 함수로 만들어야 하나요? 또한 언제 패키지 및 라이브러리로 바꿔야 하나요?

예시 답안

코드를 복사하고 붙여넣는 것을 안다면 코드를 사용해 함수를 만들어야 한다는 신호입니다. 예를 들어 세 개의 서로 다른 데이터셋에서 코드를 실행할 경우 코드를 세 번 복사하는 것이 아니라 함수를 통해 한 번에 적용해야 합니다. R의 purr 라이브러리 및 파이썬 리스트 개념을 이용해 이런 함수를 적용할 수 있습니다. 팀에 여러 프로젝트에 걸친 코드가 있어 패키지와 라이브러리가 가장 좋다는 것을 깨달았습니다. 현재 회사에서는 S3에 저장하지만 로컬에서 분석할 데이터도 많습니다. 각 프로젝트의 코드에 액세스하고자 함수를 복사하고 붙여넣는 대신 모든 코드에서 호출할 수 있는 라이브러리를 만들었습니다. 이때 라이브러리를 바꾸면 이를 사용하는 모든 프로젝트를 바꿔야 하는 단점이 있지만 핵심적인 기능에는 이런 접근법이 더 좋은 경우가 많습니다.

노트

'가능한 한 많이'라는 정답을 가진 다소 쉬운 질문이다. 일반적으로 코드를 반복해 복사하고 붙여넣는 것은 좋지 않은 습관이다. 데이터 과학자는 코드를 읽고 이해하기 쉬운 방식으로 함수를 만들어야 한다. 코드를 재사용하려면 함수나 패키지로 이해하는 예시를 들어주는 것이 좋다. 함수를 만들어 재사용한 적이 자주 있는가? 라이브러리는 어떠한가? 이런 상황이나 이야기를 많이 말하길 바란다.

A.1.8 R/파이썬으로 데이터 다루기

tweets 테이블이 있습니다. 트윗을 보낸 계정, 텍스트, '좋아요' 수 및 보낸 날짜가 데이터로 있습니다. 스크립트를 작성해 테이블에서 한 사람당 한 행을 가져옵니다. 이 테이블로 한 사람이 받은 '좋아요'의 최소 개수(min_like)와 총 트윗 수(nb_tweets) 열을 만들어봅니다. 2019년 9월 1일 이후에 전송된 트윗만 적용하고 표에서 중복된 항목을 먼저 제거합니다.

계정명(account_name)	내용(text)	좋아요 수(nb_likes)	날짜(date)
@vboykis	Data science is…	50	2019-10-01
@Randy_Au	It's hard when…	23	2019-05-01
@rchang	Some news…	35	2019-01-01
@vboykis	My newletter…	42	2019-11-23
@drob	My best advice…	62	2019-11-01

R 예시 답안

```
tweets %>%
    filter(date > "2019-09-01") %>%
    distinct() %>%
    group_by(account_name) %>%
    summarize(nb_tweets = n(), min_likes = min(nb_likes))
```

파이썬 예시 답안

```
tweets = tweets[tweets.date > "2019-09-01"].
drop_duplicates().
groupby("account_name")

tweets['nb_likes'].agg(nb_tweets="count", min_likes="min")
```

노트

이런 유형의 질문은 FizzBuzz와 소수(R과 파이썬에서 이를 수행하는 방법을 알고 있을 때) 질문 및 SQL 쿼리(데이터 분석)가 결합된 질문이다. 이전에 데이터 분석을 한 적이 있다면 비교적 쉽다. 현재 기억할 수 없는 기술(예: 문자 열을 날짜 열로 변환하거나 긴 포매팅에서 넓은 형태로 변경해야 한다)이 있는 문제에 직면할 수도 있다. 만약 어떻게 해야 하는지 기억하지 못한다면 'X에 관한 정확한 구문이 기억나지 않아 플레이스홀더로 해당 부분에 의사코드를 넣겠습니다'라고 말하고 넘어가길 바란다. 너무 한 부분에 많은 시간을 할애해서는 안 된다. 더 특이한 질문이 있다면 면접관은 해당 부분을 다음 단계로 나아가기 위한 요건이 아닌 추가 질문으로 간주할 가능성이 높다.

A.2 SQL과 데이터베이스

A.2.1 조인의 종류

왼쪽 조인과 내부 조인의 차이점을 설명하세요.

루다밀라 잔다*Ludamila Janda*, 아얀티 G*Ayanthi G*

예시 답안

조인join은 왼쪽 테이블과 오른쪽 테이블 등 두 테이블의 데이터를 새 테이블로 결합하는 방법입니다. 두 테이블 간 행을 연결해 데이터를 합칩니다. 키 열은 두 테이블에서 동일하며 연결해야 할 데이터를 찾는 데 사용됩니다. 왼쪽 조인의 경우 왼쪽 테이블의 모든 행이 결과 테이블에 나타나지만 오른쪽 테이블의 행은 키 열의 값이 왼쪽 테이블에 있을 경우에만 나타납니다. 하지만 내부 조인에서는 왼쪽 테이블과 오른쪽 테이블의 두 행이 각각 일치하는 행이 있을 경우만 표시됩니다.

실제로 왼쪽 조인(예: 오른쪽 테이블을 살펴보는 데 사용)이 있는 경우 오른쪽 테이블에서 왼쪽으로 데이터를 옮기는 것으로 생각할 수 있습니다. 내부 조인은 공유되는 모든 데이터를 찾고 쌍으로만 새 테이블을 만드는 것과 같습니다.

노트

루다밀라는 해당 질문이 속임수 질문이 아니며 면접자에게 중요한 지식이기에 신입을 심사하는 질문으로 선호한다고 한다. 면접자의 대답에서 많은 부분을 배울 수 있다. 교과서적으로는 맞지만 이해하기 쉽지 않은 것에서 이해하기는 쉽지만 중요한 개념을 놓치는 경우까지 다양한 대답이 있다. 예시 답안에서는 데이터에 나타나는 중복된 행의 복잡성을 언급하지 않았다. 이런 복잡성은 결과에 영향을 미칠 수 있어 언급할 가치가 있지만 주의가 분산될 가능성이 높다.

A.2.2 SQL로 데이터 불러오기

데이터베이스에 데이터를 불러오는 다양한 방법과 각 방법의 장단점을 설명하세요.

아얀티 G

예시 답안

데이터를 데이터베이스에 불러오는 방법은 여러 가지가 있습니다. 기본적으로 데이터가 있는 위치에 따라 다릅니다. 데이터가 CSV 파일과 같은 평범한 파일인 경우 데이터를 SQL 형태로 가져오는 여러 프로그램이 있습니다. 예를 들어 SQL Server 2017에는 가져오기 및 내보내기 마법사가 있습니다. 이런 도구는 사용하기는 쉽지만 사용자 지정이 많이 되지 않아 구현이 어렵습니다. 데이터가 R 및 파이썬과 같은 여러 환경에서 온 경우 데이터를 SQL로 전달하는 드라이버가 있습니다. 예를 들어 ODBC 드라이버는 R의 DBI 패키지와 함께 R에서 SQL로 데이터를 이동하는 데 사용할 수 있습니다. 이런 방법은 더 쉽게 구현할 수 있고 프로그래밍적이지만 데이터를 R 및 파이썬으로 가져와야 합니다.

노트

실제로 이전에 데이터를 데이터베이스로 불러왔는지 확인해보는 질문이다. 해본 적이 있다면 어떻게 했는지 설명하는 것은 어렵지 않다. 이전에 데이터베이스에 데이터를 불러온 경험이 없다면 면접관에게 경험이 부족하다는 느낌을 준다.

장단점을 묻는 질문은 서로 다른 상황에서 어떤 도구가 더 좋은지 제대로 이해하는지 확인하는 것이다. GUI 도구를 사용해 데이터를 업로드하는 것이 단일 파일일 때는 편리하고 좋은 솔루션이다. 데이터를 연속적으로 불러오도록 전체 자동화하는 코드를 작성할 수도 있다. 언제, 무엇을 사용해야 하는지 잘 이해하고 있다는 것을 많이 보여주는 게 좋다.

A.2.3 SQL 쿼리 예제 1

A 테이블에 여러 반의 학생이 받은 성적이 0점부터 100점까지 있습니다. 각 반에서 가장 높은 점수를 어떻게 계산하나요?

수업명	이름	성적
수학	노리스, 앰버	100
수학	버코위츠, 마이크	90
문학	리스톤, 어맨다	97
스페인어	베탕쿠르, 로라	93
문학	로빈슨, 애비	93
...	...	...

예시 답안

각 수업에서 가장 높은 성적을 찾는 쿼리는 다음과 같습니다.

```
SELECT CLASS, MAX(GRADE)
INTO TABLE_B
FROM TABLE_A
GROUP BY CLASS
```

쿼리는 데이터를 각 수업명으로 그룹화한 후 해당 수업의 성적 최댓값을 찾습니다. 이후 결과를 쿼리할 수 있도록 결과를 새로운 테이블(TABLE_B)에 추가로 저장합니다.

노트

SQL과 관련해 받을 수 있는 가장 간단한 질문이다. SQL의 그룹화에 대한 기본적인 이해가 있는지 확인한다. 사람들이 이 질문에 대답을 잘 못하는 이유는 어떠한 부분을 그룹화할지 모르거나(수업명 변수) 질문이 너무 쉬워 문제를 지나치게 복잡하게 만들고 간단한 솔루션을 놓치기 때문이다. 면접에서 질문이 너무 쉬운 것처럼 보인다면 실제로도 매우 쉬울지도 모른다.

솔루션이 명확하지 않은 것 같으면 현재 SQL에서 그룹화 변수가 어떻게 동작하는지 확인해볼 수 있다.

마지막으로 INTO TABLE_B 코드는 선택 사항이다. 다음 질문을 잘 준비할 수 있을 것이다.

A.2.4 SQL 쿼리 예제 2

이전 질문의 테이블을 참고하세요. 각 반에서 가장 높은 점수를 받을 뿐만 아니라 해당 점수를 받은 학생도 찾으려면 어떻게 해야 하나요?

예시 답안
이전 질문의 결과가 TABLE_B에 저장되었다고 가정하면 다음 방법을 사용할 수 있습니다.

```
SELECT a.CLASS, a.GRADE, a.STUDENT
FROM TABLE_A a
INNER JOIN TABLE_B b ON a.CLASS = b.CLASS AND a.GRADE = b.GRADE
```

기존 TABLE_A에서 최댓값이 있는 성적의 수업명과 함께 모든 학생과 해당 성적을 TABLE_B로 선택합니다. 내부 조인은 최댓값인 수업명/성적 조합만 유지하는 필터 역할을 합니다. 이 경우에만 TABLE_B에 성적이 나타나기 때문입니다. 하위 쿼리를 사용해 TABLE_B를 호출하지 않고 동일한 작업을 수행할 수도 있습니다.

```
SELECT a.CLASS, a.GRADE, a.STUDENT
FROM TABLE_A a
INNER JOIN (
    SELECT CLASS, MAX(GRADE)
    FROM TABLE_A GROUP BY CLASS) b
ON a.CLASS = b.CLASS AND a.GRADE = b.GRADE
```

노트

여러 가지 해결 방법이 있지만 모든 솔루션은 대부분 TABLE_A에서 두 개 이상의 쿼리가 필요하다. 해당 질문은 면접자를 좌절하게 만든다. 보기에는 간단한 문제처럼 보이지만 면접 중에 이를 생각하는 것은 어려울 수도 있다. 이런 문제를 틀려도 아직까지는 면접에 통과할 가능성이 있다.

해당 솔루션은 최댓값을 합치려고 사용되지는 않는다. 예시 답안에서는 여러 명의 학생이 반환되는데 면접관에게 알려줄 필요는 있다. 여러분이 가장 중요한 부분에 주의를 기울이고 있다는 것을 보여주면 된다.

A.2.5 데이터 형

날짜 열을 데이터베이스에서 문자열로 저장하는 데 어떠한 단점이 있나요? 예를 들어 SQL에서 날짜 열을 DATE 대신 VARCHAR(MAX) 형태로 저장하면 어떻게 되나요?

예시 답안

날짜가 아닌 문자열로 저장된 날짜(예: 2019년 3월 2일이 "03/20/2019" 문자열로 저장)는 데이터베이스에서 일반적입니다. 정보가 손실되지는 않지만 업무 방식에 따라 성능이 떨어질 수 있습니다. 먼저 데이터가 DATE형으로 저장되지 않은 경우 해당 데이터에 MONTH() 함수를 사용할 수 없습니다. 두 날짜 간의 차이를 계산하거나 가장 오래된 날짜를 찾는 등의 작업을 할 수 없습니다.

이런 문제는 데이터베이스로 데이터를 불러오거나 정리할 때 자주 발생됩니다. 데이터 포매팅을 더 빨리 고칠수록 분석은 더 쉬워집니다. CAST와 같은 함수를 사용해 해결할 수 있습니다. 수백 개의 열이 있는 데이터를 불러와 사용할 수 없는 데이터가 많은 경우에는 모든 문제를 해결할 시간이 없을 수도 있습니다.

노트

데이터를 잘못된 형으로 저장하는 문제는 매우 자주 발생한다. 데이터베이스뿐만 아니라 R 및 파이썬과 같은 환경 내의 테이블에서도 발생한다. 이 같은 상황이 발생할 때 좋지 못한 상황이라는 것을 이해하는지, 이를 바로잡아야 한다는 것을 이해하는지 확인하는 질문이다. 이런 능력은 지저분한 데이터로 시작하는 데이터 과학 프로젝트의 일환으로 데이터 정리를 하는 데서 자연스럽게 터득해야 한다.

A.3 통계와 머신러닝

A.3.1 통계학 용어

평균, 중위수, 최빈값을 8세 아이에게 설명해보세요.

앨런 버틀러*Allan Butler*

예시 답안

평균, 중위수, 최빈값 모두 데이터를 일반화해 나타내는 세 가지 유형입니다. 이런 통곗값은 전체 데이터셋을 요약해 전체 숫자를 하나의 수로 이해할 수 있도록 도와줍니다.

한 사람당 형제자매가 몇 명이 되는지 알아보고자 학급 설문조사를 했다고 가정해보겠습니다. 한 반에는 다섯 명이 있습니다. 한 명은 형제가 없고, 한 명은 하나, 한 명은 둘, 그리고 나머지 두 명은 다섯 명이라고 하겠습니다.

최빈값은 형제자매 수 중 가장 큰 수입니다. 이 경우 다섯 명입니다. 두 명의 학생이 다섯 명의 형제자매가 있지만 나머지는 모두 한 명씩 있습니다.

평균은 형제자매의 총 수를 학급의 학생 수로 나눈 값입니다. 이 경우 모는 사람 수를 더한 $0+1 \times 1+1 \times 2+5 \times 2=13$을 학급의 학생 수인 5로 나눈 13/5=2.6명입니다.

중위수는 가장 작은 값과 큰 값 사이에 있는 중간값입니다. 차례대로 나타내면 0, 1, 2, 5, 5입니다. 세 번째 숫자가 가운데에 있으며 중위수는 2가 됩니다.

세 가지 유형의 통곗값이 서로 다른 숫자를 산출한다는 것을 알 수 있습니다. 이런 통계적 방법을 언제 사용해야 하는 게 좋을까요? 평균은 가장 일반적이며 특이치가 있는 경우에는 중위수가 유용합니다. 한 사람이 1천 명의 형제자매를 가졌다고 가정해보겠습니다. 갑자기 여러분의 평균은 훨씬 더 커지지만 실제 사람들의 형제자매 수와는 거리가 멉니다. 반면 중위수는 동일합니다.

노트

데이터 과학 직무에 면접을 보는 사람이 여러 형태의 통곗값을 모를 가능성은 거의 없다. 이 질문은 정의를 제대로 이해했는지를 확인하는 것이 아니라 실제 의사소통 능력을 보고 싶은 것이다. 답안은 8살 아이가 현실에서 마주칠 수 있는 경우를 예시로 사용했다. 실험 대상 수를 간단하게 하는 것이 좋다. 50개의 데이터 점을 계산하기 위해 평균 또는 중위수를 계산하다가 문제가 생기길 원하지 않는다. 면접실에 화이트보드가 있는 경우 숫자를 기록해두면 도움이 된다. 한 종류의 통곗값을 다른 유형 대신 사용할 수 있는 경우를 추가할 수도 있다.

A.3.2 p-값 설명하기

p-값이 무엇이며 어떻게 사용되는지 설명할 수 있나요?

예시 답안

여러분이 동전을 50번 던졌을 때 앞면이 26번 나왔다면 앞면이 정확히 25번 나오지 않아 동전이 공평하지 않다는 결론을 내릴 것인가요? 아닙니다. 무작위성이 적용된다는 것을 고려해야 합니다. 하지만 해당 동전의 앞면이 33번 나온다면 어떨까요? 공정한 동전이 아니라고 결론짓기 위한 한계점이 무엇인지 어떻게 결정할까요?

이때 p-값^{p-value} 개념을 사용합니다. p-값은 귀무가설이 참일 경우 얻은 결과보다 더 극단적으로 나타날 확률입니다. 귀무가설은 우리가 반증하려고 하는 두 그룹 사이의 차이가 없는 것과 같은 기본적인 가정입니다. 여기서 귀무가설은 동전이 공정하다는 것이죠.

p-값은 확률이므로 항상 0과 1 사이입니다. p-값은 기본적으로 귀무가설이 참일 경우 결과에 얼마나 영향을 받을지 나타냅니다. 통계적인 검증을 바탕으로 우리가 공정한 동전을 던지고 있다면 33번 이상의 앞면이나 뒷면을 얻을 확률을 계산할 수 있습니다. (둘 다 우리가 얻은 부분과 같이 극단적인 결과이다) 이때 확률인 p-값은 0.034입니다. 관례적으로 0.05를 귀무가설을

기각하기 위한 임곗값으로 사용합니다. 이 경우 동전 던지기가 공정하다는 가설을 기각합니다.

p-값의 임곗값이 0.05인 경우 귀무가설이 참일 때도 5%로 기각합니다. 이는 우리의 거짓과 참의 비율입니다. 실제로 참일 때는 귀무가설을 기각하는 비율입니다.

노트

p-값이 무엇인지 이해하고 정의를 효과적으로 전달할 수 있는지 확인하는 질문이다. p-값은 일반적으로 오해가 있다. 거짓 양성false-positive인 확률이라고 알려진 경우이다. 평균과 관련된 질문과 달리 오해할 가능성이 있다. 의사소통 측면에서는 예시를 사용해 설명하는 것이 좋다. 데이터 과학자는 p-값을 들어보지 않았으며 무엇인지는 이해하지만 의사소통은 어려운 이해관계자와 대화할 수 있어야 한다. 둘 다 p-값을 이해하고 이해 정도를 다른 사람과 공유할 수 있다는 것을 보여줘야 한다.

A.3.3 혼동 행렬 설명하기

혼동 행렬이 무엇인가요? 어디에 사용하나요?

예시 답안

혼동 행렬confusion matrix을 사용하면 특정 모델의 예측이 실제 결과와 어떻게 다른지 확인할 수 있습니다. 2×2 표에는 각각 참 양성(TP), 거짓 양성(FP), 참 음성(TN), 거짓 음성(FN)이 총 네 개 있습니다. 혼동 행렬에서는 정확도accuracy(정확하게 참 양성 또는 참 음성으로 나타난 백분율), 민감도sensitivity(정확히 참 음성 비율) 및 이와 같이 올바르게 분류된 참 값의 비율과 같은 측정치를 계산할 수 있습니다. 혼동 행렬은 항공기가 연착될지, 고양이나 개의 그림을 구분하는 등 결과를 분류하거나 예측하는 지도supervised 학습 문제에 사용됩니다. 항공기 연착 문제에 관한 예시를 나타내보겠습니다.

	실제 지연	실제 정시 도착
지연 예측	60	15
정시 도착 예측	30	120

이 경우 지연될 것으로 예상된 60개의 항공편이 실제로도 지연됐으며 정시에 도착할 것으로 예측된 30개의 항공편도 실제로 지연됐습니다. 즉 참 음성 비율은 60/(60+30)=2/3입니다.

한 가지의 측정값 대신 혼동 행렬을 보면 모델 성능을 잘 이해하는 데 더 도움이 됩니다. 예를 들어 다른 문제의 정확도를 계산했을 때 97%였습니다. 좋기는 하지만 97%의 비행기가 정시에 도착할 수 있다고 생각할 수 있습니다. 모델이 단순히 모든 비행편이 정시에 도착했다고 예측했다면 한 번이라도 정시에 도착한 모든 항공편을 정확하게 분류하므로 97%의 정확도를 가질 수 있겠지만 이 모델은 전혀 쓸모없습니다.

노트

여러분이 지도 학습 모델에 익숙한지 여부를 확인하는 질문이다. 여러 가지 모델의 성능 평가 방법을 알고 있는지 살펴본다. 예시 답안에서는 혼동 행렬에서 계산할 수 있는 두 가지 측정값을 알아봤다. 이 행렬을 사용하는 방법을 이해하고 행렬을 한 개만 보는 것이 아니라 전체적으로 보는 것이 유용하다는 것을 알 수 있다.

A.3.4 회귀 모델 해석하기

입력 데이터와 모델이 주어진 경우 두 개의 회귀 모형의 출력을 어떻게 해석할 건가요? 이 모델은 세토사setosa, 다색versicolor, 버지니카virginica 등 3종의 꽃 150여 점을 관찰한 데이터셋입니다. 각 꽃의 꽃받침 길이, 꽃받침 폭, 꽃잎 길이, 꽃잎 너비가 기록되어 있습니다. 모형은 네 개의 변수에서 꽃받침 길이를 예측하는 선형 회귀분석입니다.

모델의 입력 데이터

	Sepal.Length	Sepal.Width	Petal.Length	Petal.Width	Species
	\<dbl\>	\<dbl\>	\<dbl\>	\<dbl\>	\<fct\>
1	5.1	3.5	1.4	0.2	setosa
2	4.9	3	1.4	0.2	setosa
3	4.7	3.2	1.3	0.2	setosa
4	4.6	3.1	1.5	0.2	setosa
5	5	3.6	1.4	0.2	setosa

모델 호출

```
model <- lm(Sepal.Length ~ ., iris)
```

출력 1

term	estimate	std.error	statistic	p.value
\<chr\>	\<dbl\>	\<dbl\>	\<dbl\>	\<dbl\>
(Intercept)	2.17	0.280	7.76	1.43e-12
Sepal.Width	0.496	0.0861	5.76	4.87e- 8
Petal.Length	0.829	0.0685	12.1	1.07e-23
Petal.Width	-0.315	0.151	-2.08	3.89e- 2
Speciesversicolor	-0.724	0.240	-3.01	3.06e- 3
Speciesvirginica	-1.02	0.334	-3.07	2.58e- 3

출력 2

variable	value
\<chr\>	\<dbl\>
r.squared	0.867
adj.r.squared	0.863
sigma	0.307
statistic	188
p.value	2.67e-61
df	6
logLik	-32.6
AIC	79.1
BIC	100
deviance	13.6
df.residual	144

예시 답안

요약된 모형의 결과를 보면 매우 좋은 모형처럼 보입니다. 결정계수$^{R-squared}$는 0.867로 예측 변수가 꽃잎 길이의 86.7%를 설명합니다. p-값이 0.05보다 작으면 유의합니다. 꽃받침의 너비가 넓고 꽃잎이 더 길수록 꽃받침이 더 길다는 것을 알 수 있습니다. 반면 꽃잎의 너비가 넓을수록 꽃받침의 길이가 더 짧습니다. 다색과 버지니카 종 모두 음의 계수를 가지고 있는데 해당 종들은 세토사보다 더 작은 꽃받침 길이를 가지고 있다고 예측할 수 있습니다.

꽃받침 너비가 1, 꽃잎 길이가 2, 꽃잎 너비가 1인 꽃을 새로 발견했다고 가정해보겠습니다. 이는 버지니카 종입니다. 모델은 꽃받침의 길이를 $2.17 + .496 \times 1 + .829 \times 2 - .315 \times 1 - 1.02$ 로 약 3을 예측할 수 있습니다. 하지만 이 모형을 사용하기 전에 잔차^{residuals}가 정규분포를 따르는지 여부와 같이 몇 가지 진단 방법을 더 살펴보고 표본이 어떻게 사용되는지 검증 데이터셋을 찾아 과적합^{overfitting}되지 않았는지 확인해야 합니다.

노트

면접관은 여러 가지를 찾고 있으며 얼마나 많이 맞히느냐에 따라 점수를 얻을 수 있다. 면접관은 모델 통계량(예: 결정 계수)과 추정치 및 관련 p-값을 이해하는지 여부를 확인한다. 명시적으로 요구되는 정보는 아니지만 답변을 바탕으로 어떻게 이 모델을 사용해 새로운 꽃의 꽃받침 길이를 예측하는지 설명해야 한다. 마지막으로 모델을 사용하기 전 알아야 할 모델에 관한 정보를 추가했다. 이런 유형의 질문은 면접관이 원하는 사항을 파악하고 추가 정보를 말할 수 있는 좋은 기회이다. 너무 열심히 노력해 한 문제에 20분 동안 집중하지는 말자. 여러분이 할 수 있는 한 많은 개념을 이해하고 있다는 것을 보여줘야 한다.

A.3.5 부스팅이란?

머신러닝 알고리즘을 살펴볼 때 부스팅이란 단어의 의미는 무엇인가요?

예시 답안

부스팅^{boosting}이란 약한 모델을 가져와 충분히 재사용해 좋은 모델이 될 수 있게 만든 모든 종류의 머신러닝 알고리즘을 말합니다. 이 아이디어는 데이터를 성능이 낮은 모델에 학습시키고 오류가 있었던 부분을 찾고 두 번째 모델이 첫 번째 모델의 문제점을 일부 해결하기를 바라면서 오류가 있었던 데이터 포인터에 가중치를 더 주며 동일한 형태의 모델을 학습시키는 것입니다.

모델이 한계가 올 때까지 이 과정을 반복할 수 있습니다. 그 후 이런 모든 모델을 다같이 사용해 예측을 합니다. 많은 수의 모델을 사용하면 단일 모델을 사용한 경우보다 더 정확한 결과를 얻을 수 있습니다.

부스팅을 구현하는 방법 중 가장 인기 있는 방법은 R과 파이썬에서 많이 사용하는 XGBoosst입니다.

노트

부스팅은 흔하지 않은 용어로 데이터 과학 관련 경험이 적은 사람이라면 그 의미를 정확히 알지 못할 수도 있다. 이 질문은 데이터 과학 전문 지식을 보유한 사람보다 더 경험이 많은지 확인하는 과정이다. 다소 학문적인 질문이다. XGBoost가 어떻게 동작하는지 깊이 생각하지 않고 수년간 성공적으로 코드에서 XGBoost를 사용한다고 상상할 수 있다. 이 질문은 '제대로 맞히지 못하면 취직하지 못한다'는 의미가 아니라 '맞히는 것도 좋지만 못 맞힌다고 세상이 끝나는 것은 아니다'라는 의미이다.

A.3.6 선호하는 알고리즘

가장 선호하는 머신러닝 알고리즘은 무엇인가요?

예룬 얀센스Jeroen Janssens

예시 답안

제가 가장 좋아하는 머신러닝 알고리즘은 재귀 신경망recurrent neural network입니다. 최근 자연어 처리 업무를 많이 하면서 재귀 신경망은 텍스트를 빠르게 분류하는 좋은 모델이라는 걸 깨달았습니다.

선형 회귀를 아시나요? 신경망은 선형 회귀분석 그룹이 있고 현재 출력이 다음 그룹의 입력이라는 점을 제외하고는 선형 회귀와 동일합니다. 이런 모든 선형 회귀분석을 모델의 레이어로 묶으면 훨씬 더 정확하게 예측할 수 있습니다.

재귀 신경망은 시퀀스에 포함되는 데이터에 맞도록 조정된 특별한 신경망입니다. 자연어 텍스트가 블록을 처리하는 경우 일련의 단어를 통해 출력되는 부분은 다음 모델의 입력입니다.

노트

면접에서 많이 받는 질문 중 하나이다. 복잡한 아이디어를 간단한 방법으로 설명할 수 있는지 확인하는 질문이다. 여러분이 어떤 알고리즘을 선택하느냐는 어떻게 동작하는지 명확히 말하는 것만큼 중요하지 않다. 업무와 관련된 알고리즘을 설명하면서 과거의 흥미로웠던 업무를 강조할 수 있는 좋은 기회이다.

A.3.7 학습 vs 검증 데이터

학습 데이터와 검증 데이터란 무엇인가요? 데이터셋을 만들 때 일반적인 전략은 무엇인가요?

예시 답안

학습 데이터는 머신러닝 모델을 학습시키는 데 사용되는 데이터입니다. 검증 데이터는 머신러닝 모델을 학습하는 데 사용하지 않는 데이터이며 대신 모델이 얼마나 잘 동작하는지 검증하는 데 사용됩니다. 데이터를 모델로 학습시킬 때 사용할 경우 모델이 데이터에 올바른 결과를 학습하거나 잘못 학습될 수 있어 이런 데이터셋은 분리되어야 합니다.

학습 데이터와 검증 데이터를 분할하는 방법은 다양합니다. 일반적인 접근 방식은 분석 시작 시 10%와 같이 작은 랜덤 표본을 추출해 모든 모델에 관한 검증 데이터로 사용하고 나머지 90%는 학습 데이터로 사용합니다. 마음에 드는 모델이 충분히 잘 작동한다면 모든 데이터(학습 및 검증 모두)에 관해 모델을 재학습해 제품 환경에 가장 정확히 적용할 수 있도록 합니다.

노트

학습과 검증 데이터의 차이점을 잘 설명하는 것은 정말 중요하다. 차이점을 잘 이해하고 어떻게 생각하는지가 머신러닝 모델을 만드는 핵심이다. 데이터를 분할하는 데는 여러 좋은 전략이 있다. 랜덤 표본 추출 외에도 더 많은 데이터를 학습하는 동안 모델의 편향된 학습을 방지하고자 교차 검증을 할 수 있다. 여러분이 왜 이 방법을 선택했는지 논리적으로 잘 설명해야 한다.

A.3.8 특징 추출

1천 개인 공변수를 스무 개로 줄여야 하는 경우 특징 추출을 어떻게 하겠습니까?

알렉스 헤이즈*Alex Hayes*

예시 답안

몇 가지 방법이 있습니다. 예측 문제의 경우 해결책 중 라쏘 회귀분석[lasso regression]을 사용하는 것이 있습니다. 라쏘 회귀분석은 계수의 값을 증가시키는 데 패널티를 적용하는 특수한 형태의 선형 회귀분석입니다. 회귀분석에서 패널티 항을 증가시키면 가장 중요한 공변수를 스무 개만 사용할 때까지 모델의 계수를 점점 더 줄일 수 있습니다. 이런 방식으로 모델은 적합한 계수를 선택합니다. 회귀분석은 학습 데이터에 대한 모든 공변수를 갖는 것이 선형 회귀보다 정확도 정도는 낮습니다. 하지만 적은 수의 공변수만 사용할 수 있다는 장점이 있고 과적합 가능성을 줄여 검증 데이터의 성능이 더 좋을 수 있습니다.

주성분 분석[principal components analysis](PCA)과 같은 차원 축소 방법을 사용해 문제의 차원성을 1,000에서 20으로 줄일 수도 있습니다. 또한 기존 1천 개 중 스무 개의 특징을 선택할 수 있습니다. 주성분 분석과 같은 방법은 1천 개의 데이터에서 최대한 많은 데이터를 나타내는 스무 개의 새로운 특징을 만듭니다.

노트

해당 질문에는 많은 해결책이 있다. 그중 한 가지는 스무 개까지 공변수를 제거하는 단위 함수[step function]를 사용하는 것이다. 스무 개의 특징 집합으로 구성된 여러 개의 표본을 추출해 가장 적합한 집합을 선택할 수도 있다. 문제에 관한 올바른 접근 방식으로 이해하는지 면접에서 확인하기보다 이 문제에 직면했을 때 해결책을 찾을 수 있다는 것을 보여줄 수 있는 과정이라고 생각해야 한다. 여러분이 이 업무에 얽매이지 않는지 확인하는 질문이다. 하고 싶은 부분이 있는가? 그렇다면 직접 시도해보길 바란다. 그렇지 않다면 혼자 업무할 때 힘들 수도 있다.

여러분이 여러 대답을 한다면 '이 방법이 아닌 다른 방법은 언제 사용할 건가요?'라는 질문에 대답할 준비를 해야 한다. 기술을 이해했는지 아니면 다른 사람의 지시로 선택했는지 확인하는 질문이다. 이 경우 해석 가능성과 변수 표현 사이에 균형이 있다고 대답할 수 있다. 라쏘는 쉽게 해석할 수 있지만 PCA는 가능한 한 많은 변수를 나타낸다. 어떤 것을 선택하느냐는 분석을 통해 달성하고자 하는 목표에 따라 달라진다.

A.3.9 새로운 모델 구현하기

현재 제품으로 나온 모델보다 성능이 우수한 새 모델을 개발했습니다. 제품의 모델 전환 여부는 어떻게 결정하고 진행하나요?

에밀리 스판Emily Spahn

예시 답안

해결책은 몇 가지 환경적 요인에 달려 있습니다. 첫째, 어떤 기준으로 새 모델이 더 우수한지 확인합니다. 전체적으로 정확하다는 것을 가정해 기존 모델을 바꿀 가치가 있을 정도로 모델이 더 좋은지 확인해야 합니다. 정확도에서 단순히 1% 정도 더 우수하다면 바꿀 가치가 없습니다. 둘째, 현재 모델을 방해할 위험이 있는지 확인합니다. 정확한 로깅과 테스트로 유지 관리가 잘된 파이프라인을 사용해 모델을 구성했다면 직접 교체할 수 있습니다. 하지만 더 이상 회사에 있지 않은 사람이 모델을 제품 시스템에 수동으로 옮겨 모델을 구축했다면 일단 보류합니다.

마지막으로 먼저 A/B 모델을 테스트할 수 있는 방법이 있는지 확인합니다. 이전 모델과 새 모델을 병렬로 실행해 새 모델에 특이한 문제가 있는지 확인합니다. 테스트가 제품의 모든 문제를 커버할 수는 없습니다. 선별된 경우나 데이터셋을 먼저 실행해보는 것이 이상적입니다.

노트

모델을 구성하는 것은 많은 노동이 필요하며 위험한 제안이다. 질문에 대한 답으로 해당 상황이 어떠한지 이해하고 어떻게 접근할지 결정한다. 경험이 적은 데이터 과학자 또는 머신러닝 엔지니어는 가장 정확한 모델을 가능한 한 빨리 구성하는 것이 올바른 선택이라고 생각할 수 있지만 제품을 관리해야 할 수도 있다. 모델 배포 실패 등 활용할 수 있는 경험이 있다면 이 질문을 참고하길 바란다. 그렇지 않더라도 괜찮다. 여러분이 잘못될 수 있다고 생각하는 경우를 설명한다.

A.3.10 모델 특성

개발된 모델을 최종 사용자의 관점에서 평가하려면 지표를 어떻게 구성해야 합니까? 허용 가능한 오류는 어떻게 결정합니까?

테레차 이오프치우*Tereza Iofciu*, 베르틸 하트*Bertil Hatt*

예시 답안

결정 계수나 정확도와 같은 표준 모델 지표^{model metrics}는 최종 사용자 또는 비즈니스 관점을 놓칠 수 있습니다. 분류 모델은 99% 정확할 수 있지만 1%의 확률로 비즈니스적 문제를 틀리면 결코 모델을 사용하지 않게 됩니다.

모델을 평가하는 가장 좋은 방법은 모델을 사용해 실험하는 것입니다. 고객을 부분적으로 클러스터링하는 모델을 만드는 경우 마케팅에 클러스터를 제시하고 여러 그룹의 고객을 대상으로 맞춤형 마케팅을 테스트합니다. 세분화된 고객을 대상으로 마케팅의 성과를 비교하고 의미 있는 개선이 있다면 모델은 성공한 것입니다. 모델 자체의 지표를 사용하는 것과는 완전히 다릅니다. 클러스터링이 얼마나 효과적으로 이뤄졌는지 등 지표들은 모델만을 분석하기 때문이죠. 여기서는 모델이 전혀 없는 것에 비해 성능이 어떠한지 분석하고 있습니다.

이 모델을 사용해 실험을 실행했을 때 단점은 실험을 설정하기가 어렵다는 것입니다. 때로는 고객 그룹을 모델을 얻는 고객과 그렇지 않은 고객으로 분류하기 힘듭니다. 다른 경우에는 모델의 효과가 너무 적어서 측정하기 쉬운 KPI에 나타나지 않습니다. 이런 어려움이 있지만 실험이 가능하다면 대부분은 최선의 접근법입니다.

노트

매우 까다로운 질문이다. 구체적으로 답해야 한다. 예측 모델과 비지도 모델 또는 마케팅 부서와 관련된 경우 운영 부서와 비교하면 답이 크게 달라질 수 있다. 통계적인 해결책이 기업이 신경 쓰는 해결책과 같지 않다는 생각에 많은 이야기를 나누려고 한다. 신입 데이터 과학자는 통계적인 해결책을 극대화하고 비즈니스적인 문제 해결에 지나치게 집중해 비즈니스 측정값은 무시할 수 있다. 질문에 대한 답은 다양하다. 많은 답안과 마찬가지로 경험에서 예를 가져올 수 있다면 솔직한 답변이 될 수 있다.

A.3.11 실험 디자인

앱을 개발하는 중이며 새로 설계된 레이아웃이 현재 레이아웃보다 좋은지 확인하려고 합니다. 더 나은 앱 레이아웃을 선택하려면 테스트를 어떻게 구성해야 할까요?

라이언 윌리엄스의 질문, 예시 답안, 노트

예시 답안

A/B 테스트는 일반적으로 다음 과정을 거칩니다.

1 먼저 활발한 사용자, 버튼 클릭 수, 인식을 개선시키고자 주목해야 할 지표 중 어떤 것이 **더 좋은지** 정의합니다.

2 '버튼 클릭 수는 모든 그룹에서 동일하다'와 같이 성공 척도를 기반으로 하는 귀무가설을 선택합니다. 이 가설로 검정력을 계산해 특정 크기의 변화를 알아보고자 검정을 얼마나 오래해야 하는지 알 수 있습니다.

3 앱 사용자 모집단을 임의의 그룹으로 나누고 각 그룹에 다른 버전의 앱을 제공합니다.

4 2단계에서 결정한 시간 동안 검정을 한 후 적절한 통계 검정(예: t-검정)을 사용해 두 그룹 간에 통계적으로 유의미한 차이가 있는지 여부를 평가합니다.

노트

매체 조사, 앱/웹 개발 등에 크게 관여하는 팀의 데이터 과학 직무에서 공통적으로 하는 질문이다. 면접관은 A/B 테스트 목적과 원리를 이해하는지 알고 싶어 한다. 특히 하위 직무의 경우 더욱 그렇다. 일반적인 검정이 아닌 카이-제곱 검정을 사용해야 하는 경우처럼 통계 검정의 세부 사항에 얽매이지 않고 실험을 설계하며 인과 관계를 결정하는 방법을 안다는 것을 보여줘야 한다. 이때는 정확한 수준으로 접근하는 방식이 좋다.

A.3.12 실험 디자인의 문제점

더 좋은 앱 레이아웃을 선택하고자 A/B 테스트를 했다고 가정합니다. 테스트 중인 지표가 통계적으로 크게 향상됐지만 새로운 레이아웃을 구현하지 않는 경우가 있습니까?

라이언 윌리엄스의 질문, 예시 답안, 노트

예시 답안

레이아웃이 다른 중요한 지표(가드레일 또는 문제가 되지 않는 지표)에 부정적인 영향을 미친다고 판단되면 레이아웃을 구현하지 않으려고 합니다. 예를 들어 테스트하려는 지표가 사용자 클릭 수입니다. 새 레이아웃에 노출된 사용자 클릭 수가 크게 향상된 것을 확인할 수 있지만 앱 페이지에 해당 레이아웃을 불러오는 데 시간이 오래 걸리는 경우가 있습니다. 이 경우 앱 성능이 저하돼 클릭 수 증가라는 가치가 없을 수 있습니다. 이런 상태로 시간이 지나 앱 내 환경이 나빠진다면 사용자가 이탈할 수 있기 때문입니다.

노트

매우 솔직한 질문이다. 면접관이 보고자 하는 것은 낮은 p-값을 찾는다고 항상 실험이 성공적인 것은 아니라는 여러분의 인식이다. 기업이 앱이나 웹사이트에서 실시간으로 제품을 변경하는 것은 위험하다. 한 번의 통계 테스트로는 올바른 결정을 내리는 데 필요한 모든 정보를 담지 못한다. 합리적인 다른 답변으로는 특정 샘플링/분할 방법론 또는 비용과 위험에 작은 개선을 하는 것이 있다.

A.3.13 샘플링된 데이터의 편향

표본 데이터를 사용할 때 어떤 유형의 편향을 알아야 합니까? 표본이 편향됐는지 어떻게 알 수 있습니까?

라이언 윌리엄스의 질문, 예시 답안, 노트

예시 답안

많은 형태의 편향이 표본 데이터에 영향을 미칠 수 있습니다. 실제 데이터 과학 응용 프로그램에서 가장 일반적인 편향 중 하나는 표본선정편향selection bias(샘플을 잘못 선택함)입니다. 선택편향은 거래량에 따른 표에서 임의의 고객 그룹을 선택하는 것과 같은 시나리오에서 발생할 수 있습니다. 이는 여러 거래량을 가진 고객을 무시합니다. 다른 일반적인 편향 유형에는 생존자편향survivorship bias(일부 샘플이 사전에 선택하는 과정을 지나게 만든 그룹보다 더 많은 나타나는 현상)과 자발적 응답 편향voluntary response bias(샘플이 자기 자신의 정보를 자원할 가능성이 더 높 았던 그룹보다 더 많이 나타나는 현상)이 있습니다.

표본의 평균값을 모집단의 알려진 평균 또는 예상 평균과 비교하는 것처럼 표본의 편향을 식별 하는 데 사용할 수 있는 통계 방법이 있습니다. 편향을 알기 위해 표본 추출 과정을 합리적으로 생각해야 합니다. 우리가 이 그룹을 표본으로 추출하는 방법에 관해 관심을 가지고 있는 집단 과 다른 점이 있을까요?

노트

데이터 업무 및 결론 도출의 한계를 이해하는지 확인하는 질문이다. 데이터가 제한되거나 잘못 알려질 수 있는 방법을 이해하는 것보다 **표본선정편향**selection bias과 **생존자 편향**survivorship bias과 같은 특정 용어를 이해하는 것은 중요하지 않다. 면접관은 사용자가 실제 데이터를 사용하는 뉘앙스 (모든 것이 어떤 형태로든 편향되어 있음)처럼 데이터가 의미하는 사항을 이해하는지 확인하고 싶어 한다. 선택적인 설문 조사 데이터를 사용한다면 당연히 자발적인 응답 편향이 있다. 이는 데이터를 사용할 수 없다는 것을 의미하는 것은 아니다. 편향된 데이터라는 것을 인식하고 데 이터가 분석에 미칠 수 있는 결과와 어떤 결론을 내리더라도 고려해야 한다는 것을 의미한다.

A.4 인성

A.4.1 본인에게 가장 영향을 준 프로젝트

본인에게 가장 큰 영향을 끼친 프로젝트는 무엇입니까?

예시 답안

이전 회사에서 온라인 실험, 즉 A/B 테스트 분석 시스템을 구축하는 일을 했었습니다. 이를 할 수 있는 엔지니어와 아이디어를 생각하고 변화를 제시할 수 있는 성장 마케터 2명, 관리자 1명 이 함께했습니다. 실험 결과가 무엇인지 이해할 수 있는 방법이 필요했습니다.

시작할 때 R에서 각 실험을 개별적으로 분석했습니다. 곧 최고의 시스템이 아니라는 것을 깨달 았습니다. 이것은 팀이 결과를 보고자 스크립트를 실행해야 한다는 것과 분석으로 업무를 복제 한다는 의미였습니다.

그래서 실험을 살펴볼 수 있는 내부 대시보드를 만들었습니다. 대시보드에는 대조군과 실험군 에 등록된 비율 등 각 실험의 결과뿐 아니라 실험이 예상대로 되고 있고 결과를 신뢰할 수 있는 지 확인하는 확인 사항도 포함됐습니다. 대시보드를 바탕으로 회사의 모든 사용자가 최신 결과 를 살펴볼 수 있었습니다.

제가 회사를 떠날 때 대시보드는 다섯 팀에서 하는 모든 실험에 사용되었습니다. 나머지 실험 팀과 함께한 업무 덕분에 회사가 출시하는 대부분 기능이 소비자에게 긍정적인 영향을 미치는 지 측정하기 위한 실험으로 먼저 테스트되고 있습니다.

노트

답변에는 회사에서 데이터 과학 프로젝트를 수행한 적이 있는 경우 데이터 과학 프로젝트 대신 이 같은 프로젝트 중 하나를 이야기할 수 있다. 개별적으로 데이터 과학 프로젝트를 한 경우 다 른 프로젝트를 강조할 수 있다. 중요한 점은 비즈니스에 미치는 영향에 초점을 맞춰야 한다는 점이다. '90%의 정확도로 모델을 구축했습니다'라고 말하는 것은 면접관이 원하는 답이 아니 다. 누군가가 어떻게 여러분이 만든 모델과 도구를 사용하고 분석했는지, 왜 이런 부분이 중요 한지 알고 싶어 한다.

A.4.2 새로운 데이터

데이터에서 여러분이 무언가를 발견해 놀랐던 경험이 있나요?

예시 답안

이전 회사는 청약으로 수익을 창출하는 회사였습니다. 저는 여기서 실험을 했고 나중에 가입한 사람들의 비율을 계산한 청약 가입률에 관해 실험했습니다. 사람들은 시간이 지난 후 가입한다 는 사실을 깨달았습니다.

가입 데이터를 가진 데이터 과학자와 대화한 후 향후 시작 날짜가 있는 가입은 누군가가 중단한 가입이라는 것을 알게 됐습니다. 9월부터 매월 가입한 사용자를 살펴봤습니다. 10월에 가입을 갱신하거나 취소하는 대신 일시 중단했고 두 달 동안 돈을 끊고 12월에 다시 가입했습니다. 이 경우 가입 테이블에 두 개의 행이 있습니다. 하나는 9월에서 10월의 가입 이력이고 다른 하나는 12월의 가입 이력입니다.

저는 일시 중단되지 않을 테니 신규 가입자 수를 세고 싶지 않았습니다. 다른 사용자가 현재 가입 중인 사항만 분석하고 싶었습니다.

두 가지 교훈을 얻었습니다. 데이터에 가정을 해서는 안 된다는 것과 필요에 따라 데이터 소스를 사용자가 정의해야 한다는 것입니다. 앞으로 가입이 불가능할 것으로 예상한 저는 이를 확인하지 못했습니다. 이 문제를 깨달았을 때 원래 데이터에 덮어 쓰지 않았습니다. 다른 사람들은 여전히 미래에 시작되도록 설정된 가입 사항을 알아야 했기 때문입니다. 대신 신규 가입자만을 세는 저만의 테이블을 만들었습니다.

노트

이 답안에서는 실제 사례에서 본질적으로 데이터 품질 문제가 무엇인지 놀랐던 예시를 들었다. 여러분의 직관이 결과와 일치하지 않는 때를 이야기할 수 있다. 데이터 과학에서 레딧^{reddit}을 분석할 때 게시물의 단어 개수는 댓글의 개수 및 양과 상관관계가 있다고 가정했지만 실제로는 음의 상관관계라는 결과를 얻을 수 있다. 초기 가정을 유지한 이유 또한 설명한다.

이 질문은 데이터 과학 분야로 오기 전 데이터를 어떻게 생각했는지 확인하는 것이다. 초기 가설을 확인할 뿐만 아니라 결과를 살펴본 후 새로운 정보에 적응할 수 있는지도 확인한다.

A.4.3 이전 회사의 특징

이전 회사에서 가장 바꾸고 싶었던 것은 무엇이었나요?

베르틸 하트

예시 답안

이전 회사에서는 소통에 많은 어려움을 겪었습니다. 지도부는 끊임없이 사람들에게 좀 더 마음을 열고 불만이 있으면 말해 달라고 했지만 그러지 않았습니다. 저는 리더들 스스로 열려 있지 않기 때문이라고 생각합니다. 우리가 문제가 있다는 것을 알았을 때도 모든 것이 잘 진행되고 있다고 끊임없이 말하곤 했습니다.

가장 바꾸고 싶었던 부분은 지도부의 마음을 여는 것이었습니다. 직원들이 각자의 노력과 불만을 더 많이 표현했다면 더 젊은 직원들이 더욱 개방적이고 좋은 근무 환경에서 일할 수 있었을 것입니다.

노트

까다로운 질문이다. 개선 사항을 제시할 만큼 이전 근무 환경을 잘 이해했다는 것을 보여줘야 하지만 이전 회사에서 관계가 좋았던 것처럼 말해야 한다.

기술 변경, 팀 이동, 제품 변경 등 다양한 유형의 변화 사항을 나열한다. 의미 있는 변화일수록 더 좋다. 변화가 일어나지 않은 이유 또한 생각해볼 수 있다면 매우 좋다(예: R이나 파이썬과 같은 최신 언어를 사용했다면 좋았을 텐데 우리는 유지 관리하는 모든 레거시 제품으로 인해 SAS 언어를 사용했다). 왜 변화가 일어나지 않았는지 설명하는 것은 근무 환경에 한계가 있었다는 것을 보여준다.

이전 회사를 험담하는 것은 피하자(예: 이전 회사는 포트란^{fortran}을 사용할 정도로 똑똑하지 않았다). 언젠가 다음 회사를 찾아 떠날 때 본인들의 회사를 욕할 것이라는 인상을 주면 안 된다. 부족한 부분이 있었다고 해도 이전 회사에서 한 일을 존중해야 한다.

A.4.4 데이터와 관련된 실수를 하는 선배

회사 선배의 이전 결과와 일치하지 않는 계산이나 결과가 있다면 어떻게 하겠습니까? 여러분이 옳다는 것을 어떻게 납득시키겠습니까?

흘리뉘르 하들그림손*Hlynur Hallgrímsson*, 헤더 놀리스*Heather Nolis*

예시 답안

먼저 이 결과에 답할 만큼 중요한지 자문해보겠습니다. 적은 비율의 결과가 나왔지만 새로운 결과를 가지고도 동일한 결정을 내렸거나 이전 결과가 어떤 용도로도 사용되지 않았다면 그냥 넘어갈 수도 있습니다.

만약 그렇지 않다면 상대방의 동기와 목표를 이해하려고 노력할 것입니다. 관리자가 영업 부사장이었고 각 영업 사원이 두 배 이상의 급여를 받는 것을 보여주는 분석을 했다고 가정하겠습니다. 분석하고자 팀에 다섯 명을 더 고용했습니다. 제가 영업 사원이 실제로 월급보다 적게 받는다는 것을 보여준다면 이는 영업부 전체를 위태롭게 할 수 있습니다. 결과에 너무 기대할 수 있으니 조심하는 것이 중요합니다.

상황을 이해하기 위해 상대방과 미팅 약속을 잡을 것입니다. 분석에 오류가 있어 결과가 상충되거나 혹은 비즈니스에 근본적인 원인이 될 수 있다면 방어적일 수 있다고 예상했습니다. 제 분석의 문제점을 찾으려고 할 수 있어 저는 결과를 세 번은 확인했을 겁니다. 고객의 체면을 세우고 전략을 전환하며 비즈니스를 올바른 방향으로 이끌 수 있는 솔루션을 찾고자 했을 겁니다.

최악의 경우(새로운 결과가 잘못된 이유를 듣거나 타당한 이유를 제시하지 않았으며 새로운 결과가 비즈니스에 매우 중요하다고 생각하는) 관리자와 함께 새로운 결과를 공유하고 실천할 수 있는 전략을 만들 것입니다. 안타깝게도 사람들은 새로운 분석에 동의하지 않습니다. 이때는 상대방을 설득하는 것에서 목표를 달성하고 잘못된 분석으로 영향을 끼치지 않는 방법을 찾는 것으로 초점을 바꿔야 합니다.

노트

선배와의 갈등을 어떻게 해결했는지 보는 질문이다. 많은 답변이 있겠지만 '회사 내 모든 사람에게 이메일을 보내서 얼마나 잘못됐는지 공개적으로 이야기하겠다'거나 '중요한 것은 데이터뿐이므로 상황이 어떻든 항상 이런 방식으로 처리하겠다'는 식의 대답은 문제가 된다. 학계에서는 특히 기업 내 갈등을 다루는 데 어려움이 있다. 청중 중 누군가가 연구의 큰 문제점을 발견하고 논쟁을 하게 될 수도 있다. 산업계에서는 다른 요소의 균형을 맞추고 여러 상황의 뉘앙스를 이해하며 본인의 관점을 공유하고 비즈니스에서 올바른 결정을 내리도록 도울 수 있어야 한다. 면접관은 여러분이 이전에 의견 차이를 성공적으로 해결했다는 이야기를 듣고 싶어 하니 가능한 한 많은 경험을 해보길 바란다.

A.4.5 팀원과의 의견 불일치

팀 동료와 의견이 달랐던 경우를 설명해보세요. 어떤 내용이었으며 여러분은 무엇을 했나요?

예시 답안

제품 관리자와 함께 전력에 따라 2주간 실행 시간을 설정하는 실험을 한 적이 있습니다. 나흘 뒤 실험을 조기 중단하고 완전히 실행하기를 원했습니다. p-값이 주된 성공 지표에서 0.04였기 때문입니다. 하지만 저는 급하게 하는 데 있어 문제가 될 수 있다고 생각했습니다. 결과를 매일 확인해 p-값이 0.05 이하로 떨어지는지 확인하고 그렇게 되면 거짓 양성 비율이 크게 증가합니다. 제품 관리자가 성공적인 실험을 할 수 있도록 인센티브를 많이 받는다는 사실도 알았습니다. 관리자가 평가받는 주요 지표 중 하나는 성공적인 실험을 통해 얻은 금전적 이득이었습니다.

저는 이 문제가 어디서부터 왔는지 확실히 파악하고 질문하는 데 초점을 맞췄습니다. 우리는 회사의 성공이라는 공동의 목표가 있었습니다. xkcd 웹툰을 예시로 들어 설명했습니다. 왜 일찍 멈추는 것이 문제가 될 수 있는지 설명했습니다. 스무 가지 다른 색깔의 젤리콩이 여드름과 관련이 있는지 살펴보면 통계적 검정 결과 중 하나가 '발견'될 수 있습니다(*https://xkcd.com/882*). 동일한 방법으로 보이지 않는 통계적 요소를 좇고 있었고 그렇지 않을 때 긍정적인 영향을 미친다고 스스로를 속이기 쉬웠습니다. 결국 계획된 2주간의 실험을 계속하기로 했습니다.

이 상황은 사람들이 올바른 일을 더 쉽게 할 수 있도록 이렇게 하면 실험 도구를 개선할 수 있을까를 생각하게 했습니다. 제가 아는 한 실험 플랫폼에는 매일 하나씩 채워지는 동그라미가 있고 일주일이 지나면 체크합니다. 이는 적어도 일주일 동안 실험을 할 수 있도록 도와줬는데 가장 좋은 방법이라고 생각합니다.

노트

예시 답안은 STAR(상황^{situation}, 업무^{task}, 접근 방식^{approach}, 결과^{result}) 방법을 사용한다. START 는 인성 면접 질문에 답하기 쉬운 구조를 만들어주는 일반적인 프레임워크이다. 여러분은 '그 리고 나서 우리는 다시 대화하지 않았다' 또는 '저는 그를 해고했다'가 아니라 긍정적인 결과를 가져온 상황을 예시로 든다. '사무용 식기세척기 장착 방법에 관한 의견이 일치하지 않았다'가 아니라 불일치했던 상황이 비즈니스와 관련 있어야 한다. 면접관은 여러분이 동의하지 않는 사 람과 공감할 수 있는지, 나쁘게 말하는 것을 피할 수 있는지, 여러분의 문제에 관한 타인의 비 난을 피할 수 있는지 등을 파악하기 위해서다.

A.4.6 어려운 문제

데이터 과학과 관련된 문제를 해결하는 방법을 모를 때는 어떻게 해야 합니까?

예시 답안

코딩 관련 질문은 구글 검색을 이용합니다. 스택 오버플로 질문의 답변은 오류 메시지나 'R에 서 잠재 디리클레 할당$^{latent\ dirichlet\ allocation}$[1]을 어떻게 하나요?'와 같은 것을 구글로 검색하면 결과 가 나옵니다. 사용하고자 하는 함수나 패키지가 무엇인지 알 수 있지만 정확히 어떻게 작동하 는지 잘 모른다면 문서를 확인해봅니다.

가끔 문제에 어떻게 접근해야 할지 모를 때가 있습니다. 이런 경우 화이트보드에 여러 구성 요 소를 적으며 문제를 해결하려고 합니다. 핵심 사항을 이해하는 데 도움을 줍니다. 처음에는 모 든 문제가 부담스럽게 다가오겠지만 화이트보드에 적다가 해결 방법을 찾을 수도 있습니다.

15분에서 30분 정도 투자해 문제를 본 후(어떤 방향으로 나아가고 있다고 생각하느냐에 따라 달라집니다) 회사의 다른 데이터 과학자에게 도움을 요청합니다. 스스로 해결하는 게 좋지만 동료가 몇 분 안에 해결할 수 있다면 그 도움을 받아 하루 종일 무언가에 얽매이지 않도록 하는 것도 제가 해야 할 일입니다. 저는 손을 내밀면서 다른 사람이 문제를 쉽게 볼 수 있도록 (파싱 할 수 있는 수백 줄의 코드를 보내는 것보다) 복사할 수 있는 작은 예시와 함께 시도한 부분을

---

1 옮긴이_ 자연어 처리에서 문서 내 토픽을 확률 분포에 기반해 단어를 생성하는 방법이다.

공유할 것입니다.

데이터 과학은 전에 본 적이 없는 문제에서 계속 배우고 도전하는 분야이다. 실패에 대비하는 몇 가지 전략을 만드는 것이 중요하다. 이 질문은 학교 밖에서 이룰 수 있는 전략을 구성했는지 여부이다. 여러분을 도와줄 솔루션, 주변 사람, 교수님이 있다. 예시 답안은 현재 고려 중인 기업에 알맞게 수정할 수도 있다. 주요 전략이 데이터 과학자 동료에게 질문하고 첫 번째 데이터 과학자가 되고자 면접을 보는 것이라면 이 대답은 좋지 않다.

A.5 사고력이 필요한 질문

A.5.1 추정

미국의 모든 호텔에서 1년에 몇 개의 미니 샴푸 병을 사용하는지 예측해보세요.

예시 답안

다음 공식을 통해 샴푸 병 개수를 추정합니다.

미국 내 호텔 수×호텔당 객실 평균 수×객실 1개당 샴푸 병 1개×객실 평균 이용률×365일(1년) = 연간 샴푸 병 소비 개수

이후 공식의 숫자를 추정합니다.

- **미국 내 호텔 수**: 미국에 5천 명당 한 개의 호텔이 있고 총 3억 명의 인구가 있다고 한다면 총 6만 개의 호텔이 있습니다.
- **호텔당 객실 평균 수**: 제가 숙박했던 호텔들은 평균적으로 객실 수가 50개 정도였습니다.
- **객실 평균 이용률**: 호텔의 수익성을 고려해 매일 밤 객실이 예약되는 비율을 80% 정도로 가정합니다.

공식에 적용하면 $60,000 \times 50 \times 1 \times 0.8 \times 365 = 8$억 7600만 개입니다.

해결책으로 여러분이 추정하려는 숫자에 관해 공식을 만들고 해당 공식에 넣을 숫자를 추측해야 합니다. 질문은 '보잉 747 비행기에는 탁구공이 몇 개나 들어갈 수 있을까?'부터 '프랑스에는 피아노가 몇 대 있을까?' 등 여러 유형이 있다. 면접관은 여러분이 어느 정도 일리가 있는 공식을 생각해낼 수 있는지, 공식에 있는 각 숫자를 추측하는 여러분의 논리가 일리가 있는지 살펴본다. 면접 중에 해당 숫자가 정확할 가능성은 거의 없지만(예를 들어 호텔의 평균 객실 수인 50개가 적절한 추측인지 알 수 없다) 중요하지 않다.

이런 유형의 질문에 대비하려면 공식과 추정치를 즉시 제시하는 즉흥적인 순발력을 연습해야 한다.

A.5.2 조합

격자판의 왼쪽 하단 모서리에는 쥐가 있고, 오른쪽 상단 모서리에는 치즈 한 조각이 있습니다. 쥐는 격자판의 선을 따라서만 이동할 수 있으며 격자판을 절대 벗어날 수 없습니다. 이때 쥐가 치즈를 찾아가는 경로의 수를 구하세요.

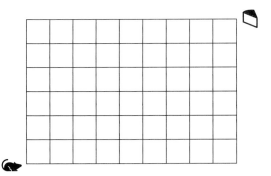

예시 답안

치즈에 도달하고자 쥐는 격자판 안에서 수평선을 아홉 번 움직인 다음 격자판 내 수직선을 따라 여섯 번 움직여야 합니다(그림상 9 × 6 형태이기 때문입니다). 수평 이동 H와 수직 이동 V를 호출합니다. 아홉 개의 H와 여섯 개의 V가 있는 문자열은 처음부터 끝까지 갈 수 있는 경로입니다. 예를 들어 위로 올라간 후 오른쪽으로 가면 VVVVVVHHHHHHHHH가 됩니다. 15개의 문자를 배열하는 15개의 요소(15!)가 있으며 이를 순열이라고 합니다. 하지만 이 중 동일한 문자는 여섯 개(V), 아홉 개(H)입니다. 모든 중복 배열을 제거합니다. 각기 몇 개의 중복 항목이 있는지 계산해 제거할 수 있습니다. V는 6!번(배열 경우의 수), H는 9!번 제거됩니다. 즉 정답은 15!/(6!)/(9!) 또는 5,005가지입니다.

노트

정말 대답하기 어려운 질문이다. 첫째, 정답을 알기 어렵다. 조합론과 관련된 분야를 공부했다면 정답을 알 수 있다. 그렇지 않다면 경로를 배열하는 것을 생각하기 어렵다. 문제를 공식화하는 방법을 알더라도 해결 방법 수를 세는 방법을 모를 수 있다.

둘째, 답을 안다고 해도 장황하게 말하지 않고는 문제와 해결책을 명확하게 설명하기 어렵다. 모든 사람이 순열과 같은 용어를 알고 있다고 가정할 수는 없지만 이를 모두 설명하면 시간이 너무 많이 걸린다.

마지막으로 이 문제 유형은 공부할 방법이 없다. 조합론과 관련된 질문이 너무 많다. 모든 질문의 답을 미리 준비할 수 없다. 이와 같은 질문의 최선의 답은 여러분의 사고 과정과 문제에 어떻게 접근할 수 있는지 설명하는 것이다. 면접관이 이 같은 질문에 무게를 둔다면 안 좋은 신호이다.

INDEX

INDEX

INDEX